Hanns et Rudolf

libres Champs

Une époque, un récit, l'exactitude des sources racontées à la manière d'un roman…

Le Dernier Duel
par Eric JAGER
Flammarion, 2010

Les Disparus de Shangri-La
par Mitchell ZUCKOFF
Flammarion, 2012

Hanns et Rudolf
par Thomas HARDING
Flammarion, 2014

Le Lièvre aux yeux d'ambre
par Edmund DE WAAL
Albin Michel, 2011

Mesurer le monde
par Ken ALDER
Flammarion, 2005

Quattrocento
par Stephen GREENBLATT
Flammarion, 2013

La Traque du mal
par Guy WALTERS
Flammarion, 2010

Une histoire de Paris par ceux qui l'ont fait
par Graham ROBB
Flammarion, 2010

Waterloo
par Alessandro BARBERO
Flammarion, 2005

Thomas Harding

Hanns et Rudolf

Traduit de l'anglais
par Isabelle D. Taudière et Clémentine Peckre

libres Champs

Titre original : *Hanns and Rudolf.*
The German Jew and the Hunt for the Kommandant of Auschwitz.
Éditeur original : William Heinemann, Londres

ISBN : 978-2-0813-4743-4

Pour Kadian

Et maintenant, écrivez pour vous ce cantique ; enseigne-le aux fils d'Israël, mets-le dans leur bouche afin que ce cantique me serve de témoin contre les fils d'Israël. Et quand de grands malheurs et de grandes détresses l'auront atteint, ce cantique déposera contre lui comme un témoin, car sa descendance n'oubliera jamais de le répéter.

Deutéronome 31, 19 et 31, 21

Note de l'auteur

Le nom du commandant d'Auschwitz peut être orthographié de différentes façons. La plus authentique est sans doute celle qu'il utilisait lui-même : « Rudolf Höß ». L'usage de cette lettre « ß », l'*Eszett*, affirmait les origines souabes du commandant. Le français a repris l'orthographe moderne allemande, « Höss », adoptée aussi bien par l'administration SS que par Hanns Alexander lui-même, et présentant sur la variante concurrente « Hoess » l'avantage de dissiper le risque de confusion avec Rudolf Hess, secrétaire de Hitler.

Je tiens également à préciser qu'en choisissant d'appeler Hanns et Rudolf par leurs prénoms, il ne s'agit aucunement dans mon esprit de les placer sur le même plan. Il serait inconcevable de dresser un parallèle moral entre les deux personnages. Cela étant, ces deux hommes étaient avant tout des êtres humains et, pour raconter leur histoire personnelle, je me devais de commencer par leur prénom. Je présente par avance mes excuses à tous ceux que ce parti pris pourrait heurter.

Les notes de bas de page sont celles des traductrices.

Prologue

Alexander Howard Harvey, Hanns pour les intimes, nous a quittés dans la paix et la tranquillité ce vendredi 23 décembre. L'incinération aura lieu jeudi 28 décembre à 14 h 30 dans la chapelle ouest du crématorium Golders Green à Hoop Lane. Pas de fleurs, mais si vous le souhaitez, dons au profit du North London Hospice.

Daily Telegraph, 28 décembre 2006

Les obsèques de Hanns Alexander eurent lieu par une après-midi froide et pluvieuse, trois jours après Noël. Malgré cette conspiration de la météo et du calendrier, nombreux furent ceux qui vinrent lui rendre un dernier hommage. Plus de trois cents personnes se pressèrent dans la petite chapelle. Les membres de la synagogue, arrivés en avance et en force, avaient accaparé tous les bancs. Une quinzaine d'anciens collègues de la banque Warburg, dont l'actuel président et son prédécesseur, avaient fait le déplacement. Les plus proches amis de Hanns étaient là, tout comme la famille élargie. Ann, l'épouse qui l'avait accompagné pendant soixante ans, avait pris place au premier rang avec leurs deux filles, Jackie et Annette.

Le chantre de la synagogue récita le kaddish, la prière traditionnelle des juifs pour les morts. Puis il laissa flotter un instant de silence et, tournant le regard vers Ann et ses deux filles, ajouta quelques mots, pour dire combien cette perte qui l'attristait était immense pour la communauté. Lorsqu'il eut terminé, deux neveux de Hanns s'avancèrent pour prononcer l'éloge funèbre.

La plupart des épisodes étaient connus de tous : l'enfance à Berlin. L'exil de sa famille en Angleterre, pour fuir le régime nazi. Les faits d'armes de Hanns dans l'armée britannique, pendant la guerre. Sa carrière de petit banquier. Son dévouement à sa famille et son demi-siècle de bénévolat à la synagogue.

Un détail, cependant, prit presque toute l'assistance de court : à la fin de la guerre, Hanns avait traqué le commandant d'Auschwitz, Rudolf Höss.

La nouvelle piqua ma curiosité. Hanns Alexander était le frère de ma grand-mère, mon grand-oncle. Dans notre enfance, on nous avait toujours recommandé, à mes cousins et à moi-même, de ne jamais lui poser de questions sur la guerre. Et voilà que j'apprenais que Hanns avait peut-être été un chasseur de nazis.

L'idée que ce personnage sympathique, mais somme toute quelconque, ait pu être un héros de guerre me paraissait improbable. Cette histoire de nazis n'était sans doute qu'un de ces canulars que Hanns avait coutume de monter. Car l'homme, quoique très respecté, avait un côté un peu hâbleur et canaille : il s'amusait à jouer des tours aux anciens, à raconter des blagues salaces aux enfants et, porté par sa faconde, versait volontiers dans l'exagération. D'ailleurs, s'il avait vraiment pourchassé des nazis, pourquoi n'en disait-on rien dans son avis de décès ?

Je me mis en tête de démêler cette affaire.

Nous vivons une époque où les eaux se referment sur les événements de la Seconde Guerre mondiale, où les derniers témoins arrivent au crépuscule de leur vie, et où il ne nous reste que des bribes de ce passé, si souvent entendues qu'elles en ont perdu leur authenticité. Des principaux acteurs de cette période, nous n'avons gardé que des caricatures : Hitler et Himmler dans le rôle des monstres, Churchill et Roosevelt dans celui des guerriers conquérants et, en toile de fond, des millions de victimes juives.

Or, Hanns Alexander et Rudolf Höss étaient avant tout des hommes, dans toute leur complexité et leurs contradictions. À cet égard, ce récit se démarque de la dichotomie classique entre héros et méchant. Les deux personnages étaient entourés de l'amour de leur famille et de l'estime de leurs collègues. L'un et l'autre ont grandi dans l'Allemagne du début du XXe siècle et chacun, à sa façon, aimait son pays. Rudolf Höss, le commandant implacable, pouvait parfois éprouver de la compassion. Inversement, le comportement de son poursuivant, Hanns Alexander, ne fut pas toujours irréprochable. Ces pages renvoient par conséquent à un monde composite, évoqué à travers la vie de deux hommes, produits de cultures allemandes parallèles et pourtant opposées. Elles s'efforcent de suivre leurs parcours et de comprendre comment leurs destinées ont fini par se croiser. Cette plongée dans leur univers mental soulève des questions difficiles : comment un être humain peut-il en venir à massacrer ses semblables ? Qu'est-ce qui pousse une victime à affronter ses bourreaux ? Qu'arrive-t-il aux familles de ces individus ? Dans quelle mesure la vengeance est-elle légitime ?

Le rapprochement des portraits de Hanns et Rudolf montre à quel point la collision de leurs mondes respectifs a bouleversé le cours de l'histoire moderne. Le témoignage qui en est ressorti a été particulièrement important dans les procès pour crimes de guerre organisés en 1945 : Höss fut le premier officier nazi à reconnaître son rôle dans l'exécution de la « solution finale » imaginée par Himmler et Hitler. Il ne nous a épargné aucun détail : sa déposition, tableau inouï des extrêmes de la perversité humaine, a conduit la communauté internationale à tout mettre en œuvre pour que jamais de pareilles atrocités ne se reproduisent. Dorénavant, les victimes d'injustices criminelles pouvaient espérer une intervention salvatrice.

Ce récit est aussi celui d'une surprise. Dans le cocon des banlieues du nord de Londres où j'ai grandi, mes coreligionnaires juifs étaient systématiquement présentés comme les victimes, et non comme les justiciers de la Shoah. Je n'avais jamais vraiment remis ce stéréotype en question avant de m'intéresser à cette histoire – ou, plus exactement, avant que cette histoire ne me rattrape.

Une histoire de sursaut juif. On connaît quelques exemples de résistance – des soulèvements des ghettos aux révoltes des camps et aux coups de main dans les bois –, mais ils sont rares. Tous méritent d'être salués car ils rappellent que, même face à la plus abjecte barbarie, l'espoir de survie, voire de vengeance, demeure.

J'ai reconstitué cette chronique à partir de documents historiques, de biographies, d'archives, de correspondance familiale, de vieux enregistrements sonores et d'interviews de survivants. Et je pense que le lecteur comprendra pourquoi les deux hommes qui sont au cœur de ce récit, Hanns et Rudolf, n'en ont jamais livré tous les ressorts.

1

Rudolf

Baden-Baden, 1901

Rudolf Franz Ferdinand Höss vit le jour le 25 novembre 1901. Sa mère, Paulina Speck, avait vingt-deux ans et son père, Franz Xaver, vingt-six. Rudolf était leur premier enfant. Ils habitaient au 10 Guzenbachstrasse, un petit pavillon blanchi à la chaux au toit de tuiles rouges niché dans une vallée boisée des environs de Baden-Baden.

La petite ville médiévale de Baden-Baden, alors en plein essor, rattrapait à grands pas le XXe siècle. Située dans le sud-ouest de l'Allemagne, elle s'étirait sur les bords paisibles de l'Oos, au cœur d'une vallée luxuriante sillonnée de vignes soigneusement entretenues. Par-delà les cinq collines qui lui faisaient écrin, la Forêt-Noire s'étendait à perte de vue.

Ses sources thermales et ses fastueuses soirées mondaines attiraient depuis des siècles la fine fleur de la société européenne. Alors qu'il travaillait à son roman *Le Joueur*, Dostoïevski était venu s'imprégner de l'atmosphère du casino et cette ville qui passait alors pour la capitale d'été de l'Europe avait aussi bien accueilli la reine Victoria que Napoléon III ou Johannes Brahms. Ces visiteurs de marque avaient fait de Baden-Baden une cité prospère. Au seuil du XXe siècle, elle entreprit d'importants chantiers de modernisation : on

La maison familiale des Höss à Baden-Baden (au centre)

avait creusé dans le socle calcaire de nouvelles grottes afin d'augmenter la capacité des bains publics ; un funiculaire électrique grimpait au sommet du mont Mercure qui offrait de magnifiques panoramas sur la vallée ; et les becs de gaz en fer forgé de la grand-place venaient d'être convertis à l'électricité.

Chez les Höss, pourtant, la vie suivait son cours, indifférente aux bouleversements des temps. Franz Xaver avait été officier de l'armée allemande en Afrique, mais une blessure de flèche empoisonnée avait mis fin à sa carrière. Rentré en Allemagne, il avait enseigné quelques années à l'école militaire de Metz avant de prendre sa retraite et de s'installer comme commerçant à Baden-Baden. En dépit de l'aura que lui conféraient ses exploits africains, c'était un personnage tout à fait banal – un patriote et fervent catholique qui se cherchait une respectabilité dans la petite bourgeoisie allemande. À l'époque où il fonda une famille avec Paulina, rien ne les distinguait de leurs voisins. Trois ans après la naissance de Rudolf, ils eurent une fille, Maria, puis une seconde, Margarete, en 1906.

Élevé dans un faubourg entre ville et campagne, Rudolf passa le plus clair de ses premières années à jouer tout seul. La plupart des gamins de son quartier étaient plus âgés, et ses sœurs trop jeunes pour l'intéresser. Sa mère, accaparée par le ménage et les enfants, n'avait guère de temps à lui consacrer. Livré à lui-même, il n'aimait rien tant que les longues promenades vers la ville. Il allait s'asseoir au pied du château d'eau et, l'oreille collée à la paroi, s'amusait à écouter l'eau bouillonner et gronder. Parfois, il s'aventurait dans les profondeurs sombres de la Forêt-Noire, toute proche.

Il s'attardait des heures entières dans les bois, mais ce refuge n'était pas aussi sûr qu'il y paraissait. À cinq ans, il se fit enlever à l'orée de la forêt par une bande de Tziganes qui l'emmenèrent à leur roulotte, espérant peut-être le vendre à une autre famille ou le faire travailler dans une mine de charbon des environs. Par chance, un paysan du coin le reconnut et le tira de ce mauvais pas au moment même où les gitans levaient le camp.

Dès lors, Rudolf n'eut plus le droit de s'éloigner de la maison. Il était toutefois encore autorisé à se rendre dans les fermes alentour, où il curait les écuries et étrillait les chevaux. Ce fut à cette époque qu'il se découvrit des affinités particulières avec ces animaux : il était assez petit pour se faufiler entre leurs jambes et jamais il ne se faisait mordre ni bousculer. S'il aimait aussi les taureaux et les chiens, il nourrissait pour les chevaux une véritable passion, qui l'accompagnerait jusqu'à la fin de ses jours.

Lorsque Rudolf eut six ans, les Höss, toujours soucieux d'asseoir leur respectabilité, emménagèrent dans une plus grande maison de la banlieue de Mannheim. À une centaine de kilomètres au nord de Baden-Baden et quatre-vingts au sud de Francfort, Mannheim était une ville industrielle de plus de trois cent mille habitants, qui constituait le grand pôle d'activité de toute la région. Rudolf regrettait bien entendu les animaux de ferme et la beauté exubérante de la Forêt-Noire, mais un cadeau d'anniversaire le consola bien vite : c'était un poney noir de jais qu'il baptisa Hans. Avec son compagnon, l'enfant allait souvent se promener dans la forêt de Haardt et, en rentrant de l'école, il passait des heures à lui lustrer le poil. Il l'aimait tant qu'en l'absence de ses parents, il le faisait entrer en secret dans sa chambre. Il lui consacrait tous ses loisirs et le poney, d'une fidélité à toute épreuve, suivait son maître comme un petit chien. Ils devinrent inséparables.

*
* *

Rudolf écoutait avec fascination son père lui raconter ses souvenirs de l'armée, et surtout ses campagnes d'Afrique, ses batailles contre les indigènes, leurs étranges religions, leurs mœurs exotiques... Son père et son grand-père avaient embrassé la carrière des armes, mais Rudolf, lui, ne nourrissait aucun rêve de gloire dans de lointaines contrées. Il voulait devenir missionnaire.

Il tenait sa foi de son père, qui lui avait transmis les valeurs et les traditions de l'Église catholique. Franz Xaver ne manquait pas une occasion de l'emmener en pèlerinage en Allemagne, en Suisse et à Lourdes. « J'étais un garçon très pieux : je prenais mes devoirs religieux au sérieux, j'aimais servir la messe en qualité d'enfant de chœur et je faisais mes prières avec une profonde foi enfantine », raconterait Rudolf dans son autobiographie.

Comme tous les membres de la famille, il s'était vu confier dès son plus jeune âge diverses tâches domestiques qu'il devait exécuter sans se plaindre. Tout écart de conduite était sévèrement puni. À la moindre méchanceté envers ses sœurs – une remarque un peu dure, une raillerie – il était mis à genoux pendant des heures sur le sol froid et dur, sommé d'implorer le pardon du Seigneur.

À la naissance de sa première fille, Franz Xaver avait fait vœu de faire entrer en religion son aîné, qui n'avait alors que trois ans : il irait au séminaire, resterait célibataire et se consacrerait à la prière, à l'étude et au bien commun. Toute son éducation tendait désormais vers ce noble objectif :

> Je considérais comme mon premier devoir de porter secours en cas de besoin et de me soumettre à tous les ordres, à tous les désirs de mes parents, de mes instituteurs, de monsieur le curé, de tous les adultes et même des domestiques. À mes yeux, ils avaient toujours raison quoi qu'ils disent. Ces principes de mon éducation ont pénétré tout mon être.

À Mannheim, Rudolf était entouré de garçons de son âge et se montrait volontiers bagarreur. Sa vocation de missionnaire n'entamait en rien sa pugnacité et il était implacable dans son désir de revanche. Pour peu qu'un camarade le contrarie, il n'avait de cesse qu'il n'eût obtenu réparation et du coup, on le craignait plus qu'on ne l'appréciait.

À l'âge de onze ans, pourtant, son humeur combative lui joua un mauvais tour : au cours d'une bousculade anodine, il poussa un peu trop fort un camarade de classe qui dévala l'escalier et se brisa une cheville. Mortifié, Rudolf se précipita à l'église pour se confesser au prêtre, qui était également un ami de la famille. Ce dernier s'empressa de rapporter les faits à Franz Xaver, qui punit sévèrement son fils. Cette trahison bouleversa Rudolf et changea à jamais son rapport à la religion :

> Ne nous avait-on pas enseigné que la confession était inviolable et s'étendait même aux plus grands crimes ? Et voilà qu'un prêtre qui jouissait de toute ma confiance [...] venait de violer le secret du confessionnal et cela à propos d'une vétille. [...]

> Nul autre que lui n'avait pu renseigner mon père. […] L'indélicatesse du prêtre était flagrante et me paraissait monstrueuse. Ma confiance en la sainteté du clergé était ébranlée ; les premiers doutes surgissaient en mon âme. Mon confesseur a tout essayé pour regagner ma confiance mais je ne suis jamais retourné à son confessionnal.

Rudolf peindrait un tableau relativement sombre de son enfance, entre un père fanatique et intolérant qu'il craignait et méprisait, et une mère distante et chétive qui, lorsqu'elle n'était pas malade ou en convalescence, n'avait d'yeux que pour ses filles. Dans cette famille, Rudolf ne se sentait proche de personne. Il était si peu enclin à la tendresse que ses marques d'affection se limitaient à une poignée de main ou quelques mots de remerciements. « Dans mes grands et petits chagrins, reconnaîtrait-il, je préférais me renfermer en moi-même. »

Puis, le 3 mai 1914, un an après l'affaire du confessionnal, son père mourut subitement, à l'âge de quarante ans. La cause du décès ne fut précisée dans aucun document.

> Je ne me souviens pas d'avoir été impressionné outre mesure par cet événement. J'étais d'ailleurs trop jeune pour mesurer sa portée. Mais, avec la disparition de mon père, toute ma vie allait prendre un cours différent.

Le garçon vécut en effet ce décès comme une aubaine : libéré de l'ombre paternelle, il allait enfin pouvoir prendre son destin en main. Pour Paulina, en revanche, ce fut un coup terrible. Restée seule avec trois jeunes enfants, privée de l'unique salaire de la famille, elle peinait à joindre les deux bouts.

Le 28 juin 1914, l'archiduc François-Ferdinand d'Autriche était assassiné à Sarajevo. Un mois plus tard, l'Empire austro-hongrois envahissait la Serbie. Cette agression déclencha une surenchère de représailles et, en quelques semaines, les grandes puissances européennes – la Russie, la Grande-Bretagne, l'Allemagne, la France et l'Empire ottoman – se retrouvèrent entraînées dans la Première Guerre mondiale. Dans un premier temps, les hostilités se concentrèrent en Allemagne, en France et en Belgique, mais le conflit s'étendit bientôt à toute l'Europe, puis aux colonies d'Afrique, d'Asie et du Pacifique. Les combats furent particulièrement violents sur le front du Moyen-Orient, qui devint un enjeu stratégique, autant pour ses réserves de pétrole que pour la valeur symbolique des Lieux saints.

À la déclaration de guerre, Rudolf avait douze ans et les Höss habitaient toujours près de Mannheim – à deux heures de train de la France où, déjà, les combats faisaient rage. Cette proximité ravissait le garçon qui allait se poster sur le quai de la gare afin de voir les premiers contingents s'embarquer pour le front. Exalté par la guerre, il brûlait de se joindre à eux, mais il était trop jeune.

Un an plus tard, après avoir supplié sa mère, Rudolf fut enfin autorisé à entrer à la Croix-Rouge comme secouriste. Après l'école, il passait autant de temps que possible à l'hôpital, distribuant du tabac, de la nourriture et des boissons aux blessés. Horrifié par les souffrances que causait la machine de guerre moderne, il fut encore plus impressionné par la bravoure des soldats qui le confirma dans sa détermination à se battre pour son pays.

À l'été 1916, il s'éclipsa discrètement de chez lui, faisant croire à sa mère qu'il allait voir ses grands-parents. À peine eut-il franchi les limites de la ville qu'il prit contact avec un capitaine de la garnison qui se trouvait être un vieil ami de son père, et, trichant sur son âge, s'engagea. Il avait quatorze ans.

Il n'était pas rare que de si jeunes garçons rejoignent l'armée. Officiellement, il fallait avoir au moins dix-sept ans pour être incorporé. Cette limite avait été fixée par la Constitution allemande du 16 avril 1871 qui stipulait que tous les citoyens de dix-sept à quarante-cinq ans étaient mobilisables. Mais en 1915 et 1916, la majorité des hommes en âge de porter les armes étant déjà sur le front, le nombre de recrues adultes diminua considérablement. Face à cette pénurie, les états-majors enrôlèrent sans sourciller la plupart des adolescents qui se présentaient, pour peu que le médecin militaire les déclare aptes au service et qu'ils soient suffisamment motivés pour manier un fusil. Pendant la Grande Guerre, des centaines de milliers de gamins vinrent ainsi grossir les rangs de l'armée allemande et se battirent dans les tranchées.

Le 1er août 1916, avec l'aide de l'ami de son père, Rudolf fut ainsi affecté au 21e régiment de dragons de Bade, celui-là même dans lequel son père et son grand-père avaient servi. Après un rapide examen médical, il endossa l'uniforme des volontaires de la cavalerie allemande : des bottes de cuir noir, un pantalon de laine gris, une large ceinture noire à la boucle estampée d'une aigle, emblème du pays de Bade, une veste grise sans poche fermée par des boutons de laiton et une *Feldmütze*, calot de feutre gris cousu d'une cocarde argentée sur l'avant. Il était surtout l'heureux propriétaire d'un magnifique sabre de cavalerie à pommeau de cuivre et fourreau noir qui, planté à la verticale dans le sol, lui arrivait à la hanche. Après deux courtes semaines de formation, Rudolf et son régiment se mirent en route pour le Moyen-Orient où ils appuieraient des troupes turques qui affrontaient les Britanniques dans le sud-est de l'Empire ottoman.

En chemin, Rudolf écrivit à sa mère pour lui annoncer son départ. Il se souvint de la « bonté et de la patience touchante dont elle faisait preuve pour [le] ramener à la raison », l'exhortant à finir ses études pour entrer au séminaire. Mais depuis que « la main autoritaire du père ne se faisait plus sentir », Rudolf ne craignait plus de désobéir.

De Mannheim, les dragons prirent un train pour la Turquie. Ils traversèrent la Hongrie, la Roumanie et la Bulgarie. Après un bref répit à Constantinople, ils poursuivirent à cheval vers la Mésopotamie, à deux mille cinq cents kilomètres de là. Pendant un mois, Rudolf, qui n'avait encore jamais mis les pieds hors d'Allemagne, découvrit les campements de fortune et les maigres rations militaires. « Le voyage à travers de nombreux pays, le séjour à Constantinople, [...] la chevauchée jusqu'au front lointain, tout cela ne manquait point de m'impressionner. » L'exotisme des paysages et des populations lui paraissait tout à la fois fascinant et profondément déroutant.

Lorsque son unité arriva enfin sur la ligne de front, la campagne de Mésopotamie faisait déjà rage depuis un an : les Britanniques disputaient aux Ottomans le contrôle des vastes champs de pétrole de la vallée du Tigre et de l'Euphrate. Le 21e dragons avançait vers le verrou stratégique de la région, la petite ville d'Al-Kût, une importante base turque à cent cinquante kilomètres au sud-est de Bagdad, où les Turcs assiégeaient depuis des mois la garnison britannique. Les forces de relève alliées avaient essayé à plusieurs reprises de briser le siège mais chaque tentative avait été repoussée ; les deux camps avaient essuyé de lourdes pertes. En avril 1916, les Britanniques avaient fini par se rendre. Plus de treize mille soldats alliés avaient été faits prisonniers et furent réduits en esclavage jusqu'à la fin de la guerre. Le haut commandement britannique n'était guère disposé à laisser cette humiliation impunie. Bien décidé à reprendre la Mésopotamie, il avait remplacé le commandant indien du corps expéditionnaire par un Anglais, renforcé les liaisons ferroviaires et envoyé quinze mille hommes en renfort. En réponse, les empires centraux avaient limogé leur commandant turc, nommé un général allemand et fait venir d'Allemagne de nouveaux effectifs, parmi lesquels le 21e dragons de Bade.

À la fin de 1916, le détachement de Rudolf fit sa jonction avec la VIe armée turque aux abords d'Al-Kût. À peine avait-il reçu sa feuille de route qu'il fut pris sous le feu d'une brigade de fantassins indiens. Rudolf mit aussitôt pied à terre et roula sur le sol dans son bel uniforme empesé qui se couvrit d'une fine pellicule de sable. À plat ventre derrière de vieilles ruines, le cœur battant, il attendit. Il n'y avait aucun plan de bataille et leur capitaine n'avait pas eu le temps de donner ses ordres.

Dès que les tirs de l'artillerie ennemie s'intensifièrent, les Turcs refluèrent, abandonnant les cavaliers allemands à leur sort. Rudolf fut pris de panique. Les explosions des grenades ennemies se rapprochaient et, tout autour de lui, il voyait ses camarades tomber. Sur sa gauche, un homme s'effondra sous les balles. Il appela le soldat posté à sa droite. Pas de réponse. « En me retournant, je le vis mourant, le crâne fracassé. Je fus saisi d'une peur atroce, telle que je n'en avais jamais connue. Si j'avais été seul, j'aurais suivi l'exemple des Turcs et je me serais enfui pour échapper au destin de ceux dont les corps jonchaient le sol autour de moi. »

Cette pensée l'avait à peine effleuré qu'il aperçut son capitaine couché derrière un gros rocher, tirant sans relâche sur les Indiens, avec méthode et discipline. Ce spectacle lui donna de l'assurance. Voyant surgir un grand Indien à la barbe noire pointant droit sur lui sa Lee Enfield 7,62, il prit une grande inspiration, épaula son arme, visa et tira.

« C'était mon premier mort ! J'avais franchi le cercle magique », se souviendrait-il des années plus tard, avec un pincement de nostalgie. Reprenant ses esprits, il leva à nouveau son fusil et se remit à tirer calmement, coup par coup. Il venait de se découvrir un nouveau talent : il pouvait tuer, vite et bien, dans le feu de l'action.

Son capitaine l'avait observé et lui lança quelques mots d'encouragement. Au bout d'un moment, comprenant qu'ils faisaient face à une résistance farouche, les Indiens firent taire les armes et se replièrent. À la fin de la journée, l'unité allemande avait repris le contrôle des ruines mésopotamiennes. Rudolf et ses camarades se retranchèrent pour se préparer à leur nouvelle mission : défendre, jour après jour, ce petit bout de territoire.

Rudolf se rappela les émotions contradictoires que lui avait procurées son premier combat. Sur le coup, il s'était pris au jeu mais, après la bataille, en s'arrêtant devant l'Indien qu'il avait tué, il éprouva « un sentiment pénible ». Quand il avoua à son capitaine qu'il avait eu peur, celui-ci le rassura en riant : il venait de réussir son baptême du feu. Au fil des mois, Rudolf en vint à apprécier cet homme auquel il vouait « une confiance absolue » : « Je le vénérais avec un élan que je n'avais pas connu pour mon père », souligna-t-il. Le capitaine lui manifestait pour sa part « une sollicitude paternelle », évitant d'affecter son protégé aux missions les plus dangereuses et accueillant chacune de ses promotions avec fierté. Pour la première fois de sa vie, le garçon avait le sentiment que quelqu'un veillait sur lui.

Début 1917, le régiment de Rudolf fut déployé en Palestine. Il fut affecté à la protection du chemin de fer du Hedjaz, une ligne stratégique reliant Damas, en Syrie, à Médine, en Arabie saoudite. Quelques mois plus tard, les dragons se retrouvèrent dans le secteur de Jérusalem. Si le grand enjeu de la campagne de Mésopotamie portait sur les réserves pétrolières, sur le front de Palestine il s'agissait autant de contrer l'emprise des Britanniques sur le canal de Suez que de les empêcher de s'emparer de la Ville sainte.

Blessé d'une balle au genou au cours de cette bataille pour Jérusalem, Rudolf fut transporté à l'hôpital de campagne allemand situé près de Jaffa. « Atteint d'une violente crise de paludisme, délirant de fièvre, je devais être surveillé de très près. »

L'infirmière allemande qui s'occupa de lui était une jeune femme affable et pleine d'attentions : elle le dorlotait, le relevait délicatement sur son lit, veillant à ce qu'il ne se blesse pas pendant ses accès de fièvre. Au début, ses caresses le gênaient un peu, puis il comprit que « ses sentiments n'étaient pas uniquement maternels ». Dès qu'il fut à nouveau sur pied, ils se retrouvèrent dans un endroit tranquille, loin de l'agitation des salles de soins. « Sans ses avances, je ne me serais jamais risqué à pousser cette aventure jusqu'au bout et à m'initier au charme magique d'une vraie passion. Ma partenaire était si douce, si charmante, que mon amour pour elle a exercé une influence sur le cours ultérieur de mon existence. » Avec ces premiers émois, ce garçon « habitué à écarter toute manifestation de tendresse » découvrit les plaisirs d'une vraie complicité amoureuse et se jura, un peu naïvement, de ne jamais suivre l'exemple de ses camarades qui hantaient les bordels et enchaînaient les aventures adultères.

Dès qu'il fut remis de ses blessures, Rudolf reçut ordre de réintégrer sa garnison. Ce fut sans doute la mort dans l'âme qu'il quitta sa belle infirmière, mais la discipline militaire ne s'encombrait pas de sentiments. Il ne la revit jamais.

*
* *

Dans les mois qui suivirent, il fut encore blessé deux fois – le 17 novembre 1917, quelques jours avant son seizième anniversaire, par une balle dans la cuisse, puis, le 28 février 1918, aux mains et aux genoux – mais il ne quitta pas son poste.

Ses états de service pendant la guerre lui valurent trois décorations : l'Allemagne lui décerna la Croix de fer de

2e classe, et l'État de Bade récompensa son courage en Mésopotamie et en Palestine par la médaille du mérite. La guerre avait transfiguré l'écolier candide et effarouché en soldat endurci. « Elle m'avait fait mûrir, physiquement et moralement : elle m'avait marqué pour toujours. »

Du haut de ses dix-sept ans et de son mètre soixante-dix, il n'était pas aussi solidement bâti que certains de ses camarades de régiment. Avec ses yeux bruns perçants et ses cheveux blonds coupés en brosse, ce garçon mince à l'allure aguerrie avait pourtant tout du soldat. Il s'était habitué à vivre à la dure et possédait cette résistance émotionnelle – une forme d'insensibilité peut-être – qui lui permettait de se remettre de ses blessures pour repartir aussitôt au combat. Il avait surtout identifié les qualités qui, à son sens, faisaient un meneur d'hommes : savoir mettre en avant ses connaissances plus que ses galons, afficher « un calme glacial, inébranlable » face à l'adversité et « servir de modèle aux autres et ne rien laisser percer au-dehors des angoisses qui vous assaillent ».

Au printemps 1918, il eut pourtant du mal à dissimuler son chagrin en apprenant que le capitaine qu'il admirait tant avait été tué en Jordanie lors de la Grande Révolte arabe. « Je fus profondément affligé », avouerait-il.

Rudolf était à nouveau seul.

2

HANNS

Berlin, 1917

Hanns Hermann Alexander vint au monde le 6 mai 1917, un quart d'heure avant son frère Paul, dans un vaste appartement des quartiers ouest de Berlin, sur la Kaiserallee. C'étaient des enfants de la guerre, conçus à la faveur d'une permission de leur père, le Dr Alfred Alexander, qui dirigeait alors un hôpital militaire à Saverne, en Alsace allemande.

Peu après leur naissance, Alfred demanda à sa femme Henny de le rejoindre sur le front avec leurs filles, Bella et Elsie, et les jumeaux. Il savait qu'il était risqué de les faire venir, car l'hôpital était tout près du théâtre des opérations, mais il y tenait. Les Alexander restèrent dix-huit mois en Alsace, assez longtemps pour y scolariser leurs deux aînées. À la fin octobre 1918, alors que la conclusion de la guerre était imminente, des partisans du retour de la province occupée dans le giron français menaçaient de s'emparer de l'hôpital. Le docteur n'eut que quelques heures pour transporter tous ses patients et sa famille à la gare. Cette évacuation fut une tâche éprouvante, mais Alfred et son personnel parvinrent à la mener à bien et à faire embarquer tous les blessés dans le dernier train pour Berlin.

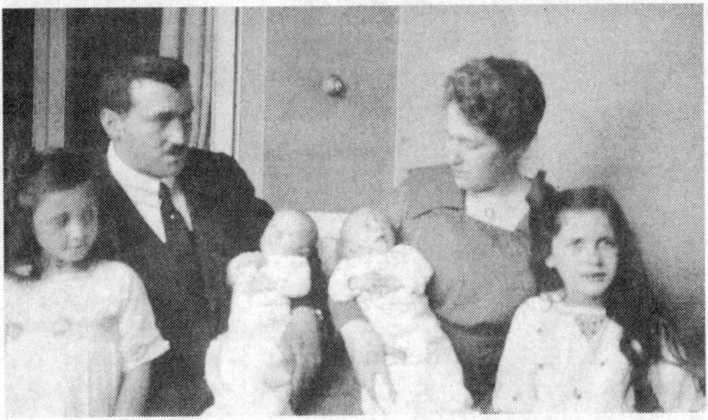

Alfred et Henny Alexander avec Bella, Hanns, Paul et Elsie, 1917

Ils n'arrivèrent cependant pas à destination : leur train s'arrêta à Ulm, à une centaine de kilomètres à l'est de Stuttgart. Des conseils ouvriers, inspirés de la révolution bolchevique qui avait déferlé sur la Russie l'année précédente, bloquaient les lignes de chemin de fer, réclamant l'armistice et, dans la foulée, l'abdication de l'empereur Guillaume II. Le pays tout entier était secoué par la révolte : à Kiel, des marins s'étaient mutinés, refusant d'appareiller pour mener un combat qu'ils savaient inutile ; en Bavière, des conseils d'ouvriers et de soldats avaient déposé le roi et proclamé une république socialiste ; d'un bout à l'autre de Berlin, des milliers de travailleurs se soulevaient. Le train fut aiguillé sur Francfort où les Alexander se réfugièrent chez les parents de Henny en attendant que le trafic reprenne.

Lorsque la petite famille retrouva enfin la capitale début décembre, l'émeute grondait. Trois semaines plus tôt, le 9 novembre 1918, le Kaiser avait renoncé à la couronne, précipitant la chute de l'Empire allemand. Depuis, une alliance incertaine entre le parti social-démocrate (SPD) et les hauts dirigeants de l'armée comblait tant bien que mal le vide politique. Mais ce gouvernement provisoire conduit par le chef du SPD, Friedrich Ebert, avait grand-peine à asseoir son autorité. Lassées de la lenteur des réformes, des factions d'extrême gauche descendirent dans la rue, tandis que des groupuscules de droite qui n'avaient pas digéré la défaite formaient des milices pour combattre les rouges et les conseils ouvriers. Face à la montée des tensions, l'armée leva de nouvelles brigades de soldats et d'officiers récemment démobilisés pour réprimer l'insurrection communiste. La violence que déchaînèrent ces unités ne fit qu'attiser la révolte.

Dans ce climat d'effervescence, il était risqué de sortir à la nuit tombée, la nourriture se faisait rare et Alfred n'avait pu rouvrir son cabinet. Pour ne rien arranger, l'économie, éreintée par quatre années de guerre, était au bord de la faillite.

Bella, Elsie (déguisées en soldats), Hanns et Paul Alexander

Alors qu'au-dehors, la cocotte-minute semblait près d'exploser, un ordre et un calme imperturbables régnaient chez les Alexander. Dès son retour, Henny s'était empressée d'ôter les draps protégeant les meubles, de dépoussiérer les murs et de remplir du mieux qu'elle le pouvait le garde-manger ; au bout de quelques jours, le foyer avait repris vie. C'était le centre du petit monde de Hanns et Paul, qui avaient maintenant dix-neuf mois et, insoucieux des bouleversements politiques, entreprenaient jour après jour d'en explorer tous les recoins.

La demeure familiale occupait tout le premier étage d'un bel hôtel particulier au 219-220 Kaiserallee, à mi-chemin entre la Schaperstrasse et l'angle de la Spichernstrasse et de la Regensburgerstrasse. La Kaiserallee, artère principale de la ville reliant le quartier populaire de Friedenau, au sud, à celui, plus cossu, de Wilmersdorf au nord-ouest, était l'une des adresses les plus huppées de Berlin. L'appartement, immense, ne comptait pas moins de vingt-deux pièces, dont cinq chambres, trois séjours, deux chambres de domestiques, une grande cuisine et une salle de bains. Le Dr Alexander y installa son cabinet et, dès janvier 1919, commença à recevoir ses patients dans le salon attenant à l'entrée. La grande salle de réception s'étirait sur toute la largeur de la façade et pouvait aisément accueillir quarante convives. Ses deux balcons donnaient sur la Kaiserallee.

À l'extérieur, une haute porte cochère en chêne brun massif ouvrait, comme dans la plupart des immeubles berlinois du milieu du XIXe siècle, sur une vaste cour intérieure laissant entrer des flots de lumière dans les logements. L'édifice était adossé à un jardin public où Bella, Elsie et les jumeaux allaient souvent jouer avec leurs petits voisins.

Le quartier était le cœur battant de la communauté juive de l'ouest de Berlin. Les Alexander n'avaient que quelques pas à faire pour aller musarder dans les grands magasins

Angle de la Kaiserallee et de la Spichernstrasse, Berlin, 1917

du Kurfürstendamm, où ils rencontraient toujours quelques connaissances, pique-niquer sur les pelouses impeccables du Tiergarten ou aller voir les animaux au jardin zoologique.

Alfred venait d'une famille aisée de la haute bourgeoisie qui ne comptait plus ses docteurs et ses avocats, mais il n'avait pas pour autant été épargné par la vie. À cinq ans, il avait déjà perdu son père, emporté par une leucémie, et sa sœur, qui avait succombé à une pneumonie. Une quinzaine d'années plus tard, sa mère était morte des suites d'une violente crise d'asthme. En dépit de ces épreuves, il était parvenu à décrocher son diplôme de médecine dans l'une des plus prestigieuses universités d'Allemagne et à ouvrir un cabinet dans la capitale. C'était un caractère lunatique, qui pouvait tantôt s'emporter contre sa femme et se retrancher dans sa bibliothèque pour se replonger dans ses romans policiers écornés, tantôt se montrer expansif et plein d'affection. Sa sensibilité exacerbée confinait parfois à la sensiblerie : il n'était pas rare de lui voir la larme à l'œil lorsqu'il écoutait des arias sur son gramophone ou un discours d'anniversaire un tant soit peu émouvant.

Henny, qui descendait de deux des plus riches familles juives d'Europe, avait en revanche eu une enfance bien plus facile. Son père, Lucien Picard, un banquier très respecté, était consul suisse à Francfort. Sa mère, Amalie, appartenait au clan fortuné des Schwarzschild, si célèbre dans sa ville d'origine que les enfants lui avaient composé une ritournelle :

À Francfort, à Francfort, si vous ne pouvez pas être aussi riche que les Rothschild,
Vous pouvez toujours espérer être aussi riche que les Schwarzschild.

Sans être svelte ni coquette, Henny était plutôt jolie : bien en chair, les bras robustes, le visage poupin, elle avait l'œil pétillant et beaucoup d'humour. Toujours serviable, elle était appréciée pour sa générosité. Grande fumeuse, elle avait toujours une cigarette au bec, jusque dans la cuisine où elle aimait à se mêler des concoctions de la bonne ; il n'était pas rare de la voir tapoter le bout de sa cigarette sur le rebord d'une casserole, assaisonnant ainsi la soupe de cendres. Avec son franc-parler et son caractère volontaire, cette femme de tête avait l'étoffe d'une matriarche. Elle était le véritable pilier de la famille.

Hanns et Paul passaient beaucoup de temps avec leurs parents et leurs sœurs, mais au quotidien, c'était surtout Anna, leur nounou, qui s'occupait d'eux. Ils étaient d'autant plus attachés à cette brave femme qu'elle avait en matière d'éducation des idées très avancées sur son temps, estimant qu'il fallait encourager les enfants à exprimer librement leur personnalité.

Le calme dura jusqu'à ce que les jumeaux commencent à marcher. À cinq ans, ils s'étaient déjà taillé une réputation de garnements : ils fonçaient dans le couloir au volant de leur voiture à pédales, une belle Hollander rouge, déboulaient dans la salle à manger, faisaient le tour de la table, s'engouffraient dans le salon et repartaient à toute allure dans le couloir, éraflant les murs, écaillant les peintures et poussant des hurlements qui faisaient sursauter les domestiques.

Ils apprirent également bien vite à jouer de leur ressemblance. Lorsqu'on attendait des invités, ils étaient censés les accueillir à l'entrée. En fait, un seul des jumeaux, vêtu d'un joli tablier, se postait sagement devant la porte et serrait la main d'un visiteur. Puis il s'esquivait, ôtait son tablier, et revenait en saluer un autre. Entre-temps, son frère était dans la cuisine et s'empiffrait des petits plats que la bonne, Hilde, avait préparés ce jour-là.

L'une de leurs lectures préférées était *Max et Moritz*, une histoire en images racontant les sept mauvais tours de deux affreux diablotins qui terrorisent leurs amis et voisins : dans un épisode, ils scient les planches d'une passerelle et regardent en riant aux éclats le tailleur du village tomber dans la rivière et se débattre dans le courant ; quelques pages plus loin, ils se glissent subrepticement chez leur instituteur pour bourrer de poudre à fusil sa pipe, qui lui explose au visage et lui roussit les cheveux…

Hanns et Paul, 1920

Ce livre inspira à Hanns et Paul tout un répertoire de bêtises. Ils firent déborder la baignoire, inondant la salle de consultation de leur père ; quand ils jetèrent des pétards dans la cuisine, Hilde eut si peur qu'elle en laissa tomber par terre le magnifique rôti du déjeuner ; le jour où ils allumèrent un feu dans le salon pour jouer aux Indiens,

Elsie, qui sentit une odeur de brûlé, arriva juste à temps pour éteindre les flammes d'un seau d'eau. Quand ils ne mettaient pas la maison sens dessus dessous, ils s'amusaient simplement à taquiner leur entourage. Leur cible privilégiée était Bella qui se donnait de grands airs de jeune fille bien élevée. Lorsqu'elle invitait des amies pour le thé, ils se cachaient sous la table et, au moment venu, glissaient habilement une main sur la nappe pour chaparder gâteaux et chocolats ; à l'occasion, ils en profitaient pour regarder sous les jupes des filles dont les piaillements d'effroi les ravissaient. Bella avait beau les chasser, les galopins trouvaient aussitôt moyen de revenir.

Les jumeaux n'étaient pratiquement jamais punis pour leurs frasques. Leurs parents leur laissaient la bride sur le cou. Le Dr Alexander se fâchait bien une fois de temps en temps, mais en règle générale, il abandonnait la discipline à sa femme. À chaque nouveau méfait, Henny faisait mine de les gronder, mais elle ne les surveillait pas pour autant, les encourageant ainsi à repousser toujours plus loin les limites de leur audace.

Hanns et Paul vers 1920

Entre deux exploits, Hanns se plaisait à fouiner dans les placards et les tiroirs pour dénicher les souvenirs de guerre de son père. Au salon, il feuilletait inlassablement les albums photo : Alfred en hussard, juché sur sa monture ; Alfred prenant la pose dans une tranchée lors d'un déplacement sur la ligne de front ; Alfred devant l'hôpital d'Alsace… L'enfant observait longuement l'uniforme militaire accroché dans la penderie du couloir – une veste et un pantalon gris soigneusement repassés, un casque à pointe brillant et des bottes de cavalier. Mais de tous ces objets, son préféré était la Croix de fer 1re classe du docteur, une médaille de bronze attachée à un ruban rayé noir et blanc qu'Alfred conservait sur son bureau dans un petit écrin vert. Dans le secret de sa solitude, Hanns sortait la médaille de sa boîte et, priant pour que personne ne le surprenne, se la passait autour du cou et bombait le torse devant la glace, s'imaginant dans la peau d'un héros de guerre.

Le Dr Alfred Alexander, 1917

En 1922, le Dr Alexander recevait tant de patients que son cabinet à domicile n'y suffisait plus. Bien qu'il n'en eût pas véritablement les moyens, il décida de créer un grand centre médical. Il jeta son dévolu sur un édifice de trois étages au 15 Achenbachstrasse, tout près de la Rankeplatz, à deux pas de chez lui. Il fit appel à un architecte, emprunta aux parents de Henny et transforma l'immeuble en sanatorium équipé d'appareils de radiologie de pointe, d'un laboratoire et même d'un toit-terrasse où les convalescents iraient respirer le grand air. Il s'associa avec trois autres médecins, engagea une équipe d'infirmières et de techniciens. La clinique ouvrit ses portes en 1923. Quelques semaines plus tard, tous les lits étaient occupés.

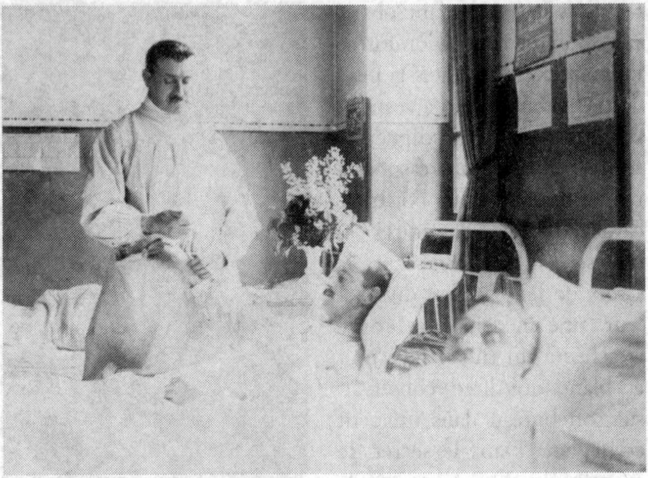

Le Dr Alexander dans sa clinique de Berlin, 1922

Chaque jour, le docteur faisait la tournée des patients ; les infirmières le suivaient à la trace car il laissait systématiquement son cigare allumé à l'entrée des chambres.

La période était toutefois mal choisie pour risquer de si gros investissements. Depuis la fin de la guerre, l'Allemagne peinait à se relever et le paiement des réparations de guerre aux Alliés achevait de dégrader l'économie. La monnaie nationale ne cessait de se déprécier : le mark-or qui, à la fin de 1921, s'échangeait contre dix marks-papier, en valait dix mille un an plus tard et cent millions à l'hiver 1923. Le dollar en arriva alors à coter 4 200 milliards de marks ! Cette hyperinflation se traduisit par une telle flambée des prix qu'il devint pratiquement impossible de faire ses courses. Comme tout le monde, les Alexander durent s'adapter à cette absurde envolée du coût de la vie, qui touchait autant leurs dépenses que leurs revenus.

La crise n'épargna pas Alfred. Il avait déjà perdu une grande partie de sa clientèle pendant la guerre et, comme il s'efforçait maintenant d'indexer jour après jour ses tarifs sur l'inflation, ses honoraires se révélaient trop élevés pour la plupart de ses patients. Il les soignait tout de même au nom du principe de miséricorde, estimant que nul ne devait être privé de soins faute d'argent. Cet altruisme n'aidait cependant ni à faire bouillir la marmite, ni à payer les factures. Pour joindre les deux bouts, il travaillait de plus en plus, consacrait tout son temps à ses malades et ne rentrait que rarement prendre ses repas avec ses enfants.

En grandissant, Hanns commença à prendre conscience de sa judéité. Comme bien d'autres juifs berlinois, les Alexander n'étaient pas particulièrement pratiquants. Ils n'observaient que les grandes fêtes du calendrier hébreu et se disaient volontiers « juifs trois jours par an » : pour les deux jours de Roch Hachana et le jour de Yom Kippour, ils se rendaient à la Neue Synagogue du centre-ville et de temps à autre, le samedi matin, assistaient à l'office du shabbat de leur synagogue de quartier, sur la Fasanenstrasse.

Enfant, Alfred avait toujours fêté Noël et il perpétuait la tradition dans sa famille. Tous les ans, les Alexander allaient passer les vacances d'hiver à Francfort chez les parents de Henny. Les Picard, d'obédience strictement orthodoxe, tout en voyant cette fantaisie d'un très mauvais œil, avaient fini par autoriser leur gendre à installer un petit sapin au grenier, dans les communs. Loin des regards désapprobateurs de leurs grands-parents, les enfants se régalaient à décorer l'arbre : ils dispersaient de branche en branche de jolies figurines de bois sculpté – un renne, un elfe, un traîneau –, des boules de verre renfermant un ange ou un bonhomme de neige, des pièces en chocolat dans leur papier doré, des petits paquets de velours aux couleurs vives suspendus à de gros rubans rouges, et enfin, posaient la dernière touche en accrochant une belle étoile argentée à la cime de l'arbre.

Hanns apprit bientôt que sa famille possédait son propre Livre saint, la « Torah des Alexander », que son père conservait précieusement dans un placard de sa bibliothèque. Conformément à la tradition, à la mort d'Alfred, ce serait lui, son fils aîné, qui en hériterait.

L'ouvrage datait de 1790. Il avait été commandé à un *sofer* par son quatrième aïeul, Moses Alexander, qui habitait alors la petite ville de Thalmässing, dans les environs de Nuremberg. Tous les détails de la production d'un Sefer Torah* étaient strictement dictés par la tradition juive : chaque jour, avant de prendre sa plume, le scribe se lavait les mains, revêtait ses *tefillin* et méditait quelques minutes en silence. Après quoi, il recopiait une à une les 304 805 lettres hébraïques sacrées à partir d'un autre rouleau parfait, en les prononçant à voix haute. À la moindre erreur, il grattait l'encre séchée au couteau, mais s'il avait fait une faute en écrivant le nom de Dieu, il devait découper toute la feuille du parchemin et la reprendre entièrement. Il fallait généralement compter entre six mois et un an pour retranscrire un Sefer Torah, mais à en juger par la finesse de sa calligraphie, les arabesques délicates terminant chacune des lettres, l'irréprochable tracé des lignes et la couture à peine visible des feuillets, celle des Alexander avait dû exiger bien plus de temps. L'exécution de cette tâche était une *mitzvah*, l'accomplissement d'un précepte religieux qui assurait la protection divine à son commanditaire et à toute sa descendance.

Une fois l'an, la famille allait célébrer Simchat Torah à la synagogue de la Fasanenstrasse. Ce jour de réjouissances, qui couronnait la fête des cabanes, était un hommage aux textes

* Copie manuscrite des rouleaux de la Torah exécutée par un *sofer*, scribe professionnel expert en calligraphie hébraïque.

La Neue Synagogue de Berlin

sacrés. Tous les hommes de la communauté, suivis d'une ribambelle d'enfants, portaient les rouleaux de la Torah en procession dans l'enceinte du temple, puis faisaient sept fois le tour de la *bimah*, dans l'allégresse générale. Les fidèles accompagnaient ce cortège de chants joyeux et s'inclinaient au passage des parchemins. À la fin de la cérémonie, le rabbin distribuait des friandises aux enfants et leur donnait sa bénédiction.

À partir de 1924, l'économie allemande se stabilisa et la croissance reprit. L'activité d'Alfred redémarra et prospéra. Vers la fin de la décennie, le Dr Alexander passait pour l'un des meilleurs médecins de la bonne société berlinoise. Il voyait défiler dans son cabinet certains des plus grands scientifiques, artistes et vedettes de cinéma de son temps. Sociable par nature, il ne dédaignait pas leur compagnie et les invitait d'autant plus volontiers chez lui que son épouse, hôtesse accomplie, organisait de somptueux dîners. Emporté dans ce tourbillon mondain, le couple délaissa peu à peu la synagogue et la communauté juive.

Alfred gagnait maintenant très bien sa vie et ce nouveau milieu lui ouvrait des perspectives bien plus brillantes. Mais au moment où l'avenir des Alexander semblait assuré, un autre visage de l'Allemagne d'après-guerre commençait à apparaître.

3

RUDOLF

Berlin, 1918

L'Empire ottoman signa un armistice avec la Grande-Bretagne et la France le 30 octobre 1918. L'Autriche-Hongrie lui emboîta le pas le 3 novembre. Puis, le 11 novembre à cinq heures du matin, dans le wagon-salon du train d'état-major du maréchal Foch stationné en forêt de Compiègne, les Allemands capitulèrent à leur tour devant les Alliés. La guerre était enfin terminée. Elle avait duré quatre ans, touché quelque soixante-dix millions de personnes et coûté la vie à plus de neuf millions de combattants.

Lorsque la nouvelle de l'armistice tomba, Rudolf se trouvait à Damas, où il menait des opérations de reconnaissance à la tête de son propre détachement. Ses chefs de corps lui conseillèrent de se rendre, mais il mit un point d'honneur à ne pas se laisser capturer, n'ayant aucune envie de finir dans un camp de prisonniers de guerre. Il avait alors seize ans et, promu au grade de sergent, c'était l'un des plus jeunes officiers de l'armée. Il annonça à son commando qu'il comptait regagner l'Allemagne. Ses hommes, des soldats aguerris qui avaient tous plus de vingt ou trente ans, se rallièrent à leur jeune supérieur, prêts à tout pour retrouver leur patrie.

Leur périple dura trois mois. Partis de Syrie, ils traversèrent la Turquie pour rejoindre Istanbul. Puis ils franchirent la mer Noire sur un vieux rafiot qui les débarqua à Varna, sur les côtes bulgares. De là, ils reprirent leur route vers l'ouest, affrontant en chemin des troupes alliées qui continuaient à se battre en Roumanie. Voyageant à cheval, généralement de nuit pour éviter la police militaire et les milices populaires, ils bravèrent les hautes neiges de Transylvanie et les cols vertigineux des Carpates, avant de remonter vers la Hongrie et l'Autriche pour, enfin, atteindre Mannheim.

Lorsque Rudolf arriva chez lui, rien n'était plus pareil. Sa mère était morte un an plus tôt, le 8 avril 1917, emportée à trente-sept ans par une maladie. Son oncle et tuteur avait envoyé ses sœurs au couvent, vendu la demeure familiale et jeté toutes les affaires personnelles de son neveu. Le garçon était furieux, mais il aurait dû s'y attendre. En deux ans, il n'avait pratiquement donné aucune nouvelle à sa famille, qui s'imaginait qu'à son retour, il cesserait de jouer les fortes têtes et se résoudrait enfin à entrer dans les ordres. L'oncle avait d'ailleurs veillé à mettre de côté une partie des recettes de la vente de la maison pour financer ses études au séminaire. Compte tenu de la précarité de l'économie allemande d'après-guerre, cela n'aurait pas nécessairement été un mauvais choix. Pourtant, Rudolf n'avait aucunement l'intention de se soumettre à la volonté de ses proches et de devenir prêtre ; la guerre avait fait de lui un autre homme et il n'était plus fait pour l'étude et la prière. Il renonça donc à son maigre héritage et chercha une voie qui lui conviendrait davantage.

Quelque temps plus tard, il apprit par un ancien camarade d'armée que des soldats allemands démobilisés avaient formé un corps franc et repris les armes contre les Russes en Lettonie. S'il voulait les rejoindre, il devait se rendre à Berlin et trouver un certain Gerhard Rossbach.

Les corps francs, ou *Freikorps*, étaient des unités paramilitaires autonomes chargées de rétablir la stabilité dans le pays ; ils étaient composés de nationalistes convaincus et formés à l'esprit de discipline, alléchés par la promesse de gagner un lopin de terre s'ils remplissaient leur mission. À la fin de l'année 1919, les *Freikorps* compteraient plus de deux cent mille hommes.

Rossbach était l'incarnation même de la droite réactionnaire de l'époque : il s'était battu pendant la Première Guerre et l'armistice lui avait laissé un goût amer. Redoutant de voir les bolcheviks s'emparer de son pays, il était déterminé à lui rendre le rang qui lui était dû par la force des armes. Originaire d'un petit village de Poméranie (dans le nord-ouest de la Pologne actuelle), il n'avait que vingt-cinq ans mais il exerçait un extraordinaire pouvoir de fascination sur les jeunes recrues qui voyaient en lui l'archétype de l'« homme idéal » : grande gueule, brutal, impitoyable, dur à cuire – un type qui aimait la cogne, la casse et les beuveries.

C'était la première fois que Rudolf se rendait à Berlin. Il trouva une ville en proie au chaos. Des foules de travailleurs mécontents avaient occupé la rédaction de plusieurs journaux et des barricades gardées par des spartakistes en armes bloquaient les rues. Des chargements de viande et de légumes pourrissaient dans des trains immobilisés aux abords de la ville, paralysée par une série de grèves et de manifestations. Chaque nouvelle journée apportait son lot de morts et l'on repêcherait bientôt dans un canal le cadavre de Rosa Luxemburg. Le gouvernement réformiste, toujours dirigé par les sociaux-démocrates de Friedrich Ebert, avait déployé des corps francs, qui materaient la révolte dans le sang.

On ne sait pas exactement quand Rudolf rencontra Rossbach, mais ce fut certainement dans les premiers mois de 1919, et il fut rapidement informé de la prochaine mission des *Freikorps* : la brigade s'apprêtait à parcourir plus de mille kilomètres, en train et à pied, pour se rendre sur la Baltique afin de prêter main-forte à la Division de Fer, un autre *Freikorps* qui tentait d'empêcher les Soviétiques d'occuper la Lettonie. La plupart de ses volontaires s'étaient engagés pour venir en aide à la minorité germano-balte et ramener la région perdue pendant la guerre dans le giron allemand ; pour d'autres, cette expédition était surtout une occasion de défouler leur agressivité sur les bolcheviks honnis. Rudolf n'eut pas à réfléchir à deux fois pour signer.

De Berlin, les trois mille hommes de la brigade Rossbach firent d'abord route vers le nord, passant par la ville libre de Dantzig, puis bifurquèrent vers le nord-est, traversèrent la Lituanie et poursuivirent jusqu'à Riga, capitale de Lettonie. Ce fut un voyage épique et éprouvant, mais Rudolf se retrouvait dans son élément.

> J'étais redevenu soldat ; j'avais retrouvé une patrie, un asile, auprès de mes camarades. Chose étrange : moi, le solitaire, habitué à diriger ma vie intérieure sans demander l'avis de personne, je me suis toujours senti attiré par cette ambiance de camaraderie qui permet de s'épauler mutuellement en cas de difficultés ou de dangers.

À Riga, le détachement de Rossbach fit sa jonction avec la Division de Fer. Avec l'appui des partisans lettons, ils parvinrent à arrêter la percée de l'Armée rouge et à la repousser. Après ce premier succès, ils marchèrent sur la ville et, le 23 mai 1919, confisquèrent le pouvoir aux Lettons. Leurs intentions étaient désormais claires : ils étaient là pour rendre le contrôle des provinces baltes à la population allemande locale.

Les *Baltikumer** se livrèrent alors à de terribles exactions. On les accusa notamment du massacre de trois cents Lettons dans la petite ville de Jelgava, de deux cents autres à Tukums, et de

* Dénomination des corps francs opérant en Lettonie et en Estonie.

plus de trois mille à Riga. Une fois les Russes chassés de leur territoire, les Lettons se retournèrent contre leurs anciens alliés allemands et demandèrent de l'aide à leurs voisins estoniens. Pendant un mois, on ne sut plus très bien qui se battait contre qui. Les Lettons, eux, semblaient se battre contre tout le monde : les Russes, les Allemands, et même leur propre peuple.

Rudolf n'avait jamais vu de guerre aussi sanguinaire, pas même pendant les pires batailles de la campagne de Mésopotamie : cette fois, les populations civiles étaient prises dans la tourmente.

> Les Lettons se vengeaient cruellement de leurs propres compatriotes qui avaient abrité ou ravitaillé des soldats allemands ou des hommes de l'Armée blanche. Ils incendiaient les maisons et brûlaient vifs leurs habitants. Combien de fois n'ai-je pas vu le spectacle affreux de ces chaumières brûlées et des corps de femmes et d'enfants carbonisés ? J'étais moi-même comme pétrifié par ce tableau effroyable lorsque je le vis pour la première fois. Il me semblait alors que la folie destructrice des hommes avait atteint son paroxysme et qu'on ne pouvait pas aller au-delà. Par la suite, j'ai souvent assisté à des spectacles encore plus épouvantables mais je vois toujours cette chaumière à moitié brûlée et la famille carbonisée à l'orée d'une forêt sur les rives de la Dvina ; j'étais encore, à cette époque, capable de prier et je ne m'en privais pas.

Dans les *Freikorps*, Rudolf découvrit de nouveaux degrés de brutalité et de violence. Mais il y vit également des hommes se dévouer corps et âme à une cause et, plus encore, à un chef, auquel ils faisaient allégeance. La cohésion des volontaires était renforcée par des tribunaux secrets inspirés de la Sainte-Vehme*, mis en place pour juger les individus

* Au XIIIe siècle, cette confrérie secrète de sinistre mémoire établit en Allemagne des tribunaux d'une exceptionnelle sévérité qui s'étaient attribué une juridiction sur les affaires civiles et religieuses et opéraient tout à la fois comme accusateurs, juges et exécuteurs des sentences.

soupçonnés de trahison. Les accusés déclarés coupables étaient fusillés sur-le-champ.

Les troupes lettones finirent par endiguer la poussée impérialiste des corps francs et, avec le soutien britannique, les contraignirent à se replier à l'ouest, vers la Prusse. Les milices allemandes avaient réussi à déjouer l'offensive bolchevique dans les Pays baltes mais leur entreprise de conquête avait échoué – et, du même coup, les lopins de terre promis leur avaient échappé.

Pendant que Rudolf se battait contre les Russes et les Lettons, le peuple allemand avait élu une nouvelle assemblée. Dominée par des personnalités de centre-droit, elle adopta une nouvelle Constitution qui instaura la république de Weimar. Désormais, le pouvoir tergiversait dans son soutien aux *Baltikumer*. Tantôt il leur fournissait des armes et des fonds pour les aider à reprendre les provinces baltes et la Prusse orientale, tantôt il les désavouait publiquement. Au moment où la brigade Rossbach se retrouva le plus en difficulté, la République ne lui porta aucune assistance. Comme tous les autres miliciens, Rudolf et Rossbach en tirèrent les conséquences : leur pire ennemi n'était plus les bolcheviks ni même les Lettons, mais bien la République allemande.

Après avoir été chassée de Riga, l'unité de Rossbach resta active encore deux ans, opérant tantôt comme force de police, tantôt comme armée privée lancée contre les Polonais, les Français ou les communistes, dans le sud de la Pologne et dans le nord et l'ouest de l'Allemagne.

La violence débridée et l'antirépublicanisme affiché de ses membres commençaient néanmoins à faire désordre. En 1921, le corps Rossbach fut officiellement dissous par le gouvernement allemand. Rossbach en prit son parti et ouvrit un bar à Berlin, où il employa les anciennes recrues de sa brigade : le Tiergarten-Club, au 18 Hohenzollernstrasse, faisait office de quartier général et de couverture pour la collecte et l'entreposage d'armes. Il dispersa le reste de ses hommes dans la région de la Baltique et en Pologne : ils travailleraient sur de grands domaines appartenant à des sympathisants de la cause nationaliste en attendant l'occasion de reprendre du service à ses côtés. C'est ainsi que Rudolf devint apprenti agricole dans une ferme près de la petite ville de Parchim, à cent cinquante kilomètres au nord de Berlin. Lui qui avait toujours aimé les animaux et la nature était ravi de ce retour à la terre et à une vie simple.

Quelques mois plus tard, en novembre 1922, il retrouva ses anciens compagnons d'armes à Munich pour le quatrième anniversaire de la brigade Rossbach. La fête était présidée par Gerhard Rossbach en personne, qui sortait tout juste de prison après avoir été arrêté pour tentative de renversement de la république. À cette occasion, il remobilisa ses troupes : ensemble, ils créeraient une nouvelle « organisation du pouvoir » qui « mettrait fin à l'absurdité actuelle » à coups de « gourdin et de baïonnette ». Ce soir-là, il entraîna ses hommes à l'autre bout de la ville pour écouter le discours d'un certain Adolf Hitler, étoile montante du parti national-socialiste.

Créé à l'origine sous le nom de parti ouvrier allemand (DAP) en janvier 1919, le parti national-socialiste des travailleurs allemands (NSDAP), basé à Munich, était l'une des dizaines d'organisations *völkisch* actives dans l'Allemagne de l'après-guerre. Se prévalant de leurs idéaux de suprématie nationale et de pureté ethnique (et, du même coup, ouvertement antislaves et antisémites), ces groupes bénéficiaient d'un large soutien populaire. Le NSDAP mit toutefois un certain temps à s'imposer. La première fois que Hitler avait pris la parole en public, en septembre 1919, son auditoire se limitait à une quarantaine de personnes. En 1921, en grande partie grâce à ses exceptionnels talents d'orateur, le parti revendiquait plus de trois mille adhérents et, l'année suivante, sa réputation attirait déjà les anciens des corps francs.

Rossbach et ses hommes passèrent les portes du Kindl-Keller, un grand bâtiment en L du 18 Rosenheimerstrasse, descendirent quelques marches et découvrirent une vaste salle où s'entassait une foule de quatre mille hommes et femmes.

À l'entrée de la cave à bière, Adolf Hitler, assis sur une chaise, était perché sur une estrade. C'était un petit homme de trente-trois ans, sanglé dans un costume sombre qu'il portait sur un gilet de cuir et une chemise au col blanc empesé. Il était chaussé de lourdes bottes. Après de brèves présentations, il se leva et brossa rapidement un tableau de l'histoire récente de l'Allemagne : la défaite, la chute de l'empereur, la lutte entre nationalistes et socialistes, la fondation de la république, la trahison de Versailles. Enhardi par un public réceptif, il accompagnait ses propos de grands moulinets des bras. Il salua le coup de force de Benito Mussolini, chef du parti national fasciste italien qui, trois semaines plus tôt, avait fait marcher ses Chemises noires sur Rome et pris le pouvoir ; il rendit un hommage appuyé à la bravoure et au courage des soldats de la Grande Guerre ; il s'en prit aux profiteurs de guerre et aux juifs qui avaient alimenté le marché noir, et vitupéra le mépris des communistes pour les us et coutumes allemands. À la fin de son discours, le public applaudit à tout rompre.

Rudolf n'avait jamais rien vu de tel. Il était d'accord avec ce que disait Hitler, mais la propagande de masse, qui lui paraissait exciter les plus bas instincts des foules, le gênait. Pourtant, il se sentait proche de ces gens-là. Comme la plupart de ses compagnons de la brigade, il rejoignit la file de jeunes gens et de jeunes femmes qui patientaient pour entrer dans les rangs du parti national-socialiste. Quand son tour arriva, il inscrivit son état civil, signa et se vit remettre une carte avec son numéro d'adhérent : 3240.

En tant que membre de la première heure du NSDAP, Rudolf aurait pu faire carrière au sein de l'organisation. Il retourna cependant à son emploi d'ouvrier agricole, dans des fermes du Mecklembourg. À l'époque, il n'aspirait à rien d'autre qu'à travailler la terre.

Six mois plus tard, le 31 mai 1923, Rudolf retrouva à dîner Martin Bormann et deux autres amis dans un restaurant de Parchim. Dans les premières chaleurs de l'été, les quatre jeunes gens s'attardèrent à table, vidant bière sur bière. Soudain, ils aperçurent un ancien compagnon d'armes assis à une table voisine, Walter Kadow. Ce dernier avait quitté le *Freikorps* dans des circonstances troubles : on le soupçonnait d'avoir livré aux Français l'un des chefs de la résistance contre l'occupation française de la Ruhr, Albert Leo Schlageter, auteur de plusieurs opérations de sabotage dans la région. Arrêté par les Français, Schlageter avait été condamné à mort et fusillé le 26 mai sur la plaine de Golzheim, près de Düsseldorf.

Rudolf, Bormann et les autres se joignirent à Kadow et engagèrent la conversation le plus naturellement du monde. Puis, échauffés par l'alcool, ils lui proposèrent une promenade en voiture, sans lui dire où ils comptaient l'emmener. À la sortie de la ville, ils l'entraînèrent dans des bois sombres et, armés de gourdins, le rouèrent de coups jusqu'à ce qu'il s'effondre. Lorsqu'il fut couvert de sang, à moitié mort, l'un des comparses lui trancha la gorge et un autre lui logea deux balles de revolver dans la tête, à bout portant. Ils enterrèrent le corps dans les bois et retournèrent en ville. Dans son autobiographie, Rudolf évoquerait cet épisode avec une concision glaciale : « Aujourd'hui comme hier, je suis fermement convaincu que le traître avait mérité la mort. »

Quelques jours plus tard, l'un des meurtriers appela le *Vörwarts*, organe officiel du SPD à Berlin, et exposa les faits à un journaliste. Rudolf et Martin Bormann furent arrêtés peu après. Ils s'étaient entendus pour que Höss couvre son complice, mais on ne sait pas très bien si l'initiative venait de lui ou de Bormann. Quoi qu'il en fût, il endossa toute la responsabilité du meurtre.

Rudolf se laissa passer les menottes sans broncher. Il était persuadé que son affaire serait classée et que les autorités, de mèche avec les milices d'extrême droite qu'elles utilisaient pour mater les velléités d'insurrection, s'empresseraient de le faire libérer. Or, cet arrangement n'allait pas durer.

Peut-être Martin Bormann (à gauche) et Rudolf Höss (à droite), vers 1923

Le 9 novembre à Munich, à la tête d'un groupe de nationaux-socialistes – parmi lesquels Gerhard Rossbach –, Hitler investit une brasserie dans laquelle Gustav von Kahr, commissaire de l'État de Bavière, s'apprêtait à prononcer un discours devant trois mille personnes. Il sauta sur l'estrade, tira un coup de feu en l'air et annonça d'une voix puissante et résolue que le gouvernement de Bavière était renversé. « Le jour que j'attendais avec tant d'impatience depuis cinq ans est arrivé ! Je ferai de l'Allemagne une invincible puissance ! » clama-t-il. Le coup de main se poursuivit dans les rues de Munich, où des échauffourées opposèrent les putschistes aux forces de l'ordre jusqu'au point du jour. Les affrontements firent seize morts. Hitler, lui-même blessé, fut arrêté deux jours plus tard, jugé et condamné à cinq ans de prison pour haute trahison. L'accord tacite entre les milices paramilitaires et le gouvernement était rompu : les prisonniers politiques ne pouvaient plus espérer de libération anticipée.

Alors que les projecteurs étaient braqués sur le procès de Hitler, Rudolf comparaissait devant un tribunal de Leipzig qui le jugea coupable d'homicide involontaire ; il échappa à l'accusation de meurtre car, bien que le crâne fracassé de la victime eût été présenté parmi les pièces à conviction, le procureur n'avait pu dire avec certitude si la mort avait été entraînée par l'égorgement, les coups à la tête ou les blessures par balle. Le 15 mars 1924, Höss écopa de dix ans de travaux forcés, Bormann de un an de prison.

À leur sortie du tribunal, Rudolf et ses complices furent accueillis par leurs camarades qui entonnèrent de vieux airs de combat, scandèrent leurs noms et leur souhaitèrent bon courage. Rudolf fut conduit à Brandebourg, près de Berlin, et remis à ses geôliers à l'entrée de la sinistre prison de brique dressée sur cinq niveaux le long de la Neudorferstrasse. Rudolf n'avait que vingt-deux ans et à aucun moment il n'avait imaginé passer dix années de sa vie derrière les barreaux.

Les conditions de détention étaient très dures. Le pénitencier, essentiellement peuplé de petits délinquants, d'escrocs de bas étage, d'assassins et de cambrioleurs notoires, était connu pour son hygiène déplorable et sa violence endémique. Dans cet univers parallèle du crime, la principale monnaie d'échange était le tabac. Il était interdit de fumer à l'intérieur des murs de la centrale, mais les prisonniers s'assuraient les bonnes grâces de leurs geôliers en partageant avec eux leurs cigarettes.

En tant que prisonnier politique, Rudolf fut placé en cellule individuelle – privilège qui lui offrait une certaine intimité et la maîtrise de son environnement immédiat. Il entretenait impeccablement sa chambre et s'enorgueillissait de ne jamais être pris en défaut lors d'une inspection.

Son quotidien, rythmé par les exercices dans la cour et les tâches rébarbatives de ses fonctions de manutentionnaire, était plutôt monotone et ennuyeux. Il passait le plus clair de son temps à lire, chose qu'il n'avait jamais eu le temps de faire lorsqu'il était en service actif. Le pénitencier possédait une petite bibliothèque, à laquelle s'ajoutaient les lectures que lui envoyaient ses amis de l'extérieur. Rudolf dévorait tout ce qui lui tombait sous la main, avec une préférence pour les traités agricoles, les livres d'histoire, d'ethnologie et de génétique. Il apprit également l'anglais, qu'il parlait couramment à sa sortie de prison. Il ne pouvait écrire qu'une lettre par mois, d'un nombre de pages limité, mais ses amis de la brigade le tenaient régulièrement informé des événements politiques.

Lorsqu'il ne lisait pas, il écoutait les conversations de ses codétenus. Il en était une qui le marqua particulièrement : l'un de ses voisins de cellule s'était vanté d'avoir attaqué la maison d'un garde forestier, assassiné la bonne et la maîtresse de maison à coups de hache avant de fracasser la tête des quatre enfants contre le mur. Cette histoire le bouleversa tant qu'il n'en ferma pas l'œil de la nuit. Il entendrait bien d'autres horreurs en prison, mais les expressions « crues et choquantes » de l'assassin restèrent gravées dans sa mémoire.

Rudolf n'avait « aucune difficulté à se soumettre aux dures exigences de la discipline pénitentiaire » et exécutait sans broncher les ordres les plus absurdes. Mais il détestait la vulgarité des « droits communs », ne supportait pas « le langage haineux et ordurier dont se servaient ces prisonniers pour salir tout ce [qu'il] considér[ait] comme beau et sacré », et s'affligeait autant des bagarres qui éclataient en permanence entre les détenus que de la férocité des surveillants.

Les promenades, les douches, les passages chez le coiffeur et les allers-retours à l'entrepôt de matières premières rompaient un peu sa solitude. Il profitait de ces brefs moments pour étudier la psychologie de ses compagnons d'infortune, qu'il classa par catégorie : les criminels brutaux et violents, les criminels politiques et ceux qui s'étaient fait détester de tous (des tempéraments faibles ou des informateurs qui devaient être protégés). Lui qui avait tant voyagé et tant bourlingué croyait avoir tout vu de l'humanité, mais en prison, il comprit qu'il était encore loin du compte.

L'administration avait introduit diverses méthodes pour apaiser les détenus. Rudolf appréciait particulièrement le concert du dimanche matin dans la chapelle de la prison. Une célèbre cantatrice berlinoise vint un jour chanter l'*Ave Maria* de Charles Gounod. Rudolf remarqua que sa voix parvenait à émouvoir jusqu'au plus endurci des prisonniers et que, l'espace d'un instant, elle avait ramené le calme dans l'établissement. Seule une poignée d'irréductibles restèrent totalement indifférents à ce moment de grâce et, dès que la dernière note tomba, reprirent leur conversation pour manigancer leur prochain coup.

En 1926, le gouvernement allemand modifia sa politique pénale pour favoriser la « rééducation » des délinquants et des criminels incarcérés. Rudolf participa ainsi à un programme de réinsertion en trois phases, articulé sur la bonne conduite, l'instruction et l'application au travail. Il obtint d'excellents résultats. Sur les huit cents pensionnaires du pénitencier, il fut le premier à franchir la troisième étape, ce qui devait lui donner de bonnes chances d'être bientôt libéré sur parole. Une lettre de son avocat balaya ces espoirs : la libération conditionnelle des « politiques » devait être approuvée au plus haut niveau de l'État et, en cette période d'accalmie, il était très improbable qu'on la lui accorde.

La république de Weimar était dans son âge d'or. Une nouvelle monnaie avait été introduite, l'économie s'était stabilisée. Pour affermir ce redressement, l'État avait négocié des prêts importants avec des banques américaines. L'Allemagne s'étant par ailleurs engagée à ne pas tenter de contester ses frontières occidentales par les armes, elle retrouva sa place dans la communauté internationale et obtint même un siège à la Société des Nations. Un sentiment de paix et d'ordre avait gagné le pays. Les nationalistes de droite étaient privés de leur oxygène politique et le gouvernement n'avait donc aucune raison de réduire la peine de Rudolf. Après tout, pourquoi libérer un provocateur notoire, un meurtrier avoué ?

Rudolf devrait donc purger ses dix ans. Il accueillit la nouvelle comme un coup de massue :

> Je ne pouvais plus manger, chaque bouchée me restait en travers de la gorge. Je ne pouvais plus lire ni concentrer mes idées. Pendant des heures, je marchais de long en large dans ma cellule, comme une bête en cage. Le sommeil me fuyait. Tandis que j'avais toujours joui d'un profond sommeil sans rêves, je me réveillais maintenant en proie à l'agitation et me remettais à marcher. Lorsque je retombais épuisé sur ma couche, pour m'endormir enfin, j'étais poursuivi par d'affreux

cauchemars : on me pourchassait, on me fusillait, on me projetait dans un abîme. Chaque nuit je vivais un véritable martyre. J'entendais sonner toutes les heures. À mesure que le matin approchait, l'angoisse m'envahissait à la pensée que le jour allait recommencer, que je devrais à nouveau côtoyer des êtres humains.

Des hallucinations vinrent ajouter à ses tourments : il voyait ses parents décédés et leur parlait comme s'il était encore enfant. Il avoua avoir rompu avec l'Église et ne plus savoir prier. Il lui semblait travailler avec plus d'énergie que jamais, pourtant il n'arrivait plus à remplir ses quotas. Un jour, un surveillant le surprit à jeter son repas à la poubelle et l'emmena immédiatement chez le médecin de la prison. Après un rapide examen, le diagnostic tomba : « psychose du prisonnier » – un état psychotique passager induit par les difficultés du milieu carcéral. Le médecin lui administra un sédatif, le fit placer en cellule d'observation et envelopper dans des linges froids. Il dormit plusieurs jours d'affilée, ne se réveillant que pour manger sa ration additionnée de calmants.

Au bout de quelques jours, son état s'améliora et il réintégra sa cellule. Le directeur lui accorda de menus privilèges : il pouvait laisser sa lampe allumée après le couvre-feu et fleurir sa cellule. En recouvrant des forces, il commença à nouer davantage de contacts avec les autres prisonniers, à lire le journal et à jouer aux échecs le dimanche. Surtout, on lui permit d'écrire et de recevoir plus souvent du courrier de ses amis et de ses anciens collègues des corps francs. Ce fut ainsi qu'il continua de se tenir au courant des événements extérieurs et qu'il apprit les bouleversements qui étaient en train de se produire en Allemagne. Au lendemain des élections législatives incertaines de 1928, un « cabinet de grande coalition », mosaïque bancale de partis de droite et de gauche, s'installa au pouvoir. Le nouveau gouvernement, estimant que le climat politique s'était apaisé, annonça l'amnistie de tous les prisonniers politiques. C'était la bonne nouvelle que Rudolf attendait. À vingt-six ans, après quatre ans de réclusion, il retrouva l'air frais du dehors. C'était le 14 juillet 1928 au matin. À l'entrée principale de la prison de Brandebourg, un gardien lui tendit un petit sac contenant ses effets, lui ouvrit la porte et lui indiqua la direction de la gare.

4

Hanns

Berlin, 1928

En 1928, les efforts du Dr Alexander avaient commencé à porter leurs fruits. Sa clinique ne désemplissait pas et il avait étoffé ses effectifs. Henny avait pu engager un nombre impressionnant de domestiques pour l'aider à tenir sa demeure berlinoise. Elle avait une cuisinière, deux bonnes, un chauffeur, une lavandière, une repasseuse – et s'offrait même la fantaisie de faire appel à un remonteur d'horloges. Le docteur avait quant à lui fait l'acquisition d'un cabriolet Mercedes-Benz S bleu nuit. Depuis, la petite famille quittait de plus en plus souvent son quartier de Wilmersdorf, pour aller rendre visite aux parents de Henny à Francfort et, poussant plus au sud, vers Stuttgart, pique-niquer en Forêt-Noire.

Ils avaient également investi dans une résidence secondaire près du petit village de Groß Glienicke, à vingt-cinq kilomètres de Berlin. Dans ce havre de paix, loin de l'agitation de la ville, les garçons pouvaient s'ébattre en toute liberté, sans déranger les adultes. C'était un joli chalet de bois posé de plain-pied en bordure d'un lac. Il comptait trois petites chambres, une minuscule cuisine et un salon aux murs en rondins apparents ; le dessus de cheminée était décoré de faïences de Delft déclinant en bleu pastel toute une collection

Le Dr Alexander au volant, 1928

de moulins à vent. On avait également fait bâtir une maison pour le gardien qui entretenait et surveillait la propriété à l'année. Alfred acheta un bateau à moteur et construisit un ponton au fond du jardin ; bientôt, les enfants s'initièrent aux joies du ski nautique, un sport tout nouveau, importé d'Amérique. À onze ans, Hanns était déjà un skieur hors pair.

Les Alexander accueillaient leurs amis au chalet et les enfants fêtèrent plus d'un anniversaire au bord du lac. Une année, Hanns invita ainsi tous ses camarades de classe à un grand goûter dans les herbes hautes du printemps. Dans l'après-midi, Henny constata qu'il manquait un garçon à l'appel. Soupçonnant un mauvais coup, elle prit son fils à part et l'interrogea : où était passé le petit Löwenstein ? Hanns baissa les yeux et avoua tout penaud qu'il l'avait attaché à un cerisier. Sa mère, de coutume si calme, entra dans une telle colère que, sans se le faire dire deux fois, il courut chercher Paul (sans doute à l'origine de cette bonne blague) pour libérer le malheureux gamin.

Les jumeaux étaient scolarisés à la Waldschule, une « école de plein air » située en lisière de la forêt de Grunewald, à l'ouest de la capitale. Tous les jours, ils grimpaient dans le tram qui s'arrêtait au pied de leur appartement, puis changeaient au zoo pour prendre le S-Bahn jusqu'à la Heerstrasse. De là, ils avaient encore cinq minutes de marche pour arriver à l'école, au bout de la Lotzenerallee. Paul et Hanns étaient très fiers que leurs parents les laissent faire le chemin tout seuls, et ces trajets contribuaient à développer leur autonomie et leur indépendance.

La Waldschule était un établissement laïque pour garçons, qui fondait sa pédagogie sur les principes hygiénistes et l'idéal de retour à la nature en vogue dans l'Allemagne du début du XXe siècle. Elle dispensait tous les cours traditionnels de l'enseignement allemand – mathématiques, lettres classiques, français et sciences – auxquels s'ajoutaient des disciplines manuelles (du travail du bois à la cuisine, en passant par l'agriculture) censées inculquer aux enfants de la bourgeoisie aisée les valeurs et savoir-faire du monde rural. Les jumeaux s'étant très vite fait remarquer par leur turbulence, le directeur les plaça dans deux classes différentes. Ils profitèrent de l'aubaine pour jouer de leur ressemblance et se répartir les cours en fonction de leurs préférences : Hanns, qui se débrouillait bien en français, prenait la place de Paul, tandis que Paul se faisait passer pour Hanns dans la classe de mathématiques. Les professeurs n'y voyaient que du feu et les garnements s'amusaient beaucoup à les duper aussi facilement.

Cela étant, ils n'étaient pas particulièrement brillants. Hanns n'avait jamais aimé lire et récoltait surtout des mauvaises notes. Il disait souvent en manière de plaisanterie que comme il n'était pas très malin, il avait besoin de Paul pour être malin et demi. Il n'avait en revanche pas son pareil pour s'orienter dans Berlin. Plus que du simple « bon sens », il possédait en effet une intelligence pratique qui lui permettait d'éviter les écueils et de surmonter tous les petits problèmes du quotidien. Il n'avait peur ni de traverser les grands boulevards, ni de s'aventurer dans les ruelles sombres, ni d'aborder des passants quand il était perdu. Il était à cet égard moins timoré que Paul, qui n'osait jamais demander son chemin pour retrouver l'appartement.

Pendant toute son enfance, Hanns vit défiler chez lui les gens les plus célèbres et les plus influents de Berlin. Son père s'était taillé une solide réputation et recevait souvent ses illustres patients dans l'appartement de la Kaiserallee. Pour Hanns, il n'y avait donc rien que de très normal à voir le prix Nobel de physique James Franck sortir du cabinet privé de son père, ou Albert Einstein attablé dans la salle à manger. En rentrant de l'école, il trouvait parfois au salon le directeur du Deutsches Theater, Max Reinhardt, ou des vedettes du grand écran tels Max Pallenberg et Marlene Dietrich. Ces visiteurs de marque ne l'impressionnaient pas outre mesure et, à l'occasion, il ne dédaignait pas de leur jouer quelques bons tours. Un soir qu'Alfred et Henny avaient invité le compositeur Richard Strauss à dîner, il se glissa derrière lui à pas de loup et dispersa des miettes de pain sur son crâne chauve.

Chaque année, tout ce beau monde se retrouvait chez les Alexander pour le réveillon du nouvel an. En 1928, plus de deux cents invités posèrent pour une photographie : tous costumés, le regard fixé sur l'objectif, ils semblaient quelque peu éméchés. Entre les vraies stars déguisées et les gens ordinaires maquillés en sosies de célébrités, on ne savait plus trop qui était qui : il y avait là, pêle-mêle, une Greta Garbo, une Marlene Dietrich, une laitière en coiffe blanche, un guerrier zoulou, deux ou trois cow-boys et au moins deux Charlot. Au premier rang, dans leurs babouches, tunique et saroual de soie noire, Hanns et Paul

Le cabanon de la famille Alexander à Groß Glienicke

avaient tout des voleurs d'Ali Baba – jusqu'au petit sourire d'espiègles tout contents de leur dernier méfait. Aux douze coups de minuit, tandis que les couples s'embrassaient sous le gui, au grand ravissement des garçons, Henny ouvrit les portes du balcon et deux porcelets s'engouffrèrent dans la pièce, déclenchant un concert de piaillements parmi les starlettes. Cette maison était celle d'une famille allemande qui avait réussi, s'était bien intégrée à la société et avançait dans la vie avec assurance.

Les enfants Alexander profitaient également de l'intense vie culturelle berlinoise. Hanns accompagnait son père aux pièces de théâtre du prestigieux Deutsches Theater, et sa mère aux concerts de musique classique en plein air du Tiergarten. Il les suivit à la dernière exposition Bauhaus en date et assista à l'une des premières représentations de *L'Opéra de quat'sous* de Bertolt Brecht. Mais à vrai dire, les arts nobles ne l'intéressaient pas plus que cela. Ce qu'il aimait, c'était le cinéma. Pas les productions d'avant-garde, comme le *Metropolis* de Fritz Lang, dont la sortie avait fait sensation dans l'intelligentsia berlinoise en 1927. Non, lui préférait les films populaires qui passaient dans son cinéma de quartier : les premiers thrillers de Charlie Chan, les films noirs américains, doublés en allemand, ou encore les films d'horreur avec Paul Wegener, un patient de son père. La plupart suivaient un scénario bien rodé : un détective amateur se heurte à toutes sortes d'obstacles et, après quelques rebondissements, finit par coincer le méchant, certes rusé, mais pas assez pour lui échapper.

Une fois par semaine, Hanns et Paul allaient aussi soutenir leur équipe de hockey sur glace au Sportpalast, un immense stade couvert de quatorze mille places à deux pas de chez eux. Les murs étaient tapissés d'affiches nationalistes, car c'était également là que le NSDAP tenait ses grands meetings : dans ces rassemblements, des milliers de nazis emplis de haine contre les juifs levaient le bras droit à l'endroit même où les jumeaux venaient de regarder leur match de hockey.

Hanns n'était plus tout à fait un enfant. À bientôt treize ans, il n'ignorait rien des remous qui secouaient le pays. Il lisait les journaux de son père et entendait ses parents commenter l'actualité. Jour après jour, les mauvaises nouvelles alimentaient les manchettes de la presse : le krach de la Bourse de New York qui avait mis des millions de chômeurs dans la rue ; l'échec du référendum sur l'annulation du paiement des réparations prévues au traité de Versailles ; la chute de la grande coalition ; le nouveau chancelier, qui gouvernait à coups de décrets présidentiels pour neutraliser le Reichstag et faire passer en force ses réformes économiques… Il voyait passer sous ses fenêtres les manifestations hebdomadaires qui convergeaient vers le centre de Berlin. Il était au cœur des événements et pourtant, c'était à peine si cette tourmente politique le concernait. Car en 1930, il ne se sentait aucunement menacé dans ses libertés : il continuait à aller au cinéma, à l'école, et sa vie suivait son cours dans le confort du cocon familial.

À la fin du mois de mai 1930, après avoir laborieusement appris à déchiffrer auprès d'un vieux professeur d'hébreu le passage de la Torah qui leur avait été attribué, Hanns et Paul firent leur bar-mitsvah. Ce jour-là, toute la famille s'entassa dans la Mercedes et le chauffeur les conduisit à la Neue Synagogue de l'Oranienburgerstrasse, au centre du quartier commerçant de Berlin. C'était le plus grand temple juif de la ville : l'édifice, couronné d'un large dôme qui dépassait de deux étages tous les bâtiments voisins, pouvait accueillir plus de trois mille fidèles.

Parmi les invités, les grands-parents des jumeaux, Lucien et Amalie Picard, avaient fait le déplacement depuis Francfort, tout comme leur grand-tante Cäcilie Bing, une petite femme rondelette et zézayante qui ne quittait que rarement ses manteaux de vison. La cérémonie revêtait pour la famille une symbolique d'autant plus forte que les garçons liraient la Torah des Alexander, que leur père avait apportée pour l'occasion.

Les jumeaux montèrent sur l'estrade et, face à l'assistance, commencèrent à réciter les bénédictions. Ils portaient une chemise blanche, des chaussures noires vernies et un costume croisé commandé sur mesure chez Peek et Cloppenburg, l'un des tailleurs les plus réputés de la ville. Henny n'avait en effet rien trouvé dans les magasins pour habiller dignement ses garçons, plutôt corpulents pour leur âge. Lorsque Hanns prononça le dernier verset, dans la tradition du judaïsme libéral allemand de la synagogue, l'assemblée le félicita aux cris de « *skoiach ! skoiach !* ». Alfred ne put contenir quelques larmes d'émotion et prit le mouchoir que sa femme lui tendait.

La cérémonie s'acheva : Hanns et Paul étaient désormais des hommes.

Hanns et Paul Alexander le jour de leur bar-mitsvah, 1930

5

Rudolf

Berlin, 1928

Quatre ans qu'il n'avait pas revu Berlin. Rudolf contemplait le fourmillement de la foule sur l'immense esplanade de la Potsdamer Platz.

Des trams filaient vers le nord, le sud, l'est et l'ouest ; des hommes à vélo rapportant leurs commissions d'un marché de quartier zigzaguaient entre les rails ; un ruban de voitures se déroulait devant la grande horloge plantée sur un rond de pelouse au beau milieu de la place ; des piétons agglutinés sur les bords des trottoirs attendaient de traverser les rues encombrées, tandis que d'autres musardaient aux terrasses de café ; des bus à impériale bondés de chalands et de touristes penchaient dangereusement en tournant vers le Reichstag et la porte de Brandebourg. En ce mois de juillet 1928, la Potsdamer Platz était le carrefour le plus fréquenté d'Europe.

Rudolf resta là un long moment, envahi d'un profond sentiment d'irréalité : « Je me serais cru au cinéma. Ma libération avait été trop subite, trop inattendue, et tout me semblait encore invraisemblable et étrange. »

Ne sachant trop que faire de sa peau, il passa les jours suivants à se promener dans la ville et à retrouver des amis, qui l'emmenèrent au cinéma, au théâtre et dans des réunions. Il n'aurait pu mieux choisir le lieu et l'époque pour se divertir : Berlin était alors la capitale culturelle du monde. Les plus grands comédiens d'Allemagne venaient s'y produire et ses night-clubs huppés accueillaient les meilleurs chanteurs du temps.

Entraîné par ses amis qui « s'efforçaient par tous les moyens de [lui] être agréable », Rudolf explora également l'autre face de la vie nocturne berlinoise, celle des danseuses de revue, des troupes de music-hall et des cafés-théâtres – un univers dépeint de façon saisissante dans l'*Adieu à Berlin* de Christopher Isherwood, et son adaptation à l'écran, *Cabaret*. La ville avait de quoi griser n'importe quel homme, et plus encore un homme qui venait de passer quatre ans en prison. Les nazis l'avaient érigée en capitale du vice et de la décadence, mais Rudolf ne bouda pas son plaisir. La vie citadine finit toutefois par le lasser : « J'aspirais au calme. Je voulais quitter aussi rapidement que possible le bruit de la grande ville et me retirer à la campagne. »

Certains de ses amis lui suggérèrent de partir pour l'étranger, au Mexique ou aux États-Unis par exemple, tandis que d'autres l'incitaient à revenir en politique. Il était membre du NSDAP depuis 1922, après tout. Mais s'il était d'accord avec le programme et les objectifs du parti, il n'avait aucune envie de se replonger dans tout cela – la politique, la vie militaire, les discours et les combats de rue – et décida de suivre son instinct : il voulait travailler dans une ferme et fonder une grande famille. Dix jours après son arrivée à Berlin, il sauta donc dans un train et partit pour une exploitation du nord-est du pays, où il avait été embauché par l'entremise de la ligue des Artamans, l'une des nombreuses organisations proches du courant *völkisch* prônant le retour à la terre.

Fondée en 1924, la ligue se proposait d'envoyer des jeunes volontaires des deux sexes – des citadins au chômage pour la plupart – travailler dans de grandes communautés agraires. Certaines se trouvaient dans l'est du pays – de grandes fermes qui s'étaient endettées lors de la crise économique –, d'autres en Prusse occidentale, province que l'Allemagne avait perdue au lendemain de la guerre mais qui restait majoritairement peuplée de *Volksdeutsch**. Les Artamans défendaient l'idéologie *Blut und Boden* (le Sang et le Sol), rêvaient d'une Grande Allemagne et exaltaient par-dessus tout la famille. Ils ne fumaient pas, ne buvaient pas et rejetaient toutes les activités qu'ils jugeaient malsaines. Ils étaient plus ou moins liés au NSDAP dont ils partageaient de nombreuses valeurs, en particulier l'ultranationalisme, la slavophobie et l'antisémitisme.

Rudolf se reconnaissait dans les idées antisémites qui se répandaient peu à peu en Allemagne, attisées par la crise économique et sociale et par des orateurs comme Adolf Hitler, qui accusait les juifs de tous les maux, depuis la défaite de 1918 jusqu'à la dévaluation du Reichsmark. Il désapprouvait cependant les articles virulents et grotesques du *Stürmer*, journal de propagande antisémite qui, depuis 1923, faisait son fonds de commerce des caricatures de juifs au nez crochu traînant des sacs d'or. Cet hebdomadaire lui « déplaisait par sa mauvaise présentation, par son appel aux instincts les plus bas » de ses lecteurs.

Lui se réclamait d'un antisémitisme plus scientifique, plus « sérieux », qui percevait les juifs comme une menace pour la germanité. « Adepte fanatique du national-socialisme, écrirait-il, j'étais fermement convaincu que notre idéal pénétrait dans tous les pays et finirait par triompher après s'être adapté aux

* Personnes d'origine allemande ou germanique résidant hors du Reich, également appelées « Allemands ethniques ».

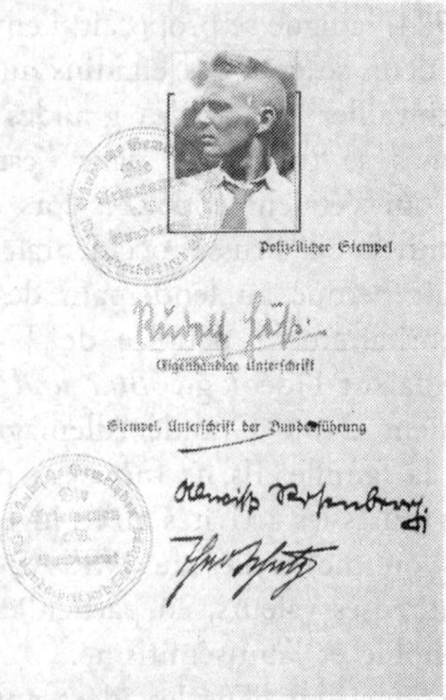

Livret d'adhésion de Rudolf Höss aux Artamans, 1928

particularités locales : la prédominance de la juiverie se trouvait ainsi éliminée. » S'il considérait les juifs « comme des ennemis de [son] peuple », il assurait cependant n'avoir « jamais éprouvé de haine » à leur égard.

À l'été 1929, Rudolf se retrouva ainsi dans une ferme de Poméranie, sur la côte sud de la Baltique, où il révéla ses talents de meneur d'hommes. Il monterait rapidement en grade et, nommé inspecteur des domaines, serait envoyé par monts et par vaux pour administrer les différentes propriétés de la ligue.

Ce fut dans cette première ferme qu'il rencontra Hedwig Hensel, une jeune femme de vingt et un ans originaire du village de Neukirch, dans le sud-est de l'Allemagne. Elle était arrivée quelques mois plus tôt avec son frère Fritz. Acquise à l'idéal pastoral des Artamans, de constitution robuste, elle se sentait faite pour vivre à la campagne. À l'époque où elle rencontra Rudolf, elle était aide-ménagère chez le propriétaire du domaine.

Rudolf comprit immédiatement qu'ils étaient faits l'un pour l'autre. Ils partageaient les mêmes opinions, étaient animés des mêmes idéaux. « Nous nous comprenions comme si nous nous étions connus depuis notre enfance. [...] Nous nous complétions sous tous les rapports et notre confiance mutuelle n'avait pas de limites. »

Ils se marièrent trois mois plus tard, le 17 août 1929. À l'issue d'une petite cérémonie à la ferme, ils posèrent côte à côte devant un petit arbre hirsute : lui, droit comme un piquet, les mains dans le dos ; elle, un bras le long du corps, l'autre timidement accroché à celui de son mari. Une bande de ciel blanc les sépare. Le sourire fermé, l'air décidé, Hedwig porte une robe blanche toute simple et des tresses retombant en anneaux sur les épaules, à la manière des paysannes allemandes. Dans son costume sombre éclairé par un grand col de chemise blanc, Rudolf, lui, arbore un large sourire. Ce sépia immortalisait un instant de bonheur : ils ont l'air heureux, insouciants et paisibles. La robe blanche dissimule opportunément le ventre arrondi de la mariée : Hedwig était tombée enceinte trois mois plus tôt, presque aussitôt après sa rencontre avec Rudolf.

L'avait-il épousée par obligation, pour faire ce qui lui semblait être son devoir ? Ou bien pour dissimuler qu'il avait eu des relations hors mariage, chose strictement interdite par la loi puritaine des Artamans ? Peut-être s'était-il souvenu du serment qu'il s'était fait en Palestine et avait-il réellement trouvé en Hedwig la femme avec laquelle il voulait passer le restant de ses jours. À moins que son attachement au sacro-saint principe de loyauté ne l'eût poussé à jurer fidélité à cette jeune femme...

Quoi qu'il en fût, Rudolf ne parvint jamais tout à fait à partager avec Hedwig ses « pensées les plus intimes » : « J'ai

Rudolf et Hedwig Höss le jour de leur mariage, 1929

toujours tenu à résoudre moi-même les problèmes qui m'angoissaient le plus », expliquerait-il. C'était là à son sens « le seul chagrin » qu'il lui ait causé.

Entre l'arrivée prochaine d'un enfant et son métier exigeant mais gratifiant, Rudolf s'apprêtait à fonder une famille exemplaire, dans la lignée des principes des Artamans. S'il appréciait la tranquillité de la vie rurale, il se prenait parfois à regretter l'armée, son cadre rigoureux et rassurant, sa discipline, sa hiérarchie et, surtout, ce sens de l'engagement qui lui avait donné une raison d'être. Depuis qu'il avait quitté les corps francs, il n'avait jamais retrouvé un modèle de la stature du général Rossbach. Il avait besoin de se ranger derrière une personnalité forte, quelqu'un qu'il admire, auquel il pourrait se soumettre corps et âme et jurer allégeance.

Un tel homme croiserait bientôt son chemin.

En janvier 1929, Hitler nomma un nouveau chef à la tête de sa garde rapprochée, la *Schutzstaffel* (SS). Ce nouveau *Reichsführer-SS* s'appelait Heinrich Himmler. C'était un Munichois de vingt-neuf ans qui avait pris sa carte du parti dès 1923 et avait servi dans les corps francs. Jusqu'alors, la SS ne comptait que quelques centaines d'hommes et avait pour mission de protéger Hitler et les autres dirigeants nazis dans leurs déplacements à travers le pays. Hitler chargea Himmler d'en faire un corps d'élite composé d'Allemands de vieille souche, qui appuierait la montée en puissance du parti. Dans le climat politique apaisé de l'époque, ce projet paraissait pour le moins ambitieux.

Tout bascula le 29 octobre 1929, avec l'effondrement de Wall Street. Le krach eut aussitôt des répercussions catastrophiques sur l'économie allemande, déjà fragilisée par le paiement des réparations de guerre. Les prêts américains, négociés pour aider le pays à se relever, n'étaient plus honorés ; les exportations diminuèrent de moitié par rapport à l'année précédente ; le cours des céréales chuta de près de 60 % ; 3,2 millions d'Allemands se retrouvèrent au chômage, soit 14 % de la population active.

Cette crise était pain bénit pour le parti national-socialiste ; il mena campagne tambour battant sur ses thèmes de prédilection : l'annulation pure et simple des réparations et le rétablissement d'une Allemagne puissante. Les résultats ne se firent pas attendre. Dès les élections régionales suivantes, le NSDAP fit une percée spectaculaire : il quadrupla son score à Berlin, avec 5,8 % des suffrages, recueillit 7 % des voix dans le Bade et 11,35 % en Thuringe – franchissant pour la première fois la barre fatidique des 10 %.

Dans les premiers mois de 1930, alors que le taux de chômage continuait de progresser, Hitler comprit que la conjoncture lui était favorable. La grande coalition menée par le social-démocrate Hermann Müller éclata en mars 1930 et en juillet, après la chute du gouvernement minoritaire du centriste Heinrich Brüning, le président Hindenburg convoqua des élections pour septembre.

Hitler saisit sa chance : il sillonna le pays, présentant inlassablement les idées de son parti et mobilisant l'opinion. Dans les six dernières semaines de campagne, il ne prononça pas moins de vingt discours, dont un au Palais des sports de Berlin, devant un parterre de seize mille personnes. Il désignait les juifs comme les grands responsables de l'effondrement économique, s'en prenait à la république de Weimar, incapable de résorber le chômage, et prônait l'expansion territoriale de l'Allemagne afin d'accroître l'« espace vital » de la population germanique.

Cet été-là, la ligue des Artamans organisa en Saxe un congrès qui attira des centaines de jeunes venus des quatre coins du pays. Rudolf était de ceux qui firent le déplacement. Au cours de cette rencontre, il passa beaucoup de temps avec Heinrich Himmler, qui dirigeait alors la section bavaroise de la ligue.

Himmler avait presque le même âge que Rudolf mais le dépassait de quelques centimètres ; svelte, il avait des lèvres retroussées surmontées d'une moustache en pyramide et portait des lunettes rondes à fine monture. Les deux hommes, qui avaient participé aux campagnes paramilitaires de droite au lendemain de la guerre, s'étaient déjà rencontrés en 1921, chez le général Ludendorff, chef d'une milice secrète. Himmler, ingénieur agronome de formation, partageait également la passion de Rudolf pour le travail de la terre.

Au cours de ce congrès, ils discutèrent d'un projet de démembrement des grandes propriétés terriennes en petites parcelles confiées à des jeunes travailleurs. Höss y était favorable car cela lui paraissait un moyen d'enrayer un chômage devenu endémique. Mais il ne parlait que de l'Allemagne. Himmler, lui, voyait plus loin : le peuple allemand, disait-il, était à l'étroit dans ses frontières et il lui fallait conquérir de nouveaux territoires – par la force, au besoin –, et tout particulièrement les terres fertiles occupées par les Slaves. Les deux jeunes gens restèrent ainsi des heures à débattre de l'état déplorable de l'économie et des mesures radicales à mettre en œuvre pour redresser la barre.

Rudolf n'était pas d'accord avec les objectifs de Himmler, qui lui paraissaient par trop ambitieux et pour tout dire inapplicables, mais il n'en était pas moins impressionné par l'homme, par son analyse assurée, son amour de la terre, son intransigeance, sa vision sans compromis. Il était surtout fasciné par la sincérité de son engagement et voyait en lui le partisan le plus loyal et le plus dévoué de Hitler.

Rudolf rentra en Poméranie quelques jours avant les élections. Le 14 septembre 1930, le NSDAP devint la deuxième force politique du Reichstag derrière le SPD : alors qu'il ne représentait jusqu'alors que 2,6 % du corps électoral, il rafla 18,3 % des voix et remporta cent sept sièges au Parlement contre douze à peine auparavant. Soudain, tous les regards se tournèrent vers Hitler et les nazis.

Indifférent aux événements nationaux, Rudolf s'employait à mettre en valeur la ferme à laquelle il était affecté et à bâtir un foyer avec Hedwig. Leur premier enfant, Klaus, était né quelques mois plus tôt, le 6 février 1930. Ils en eurent rapidement deux autres, une première fille, Heidetraut, née le 9 avril 1932, puis, le 19 août 1933, une autre, Inge-Brigitt, dite Brigitte.

La petite famille n'aspirait à rien d'autre que cette existence paisible, à mille lieues des luttes de pouvoir qui se jouaient dans les villes allemandes. Rudolf et Hedwig avaient choisi « par conviction profonde une vie dure et laborieuse » : « Nous étions tous deux conscients des difficultés qui nous attendaient, mais rien ne devait nous détourner de notre but. » En dépit des épreuves, des longues journées de travail, de la fatigue et du manque de confort, ils ne cédaient jamais au découragement : « Et c'était pour nous une joie particulière lorsqu'il nous arrivait d'attirer par notre exemple de nouveaux adeptes à nos idées. » On leur promit de leur attribuer bientôt un lopin de terre. Alors, Rudolf réaliserait enfin son rêve : posséder une ferme et élever ses enfants à la campagne, parmi les animaux et la nature.

Ce fut une période heureuse de leur vie, dont il se souviendrait par la suite comme d'un âge d'or.

Entre-temps, de profonds changements politiques continuaient de s'opérer en Allemagne. Les législatives de juillet et de novembre 1932 n'avaient dégagé aucune majorité au Reichstag mais, en réalisant un score de 33 %, le NSDAP était devenu le parti le plus puissant. Le 30 janvier 1933, le président Hindenburg se résigna à nommer Adolf Hitler à la chancellerie.

Après l'accession au pouvoir de Hitler, Himmler fut promu au rang de chef de la police politique de Bavière. Il entreprit aussitôt d'éliminer ses opposants. En mars 1933, cinquante-cinq jours à peine après la constitution du gouvernement national-socialiste, il fit arrêter des centaines de communistes, de sociaux-démocrates et de prêtres catholiques et les envoya dans une ancienne fabrique de munitions des environs de Munich, dans la petite ville de Dachau. Il baptisa ce lieu de détention réservé aux prisonniers politiques un « camp de concentration ».

Himmler n'occupait qu'un poste politique régional mais parallèlement, il était aussi chef suprême de la SS à l'échelon national. Cette unité n'était certes ni aussi fournie ni aussi puissante que les sections d'assaut du parti nazi, la *Sturmabteilung* (SA), mais le chancelier Hitler en avait fait une organisation d'État, la plaçant sous l'autorité directe du fidèle Himmler (pour contrer la SA, dirigée par un rival). Ce nouveau statut favorisa son essor : entre fin 1932 et fin 1933, ses effectifs passèrent de cinquante-deux mille à deux cent mille membres. Ceux-ci étaient rigoureusement sélectionnés selon des critères de race et d'ascendance privilégiant les caractères nordiques et aryens. « Comme des pépiniéristes tentant de reproduire une bonne souche ancienne qui a été dénaturée et avilie, nous sommes partis des principes de la sélection des plantes et avons ensuite procédé sans état d'âme à l'élimination de tous ceux que nous ne pensions pas aptes à renforcer les rangs des SS », expliqua Himmler.

Soutenue par le gouvernement, cette nouvelle force en pleine expansion devait maintenant se doter de milliers de chevaux et en avait les moyens. Le propriétaire du domaine pour lequel Rudolf travaillait comprit immédiatement l'avantage commercial et politique qu'il pouvait retirer de cette situation. Sachant que son employé était un ancien de la cavalerie, il le chargea de créer une écurie destinée aux SS. Pour Rudolf, la proposition était irrésistible.

Mais pour gérer une écurie SS, il fallait appartenir au corps des SS. Le 20 septembre 1933, Rudolf déposa un épais dossier de candidature, avec photo d'identité, questionnaire dûment rempli et références. L'officier de recrutement SS scruta sa photo, traquant le moindre détail susceptible de trahir des origines slaves ou non aryennes. Il examina son histoire familiale, afin de vérifier qu'il venait d'un milieu respectable. Enfin, il s'assura que, conformément au règlement, le postulant avait plus de vingt-trois ans et mesurait plus d'un mètre soixante-dix. Rudolf savait que ce n'était pas là-dessus que se jouerait la décision : il avait trente-deux ans et toisait son bon mètre soixante-douze.

Sept mois plus tard, il fut admis dans les rangs de la *Schutzstaffel* sous le numéro 193616. Dans le cadre de la procédure d'incorporation, il dut jurer fidélité à la SS et au

Reichsführer-SS Heinrich Himmler et, surtout, s'engager par serment à ne jamais rien divulguer à quiconque de ses activités.

Le 11 juin 1934, le *Reichsführer* rassembla ses nouvelles recrues pour une inspection générale à Stettin, le plus grand port de Poméranie ouvrant sur la Baltique. Rudolf avait endossé l'uniforme SS : chemise brune, pantalon noir, képi noir surmonté d'une tête de mort, bottes et ceinture noires. Comme à tous ses collègues, on lui tatoua son groupe sanguin sur le bras au cas où il serait blessé. Au moment de la revue, Himmler s'étonna de le retrouver dans ses troupes et lui demanda ce qu'il faisait là. Rudolf expliqua qu'il venait tout juste d'être accepté et qu'il s'occupait désormais d'une écurie SS en Poméranie. Le *Reichsführer* approuva cette initiative et le félicita d'avoir fondé un foyer mais, ajouta-t-il, l'heure n'était plus aux utopies agraires : l'armée avait besoin du soldat Höss, et il lui proposa de travailler dans le camp de concentration qu'il venait de créer à Dachau.

De retour à la propriété, Rudolf hésita longtemps. Devait-il rester sur ces terres que sa femme et lui-même aimaient tant, ou laisser parler sa fibre patriotique et répondre à l'appel ? Hedwig n'était pas très enthousiaste à l'idée de le voir reprendre du service, mais elle finit par s'y faire. Après tout, ils n'avaient pas les moyens d'acheter leur propre lopin, et un poste dans l'armée serait peut-être un bon tremplin. La décision restait cependant difficile. Ils ne savaient ni quand ils pourraient retrouver leur vie rurale idyllique, ni comment leur famille vivrait ce changement.

> On m'avait promis un avancement rapide avec tous les avantages matériels que cela comporte. Je me disais donc que, tout en déviant de mon chemin, je pouvais rester fidèle à mon but final. Nous n'avions jamais cessé de croire, ma femme et moi, que nous serions un jour à la tête d'une ferme, qu'elle servirait

d'asile pour nous et nos enfants. Je me disais que lorsque notre pays aurait retrouvé la paix intérieure et extérieure, j'abandonnerais le service actif et que je construirais cette ferme de mes propres mains.

Après avoir longuement pesé le pour et le contre, Rudolf choisit d'entrer dans les détachements actifs de la SS.

Le 1er décembre 1934, il se rendit à Munich, puis prit un train pour Dachau, en direction du nord-ouest. Le camp était à vingt minutes de marche de la gare. Il fallait traverser un quartier résidentiel paisible aux rues étroites festonnées de pavillons à un étage.

Dachau fut le premier camp de concentration construit à cet effet par les nazis. Il était installé sur les deux hectares de l'ancienne manufacture royale de poudre et de munitions de Dachau, dont les bâtiments, qui n'occupaient qu'un cinquième du site, abritaient quatre mille huit cents prisonniers, presque tous des opposants au régime nazi. Dachau était réputé pour son ordre et son efficacité et fit l'objet de reportages photographiques dans plusieurs magazines de propagande allemande tel l'*Illustrierter Beobachter*.

Hedwig et les enfants arrivèrent à Dachau peu après Rudolf. Klaus, leur aîné, avait à l'époque quatre ans, Heidetraut deux ans et demi, et Brigitte dix-huit mois. Les Höss se virent attribuer une maison d'officier à deux pas du camp.

Le premier commandant de Dachau était Theodor Eicke, qui avait abandonné l'école à dix-sept ans et échoué au concours d'entrée dans la police avant de devenir informateur professionnel. Il s'était battu pendant la Première Guerre mondiale et avait été décoré de la Croix de fer. À l'armistice, il avait dirigé un groupe de résistants dans la Rhénanie occupée par la France. Condamné par contumace par un tribunal français, il s'était réfugié en Italie. Dès son retour

KONZENTRATION

Nahe bei dem Städtchen Dachau ist das erste Konzentrationslager Deutschlands errichtet worden. Der vorliegende Bildbericht, der vor wenigen Tagen für den „JB." geschaffen wurde, gibt Einblick in die strenge Zucht des Lagerlebens und in den harten Dienst der SS., die hier auf Wacht steht im Dienst der Volksgemeinschaft, zum Wohle der Nation.

Sonderbildbericht für den „J.B." von Friedrich Franz Bauer.

Hüben und drüben
Blick von einem Wachturm aus auf eine Strecke der Steinmauer, die das Lager von der Außenwelt trennt

Article de propagande sur le camp de Dachau, Illustrierter Beobachter, *1936*

LAGER DACHAU

SS-Posten am Maschinengewehr.
Hinter ihm sind Häftlinge bei der Arbeit zu sehen.

Die Essenholer antreten.
Je zwei Häftlinge tragen einen Kessel zur Essen-Ausgabestelle.

Robert Ley et Theodor Eicke à Dachau, 1936

en Allemagne en 1928, il avait rejoint le NSDAP et, en 1933, Himmler lui avait confié le commandement du camp.

Formé aux méthodes musclées des milices des années 1920, Theodor Eicke voyait en chaque prisonnier un « ennemi de l'État » qu'il ne fallait pas hésiter à exécuter au premier signe d'insoumission. Eicke attisait l'antipathie de ses officiers envers les détenus, à tel point que Rudolf qualifia son attitude d'« incitation à la haine ». À la moindre infraction, il leur infligeait des punitions corporelles et obligeait tous les gardes à assister au spectacle afin de les endurcir, en particulier les nouvelles recrues SS.

« Il n'y avait pas de place pour les “mous” » dans ses rangs, disait-il, ajoutant qu'il « avait besoin d'hommes durs et décidés » car ce n'était « pas en vain qu'ils étaient toujours armés de fusils chargés ». Il mit par ailleurs ses hommes en garde : « tout sentiment de pitié pour ces hommes serait indigne d'un SS ». S'il en prenait en faute, il se montrait impitoyable : le coupable était dégradé, affublé d'un uniforme de prisonnier et roué de coups sous les yeux de ses collègues. Eicke infligea cette humiliation à son propre cousin.

Rudolf désapprouvait ces méthodes, mais il y avait un côté de la personnalité d'Eicke qu'il admirait : le commandant passait souvent ses soirées avec les gardiens, les faisait parler de leur vie, s'intéressait à leurs problèmes. Il s'assurait ainsi l'obéissance absolue de son personnel, qui le surnommait « Papa Eicke ».

*
* *

Au bout de un an, Rudolf fut promu *Blockführer* (chef de bloc). C'était un poste relativement modeste, qui ne lui donnait aucune responsabilité politique ni administrative et ne l'obligeait à entretenir que très peu de rapports avec le commandant. Il avait désormais deux cent soixante-dix internés à sa charge : c'était lui qui faisait l'appel tous les soirs, décidait des éventuelles libérations et veillait au maintien de la discipline. Ses détenus étaient logés dans un bloc de cinquante-deux couchettes superposées en bois brut, à raison de cinq hommes par couchette. Chacun avait droit à un tabouret et un petit placard. Il y avait également une salle de jour meublée de quatre tables, et un grand poêle au milieu des baraques.

Cette promotion raviva les doutes de Rudolf : avait-il bien fait de quitter la ferme de Poméranie ? Il répugnait à appliquer des peines disciplinaires car il avait gardé un souvenir amer de la première fois où il avait dû assister à un châtiment corporel : un homme trapu qui avait volé des cigarettes à la cantine avait été couché sur un cheval d'arçons, entouré sur trois côtés par des gardes. Deux soldats lui tenaient la tête et les mains tandis que deux chefs de bloc lui assenaient vingt-cinq coups de bâton. Rudolf était consterné.

> Je me tenais au premier rang et j'étais ainsi obligé de ne rien perdre de ce spectacle ; si je m'étais trouvé au deuxième rang j'aurais détourné les yeux. Les cris me donnèrent le frisson.

J'étais saisi d'effroi. Plus tard, surtout après le début de la guerre, j'ai assisté à pas mal d'exécutions, mais je n'ai jamais éprouvé une sensation aussi pénible que ce jour-là.

Rudolf ne se sentait aucune affinité avec les autres officiers qui semblaient prendre plaisir à ces bastonnades. C'étaient à son sens « des créatures perfides, brutales, violentes et vulgaires », qui considéraient « le prisonnier comme un objet sur lequel ils peuvent exercer leurs penchants pervers ». Il se promit que la fois suivante, il se débrouillerait pour se glisser dans les derniers rangs afin de pouvoir regarder ailleurs.

En tant que chef de compagnie, il se trouva toutefois de plus en plus souvent confronté à la barbarie des gardiens du camp. Il était désormais contraint d'assister aux punitions et vit certains prisonniers se suicider en se jetant sur les clôtures électrifiées ou se faire abattre d'une balle dans le dos en essayant de s'évader.

En dépit de son sentiment de malaise, Rudolf ne pouvait se résoudre à démissionner :

> Je n'ai pas eu le courage de le faire, car je ne voulais pas dévoiler mon état d'âme et avouer ma faiblesse, et j'étais trop entêté pour reconnaître ouvertement que j'avais fait fausse route en renonçant à mon activité d'agriculteur.

À la mi-juin 1936, Heinrich Himmler, Martin Bormann – son ancien compagnon des *Freikorps* –, Rudolf Hess, dauphin de Hitler, et d'autres dignitaires vinrent visiter le camp de Dachau. En l'absence du commandant, ce fut Rudolf qui leur en fit les honneurs. Il était ravi de revoir de vieilles connaissances et leur réserva un accueil chaleureux. Himmler lui parut de bonne humeur et l'inspection se passa bien : les prisonniers étaient en bonne santé, ils étaient bien nourris et convenablement logés. Himmler en interrogea quelques-uns sur leur parcours. Deux communistes lui répondirent qu'ils avaient été internés en raison de leurs opinions politiques, qu'ils ne reniaient aucunement. Le *Reichsführer* les écouta, puis reprit sa tournée sans un mot. Un peu plus loin, deux droits communs tentèrent de minimiser leur délit ; après que Rudolf eut rappelé les faits qui leur étaient reprochés, Himmler donna ordre de les punir plusieurs dimanches de suite.

Peu après cette visite, Rudolf fut promu sous-lieutenant et chargé de la manutention du camp et des biens des détenus. Il participerait désormais à l'administration de l'établissement. La demande de promotion avait été envoyée dans une note du 24 juin 1936 :

> À : L'Inspecteur des camps de concentration
> OBJET : Recommandation de promotion du sergent-chef SS Höss, SS nº 193616, au grade de lieutenant SS
>
> Suite à l'inspection du camp de concentration de Dachau par le *Reichsminister* HESS et après discussion avec le *Reichsleiter* BORMANN, le *Reichsführer* (HIMMLER) m'a appelé pour me faire savoir que le sergent-chef HÖSS devrait, en raison de ses mérites passés, être recommandé dès que possible pour le grade de lieutenant SS.
>
> Je vous prie de soumettre ce rapport à l'Inspecteur des camps de concentration, ainsi que ma recommandation.

Peu après son passage à Dachau, Himmler exigea que les anciens bâtiments soient détruits et remplacés par de nouvelles baraques. Il voulait faire de l'endroit un camp exemplaire, un modèle pour les installations prévues à Buchenwald et à Sachsenhausen – et un centre de formation pour les gardes qui seraient affectés sur d'autres sites.

Le centre d'internement de Dachau fut reconstruit sur un terrain d'environ six cents mètres de long sur trois cents de large ; il était entouré d'un grillage électrifié et barbelé, d'un fossé et d'un mur ponctué de sept tours de garde. Il se composait d'un bureau d'administration, de cuisines et de trente-quatre baraques. Sur instructions de Himmler, on fit planter au bout de chaque bâtiment un parterre de fleurs et tracer des allées de gravier qui devaient être régulièrement ratissées par les détenus. Chaque soir, on faisait l'appel dans la cour principale, entre les unités de détention et la cuisine centrale. C'était également là qu'avaient lieu les exécutions. Tous les travaux furent réalisés par les prisonniers mal outillés et contraints de travailler d'arrache-pied au mépris des intempéries, de la faim ou de la soif.

Rudolf et Hedwig étaient bien loin de leur petit paradis de Poméranie, mais leur famille continuait de s'agrandir. En 1937, ils eurent un deuxième fils, Hans-Jürgen. Une nounou venait le garder à la maison tandis que les grands allaient à l'école communale de Dachau, comme les enfants des autres officiers. Chaque soir, en rentrant du travail, Rudolf leur faisait écouter un disque sur le gramophone et, au coucher, leur racontait des histoires tirées du folklore populaire allemand. Le week-end, les Höss allaient faire des courses au village ou se réunissaient avec d'autres familles d'officiers pour déjeuner, jouer ou chanter ensemble.

Rudolf menait deux vies parallèles. En bon père de famille, il consacrait du temps à ses enfants, passait ses soirées avec sa femme et, après le travail, partageait un verre avec ses collègues ; le reste du temps, il était plongé dans le monde des gardiens de camp – un milieu cruel et implacable où, jour après jour, il devenait de plus en plus insensible aux souffrances de ceux dont il avait la charge. Il parvenait néanmoins à dissocier ces deux aspects contradictoires de son existence. Il s'était découvert un nouveau talent : il pouvait déployer la pire des cruautés, puis rentrer auprès de sa famille et s'attabler comme si de rien n'était. Si elle n'avait pas encore trouvé sa pleine expression, la brutalité qu'exigeait sa loyauté était déjà devenue une seconde nature.

En 1938, le camp de Dachau était entièrement rénové et sa capacité portée à près de vingt mille places. Entre-temps, Rudolf avait fait ses preuves : efficace et zélé, il avait un sens stratégique et pratique qui lui permettait de mettre en œuvre la vision de ses supérieurs. Il ne tarderait sans doute pas à monter en grade.

De fait, le 1er août 1938, quatre ans après son arrivée à Dachau, il reçut son ordre de mutation pour Sachsenhausen, où il serait premier adjoint du commandant du camp, Hermann Baranowski.

Baranowski était un personnage fantasque et brutal, capable de bonté comme de cruauté. Rudolf remarqua toutefois que sa dureté ne relevait pas d'un penchant irrationnel, sadique ou psychopathique – caractéristiques qu'il trouvait si « vulgaires » chez d'autres gardiens – mais était mûrement calculée ; Baranowski avait en effet ceci de particulier qu'il savait exploiter son sens naturel de l'empathie pour faire exécuter ses ordres, faisant ainsi avancer la doctrine national-socialiste. C'était à cela que Rudolf voulait parvenir afin de résoudre les contradictions auxquelles lui-même était confronté.

Implanté près d'Oranienburg, à une trentaine de kilomètres de Berlin, Sachsenhausen était également le siège de l'Inspection des camps de concentration (IKL), l'administration centrale de tout le réseau concentrationnaire, placée sous la direction de l'ancien commandant de Dachau, Theodor Eicke. Les locaux de l'IKL se trouvaient dans un bâtiment en T dressé en bordure du camp. Rudolf ne travaillait pas directement pour l'Inspection mais, en sa qualité d'adjudant, il était souvent en contact avec les services généraux d'approvisionnement.

Après Dachau, Sachsenhausen était l'endroit idéal pour se faire remarquer de la hiérarchie et prendre de l'avancement. Rudolf était souvent appelé à se rendre à Berlin, où il retrouvait ses anciens camarades des corps francs, se tenait au courant de l'actualité et se familiarisait avec les rouages internes du parti nazi. Ses nouvelles fonctions l'amenèrent également à travailler avec la Gestapo, mais surtout, elles le dégageaient du rapport quotidien avec les prisonniers.

> Les doutes que j'avais éprouvés intérieurement au sujet de mon aptitude à servir dans les camps de concentration se trouvaient d'autant plus relégués à l'arrière-plan que désormais je n'avais plus, comme à Dachau, de contact direct avec les internés.

Il était toutefois responsable de la discipline et des exécutions, tâches dont il était déterminé à s'acquitter, en dépit des réserves qu'elles lui inspiraient. Dès les premiers temps, il eut à gérer une affaire pénible qui lui donna l'occasion de mettre sa résolution à l'épreuve. Un officier SS qui avait arrêté un militant communiste avait commis l'erreur d'autoriser l'homme à faire ses adieux à sa famille. Or, celui-ci profita d'un instant où sa femme discutait avec le SS pour s'échapper par une fenêtre ouverte. L'officier avait enfreint le règlement, et cette entorse était passible de la peine de mort. Rudolf connaissait bien ce collègue qui avait souvent livré des prisonniers à Sachsenhausen ; deux semaines plus tôt, encore, ils avaient pris un verre ensemble au mess et parlé de l'augmentation du nombre d'exécutions au camp. Rudolf le considérait comme un ami. Et voilà qu'on venait lui remettre cet homme dans son uniforme gris de la SS, menottes aux poignets, bandeau sur les yeux. Ce fut à lui qu'il revint de le conduire au milieu de la cour, de lui attacher les mains au poteau d'exécution et de donner l'ordre de faire feu.

Quand son ami s'effondra, il s'approcha et l'acheva d'une balle dans la tête. « J'étais en proie à un tel trouble que je dus faire effort pour donner le coup de grâce dans la tempe. » Cet épisode l'avait bouleversé mais il ne pouvait rien en laisser paraître :

> M'étant soumis à l'inévitable, je n'ai pas voulu tuer en moi les sentiments de compassion pour la misère humaine. Je les ai toujours éprouvés, mais dans la plupart des cas je n'en ai pas tenu compte parce qu'il ne m'était pas permis d'être « mou ». Pour ne pas être accusé de faiblesse, je voulais avoir la réputation d'un « dur ».

Il avait prouvé à ses supérieurs qu'il était capable d'exécuter leurs ordres les plus difficiles. C'était un officier SS entièrement fiable et sa loyauté aveugle avait fait de lui une machine impitoyable. Il se distinguerait bientôt par une initiative qui marquerait un tournant décisif dans sa carrière.

6

Hanns

Berlin, 1933

Le 1er avril 1933, une escouade de la *Sturmabteilung* débarqua à la station du jardin zoologique, traversa le Kurfürstendamm et descendit la Kaiserallee. La presse et la radio avaient lancé un appel au boycott des commerces et entreprises juives, qui touchait également les médecins et les avocats. Les Alexander, redoutant de voir leur appartement pris pour cible, s'étaient calfeutrés chez eux. Leurs craintes, hélas, étaient fondées. Hanns jeta un coup d'œil par la fenêtre : un groupe de « chemises brunes » se massait au pied de leur immeuble.

Cette famille parfaitement assimilée et si présente dans la vie sociale berlinoise n'aurait jamais imaginé qu'une telle chose pût un jour arriver. Comme beaucoup de leurs amis, les Alexander envisageaient leur avenir en Allemagne avec optimisme. La montée du nazisme les préoccupait, naturellement, mais ils s'étaient jusqu'à présent refusés à monter en épingle les derniers événements : la nomination de Hitler au poste de chancelier en janvier, l'incendie du Reichstag un mois plus tard, puis l'instauration de la *Schutzhaft* ou « détention de protection » – n'importe qui pouvait désormais se faire arrêter arbitrairement, hors de toute procédure judiciaire – et, plus récemment encore, le vote de la loi des pleins pouvoirs qui permettait au Führer de légiférer sans en référer au Parlement.

Les miliciens n'avaient eu aucun mal à trouver l'adresse des Alexander : Alfred était président de l'Ordre des médecins de Berlin et ses coordonnées figuraient en bonne place dans l'annuaire juif de 1931-1932 – un épais volume relié sous une couverture bleue en vente à tous les coins de rue.

Postés devant le 220 Kaiserallee, les SA scandaient les mots d'ordre du jour : « N'achetez pas chez les juifs ! », « Boycottez les juifs ! », « Les juifs sont notre malheur ! ». Peu à peu, voisins et passants s'attroupèrent autour d'eux, poussés par la curiosité et peut-être aussi par une joie mauvaise à voir ainsi pointés du doigt ceux que beaucoup tenaient pour les grands responsables de la débâcle économique de l'Allemagne.

Les SA semblaient prêts à tenir le siège toute la journée lorsqu'un homme de haute taille en uniforme de colonel s'avança et vint se planter devant eux : « Je suis le colonel Otto Meyer, déclara-t-il d'une voix ferme. La personne qui habite cet appartement est le Dr Alfred Alexander, un ami très cher, qui a combattu sous mes ordres pendant la guerre. C'est également un héros, décoré de la Croix de fer de première classe. » Sur ce, il les somma de se disperser. Décontenancés, les miliciens se concertèrent brièvement, puis s'exécutèrent – se disant peut-être qu'ils trouveraient d'autres proies plus faciles ailleurs. Le colonel Meyer monta la garde devant la porte de l'immeuble jusqu'en fin de soirée. Avant de le laisser repartir, Alfred descendit le remercier pour sa courageuse intervention.

Ce sinistre épisode donna à réfléchir aux Alexander. Cette journée de boycott n'était peut-être pas la dernière. Henny pensait qu'il était temps d'émigrer, en Suisse par exemple. Son père, consul de Suisse à Francfort, pourrait sans doute les aider à refaire leur vie à Bâle ou à Genève. Elle pressa son mari d'y songer sérieusement, mais Alfred ne voulait rien entendre. Ces violences n'étaient qu'un feu de paille, soutenait-il, et le peuple allemand se ressaisirait bientôt. L'ancien soldat connaissait le courage et le sens de l'honneur de ses compatriotes et il était convaincu que, comme le colonel Meyer, la grande majorité des Allemands étaient des gens droits et honnêtes qui sauraient mettre le holà à cette folie nazie.

Six jours après le boycott, pourtant, le pouvoir promulguait une loi sur la « restauration de la fonction publique », qui révoquait les fonctionnaires non aryens. Elle concernait tous les employés des bureaux et de l'administration, mais aussi les enseignants, les écrivains, les chanteurs, les danseurs et les musiciens. Les artistes juifs n'étaient plus autorisés à se produire que devant un public juif dans le cadre du *Kulturbund Deutscher Juden*, l'Union culturelle des juifs allemands. Les Alexander s'inscrivirent à cette association, comme quelque vingt mille autres juifs qui assistaient régulièrement aux concerts du Deutsches Theater. Et Alfred continua à soigner de nombreux artistes.

Puis, le 10 mai, une foule immense rassemblant plus de quarante mille étudiants, des membres de la SA et de la SS et autres sympathisants nazis se massa sur l'Opernplatz, à quelques centaines de mètres de la Neue Synagogue de l'Oranienburgerstrasse, pour écouter un discours du ministre de la Propagande : « Le siècle de l'intellectualisme juif poussé à l'extrême est révolu et la percée de la révolution allemande a rouvert la voie à l'âme allemande, tonna Joseph Goebbels. Vous faites bien de livrer aux flammes en cette heure nocturne le démon du passé. [...] Ici s'écroulent les fondements intellectuels de la république de Weimar. De ses cendres s'élèvera le phœnix de l'esprit nouveau. » La foule l'acclama et jeta dans un brasier vingt mille livres « nuisibles ».

L'optimisme d'Alfred ne faisait pas l'unanimité chez les Alexander. L'incendie du Reichstag, le boycott et les violences organisées avaient fissuré la belle unité familiale. Bella annonça qu'elle partait pour Londres avec son fiancé, Harold Sussmann, un Anglais qu'elle avait rencontré deux étés auparavant ; de fait, quelques jours plus tard, elle faisait ses valises et s'embarquait pour la Grande-Bretagne. Pour la première fois, la famille n'était plus réunie sous le même toit.

Hanns n'était pas particulièrement proche de sa sœur à l'époque, mais ce départ aviva ses inquiétudes. Qu'est-ce que cela impliquerait pour lui ? La situation des juifs risquait-elle de s'aggraver en Allemagne ? Devraient-ils tous suivre Bella et recommencer une nouvelle vie à l'étranger ?

Les événements ne tardèrent pas à lui apporter des réponses. En juin 1933, Alfred fut convoqué par le principal de la Waldschule qui lui expliqua qu'une loi récente visant à lutter contre la surpopulation des écoles et des universités allemandes fixait pour chaque établissement un quota d'élèves juifs. Il ne pouvait donc plus accueillir les jumeaux et invita le docteur à les inscrire ailleurs.

Ce soir-là, Alfred annonça à ses fils qu'ils fréquenteraient désormais une école juive privée. Hanns était atterré. Il avait seize ans et, s'il n'avait jamais été très studieux, il aimait la Waldschule et avait prévu de passer son bac, et peut-être même de poursuivre ses études, comme ses sœurs. Se faire éjecter ainsi à cause d'une loi absurde était déjà un choc, mais cela soulevait d'autres incertitudes, encore plus insupportables : s'il pouvait être exclu de son école du fait de sa culture et de sa religion, qui sait ce qui pouvait encore arriver ?

Les jumeaux ne furent cependant pas les seuls à subir les effets de cet arbitraire. Au cours des mois suivants, le Parlement vota un nouveau train de mesures antijuives dont certaines visaient directement les médecins : les caisses d'assurance ne remboursaient plus les frais de consultation des patients soignés par des non-aryens. En dépit de sa renommée, le Dr Alexander perdit une bonne partie de sa clientèle, donc de ses revenus. Comme la plupart de ses confrères juifs, il avait de plus en plus de mal à boucler les fins de mois. Le maire de Munich venait par ailleurs d'interdire aux médecins juifs de soigner des non-juifs et Alfred savait que, lorsque Berlin en ferait autant, il n'aurait plus qu'à mettre la clé sous la porte.

À la table des Alexander, les conversations étaient de plus en plus tendues. Henny tentait de faire comprendre à son mari qu'ils finiraient de toute façon par quitter le pays, de gré ou de force, et qu'il avait tout intérêt à vendre son cabinet avant qu'il ne vaille plus rien. Mais lui s'obstinait à nier l'évidence : il voulait croire à un retour à la normale et, en attendant, disait-il, il fallait simplement prendre son mal en patience et faire profil bas.

Le 13 juillet 1934, à l'occasion du vingtième anniversaire de la déclaration de guerre et sur fond de montée du sentiment nationaliste, le président Hindenburg annonça la création d'une nouvelle médaille commémorative, la Croix d'honneur. Estimant qu'une preuve supplémentaire de son patriotisme ne ferait pas de mal, Alfred en fit la demande. Quelques semaines plus tard, il fut invité avec d'autres anciens combattants à une cérémonie où on leur remit une croix de bronze gravée en son centre des dates de la guerre, 1914-1918, et retenue par un ruban rayé de rouge, noir et blanc – les couleurs de l'Empire allemand et du parti nazi.

En Angleterre, Bella se faisait rapidement à sa nouvelle vie. En décembre 1934, pour la plus grande joie de ses parents, elle donna naissance à un petit Peter. Alfred s'empressa d'aller voir son premier petit-fils à Londres. Il y retrouva un vieil ami de Hambourg, Otto Schiff, qui avait lui-même émigré et l'engagea vivement à se préparer à repasser son diplôme dans une faculté de médecine britannique, au cas où il devrait quitter l'Allemagne et reprendre son activité en Grande-Bretagne. L'idée fit son chemin et, bien qu'il fût toujours persuadé que les juifs allemands traversaient simplement une mauvaise passe, Alfred commençait à admettre qu'il valait mieux assurer ses arrières : avant de repartir pour Berlin, il s'inscrivit à l'université d'Édimbourg.

Entre-temps, les jumeaux avaient décidé – contre l'avis de leur mère – d'abandonner leurs études. Ils en apprendraient davantage en se frottant à la vraie vie, assuraient-ils. Hanns décrocha un poste à la banque Leo Perl, un petit établissement dirigé par Franz Perl, un ami de ses parents. C'était son premier emploi. Il n'avait pas de grandes responsabilités mais il était content de pouvoir faire ses preuves et de s'être libéré de la corvée de l'école. Chaque matin, en costume sombre et chapeau, il se mêlait à la foule d'employés qui se rendaient en tram au centre-ville. À la fin du mois, il remettait son maigre salaire à sa mère, qui le remerciait avec fierté.

Malgré une loi interdisant aux juifs de suivre un apprentissage, Paul avait quant à lui trouvé un stage chez un menuisier berlinois. Son patron, Johan Geider, refusait de se plier à une législation raciale qu'il désapprouvait et continuait d'embaucher qui bon lui semblait ; mais comme c'était l'usage, le Dr Alexander dut payer pour cette formation.

Paul n'était dans la maison que depuis quelques semaines lorsqu'on l'envoya à l'autre bout de la ville participer aux préparatifs d'une exposition du NSDAP sur le thème « Peuple allemand, travail allemand ». Cet événement très attendu devait être inauguré en grande pompe le surlendemain par Adolf Hitler en personne. Sur le chantier, Paul trouva une équipe d'ouvriers en pleine action. Puis il vit arriver un gros camion chargé de contreplaqué. Le chauffeur lui demanda où il devait décharger. « Entrez dans la salle », lui lança-t-il. « Ça va tenir ? » s'inquiéta l'homme. « Mais oui », répondit Paul, qui savait pertinemment que le parquet ne supporterait jamais un tel poids. Le chauffeur recula lentement et, comme il fallait s'y attendre, le plancher céda dans un énorme craquement. Le camionneur sauta de sa cabine et prit ses jambes à son cou. Paul ne s'attarda pas davantage. Le lendemain, il eut la satisfaction d'apprendre par la presse que son petit acte de résistance avait fait son effet : l'inauguration avait été annulée, bouleversant l'emploi du temps du chancelier.

Tandis que les jumeaux faisaient leurs premiers pas dans leur vie d'adultes, ils sentaient leurs repères quotidiens leur échapper peu à peu. Ils ne pouvaient plus aller au cinéma à leur guise. Des pancartes proclamant « Les juifs ne sont pas les bienvenus » fleurissaient à tous les coins de rue. Leurs parents avaient renoncé à leurs fêtes somptueuses, car beaucoup de leurs amis avaient trop peur de rentrer chez eux en pleine nuit. Les patients, craignant de voir leur nom associé à celui d'un médecin juif, désertaient aussi bien la clinique que le cabinet de la Kaiserallee. Hanns s'était fait insulter dans la rue et était régulièrement en butte à l'antisémitisme ambiant. Il s'habillait comme n'importe quel jeune employé allemand et savait mieux que d'autres dissimuler son identité, mais il se faisait nécessairement repérer aux abords de la synagogue de la Fasanenstrasse.

Comme nombre de ses camarades alarmés par l'influence grandissante du parti nazi, il se retrancha dans la communauté juive, moins par conviction religieuse que pour trouver une explication à ce climat antijuif de plus en plus insupportable. Vers la fin de 1934, un vendredi soir après le travail, il alla écouter le sermon du rabbin Prinz à la synagogue de Friedenstempel. À vingt-quatre ans, cet orateur s'était rapidement forgé une réputation, en particulier auprès des jeunes juifs berlinois. Ce soir-là, il arriva en retard et, l'espace d'un instant, l'assistance se demanda s'il n'avait pas été arrêté. Lorsque, enfin, il parut en chaire, Prinz mit ses fidèles en garde : l'antisémitisme nazi n'était pas un phénomène passager, mais bien une menace durable qu'il convenait de prendre très au sérieux. Certes, souligna-t-il, beaucoup de ses confrères soutenaient le contraire, assurant que tout rentrerait dans l'ordre et que l'on pouvait faire confiance aux Allemands pour contenir les antisémites qui, même s'ils étaient virulents, restaient minoritaires. Prinz savait qu'il allait à contre-courant de l'opinion dominante et le revendiquait haut et fort. Il acheva son sermon en exhortant tous les juifs à quitter l'Allemagne au plus vite. En rentrant chez lui, Hanns se demanda si son père ne se trompait pas et s'il ne fallait pas effectivement songer à partir.

Afin de se protéger, Hanns et Paul rejoignirent un groupe de la jeunesse juive progressiste qui se retrouvait chaque semaine pour discuter de la montée de l'antisémitisme et apprendre à réagir aux agressions. On leur recommanda de ne pas se promener seuls en ville, de ne pas chercher la bagarre et de se déplacer de jour plutôt que de nuit. Les jumeaux passaient outre à ces conseils et sortaient souvent le soir, mais Hanns continuait d'assister aux réunions car, en ces temps où la presse officielle et la radio étaient noyautées par les nazis, c'était le seul endroit où l'on parlait des dernières agressions de juifs à Berlin et des négociations du Consistoire avec le gouvernement. Elles lui permettaient aussi de prendre le pouls de la communauté juive dans son ensemble et de savoir si d'autres pensaient autrement que son père.

Les garçons n'ignoraient évidemment rien de la législation antijuive, mais il en aurait fallu davantage pour qu'ils renoncent aux matchs de hockey sur glace du lundi soir. Théoriquement, les billets étaient réservés aux seuls sympathisants nazis et une pancarte *Juden Raus !* (« Les juifs dehors ! ») était bien en vue à l'entrée du Sportpalast. Mais les garçons ne l'entendaient pas de cette oreille. Chaque semaine, ils se présentaient tout simplement au guichet et achetaient leur billet le plus naturellement du monde pour regarder leurs héros pousser le palet sur la glace.

Les autres membres de la famille s'efforçaient également de vivre aussi normalement que possible. Elsie allait souvent au Deutsches Theater où, début 1935, elle rencontra un charmant jeune Berlinois, Erich Hirschowitz. Le père d'Erich était marchand de cuir. Face à la radicalisation de l'antisémitisme dans la capitale allemande, il avait pris les devants en envoyant son fils établir à Londres une entreprise d'import-export de cuir. Elsie et Erich se passèrent la bague au doigt en juillet 1935. Leur mariage fut bien plus discret que celui de Bella, deux ans plus tôt, les familles ayant jugé plus sage de ne pas trop se faire remarquer. Il ne fut pas même annoncé dans les journaux, et la cérémonie se déroula en petit comité dans l'appartement de la Kaiserallee. Les jeunes époux allèrent passer leur lune de miel en Suisse ; en chemin, ils durent faire un détour car à l'entrée d'un village, ils tombèrent sur l'un de ces sinistres panneaux : *Juden sind hier unerwünscht* (« Ici, les juifs sont indésirables »). Quelques semaines après le mariage, Erich retourna à Londres. Elsie prévoyait de le rejoindre dès que le climat se serait un peu apaisé à Berlin.

Vers la même époque, un cadre du NSDAP vint tambouriner à la porte de la clinique de l'Achenbachstrasse, accusant à grands cris Alfred d'avoir procédé à un avortement illégal sur sa sœur. Scandalisé par ces propos calomnieux, Alfred saisit l'intrus par le colback et le jeta dehors. Le temps de reprendre ses esprits, il se rendit compte qu'il s'était mis dans de sales draps. Il se précipita au commissariat, priant pour que le fou furieux ne soit pas déjà allé porter plainte contre lui. La police lui répondit que s'il n'était pas membre du parti nazi, elle ne pouvait rien pour lui. Ce fut alors qu'il se rendit à l'évidence : le temps était compté. Et pourtant, il hésitait encore.

Dans les derniers mois de 1935, les parents de Henny regagnèrent leur Suisse natale où Lucien, de santé fragile, pourrait respirer un bon air pur des montagnes. Paul les accompagna. À Bâle, il s'inscrivit en apprentissage à l'école technique. C'était la première fois que les jumeaux étaient séparés.

En janvier 1936, le Dr Alexander retourna voir Bella et le petit Peter à Londres. En son absence, Henny reçut un appel du colonel Otto Meyer, celui-là même qui, trois ans plus tôt, avait si courageusement chassé la meute de SA postée devant l'immeuble de la Kaiserallee.

« Ils vont venir le chercher, lui annonça-t-il. Il faut absolument qu'il se cache. » Il avait vu une liste des juifs que la Gestapo s'apprêtait à rafler dans les prochains jours, et le nom du médecin y figurait en bonne place. Il fut presque soulagé d'apprendre qu'Alfred était en Angleterre : « Surtout, qu'il y reste ! » Henny fit aussitôt parvenir le message à son mari.

Le docteur, horrifié, comprit enfin qu'il n'avait d'autre choix que de demander l'asile temporaire à la Grande-Bretagne. Il prit contact avec un banquier anglais, Edmund Dreyfus, protégé et ami de longue date de son beau-père, qui accepta aussitôt de verser la caution exigée par les autorités britanniques. Pour l'instant, Alfred pouvait donc rester à Londres, mais il était bouleversé à l'idée de ne plus revoir le pays qu'il aimait tant, et la perspective d'avoir à repasser son diplôme lui pesait. Il y avait plus grave, cependant : si la Gestapo s'intéressait à lui, elle pouvait également s'en prendre à ses proches. Il demanda à Henny de prendre ses dispositions pour le rejoindre au plus vite avec les enfants.

En quittant l'Allemagne, Hanns tournerait une page de sa vie. Repartir de zéro l'inquiétait un peu, mais il était également curieux des aventures qui l'attendaient outre-Manche. Il se concentra très vite sur les détails pratiques de son départ. Avant de déposer une demande de visa, il devait obtenir une autorisation de sortie du territoire auprès du chef de la police de Berlin, le *Polizeipräsident.* Ce n'était pas le plus difficile, car à l'époque les autorités ne demandaient pas mieux que de voir partir les juifs. Il se présenta au commissariat central, régla dix Reichsmarks et ressortit avec un certificat valable six mois.

Il passa en revanche tout le printemps à essayer de décrocher un visa pour l'Angleterre. En vain. Craignant que l'opinion ne réagisse mal à une vague de réfugiés juifs allemands, le gouvernement britannique avait mis un frein à l'immigration. Hanns avait par ailleurs l'âge de travailler et, n'étant plus à la charge de sa famille, il ne pouvait faire valoir la présence de son père et de sa sœur à Londres. Il devrait trouver sa propre voie de sortie, et vite.

Depuis six mois, les autorités berlinoises resserraient leur étau sur les juifs. Les camarades de Hanns avaient été expulsés des universités, et la loi interdisant aux juifs l'accès aux professions libérales et à la fonction publique avait mis au chômage bon nombre des amis de son père – avocats, comptables ou fonctionnaires. La presse religieuse avait également été muselée et, avec la disparition du bulletin de la synagogue, Hanns avait perdu l'une des dernières sources d'information qui passait encore à travers les mailles de la censure. Enfin, la loi sur la citoyenneté du Reich, promulguée à l'automne précédent à l'issue du congrès du parti nazi à Nuremberg, l'avait dépouillé de ses droits civiques et politiques. L'Allemagne ne considérait désormais plus les juifs comme des citoyens à part entière, mais comme des « sujets », marginalisés du reste de la nation allemande.

À l'approche de l'été, Hanns remarqua un changement dans la rhétorique du régime. Les boycotts et les rassemblements nazis s'espaçaient, le Reichstag avait mis un coup d'arrêt aux mesures antijuives, et quelques pancartes « Interdit aux juifs » avaient même été retirées des vitrines de magasins : le Führer tentait d'afficher des apparences de normalité à la face du monde et des médias étrangers qui commençaient à arriver à Berlin pour l'inauguration des jeux Olympiques, le 1er août 1936.

Comprenant que ce serait peut-être sa dernière chance d'obtenir un visa avant une nouvelle flambée d'antisémitisme, Hanns redoubla d'efforts. En mai, il alla voir son patron et lui expliqua qu'il devait quitter le pays dès que possible. Franz Perl accepta de le recommander à une banque londonienne. Le lendemain, Hanns se leva plus tôt qu'à l'accoutumée et se rendit au bureau britannique des passeports, au 17 Tiergartenstrasse, à un quart d'heure de marche de chez lui. Des dizaines de candidats à l'exil l'avaient déjà précédé. Certains faisaient la queue depuis quatre heures du matin. La plupart attendaient patiemment, papiers en main, l'air digne, mais d'autres sanglotaient, terrifiés à l'idée que leur demande puisse être refusée. Hanns voulait croire en sa bonne étoile car le premier secrétaire de l'ambassade britannique était un patient de son père, mais avec pareille affluence, il ne pouvait jurer de rien. Les portes ouvrirent à neuf heures. Quand enfin son tour arriva, il pénétra dans un petit bureau et remplit un formulaire. La procédure se passa bien mieux qu'il ne l'avait escompté : quelques minutes plus tard, il repartait avec son sésame en poche.

L'ambassade de France lui refusa en revanche son visa de transit. Il se tourna alors vers son frère qui, depuis la Suisse, pourrait peut-être l'aider. Paul lui conseilla de venir le retrouver à Bâle en lui promettant un bon repas et un billet d'avion pour Londres. Elsie, qui était parvenue à se procurer un billet

Deutsches Reich

Heimatschein

(für den Aufenthalt im Ausland)

geboren am

besitzt die Reichsangehörigkeit

Diese Bescheinigung gilt bis zum

Berlin, den

Der Polizeipräsident

Im Auftrage

Visa de sortie de Hanns Alexander,
délivré par le chef de la police de Berlin, 1936

pour Amsterdam, s'apprêtait elle aussi à partir – son mari étant déjà établi à Londres, les autorités lui avaient délivré un permis de séjour sans trop de difficulté. Seule Henny n'avait pas encore trouvé moyen de quitter Berlin.

Elle n'était pas au bout de ses peines. Comme tous les juifs possédant des biens ou des revenus importants, elle ne pouvait prétendre à une autorisation de sortie avant d'avoir acquitté la *Reichsfluchtsteuer*, une « taxe de désertion du Reich », très élevée. Tant qu'elle n'aurait pas vendu la clinique de son mari, elle serait donc bloquée à Berlin. Les enfants avaient mauvaise conscience de la laisser seule, mais ils n'avaient guère le choix. Ils savaient maintenant que le temps était compté car, dès la fin des jeux Olympiques, à la mi-août, le monde détournerait le regard de l'Allemagne.

Au matin du 29 mai 1936, Hanns prit congé de sa mère et franchit pour la dernière fois le seuil de la lourde porte cochère de la Kaiserallee. Il était en proie à des émotions contradictoires : inquiet pour sa mère, mais également heureux de partir et un peu angoissé face à l'inconnu. À la gare de Potsdam, il acheta un billet pour la Suisse. C'était un voyage de plus de huit cents kilomètres ; il passa devant leur maison de campagne de Glienicke, traversa Munich, où son père avait fait ses études de médecine, et marqua une halte dans la petite ville de Geislingen, dans le Bade-Wurtemberg, pour faire ses adieux à son ancienne nourrice, Anna. Le lendemain, il vit défiler derrière la vitre les faubourgs de Baden-Baden et franchit enfin la frontière suisse.

Il arriva en gare de Bâle le soir du 30 mai 1936. Il n'était toutefois pas encore tiré d'affaire : bien qu'en territoire suisse, la gare faisait partie du réseau ferré allemand et était donc sous juridiction du Reich. Hanns tira son sac du filet à bagages, descendit sur le quai et rejoignit une longue file d'hommes, de femmes et d'enfants devant le bureau des douanes. La plupart des voyageurs étaient des juifs, éprouvés par de longues heures de train et la détresse de l'exil.

Lorsque ce fut son tour, Hanns tendit son passeport dont la couverture vert olive était barrée des mots « *Deutsches Reich Reisepass* ». Le douanier examina le document, comparant l'homme qui se tenait devant lui à l'adolescent de la photo, jeta un coup d'œil sur le visa britannique, le tamponna et fit signe à Hanns de passer. Dès qu'il le vit sortir, Paul, soulagé, se précipita à sa rencontre et, tout heureux, le serra puissamment dans ses bras.

Hanns venait de quitter le pays qui l'avait vu naître. Il avait dix-neuf ans, son baluchon et dix marks pour toute fortune – somme maximale autorisée aux émigrants.

Le 2 juin, il atterrit à l'aérodrome de Croydon, au sud de Londres. Il montra son passeport allemand au douanier, qui y apposa la mention suivante :

> Le titulaire est autorisé à entrer sur le territoire à Croydon le 2 juin 1936 sous réserve qu'il déclare immédiatement sa présence aux autorités de police et ne séjourne pas plus de six mois au Royaume-Uni.

Bella l'attendait et l'emmena aussitôt déjeuner à l'Aerodrome Hotel tout proche. Après quoi, ils prirent un taxi jusqu'à chez elle, à Olympia, où Hanns fut accueilli par son père et son beau-frère et fit enfin la connaissance de son neveu Peter, qui avait déjà trois ans. Entre Henny à Berlin, Elsie à Amsterdam et Paul et ses grands-parents à Bâle, Hanns souffrait de voir sa famille ainsi dispersée, mais ces retrouvailles lui faisaient chaud au cœur.

Dès le lendemain, il alla se faire enregistrer au bureau des étrangers de Bow Street, où on lui remit une carte de séjour portant le numéro 594942. Son statut ne l'autorisait ni à

Registration Certificate No. 594942.
Issued at Bow Street W.C.2.
on 3rd June 1936.
Name (Surname first in Roman Capitals) ALEXANDER Hans
Hermann
Alias
Left Thumb Print (if unable to sign name in English Characters).
Metropolitan Police Aliens Registration Office 2/6/36.
Signature of Holder Hanns H. Alexander

Nationality German.
Born on 6/5/1917 in Wilmersdorf
Previous Nationality (if any)
Profession or Occupation Volunteer Clerk
Single or Married Single
Address of Residence Fulham Road W6.
Arrived in United Kingdom on 2/6/1936.
Address of last Residence outside U.K. 15 Achenbachstrasse, Berlin
Government Service
Passport or other papers as to Nationality and Identity

Carnet britannique d'enregistrement des étrangers de Hanns Alexander

occuper un emploi rémunéré, ni à bénéficier des prestations sociales ni, bien entendu, à voter ; les services de sécurité surveilleraient ses faits et gestes et, au bout de six mois, il devrait faire renouveler son visa. Il s'efforça d'organiser sa nouvelle vie. En attendant de trouver un logement, il prit une chambre au Palace Hotel sur Piccadilly Circus.

Quelques jours plus tard, il poussa la porte de la banque Japhet & Co., un petit établissement de la City appartenant à la famille de son beau-frère, Harold, qui lui avait obtenu une place de stagiaire. L'un des directeurs lui présenta brièvement les activités de la banque, ses employés et lui expliqua ce que l'on attendait de lui. Avec son anglais scolaire, Hanns ne saisit que les grandes lignes. Il comprit que s'il voulait prendre ses marques dans son nouvel environnement, il aurait besoin d'une sérieuse remise à niveau.

Dans une lettre à sa mère, expédiée un mois après son arrivée, il la remerciait de ses envois (de l'argent qu'il s'efforcerait « de faire durer le plus possible », et deux bocaux de compote de cerises du jardin de Glienicke, « si précieux » qu'il les réservait pour une grande occasion), et lui racontait son quotidien : il avait une vie sociale bien remplie et revoyait d'anciens amis de Berlin, dont Löwenstein, le garçon qu'il avait attaché à un arbre et qu'il avouait « ne pas apprécier davantage qu'avant » ; le samedi précédent, son père et lui étaient allés se promener sur l'île de Wight – « un paradis », disait-il. Les week-ends étaient trop courts à son goût mais son travail à la banque ne lui déplaisait pas. Dans l'ensemble, tout allait donc pour le mieux, d'autant qu'il venait de découvrir une nouvelle cantine, le Lyons Corner House, une brasserie à la mode en plein centre-ville où l'on mangeait pour trois fois rien, avec de belles nappes sur les tables et de l'eau glacée à volonté. « Je suis plus heureux que jamais », concluait-il pour achever de rassurer sa mère.

Début juillet 1936, Henny lui annonça que la vente de la clinique ne serait pas aussi facile qu'elle l'avait espéré. La loi lui interdisait de la céder à un juif, mais elle imaginait mal un sympathisant nazi reprendre un établissement dont la clientèle et le personnel étaient essentiellement des juifs. Un acheteur s'était bien présenté, mais il s'était rétracté au dernier moment.

Elle continua à prospecter tout l'été. Un autre acquéreur se défila et elle n'avait pratiquement plus un sou vaillant. Enfin, début août, elle trouva un couple mixte – la femme juive, le mari chrétien – prêt à signer pour un prix dérisoire. Au pied du mur, elle accepta. Le produit de la vente lui suffit tout juste à acquitter la taxe de désertion du Reich et à payer son billet de train pour Londres.

*

* *

Au nouvel an juif, en septembre 1936, toute la famille était arrivée à Londres. Elsie, d'abord, par Amsterdam, et enfin Paul. Seule la tante Cäcilie Bing était encore en Allemagne. Elle avait refusé de partir, préférant rester dans sa luxueuse suite de l'hôtel Excelsior à Francfort.

Alfred et Henny s'installèrent dans un trois-pièces à Kensington, dans l'ouest de Londres. Cet appartement n'avait rien de commun avec leur palais de la Kaiserallee, mais il était bien assez grand pour eux deux. Henny écrivit à sa cuisinière de Berlin, la priant de faire emballer et expédier toutes leurs affaires en Angleterre.

Hilde la prit au mot et mit absolument tout en caisses, sans oublier un seul coussin, livre, drap, ni bibelot – jusqu'aux corbeilles à papier, encore pleines ! Dans l'un des cartons, elle avait enfoui la Torah familiale sous une pile de vêtements et l'avait soigneusement enveloppée dans des serviettes. Chère Hilde ! Tout y était : la couverture de velours rouge, les deux clochettes et la plaque d'argent gravée du nom de Moses Alexander – des objets aussi précieux et anciens que le parchemin.

Les Alexander n'avaient en revanche pas pu rapatrier leur argent et, Alfred ne pouvant exercer en Grande-Bretagne, ils tiraient le diable par la queue. À cinquante-huit ans, le docteur reprit le chemin des écoliers et alla repasser son diplôme à Édimbourg. Paul s'inscrivit au Kensington Secretarial College, un établissement très majoritairement féminin où il passait plus de temps à faire du gringue aux filles qu'à bûcher son anglais. Puis il entra en apprentissage chez un décorateur en vue, Lazlo Hoenig, qui possédait une galerie à Mayfair. Les filles, mariées à des hommes d'affaires, étaient à l'abri du besoin. Harold gérait plutôt bien son cabinet de courtage et laissait à Bella le soin d'élever leur fils et d'aider les siens dans leurs démarches. Elsie avait emménagé avec Erich dans un petit appartement des quartiers nord, mais elle avait davantage de mal à s'intégrer. L'exil lui avait laissé un goût amer : elle ne vivait plus sur le même pied qu'à Berlin, avait dû renoncer à poursuivre ses études et, pour couronner le tout, ses voisines se moquaient de son accent allemand. Elle se consolait en paradant dans ses manteaux de fourrure à la moindre occasion.

Hanns, quant à lui, s'adaptait rapidement. Il avait tiré un trait sur le passé et ne s'attardait pas sur tout ce que sa famille avait perdu – le bel appartement, le prestige, les domestiques. Il est vrai qu'il était plus jeune qu'Elsie et qu'il avait toujours vécu chez ses parents, mais il était aussi d'un naturel plus optimiste et mieux armé qu'elle pour affronter le changement et le déracinement.

Les jumeaux étaient tous deux très beaux garçons. Ils toisaient leur bon mètre quatre-vingts et peignaient leurs épais cheveux noirs en arrière, dégageant un front haut. Presque tout le monde les confondait. Il fallait bien les connaître pour déceler leurs infimes différences : Paul avait tendance à incliner un peu le buste vers l'avant, comme pour se projeter vers l'avenir. Il avait le menton plus pointu que son frère et ses fossettes se creusaient lorsqu'il riait. Il semblait aussi plus décontracté et plus insouciant. Hanns, lui, se tenait toujours bien droit, l'air pensif et concentré. Avec sa mâchoire carrée et ses allures sérieuses, il aurait pu passer pour une vedette de cinéma.

Une fois par semaine, en sortant du bureau, il se rendait dans un bel immeuble de Victoria, grimpait quatre étages et frappait chez une certaine Mme Frank, une Allemande de soixante-cinq ans qu'il surnommait Frankie. La vieille fille le faisait systématiquement attendre avant de l'introduire dans un salon encombré qui donnait sur St James's Park et empestait les oignons au vinaigre. Autour d'une tasse de thé et de biscuits rassis, elle lui enseignait les subtilités de la conversation anglaise et, avec un accent allemand à couper au couteau que même Hanns avait du mal à comprendre, l'initiait aux us et coutumes britanniques : un gentleman, expliquait-elle, ne va jamais travailler sans son chapeau melon, son parapluie et son attaché-case ; si vous recevez des amis à dîner, servez-leur du rosbif bien rose et du Yorkshire pudding, surtout pas de l'émincé de foie ou de la langue de bœuf ; face à des inconnus, affectez un maintien grave et un certain flegme…

Hanns progressa rapidement et, en dépit d'un léger accent, il fut bientôt aussi à l'aise pour plaisanter avec ses collègues que pour négocier son loyer avec sa propriétaire.

Frankie était un professeur sévère et exigeant, mais Hanns tenait bon. Depuis peu, elle avait une autre élève allemande, Anneliese Graetz – dite Ann –, une jolie brunette de dix-sept ans toute en jambes qui avait également fui le régime nazi pour s'installer à Londres avec son frère Wolfgang, de trois ans son cadet. Leurs parents, Paul et Käte Graetz, étaient restés à Berlin. Leur père dirigeait l'un des plus grands moulins d'Allemagne et s'était senti obligé de rester à son poste. Ann se faisait beaucoup de souci pour eux et, en attendant de leurs nouvelles, comme Hanns, elle cherchait sa place dans la société britannique.

Bientôt, les deux jeunes compatriotes partageaient de longues promenades dans les parcs de Londres et se retrouvaient dans les thés dansants. Il lui fit découvrir le Lyons Corner House, ses nappes et ses carafes. Elle le présenta à Wolfgang, élève à la St Paul's School. Le vendredi soir, ils allaient faire shabbat chez Henny, où ils retrouvaient Paul, Bella, Elsie et Erich. Seul Alfred, toujours à Édimbourg, manquait à l'appel. Ces soirées étaient l'occasion de discuter des affaires de famille et, surtout, d'échanger les dernières nouvelles de Berlin.

Elles étaient, hélas, très alarmantes. Le 9 novembre 1938, des hordes de SA brisèrent les vitrines de quelque sept mille magasins juifs et dévastèrent plus de deux cent cinquante synagogues. Les nazis appelèrent cette opération la « nuit de cristal ». La synagogue de la Fasanenstrasse, où les Alexander fêtaient autrefois Simchat Torah, n'avait pas été épargnée. Les vandales avaient forcé l'entrée et, sur ordre de Goebbels, mis le feu au bâtiment. Des pompiers et des voisins s'étaient attroupés pour regarder les flammes monter vers le ciel. Pas un seul n'avait levé le petit doigt pour faire quoi que ce soit. Ces hommes et ces femmes étaient des gens du quartier, que les Alexander considéraient autrefois comme des amis, dont les enfants fréquentaient la même école que Bella et Elsie. Beaucoup étaient même d'anciens patients d'Alfred. La Neue Synagogue dont le dôme doré dominait l'Oranienburgerstrasse et où les garçons avaient célébré leur barmitsvah avait aussi été dévastée, ses meubles détruits et ses torahs brûlées. Il n'en serait resté qu'un tas de cendres si

Wilhelm Krützfeld, le lieutenant de police de garde, n'avait dispersé la foule en la menaçant de son arme et ordonné aux pompiers d'intervenir. En apprenant la nouvelle, Alfred dut frémir à l'idée que la Torah des Alexander aurait pu, elle aussi, disparaître à jamais si le rabbin avait accepté de la prendre en prêt.

Les violences savamment orchestrées par le pouvoir ne se limitèrent pas au saccage de ces lieux de culte si chers au cœur des Alexander. Elles se prolongèrent par un gigantesque pogrom, coordonné à l'échelle nationale, dans lequel fut entraînée la famille d'Ann. Au matin du 10 novembre 1938, des hommes en armes vinrent cogner à la porte des Graetz et arrêtèrent Paul. Dans la rue, celui-ci rejoignit une colonne de un millier de juifs raflés, qui furent escortés à la gare et conduits au camp de Sachsenhausen, à quelques kilomètres de la capitale. À peine arrivé, on lui ordonna de se déshabiller, on lui rasa la tête et on lui fit enfiler un uniforme de bagnard à rayures noires et blanches, marqué du numéro 010065. Il fut là-bas le témoin et la victime de toute l'horreur et de la brutalité des camps de concentration dont le monde ne soupçonnait pas encore l'existence. Dans son malheur, Paul Graetz eut toutefois de la chance : il fut relâché au bout de dix-huit jours, tout comme des centaines d'autres détenus, mais leur liberté avait un prix : ils n'avaient que quelques jours pour faire leurs bagages et quitter le pays. À la porte du camp, on lui remit un certificat de sortie sur lequel figuraient sa photo d'identité, sa date de naissance, son adresse et la signature de l'un des chefs du camp : Rudolf Höss.

Aussitôt rentré chez lui, il vida son compte en banque pour payer la taxe d'évasion, se procura un visa auprès du consulat britannique et acheta deux billets de train pour Londres.

Cet hiver-là, Ann et Hanns continuèrent de se voir, mais avec le printemps, ils s'éloignèrent et décidèrent de mettre

La synagogue de la Fasanenstrasse après la « nuit de cristal », 1938

un terme à leur relation. Tandis qu'elle s'efforçait de passer à autre chose et trouvait d'autres chevaliers servants pour l'accompagner aux thés dansants et aux concerts, Hanns, lui, était surtout absorbé par les persécutions des juifs, qui s'étendaient à présent à toute l'Europe continentale.

Entre 1934 et 1939, plus de soixante-dix mille juifs fuyant les pays sous contrôle nazi – l'Allemagne, l'Autriche, la Tchécoslovaquie et la Pologne – déferlèrent en Grande-Bretagne. Il y avait parmi eux près de dix mille enfants non accompagnés, sauvés in extremis dans le cadre de l'opération humanitaire *Kindertransport*. Certains Britanniques réagirent à cet afflux massif avec résignation tandis que d'autres affichaient leur hostilité à l'égard des nouveaux venus. La communauté juive locale distribua aux réfugiés une brochure leur expliquant les règles de savoir-vivre dans leur pays d'accueil. Hanns en reçut un exemplaire. « Ne critiquez jamais les lois du gouvernement, car cela ne se fait pas ici », y lisait-on. On leur conseillait entre autres choses d'« éviter de dire que telle ou telle chose était mieux en Allemagne » car, précisait le prospectus, « bien que ce puisse être vrai dans certains cas, cela ne pèse pas grand-chose au regard de la sympathie et de la liberté que vous offre maintenant l'Angleterre ».

À la faveur de cet exode, les juifs allemands de Londres formaient à présent une communauté à part entière et, en tant que tels, ils souhaitaient se réunir dans leur propre synagogue. Ils n'étaient en effet pas très à l'aise dans les offices anglais : au-delà de la barrière de la langue, ils avaient surtout envie de renouer avec la liturgie propre au courant libéral berlinois, centrée sur le chant des textes sacrés – que les juifs orthodoxes et progressistes anglais lisaient simplement à haute voix.

Or, ils n'avaient ni lieu de prière, ni rouleaux sacrés. Qu'à cela ne tienne : une certaine Mme Gluckman proposa de mettre à disposition la salle à manger de son appartement de Belsize Park, et Alfred prêta la Torah des Alexander. Les fidèles vinrent si nombreux qu'ils furent bientôt à l'étroit dans cette salle improvisée. À partir de mars 1939, la synagogue de St John's Wood, de tradition libérale, instaura un service du vendredi soir pour les réfugiés allemands. Deux mois plus tard, l'assemblée fonda la Nouvelle Association des juifs libéraux (qui deviendrait la synagogue de Belsize Square). Alfred, l'un des membres fondateurs, céda sa Torah en prêt semi-permanent.

Le 24 juillet 1939, les Alexander apprirent qu'ils ne rentreraient jamais chez eux. Ce jour-là, le *Reichsgesetzblatt*, journal officiel du pouvoir hitlérien, publia une nouvelle *Ausbürgerungsliste*, « liste de dénaturalisation » déclinant les noms des Allemands (juifs, pour la plupart) déchus de leur nationalité. Ceux d'Alfred, Henny, Paul, Hanns, Bella et Elsie Alexander y étaient imprimés noir sur blanc. L'État avait en outre décrété que tous les biens des juifs étaient confisqués et dévolus au Reich. Au regard de l'administration allemande, les Alexander, comme tant de leurs compatriotes juifs, étaient désormais apatrides.

Bekanntmachung

Auf Grund des § 2 des Gesetzes über den Widerruf von Einbürgerungen und die Aberkennung der deutschen Staatsangehörigkeit vom 14. Juli 1933 (RGBl. I S. 480) **erkläre ich** im Einvernehmen mit dem Herrn Reichsminister des Auswärtigen folgende Personen **der deutschen Staatsangehörigkeit für verlustig:**

1. **Alexander**, Alfred John, geb. am 7. 3. 1880 in Bamberg,
2. **Alexander**, Henriette, geb. Picard, geb. am 11. 12. 1888 in Frankfurt a. M.,
3. **Alexander**, Paul Alfred, geb. am 6. 5. 1917 in Berlin-Wilmersdorf,
4. **Alexander**, Hans, geb. am 6. 5. 1917 in Berlin-Wilmersdorf,

Avis de déchéance de la nationalité allemande de la famille Alexander, 1939

L'irrévocabilité de cette ordonnance avait quelque chose de glaçant, mais Hanns n'en fut ni surpris, ni déçu. Les nouvelles d'Allemagne, toutes plus effroyables les unes que les autres, l'avaient peu à peu détaché de ce pays et de son peuple et conforté dans sa détermination à se fixer pour de bon en Angleterre.

Cinq semaines plus tard, le 1er septembre, les Panzer de Hitler déferlaient sur la Pologne, au grand dam de la communauté internationale. Le surlendemain, le Premier ministre britannique, Neville Chamberlain, apparut dans la salle du Conseil du 10 Downing Street en habit, col empesé et nœud papillon, et prit place devant un micro. La diplomatie avait échoué, déclara-t-il d'une voix grave. La Grande-Bretagne était à présent en guerre contre l'Allemagne.

Dès qu'il apprit la nouvelle, Hanns se sentit en devoir d'aller se battre. Entre son pays adoptif et son pays natal, il n'eut aucun mal à choisir son camp. Que ce fût par soif d'aventure, par désir de revanche ou, peut-être, par loyauté envers l'Angleterre qui l'avait accueilli et qu'il se devait de défendre – comme le lui avait rappelé son beau-frère Harold quelques semaines auparavant –, il savait qu'il ne pouvait pas rester les bras croisés.

Sa décision était prise : il irait s'engager dès le lendemain.

7

Rudolf

Oświęcim, Haute-Silésie, 1939

À la déclaration de guerre, Rudolf travaillait à Sachsenhausen. Il suivait de près l'actualité – l'invasion de la Pologne, la rhétorique belliqueuse des émissions du soir à la radio, les marches nationalistes soigneusement orchestrées à Berlin –, mais le déclenchement des hostilités ne changea pas grand-chose à son quotidien. Rien, en effet, ne venait perturber ses responsabilités de premier adjoint d'un camp de prisonniers politiques : les ravitaillements continuaient d'arriver sans problème, les liaisons ferroviaires entre le camp et la capitale fonctionnaient normalement, et il n'était astreint à aucun exercice de manœuvre.

Il remarqua néanmoins que la population du camp n'était plus tout à fait la même qu'auparavant : dans les premières semaines de septembre, la Gestapo avait raflé plus de cinq mille communistes berlinois et les avait envoyés à Sachsenhausen, au nom de la sécurité nationale en temps de guerre. Peu après, il reçut un contingent de neuf cents juifs, chefs d'entreprise, médecins ou hommes de loi pour la plupart, qui n'avaient pas voulu ou pas pu quitter le pays. Puis, en novembre, au lendemain des manifestations antiallemandes de Prague, mille deux cents étudiants tchèques vinrent enfler les effectifs. À la fin de l'année, Sachsenhausen ne comptait pas moins de onze mille détenus.

Ces afflux soudains ne déréglèrent aucunement la routine bien huilée du camp. Rudolf fut davantage déstabilisé par les changements successifs de direction : à la fin de 1939, Himmler avait remplacé le commandant Baranowski par un ancien des Artamans, le *Sturmbannführer-SS* Walter Eisfeld, âgé de trente-cinq ans. Celui-ci ne fit pas long feu : un mois plus tard, après sa tournée d'inspection, le *Reichsführer* lui reprocha l'indiscipline des gardes et le limogea, nommant à sa place Hans Loritz, un officier chevronné sous les ordres duquel Rudolf avait travaillé à Dachau. À la faveur de ces remaniements, Rudolf fut promu commandant en second du camp.

Il n'avait toutefois pas autant de latitude qu'il l'aurait espéré et désapprouvait les méthodes de son nouveau patron qui, dès son arrivée, avait imposé le même régime inflexible qu'à Dachau. De plus, Loritz ne lui avait pas pardonné de l'avoir quitté pour aller travailler avec Baranowski et lui faisait maintenant payer cette désertion. Mis sur la touche, Rudolf ne tarda pas à déchanter.

En avril 1940, il reçut un coup de fil de Richard Glücks, qui venait de prendre la direction de l'Inspection des camps de concentration (IKL). Cet homme massif, à la tête étrangement petite pour sa stature et à l'esprit aussi lent que ses pieds étaient démesurés, était surtout apprécié de sa hiérarchie pour sa loyauté et son obéissance inconditionnelle aux ordres. Il annonça à Rudolf que Himmler souhaitait créer un nouveau camp en Haute-Silésie*, près de la petite

* Cette province du sud-ouest de la Pologne faisait partie du Gouvernement général de Pologne, l'ensemble des territoires polonais annexés par le Reich en octobre 1939 et placés sous l'autorité d'un gouverneur allemand, Hans Frank.

ville d'Oświęcim – que les Allemands désignaient sous le nom d'Auschwitz. Ils avaient besoin de quelqu'un pour étudier le site, construire les installations et diriger le camp. Il leur fallait un *Lagerkommandant* énergique et efficace, et ils avaient pensé à lui.

Richard Glücks

Rudolf hésitait. Il savait que Glücks se défiait de lui, tant pour son zèle à accomplir les tâches qui lui étaient confiées que pour ses relations privilégiées avec Himmler. Pourtant, il accepta, persuadé que ce poste lui fournirait enfin l'occasion de gérer les choses comme il l'entendait, de donner le meilleur de lui-même et de faire ses preuves.

Par une soirée humide et glaciale, le commandant fraîchement nommé descendit du train à Oświęcim. Situé à une soixantaine de kilomètres à l'ouest de Cracovie, ce bourg de quinze mille habitants, dont plus de la moitié étaient des juifs, était suffisamment proche de la frontière allemande d'avant 1939 pour être contrôlé de près par l'armée du Reich. Sa valise à la main, Rudolf traversa les voies et se dirigea vers un petit hôtel en face de la gare qui lui tiendrait provisoirement lieu de quartier général.

Le lendemain, 1er mai 1940, il alla inspecter le site sur lequel Himmler avait jeté son dévolu. Il s'étendait sur un terrain rocheux en bordure du cours étroit de la rivière Sola et était entouré de friches marécageuses parsemées de fermes décrépites. Les bâtiments existants se résumaient à quelques baraques de brique délabrées construites pour les ouvriers saisonniers. Les toitures de tuiles rouges laissaient passer la pluie, presque toutes les fenêtres étaient cassées, les planchers éventrés, les canalisations défoncées, et les rares portes pendaient misérablement à leurs charnières. Remettre tout cela en état serait un travail de titan et Rudolf ne disposait pour toute main-d'œuvre que d'une trentaine de prisonniers de droit commun* et d'une poignée d'anciens surveillants de Sachsenhausen et de Dachau.

Il retrouva ainsi deux anciennes connaissances : l'un, Josef Kramer, lui fut attaché en qualité d'adjoint. Avec pour tout bagage quelques années d'école primaire, Kramer était entré au parti nazi en 1931 et, après avoir été admis chez les SS, avait fait ses armes à Dachau en même temps que Rudolf. Du haut de son mètre quatre-vingt-dix, ce solide gaillard dégageait une présence intimidante. Ses cheveux brun foncé rejetés en arrière découvraient un front haut barré d'une profonde ride verticale séparant une broussaille de sourcils noirs ; il avait les lèvres fines et une longue cicatrice en arc de cercle lui balafrait la joue gauche. Un autre, Franz Hössler, fut affecté aux cuisines du camp. Cet ancien photographe de trente-quatre ans venait également de Dachau et, comme Rudolf, il était originaire de l'ancienne Souabe, région réputée pour son conservatisme.

À l'origine, Auschwitz devait être un centre de quarantaine pour les prisonniers polonais atteints du typhus, mais Berlin le destinait à présent aux opposants politiques arrêtés par les autorités d'occupation du Gouvernement général de Pologne. Un premier convoi de sept cent vingt-huit détenus d'une prison de Tarnow arriva en juin. C'était une main-d'œuvre toute

* Les prisonniers de droit commun, signalés par un triangle vert, seraient par la suite chargés de surveiller et de discipliner les autres détenus et bénéficieraient d'un régime de faveur : ce seraient les fameux « kapos », réputés pour leur cruauté.

trouvée. Leur première tâche fut de restaurer les anciens bâtiments pour y cantonner les dix mille prisonniers attendus avant la fin de l'année : il fallait préparer les baraquements, installer l'eau courante, dresser des clôtures de sécurité, tracer des routes et construire des bureaux et des cuisines.

Aucun matériau de construction ne lui ayant été livré, Rudolf les envoya dépecer de vieilles maisons des environs afin de récupérer du bois, des briques et des pierres ; ils volèrent des rouleaux de fil de fer barbelé dans des dépôts de sapeurs et démontèrent les blindages en ferraille d'anciens abris. Faute de véhicules et d'outils adaptés, tout devait être transporté à dos d'homme.

Déjà consterné par l'état du camp et le peu de coopération de Berlin, Rudolf avait aussi à se plaindre de ses subordonnés, trop peu nombreux et, mis à part quelques bons éléments comme Kramer, incompétents, obtus, malveillants et paresseux. Il eut beau demander à plusieurs reprises des renforts à Glücks, rien n'y fit. Au bout d'un moment, il décida de prendre les choses en main. Au lieu de perdre du temps en réunions avec les hauts responsables pour planifier le développement du camp, il préférait faire des centaines de kilomètres en voiture pour aller acheter lui-même des marmites ou des châlits et des paillasses en Tchécoslovaquie orientale. Plus déterminé que jamais, il reconnaissait qu'il était devenu un autre homme :

> Jusqu'alors j'avais toujours envisagé, jusqu'à preuve du contraire, uniquement le bon côté de ceux qui m'entouraient, surtout quand il s'agissait de camarades. Cette confiance m'avait même causé bien des ennuis. Mais à Auschwitz, où mes soi-disant collaborateurs me jouaient des tours à chaque pas, m'apportaient quotidiennement de nouvelles déceptions, j'allais me transformer. Je devins méfiant ; je voyais partout le désir d'abuser de moi et soupçonnais partout les pires malices. J'ai heurté ainsi les sentiments de quelques braves gens

parfaitement convenables, mais je n'avais plus confiance en personne.

À l'automne 1940, la construction du camp était achevée : vingt-deux blocs de brique s'alignaient sur trois rangées séparées par un quadrillage de rues empierrées. La plupart servaient à loger les milliers de prisonniers arrivés pendant l'été ; les autres furent affectés à des usages particuliers : le bloc 9 abritait l'infirmerie, le bloc 11, dit « le bunker », était réservé aux détentions et aux punitions, et le bloc 20 à l'isolement en quarantaine des détenus contagieux. Non loin du bloc 4, Rudolf avait réquisitionné une grande bâtisse en pierre pour y installer ses bureaux. Le camp était entouré d'une double clôture de six mètres de haut surmontée de fils barbelés. Des miradors étaient plantés tous les cent mètres. Il n'y avait qu'une entrée, sécurisée par deux lourdes grilles de fer, une barrière levante et un poste de garde. Sur ordre d'Eicke, Rudolf avait fait accrocher au-dessus du portail une banderole en fer forgé portant l'inscription *Arbeit macht frei* (« le travail rend libre »).

Hedwig et les enfants le rejoignirent peu après. La petite famille emménagea dans un modeste pavillon de deux étages, un gros cube crépi de gris planté en bordure du camp, à une centaine de mètres de la Sola et au bout d'un chemin de terre menant aux nouveaux bureaux du commandant.

En novembre 1940, Rudolf fut convoqué à Berlin pour rendre compte à Himmler de l'avancée des travaux. S'appuyant sur des plans et des schémas, il lui présenta un résumé des lacunes existantes et lui exposa en toute candeur les nombreuses difficultés auxquelles il se heurtait. Le *Reichsführer* ne voulut rien entendre : Höss était commandant du camp et c'était donc à lui de trouver des solutions et de se « débrouiller comme [il] le pouvait ». Rudolf insista, évoquant l'insuffisance des installations sanitaires et le risque d'épidémies, mais Himmler le coupa sèchement, lui reprochant son pessimisme et lui rappelant qu'en temps de guerre, il fallait « improviser ». Il écouta en revanche plus attentivement la description des environs du camp et commença à « manifester un vif intérêt », se lançant dans « une série ininterrompue de nouvelles planifications et de nouvelles besognes ». Il était temps, déclara-t-il, de développer les installations et de créer une vaste station d'expérimentation agronomique : ils assécheraient les marécages, construiraient un barrage, ouvriraient des laboratoires botaniques et élèveraient de nouvelles races de bétail. Gagné par l'enthousiasme et le pouvoir de persuasion de son chef, Rudolf oublia tout de ses griefs et repartit en promettant de s'atteler au projet monumental, voire irréaliste, d'extension du camp.

En le reconduisant à la porte, Himmler lui demanda des nouvelles de sa famille. Cette marque d'attention, qu'il supposait relativement rare de la part d'un si haut personnage, le toucha profondément et lui donna l'impression d'être traité presque en égal.

Quelques jours plus tard, Rudolf expropria sans préavis les fermiers des environs d'Auschwitz et saisit leurs terres, ajoutant ainsi quelque trois mille hectares à son « domaine ». Au cours des mois qui suivirent, pris dans un tourbillon d'activité, il ne comptait plus ses heures pour exécuter les ordres de Berlin, et en particulier ceux de Himmler, qu'il ne voulait surtout pas décevoir.

> Obsédé par mon travail, je ne voulais pas me laisser abattre par les difficultés ; j'étais trop ambitieux pour cela. Chaque nouvel obstacle ne faisait que stimuler mon zèle.

Depuis qu'il s'était lancé dans ce nouveau projet, il voyait de moins en moins Hedwig et les enfants. Klaus, plutôt grand pour ses dix ans, avait la mâchoire en galoche de son père. Les deux filles, Heidetraut, huit ans, et Brigitte, sept ans, que Rudolf surnommait affectueusement « Kindi » et

« Püppi », étaient déjà très jolies avec leurs cheveux longs, leur grand sourire et leur silhouette élancée. Le benjamin, Hans-Jürgen, dit « Burling », était quant à lui un bambin grassouillet de trois ans, gourmand de friandises.

Le pavillon des Höss, que l'on appelait à présent la « villa », possédait un grand jardin où, par-delà les parterres fleuris, le potager, la serre et une remise remplie de pots et d'outils, les enfants disposaient d'un vaste terrain de jeu qu'ils sillonnaient sur leurs vélos. Un haut mur de béton coiffé de tuiles rouges isolait ce havre d'intimité du reste du monde. La chambre des parents, au premier étage, ouvrait sur le camp : de la fenêtre, on voyait les baraquements des prisonniers, les miradors couverts construits à intervalles réguliers sur des plates-formes en bois sur tout le pourtour du camp, et la cour de l'ancien crématoire, bâti à l'époque où le site était occupé par une caserne d'artillerie polonaise.

Les Höss prirent de nombreuses photos de ces moments heureux passés en famille à la villa d'Auschwitz. Au fil des pages de leur album, on voit Hans-Jürgen, radieux, installé aux commandes d'un avion miniature fabriqué par des détenus ; les filles minaudant devant deux jeunes soldats en faction à la porte du jardin ; la mère et les enfants, insouciants, joyeusement attablés autour d'un goûter au jardin. Ici, les trois plus jeunes, assis à la queue leu leu sur un toboggan au bord d'une petite piscine, sourient devant l'objectif ; là, on les retrouve en train de jouer dans un bac à sable, derrière lequel on devine la silhouette de deux prisonniers en uniforme rayé…

Les enfants firent de la villa un petit sanctuaire pour animaux : Klaus était chargé de toiletter les deux Dalmatiens et le chien de chasse de la maison, ses compagnons de jeu ; Heidetraut s'amusait à regarder ses deux tortues, Jumbo et Dilla, se dandiner maladroitement sur le carrelage

Hans-Jürgen, Inge-Brigitt et Heidetraut Höss sur leur toboggan dans le jardin de la villa d'Auschwitz, 1942-1944

de la terrasse ; Brigitte, elle, allait lâcher ses souris blanches dans les hautes herbes des rives de la Sola, où elle pouvait passer des heures en attendant que sa mère l'appelle pour le déjeuner ou le dîner. Il y avait également une ruche au fond du jardin, où Rudolf apprenait aux enfants à sortir les rayons sans affoler l'essaim. Parfois, Brigitte allait discrètement chaparder des baies dans les haies de framboisiers, espérant que sa mère ne la verrait pas depuis la fenêtre de l'étage.

Dans un premier temps, Hedwig employa deux prisonnières politiques pour l'aider à tenir la maison mais, trouvant qu'elles ne travaillaient pas assez, elle les remplaça par deux « sectatrices de la Bible* », plus âgées. Elle en était ravie et

* Nom donné aux Témoins de Jéhovah.

Hedwig Höss et l'épouse de Joachim Caesar (chef du service d'agriculture d'Auschwitz) avec leurs enfants dans le jardin de la villa d'Auschwitz, 1942-1944

confia même à son mari qu'elle « n'aurait pas pu faire mieux que ces détenues ». Ces dernières emmenaient également les enfants en promenade, leur préparaient à manger et jouaient avec eux dans le jardin ou au bord de la rivière. Hedwig avait en outre à son service un jardinier, une cuisinière, une gouvernante, un tailleur, un peintre, une couturière, un coiffeur, ainsi qu'un chauffeur qui allait faire les commissions ou l'emmenait au village lorsqu'elle le désirait. Ses domestiques la surnommaient « l'ange d'Auschwitz ».

Les enfants demandèrent un jour à la couturière, Janina Szczurek, de leur coudre des brassards avec des insignes pareils à ceux des détenus qui vivaient de l'autre côté du mur. L'aîné arbora un triangle vert de kapo, tandis que les autres portaient qui un triangle bleu, qui un triangle violet, qui une étoile jaune… Ils jouèrent aux prisonniers, se pliant docilement aux ordres de Klaus. Quand leur père les surprit, il entra dans une colère noire, leur fit cesser ce jeu idiot, leur arracha leurs écussons et les expédia dans leurs chambres. La couturière ne fut pas punie, mais eut droit à un sévère avertissement.

Hedwig comptait aussi sur son personnel pour « organiser » tout ce dont elle avait besoin, et s'en remettait plus particulièrement à son jardinier, Stanisław Dubiel, un « politique » polonais. Il lui suffisait de glisser habilement un mot pour que Dubiel comprenne qu'elle manquait de pain, de sucre, de crème ou de farine, et aille s'en procurer aux cuisines du camp. Mais les exigences de la maîtresse de maison ne s'arrêtaient pas au garde-manger : c'était parfois du cuir qu'il devait prélever à la tannerie, ou bien des articles plus inattendus – des sous-vêtements féminins, des œuvres d'art, des meubles – qu'il lui fallait dénicher au « magasin », le dépôt de tous les effets quotidiens et objets de valeur confisqués aux détenus à leur arrivée. Le plus difficile était cependant de trouver des graines de plantes exotiques que réclamait Hedwig pour ses serres. Dans sa déposition d'après-guerre, Dubiel évoquerait sans détour le train de vie opulent des Höss : « Ils ne manquaient de rien chez eux et rien ne pouvait leur manquer, étant donné l'immense quantité de biens de toutes sortes amassés au camp. »

Frau Höss estimait que ce personnel lui était d'autant plus indispensable que son mari l'avait prévenue qu'elle aurait à recevoir, souvent au pied levé, des personnalités importantes venues de Berlin, de Munich ou de Varsovie. Leur livre d'or, lui annonça-t-il, se remplirait bientôt de « prestigieuses signatures » telles celles de Richard Glücks, patron de l'IKL, du Dr Enno Lolling, médecin-chef de l'Inspection des camps, d'Adolf Eichmann, grand organisateur des déportations de juifs vers les camps ou, mieux encore, de Heinrich Himmler en personne – que les enfants appelaient affectueusement « oncle Heiner », et pour lequel Hedwig devrait préparer des plats spéciaux, car il avait l'estomac fragile et était extrêmement difficile. Elle serait également appelée à ouvrir régulièrement sa table aux officiers supérieurs du camp, à commencer par le médecin, Josef Mengele, et Josef Kramer, l'adjoint de Rudolf. Hedwig s'en faisait une joie mais, souligna-t-elle, pour accueillir dignement ces hôtes de marque, quelques travaux d'aménagement intérieur s'imposaient. Rudolf promit de s'en occuper.

Leur invité le plus assidu était Fritz Hensel, le frère de Hedwig. Il restait parfois des semaines entières à la villa. Rudolf lui faisait visiter le camp, lui montrant fièrement les derniers aménagements accomplis sous sa direction. Artiste amateur, Fritz avait carte blanche pour se promener seul à l'intérieur du camp. Il posait parfois son chevalet devant les baraquements ou, carnet de croquis en main, esquissait sur le vif des portraits de prisonniers. Un soir, autour d'un verre de vin, il demanda à son beau-frère pourquoi il qualifiait les détenus d'« *Untermenschen* », de sous-hommes. « Regarde-les donc, répliqua froidement Rudolf. Tu vois bien qu'ils ne sont pas comme toi et moi. Ils sont différents. Ils ne nous ressemblent pas. Ils ne se comportent pas comme des êtres humains. Ils ont un numéro sur le bras. Ils sont ici pour mourir. »

Rudolf était débordé de travail. Entre les réunions avec ses collaborateurs, le suivi des travaux, les visites des caciques du parti, les coups de téléphone de Berlin – qui arrivaient souvent en fin de soirée –, et la finalisation des plans d'agrandissement du site, il ne voyait plus les journées passer. Entouré d'une équipe qu'il jugeait incompétente, il ne déléguait pratiquement pas et préférait tout faire par lui-même, ce que Glücks ne manquait pas de lui reprocher. Pour donner l'exemple à ses subordonnés, il se levait avant eux et se couchait après eux. Dans ses rares moments de loisirs, il s'échappait vers les écuries, sellait son cheval préféré et partait se promener loin du camp, dans les campagnes environnantes.

Soumis aux pressions de sa hiérarchie, Rudolf se sentait changer :

> Je rentrai dans ma coquille : je devins dur et inaccessible. Ma famille en souffrait ; ma femme me trouvait souvent insupportable.

Il prenait parfois le temps d'accompagner Hedwig en ville pour aller voir un film ou une pièce de théâtre. Ces divertissements étaient toutefois rares et Rudolf se demandait souvent quel tour aurait pris sa vie s'il était resté sur sa ferme de Poméranie. Il se rendait compte qu'il n'aimait plus la compagnie et qu'il devenait de plus en plus taciturne. Pour tenter de retrouver un peu de légèreté, il se mit à boire – jamais seul, et jamais au point de s'enivrer –, espérant que cela le rendrait plus loquace, plus sociable, et peut-être même drôle. Mais au fond de lui, il s'enfermait dans sa solitude et ne pensait plus qu'à son travail.

> Ma femme s'efforçait de son mieux de me soustraire à cette obsession. Elle lançait des invitations à mes amis de l'extérieur et les réunissait chez nous avec mes collaborateurs du camp en espérant ainsi améliorer mes relations avec ces derniers. Toujours animée de la même intention, elle organisait aussi des réunions à l'extérieur du camp. Pourtant elle tenait aussi peu à ces mondanités que moi-même. Il m'arrivait parfois de m'arracher à ma solitude, mais de nouvelles déceptions survenaient aussitôt et je rentrais rapidement dans ma tour d'ivoire.

Chaque semaine, Rudolf faisait venir son coiffeur, Jozef Paczynski. Ce garçon de vingt ans haut comme trois pommes était un « politique » polonais qui avait été parmi les premiers prisonniers à être tatoués : il portait sur l'avant-bras le numéro 121. À l'heure dite, un officier SS allait le sortir de son bloc et l'emmenait à la villa où Hedwig l'attendait. Elle lui faisait traverser le salon cossu et le conduisait par un escalier étroit dans une petite salle de bains du premier étage. Le commandant arrivait peu après, s'installait dans un fauteuil, allumait un cigare et ouvrait son journal. Jamais il n'adressa un seul mot au « petit Polonais ».

Un autre détenu, Lee Abraham Biderman, embauché pour cirer les meubles, faire les lits et nettoyer les planchers, trouvait pour sa part le commandant « très mesuré » car, contrairement aux gardes, il n'« aboyait » pas ni ne proférait jamais « de gros mots ». Il avait également remarqué que les autres officiers claquaient des talons et faisaient systématiquement le salut nazi sur son passage. Felix Samelson, tailleur qui exerçait dans les casernes des gardes, se rappela longtemps du jour où Höss lui avait sauvé la vie : en récompense de ses bons services, les SS l'avaient autorisé à se servir de lait et de riz dans le magasin de leur cuisine. C'étaient là des denrées rares auxquelles les autres prisonniers n'avaient pas droit. Un kapo le vit un jour partager sa ration avec sa sœur. Il le tabassa avec une telle violence que le malheureux crut sa dernière heure arrivée. Le commandant arriva sur ses entrefaites, arrêta la main du kapo et demanda au tailleur de quel forfait il s'était rendu coupable. Entendant la réponse, il haussa les épaules et soupira : « *Ach, verschwinde !* » – fiche-moi le camp !

D'autres rescapés d'Auschwitz gardèrent en revanche un souvenir bien plus sinistre de Rudolf Höss. Pour Sara Juskowitz, c'était quelqu'un d'impitoyable ; au moment de l'appel, raconterait-elle, il hurlait toujours que « le travail rend la vie plus douce ». Sidney Bloom reviendrait également sur ces appels, pendant lesquels Rudolf prononçait d'interminables sermons qui lui valurent le sobriquet de « prêcheur ». Le commandant obligea un jour les détenus à rester trois heures debout dans la cour dans un froid glacial pour assister à la pendaison de quinze prisonniers russes et polonais qui avaient réussi à se procurer une radio. Michael Vogel, qui fut le témoin de nombreuses exécutions, voyait en lui « le pire sanguinaire que nous ayons jamais connu », ajoutant : « Tuer ne lui posait aucun problème. » Un jour de 1941, George Klein le vit sur son cheval, posté à côté d'une mitrailleuse montée sur une charrette au milieu d'un champ ; soudain, un SS sauta sur la charrette et ouvrit le feu sur plus de cinq cents prisonnières alignées là, avec une couverture sur la tête. En l'espace de quelques minutes, elles étaient toutes mortes. Rudolf s'éloigna alors sans un mot, manifestement satisfait de l'opération.

Le 1er mai 1941, un convoi de cabriolets Mercedes bleus se rangea devant les bureaux de la Kommandantur d'Auschwitz. Une silhouette imposante sortit de la voiture de tête. C'était Heinrich Himmler. Il portait une culotte de cheval en laine grise, des bottes de cuir et une large ceinture noire ; le col de sa veste était brodé de trois feuilles de chêne argentées. L'éclat de la fine monture métallique de ses lunettes rondes luisait sous son képi.

Un aréopage de dignitaires civils et militaires l'accompagnait dans sa tournée d'inspection – des gouverneurs et hauts responsables SS de Berlin, des dirigeants politiques de Silésie et des administrateurs de la société IG Farben. Richard Glücks faisait également partie de la délégation. Depuis que Rudolf avait été nommé à Auschwitz, ce dernier essayait de le faire démettre de ses fonctions et, ce matin-là, il était arrivé un peu plus tôt pour lui recommander de ne surtout rien dire à leur chef des aspects négatifs du camp.

Rudolf reçut les visiteurs dans son bureau, leur servit des rafraîchissements et leur fit un résumé de l'avancement des

Rudolf Höss et Heinrich Himmler à Auschwitz

travaux depuis sa dernière réunion avec Himmler. Déployant des plans et des schémas, il leur indiqua les bâtiments remis en état, ceux qui restaient à construire, et leur présenta les projets d'extension. Il répondit avec beaucoup d'aisance à toutes les questions, puis convia son petit monde à le suivre sur le chantier.

Il monta à l'arrière d'une voiture avec Himmler et Ernst Schmauser, chef d'un district militaire de Haute-Silésie, dont il connaissait la discrétion. Profitant de ce trajet en comité restreint, il exposa au chef de la SS tous les problèmes auxquels il était en butte : le manque de ressources, l'immensité de la tâche, les installations sanitaires défaillantes et l'absence d'eau potable qui aggravaient les risques de maladie, la surpopulation et, surtout, le peu de soutien qu'il recevait de son supérieur direct, Glücks. Rien de tout cela n'intéressait

Himmler. « Messieurs, déclara-t-il dans un sourire, ce projet d'extension sera mené à bien coûte que coûte. J'ai mes raisons, et elles sont plus importantes que toutes vos objections. »

Tandis que la voiture bringuebalait sur la route caillouteuse, il rappela à Rudolf qu'en temps de guerre, il devait faire avec les moyens du bord, comme tout le monde. Si les soldats du front se débrouillaient, un commandant de camp n'avait aucune excuse. Il avait d'ailleurs des projets ambitieux pour Auschwitz : Rudolf aurait à construire un nouveau *Lager* d'une capacité de plus de cent mille prisonniers, à cinq kilomètres du camp souche. Ce serait le site de Birkenau, ou Auschwitz II. Himmler prévoyait également d'installer à proximité une usine de caoutchouc synthétique pour le géant de l'industrie chimique IG Farben, qui embaucherait dix mille prisonniers supplémentaires. Jamais aucun camp n'avait accueilli autant de détenus. Rudolf était tout à la fois honoré de tant de confiance et effaré par ses nouvelles responsabilités.

Schmauser se risqua à protester, revenant sur l'insuffisance des matériaux de construction et les difficultés de ravitaillement, mais Himmler le rabroua vivement : « Tous les moyens doivent être mis en œuvre pour accélérer le développement du camp. Vous n'aurez qu'à improviser au fur et à mesure. Quant aux épidémies, à vous de les juguler et de les éradiquer sans pitié. Pour moi, il n'y a *pas* de problème à Auschwitz. »

Après la visite et le départ du groupe, il alla saluer la famille Höss. Les enfants avaient pris leur bain et revêtu leurs plus beaux habits : Klaus et Hans-Jürgen, en costume sombre, s'inclinèrent devant l'oncle Heiner, et les filles, en robe blanche et cheveux tressés, lui firent la révérence. Rudolf les photographia sur les genoux du *Reichsführer*. Ces portraits, dûment agrandis, orneraient bientôt les murs du salon.

Himmler et Rudolf Höss à Auschwitz, 1942

Au fil de la conversation, Hedwig lui fit part de ses petits tracas domestiques, revenant à la charge sur la villa, décidément trop petite et trop vieillotte à son goût pour recevoir les éminences du parti. Le chef de la SS l'approuva et autorisa Rudolf à aménager le pavillon à sa guise. Il accepta un apéritif, puis s'installa à l'arrière de sa Mercedes pour le long voyage qui le ramènerait à Berlin. Sagement alignés devant leurs parents sur le perron, les enfants le regardèrent s'éloigner en agitant la main.

Rudolf avait toutes les raisons du monde de se faire du souci : avec les arrivées massives de détenus, les conditions de vie s'étaient considérablement dégradées à Auschwitz. Il n'y avait plus de quoi nourrir tout le monde, l'hygiène était déplorable et le typhus faisait des ravages ; les surveillants et les kapos, dépassés par les effectifs, se montraient de plus en plus violents envers les prisonniers. Ils avaient renoué avec les méthodes brutales que Rudolf avait vues à l'œuvre et condamnées à Dachau et à Sachsenhausen, mais qu'il se résignait à présent à appliquer pour étouffer les velléités d'insoumission.

Les tabassages à mort, pourtant monnaie courante, étaient loin d'être la première cause de mortalité. En juillet 1941, Rudolf eut à coordonner un programme d'euthanasie des adultes. L'ordre venait d'Enno Lolling, qui avait sommé ses confrères en poste dans les camps de concentration de sélectionner les détenus les moins aptes à la survie et de les éliminer en leur administrant une piqûre létale. Les médecins d'Auschwitz passèrent donc en revue les baraques afin d'identifier les malades mentaux incurables, les tuberculeux et autres sujets trop faibles pour résister aux terribles conditions d'existence du camp, et les firent conduire au bloc 20 – l'« infirmerie », théoriquement réservé aux maladies infectieuses. Chaque « patient » était alors appelé en « salle d'examen » et attaché à une table d'opération ; le docteur l'interrogeait sur son âge, ses origines et ses antécédents médicaux puis, tandis que deux autres prisonniers lui tenaient les mains et qu'un troisième lui cachait les yeux, un infirmier entrait dans la pièce et lui injectait une dose de phénol directement dans le cœur, le tuant sur le coup. Des milliers de déportés – parmi lesquels des centaines d'enfants – furent ainsi liquidés jusqu'au printemps 1943. Rudolf était évidemment au courant de ces meurtres et les suivait même de très près, puisqu'il recevait un compte-rendu quotidien du nombre d'euthanasies réalisées et des quantités de produits consommées.

Lors de sa précédente visite, Glücks lui avait rappelé que Himmler ne tolérerait aucune évasion. Rudolf instaura donc des mesures de dissuasion draconiennes : pour chaque fugitif, il faisait enfermer dix de ses compagnons dans les cachots du bloc 11 et les y laissait mourir de faim. Cette politique porta ses fruits : il n'y eut que deux tentatives d'évasion en 1940, dix-sept en 1941 et cent soixante-treize en 1942.

*
* *

Depuis le début des hostilités, les troupes hitlériennes avaient enchaîné les victoires éclair : elles avaient avancé au nord et à l'est, occupant une bonne partie de la Pologne et l'ensemble du Danemark et de la Norvège ; à l'ouest, elles avaient pénétré en France, en Belgique, au Luxembourg et aux Pays-Bas. En mars 1941, l'Italie, la Hongrie, la Yougoslavie, la Bulgarie et la Roumanie s'étaient alliées à l'Allemagne nazie, tandis que l'Espagne, le Portugal et la Suisse restaient neutres.

Face à cette poussée, la Grande-Bretagne était le dernier bastion de résistance en Europe. À l'été 1940, la Luftwaffe avait lancé une vaste offensive aérienne pour détruire l'aviation anglaise en prévision de l'opération Lion de mer – le plan d'invasion de l'île imaginé par Hitler. Début septembre, une formation de bombardiers allemands lâcha par erreur ses bombes sur les faubourgs de Londres. La Royal Air Force riposta aussitôt par un raid sur Berlin, portant pour la première fois la guerre au cœur du Reich. En représailles, Hitler, furieux, ordonna un pilonnage en règle de Londres et des grandes agglomérations anglaises : ce fut le *Blitz*, la phase la plus meurtrière de la bataille d'Angleterre. Cette diversion laissa toutefois à la RAF le temps de se reconstituer, empêchant la Luftwaffe de conquérir la maîtrise des airs. Hitler en fut réduit à ajourner *sine die* l'opération Lion de mer. En dépit de ces revers, au printemps 1941, l'ascension hégémonique des puissances de l'Axe paraissait irrépressible.

En juin, Hitler prit une décision qui marquerait un tournant dans le déroulement de la guerre : rompant le pacte de non-agression signé deux ans plus tôt avec l'Union soviétique, il déploya près de quatre millions de soldats des forces de l'Axe sur Moscou, Leningrad et Kiev : ainsi débuta l'opération Barbarossa, qui se solderait par des pertes humaines colossales, tant dans les rangs allemands et soviétiques que parmi les populations civiles. L'ouverture du front de l'Est s'avéra aussi déterminante sur l'issue de la guerre que sur la nouvelle vocation d'Auschwitz.

Le destin du camp se joua en effet cet été-là. Rudolf avait été convoqué par Himmler à Berlin. Au jour dit, il se présenta au 8 Prinz-Albrechtstrasse, un immeuble de pierre blanche qui occupait tout un pâté de maisons dans le quartier de la Potsdamer Platz. Le bâtiment, qui abritait le quartier général de la SS ainsi que le siège de la Gestapo et du *Reichssicherheitshauptamt* (Office central de sécurité du Reich, RSHA), était surtout connu pour ses sinistres geôles du sous-sol reconverties en centre d'interrogatoire et de torture.

L'entrevue fut aussi brève que grave. Contrairement à ses habitudes, Himmler reçut le *Lagerkommandant* en tête à tête. Assis derrière son bureau, il en vint immédiatement au fait : « Le Führer a donné ordre de procéder à la "solution finale" du problème juif. Nous, les SS, sommes chargés d'exécuter cet ordre. [...] Les juifs sont les ennemis éternels du peuple allemand et doivent être exterminés. Tous les juifs sur lesquels nous pouvons mettre la main doivent être anéantis sans exception aucune, dès maintenant, pendant la guerre. Si nous ne parvenons pas aujourd'hui à détruire les bases biologiques de la juiverie, c'est les juifs qui finiront par anéantir le peuple allemand. »

Il enchaîna sur les détails pratiques de l'opération : le camp d'Auschwitz avait été choisi pour mener à bien cette tâche hautement confidentielle car il présentait le double avantage de se trouver sur un grand axe ferroviaire tout en étant dans une région rurale isolée, à l'abri des regards indiscrets. Il donna quatre semaines à Rudolf pour lui soumettre des plans de construction, sachant que les installations devraient probablement « traiter » plusieurs millions d'individus. Il précisa qu'il n'aurait pas même dû parler de ce projet à un subalterne du rang de Höss, et qu'il avait dans un premier temps envisagé de faire appel à un officier supérieur de la SS ; mais la mission était si délicate qu'il voulait à tout prix éviter les conflits de compétence et avait finalement préféré la confier directement au commandant d'Auschwitz. Il avait une confiance absolue dans ses capacités et savait surtout qu'il pouvait compter sur son silence, ajouta-t-il. Il s'agissait en effet d'une *geheime Reichssache*, d'un secret d'État, et Rudolf ne devait en dire mot à personne, pas même à Hedwig. Lorsque tout serait prêt, il recevrait de nouvelles instructions d'Adolf Eichmann.

Rudolf conserva un souvenir très précis de l'état d'esprit dans lequel il ressortit de cette réunion :

> À l'été 1941, lorsque [Himmler] me donna personnellement l'ordre de préparer à Auschwitz une installation destinée à l'extermination en masse et me chargea moi-même de cette opération, je ne pouvais me faire la moindre idée de l'envergure de cette entreprise et de l'effet qu'elle produirait. Il y avait, certes, dans cet ordre quelque chose de monstrueux qui surpassait de loin les mesures précédentes. Mais les arguments qu'il me présenta me firent paraître ses instructions parfaitement justifiées. Je n'avais pas à réfléchir ; j'avais à exécuter la consigne. Mon horizon n'était pas suffisamment vaste pour me permettre de me former un jugement personnel sur la nécessité d'exterminer tous les juifs.

Il rentra en Haute-Silésie sans trop savoir comment il pourrait atteindre l'objectif qui lui avait été fixé. Les injections de phénol ne suffiraient jamais à exterminer autant de prisonniers et il n'arriverait pas davantage à tous les passer par les armes : les munitions coûtaient cher et son expérience de Sachsenhausen lui avait appris que les fusillades traumatisaient les membres des pelotons d'exécution – qui sombraient dans l'alcoolisme ou finissaient par se suicider.

Ce fut son suppléant, Karl Fritzsch, qui lui souffla la solution en lui parlant d'une expérience qu'il avait menée quelques jours plus tôt : il avait jeté quelques granules de Zyklon B, un pesticide à base de cyanure qui servait alors uniquement à désinfecter les baraques, dans une petite cellule du bloc 11 où étaient entassés des prisonniers de guerre russes. En quelques minutes, ils étaient tous morts. Cette technique, souligna-t-il, présentait néanmoins deux grands inconvénients : elle ne pouvait être mise en œuvre que pour des petits groupes, et il fallait sortir les corps dans des brouettes, ce qui ne manquerait pas de semer la panique parmi la population du camp. Rudolf eut l'idée d'utiliser l'ancien crématoire pour reproduire le procédé à grande échelle. Le local, situé à l'autre bout du camp, près de chez lui, était assez éloigné du quartier des baraques et tout proche d'une fosse où l'on pourrait jeter les cadavres.

Quelques jours plus tard, une nouvelle expérience fut donc organisée avec un contingent de neuf cents prisonniers politiques russes. À ce moment-là, Jozef Paczynski, le coiffeur polonais, travaillait au bloc 4, non loin du crématoire. Alerté par un brouhaha inusité à l'extérieur, il se précipita au grenier pour voir ce qui se passait. Il grimpa sur un coffre, retira une tuile du toit et épia discrètement par l'ouverture. Derrière la haute palissade entourant le crématoire, des gardes SS demandaient poliment à un groupe d'environ cinq cents hommes de se déshabiller, de plier soigneusement leurs vêtements par paquets et de se diriger vers l'ancien crématoire. Il régnait un calme étrange. En quelques minutes, les prisonniers disparurent à l'intérieur du bâtiment et les portes se verrouillèrent derrière eux. Puis un SS équipé d'un masque à gaz monta sur le toit, versa une poignée de cristaux par une petite trappe qu'il referma aussitôt. Paczynski entendit alors des cris effroyables qui, malgré l'épaisseur des murs de béton, filtraient jusqu'au-dehors. Les gardes firent ronfler les moteurs de deux petits camions pour couvrir le bruit, mais le subterfuge n'y suffit pas. Enfin, les hurlements se turent. Au bout de une heure, les SS ouvrirent grand les portes et, après avoir aéré, pénétrèrent dans la pièce. Comme il n'avait vu personne sortir les cadavres, Paczynski supposa qu'on avait dû les traîner dans les fours qui rugissaient à quelques mètres de la chambre d'extermination. Abasourdi, il redescendit de son promontoire et retourna à son poste.

Rudolf avait également suivi l'opération depuis les premières loges : « Je fus saisi d'un sentiment de malaise et d'horreur. Pourtant, je m'étais toujours imaginé que l'usage des gaz entraînait des souffrances plus grandes », commenta-t-il.

Avec son équipe, il avait trouvé une méthode rapide et économique pour liquider des centaines de personnes à la fois ; par rapport au mur des fusillés et à d'autres formes d'exécution, elle présentait surtout l'avantage de créer une certaine distance entre les bourreaux et leurs victimes.

Il subsistait pourtant un problème : le crématoire n'étant qu'à quelques mètres de deux blocs de détention, les internés finiraient par comprendre ce qui s'y passait. Rudolf trouva la parade : il transférerait les opérations de gazage à Birkenau, dans l'une des deux anciennes fermes de brique rebaptisées « la maison rouge » et « la maison blanche », à l'écart des baraques du camp. Il ferait abattre les cloisons intérieures et

Le crématoire II d'Auschwitz-Birkenau, 1942

cimenter les murs extérieurs afin de rendre les chambres parfaitement hermétiques et immédiatement opérationnelles.

Il avait relevé le défi impossible de Himmler et mis au point un procédé pour massacrer les juifs par centaines de milliers, voire par millions. « Désormais, j'étais rassuré », écrivit-il dans ses Mémoires.

8

Hanns

Londres, 1939

Le 4 septembre 1939, Hanns et Paul Alexander se rangèrent dans la longue file de volontaires qui attendaient devant le bureau de recrutement de la Royal Air Force à Acton, un district de l'ouest de Londres. Après une visite médicale sommaire, on les soumit à une analyse d'urine pour s'assurer qu'ils n'étaient pas sous l'emprise de l'alcool et signaient leurs papiers d'engagement en toute connaissance de cause. L'infirmière n'avait pas remarqué qu'il y avait deux Alexander ; elle confondit les flacons et dut demander un deuxième échantillon aux jumeaux. Puis ils furent appelés séparément pour un entretien avec l'agent de recrutement qui leur posa quelques questions sur leur parcours, vérifia les renseignements portés sur leur fiche d'inscription et les renvoya chez eux où ils attendraient leur convocation.

Une dizaine de jours plus tard, à l'occasion du nouvel an juif, Hanns écrivit à Elsie et lui expliqua pourquoi il avait décidé de prendre les armes contre l'Allemagne : « Je suis sûr que nous nous réjouissons tous de constater qu'il y a encore une justice ici-bas, dût-elle s'imposer par la force. » Il avait conscience de l'importance historique des événements du moment, mais il croyait en l'avenir : « Pour les juifs en général et pour nous en particulier, ce nouvel an est probablement plus important que tout autre depuis les temps de Moïse. Je te souhaite de trouver cette force spirituelle que les juifs ont toujours manifestée dans les moments difficiles, pour tenir bon en attendant des jours meilleurs » – le jour où « les êtres humains de ce monde deviendront humains au vrai sens du terme ».

Hanns brûlait de défendre son pays d'adoption, mais sa candidature ne fut pas immédiatement acceptée. Le gouvernement britannique ne savait trop que faire de ces exilés allemands qui demandaient à s'engager. Théoriquement, l'armée de Sa Majesté admettait tous les volontaires aptes au service, mais elle craignait qu'il pût se trouver parmi ces étrangers des espions ou des saboteurs en puissance. Les jumeaux ne reçurent leur ordre d'incorporation qu'en décembre : ils étaient versés au corps des pionniers auxiliaires et devaient rejoindre leur unité dans les meilleurs délais. Hanns et Paul débutaient ainsi leur carrière dans l'armée britannique sous les matricules 264280 et 264281.

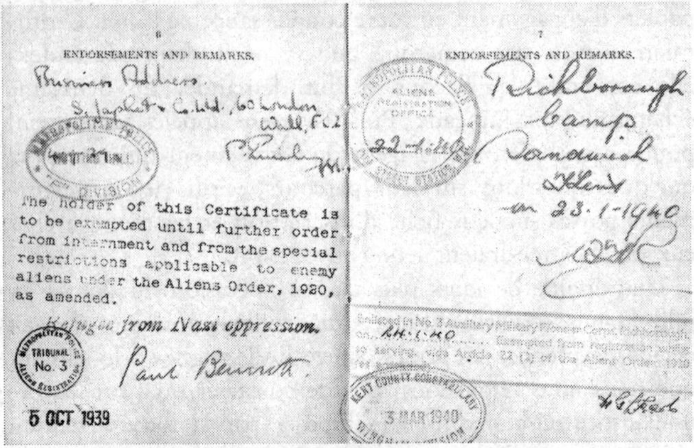
6

ENDORSEMENTS AND REMARKS.

The holder of this Certificate is to be exempted until further order from internment and from the special restrictions applicable to enemy aliens under the Aliens Order, 1920, as amended.

Refugee from Nazi oppression.

TRIBUNAL No. 3

5 OCT 1939

7

ENDORSEMENTS AND REMARKS.

ALIENS REGISTRATION OFFICE

Richborough Camp Sandwich Kent on 23-1-1940

Enlisted in No. 3 Auxiliary Military Pioneer Corps Richborough on 24.1.40 ... Exempted from registration while serving, vide Article 22 (2) of the Aliens Order 1920

KENT COUNTY CONSTABULARY

3 MAR 1940

Pages intérieures du carnet britannique d'enregistrement des étrangers de Hanns Alexander

Créé le 17 octobre 1939, le corps des pionniers était une unité non combattante regroupant des émigrés allemands et autres « réfugiés de l'oppression nazie » déterminés à aider les troupes régulières à contrer l'avancée des troupes hitlériennes. En s'enrôlant sous le drapeau britannique, ces hommes risquaient gros : s'ils étaient capturés par les forces du Reich, ils passeraient pour des traîtres et seraient fusillés. Pourtant, sur plus de soixante-dix mille Allemands et Autrichiens arrivés en Grande-Bretagne entre 1933 et 1939, près de un sur sept rallièrent les corps des pionniers.

Paul et Hanns en uniforme des pionniers avec leur mère, Henny, 1940

Le matin du 24 janvier 1940, après avoir fait leurs adieux à leurs parents, Hanns et Paul prirent le train pour le camp de Kitchener, dans le Kent. Depuis un an, cette ancienne base militaire de la Première Guerre mondiale avait été reconvertie en centre de transit pour les juifs allemands en attente de visa pour les États-Unis ou la Palestine. Les pionniers venaient à présent y faire leurs classes. Logés dans des baraques délabrées dont les toits crevassés laissaient passer la neige, ils surnommaient l'endroit « Anglo-Sachsenhausen ». Les latrines se résumaient à un alignement de cabanons rudimentaires traversé par une rigole d'évacuation où s'écoulait un filet d'eau. De joyeux farceurs s'amusaient à jeter à une extrémité du conduit un bout de papier enflammé qui, porté par le courant, roussissait quelques derrières sur son passage.

Les jumeaux furent accueillis par des médecins qui les examinèrent pour s'assurer qu'ils n'avaient pas contracté le typhus et n'avaient pas de poux – vecteurs de transmission de la maladie. Puis on leur remit un uniforme kaki impeccablement empesé. Avec une cinquantaine d'autres recrues allemandes et autrichiennes, ils constituaient désormais la première formation britannique à admettre dans ses rangs des « ressortissants ennemis » réfugiés à Londres : la 93e compagnie des pionniers.

Ce soir-là, Hanns adressa un petit mot à ses parents sur un papier à en-tête portant l'emblème du corps des pionniers : une pelle, une pioche et un fusil surmontés d'une couronne et, dans un cartouche, la devise *Labor Omnia Vincit* (le travail vient à bout de tout) – qui, par une étrange ironie, n'est pas sans rappeler celle d'Auschwitz, *Arbeit macht frei.* « La nourriture est très bonne, le déjeuner copieux. Je sens qu'on va prendre quelques kilos ici. Nous venons d'essayer notre uniforme, il nous va plutôt bien. Pour l'instant, nous n'avons aucune raison de nous plaindre », écrivit-il. Ils finissaient leurs journées vers dix-sept heures trente mais n'auraient pas de permission pour le week-end avant un mois. Il demanda à sa mère de lui envoyer du tabac à pipe car, disait-il, sa maigre solde lui suffirait à peine à s'offrir quelques bières dans les pubs du coin. Il terminait sa lettre sur une note rassurante : « Je n'ai jamais été plus heureux qu'ici. Tout va pour le mieux. »

Le lendemain, les hommes de la 93e compagnie se regroupèrent dans la cour du camp et se mirent en rang devant un sergent viennois qui les invita à prononcer en allemand le serment d'allégeance au roi d'Angleterre. L'usage voulait en effet que les volontaires étrangers jurent dans leur propre langue pour être sûrs de comprendre la portée de leur engagement, mais Hanns et son frère s'offusquèrent de cette procédure et exigèrent de prêter serment en anglais. Cette objection parut tout à fait légitime à leur commandant, lord Reading, qui fit le déplacement jusqu'à Londres pour convaincre ses supérieurs de modifier le règlement. Les nouvelles recrues purent ainsi promettre fidélité à George VI dans leur langue adoptive et signèrent l'attestation suivante :

> Je certifie par la présente être pleinement conscient des risques auxquels mes proches et moi-même pouvons être exposés du fait de mes fonctions au sein de l'armée britannique en dehors du Royaume-Uni. Cela étant, j'accepte en toute connaissance de cause d'être employé sur n'importe quel théâtre d'opérations.

Bien qu'il n'en laissât rien paraître, Hanns était furieux d'avoir été affecté à une unité de réfugiés. Il vivait et travaillait à Londres depuis déjà quatre ans et, s'il éprouvait une certaine ambivalence à l'égard du pays qui l'avait accueilli, il ne concevait pas que l'on pût mettre en doute sa loyauté. À Elsie, qui conservait une profonde nostalgie de leur ancienne vie en Allemagne, il avoua que lui non plus ne se sentait pas encore vraiment chez lui en Angleterre : « Ne t'imagine pas que Londres soit un paradis. Moi, je ne le pense pas », concéda-t-il, ajoutant dans un même souffle : « Nous avons beaucoup de chance d'être tous réunis dans un même pays et de vivre parmi des gens qui nous respectent et ont peut-être même de la sympathie pour nous, alors qu'eux aussi traversent des temps bien difficiles. » Ce sentiment de reconnaissance n'avait d'égal que la colère que lui inspirait sa patrie d'origine : « Je sais qu'on nous a appris à ne pas haïr, mais je crois que nous sommes en droit d'en vouloir à ce peuple qui veut vivre sans laisser vivre. » Il avait autant de raisons, sinon plus, que n'importe quel Britannique de souche de détester les Allemands et ne comprenait pas qu'on ne lui fasse pas assez confiance pour l'intégrer à l'armée régulière. Mais maintenant qu'il s'était engagé, il ne pouvait que ravaler sa déception et se plier aux ordres.

Les Britanniques avaient levé six compagnies de pionniers à Kitchener Camp, soit environ trois cents hommes, auxquels il fallait dispenser une instruction de base : on les entraîna à la course à pied et aux exercices militaires – le fameux drill, dans le jargon militaire –, on leur apprit à marcher au pas et à cirer leurs bottes, mais pas à manier les armes, puisque leur statut d'étrangers ne les autorisait pas à en porter. Seuls leurs officiers britanniques étaient armés, de sorte que la puissance de feu de la compagnie se limitait à cinq fusils 7.62 et cinq revolvers Smith & Wesson 9 mm.

Le 11 mai 1940, au lendemain de l'offensive foudroyante de la Wehrmacht sur les Pays-Bas, la Belgique et le Luxembourg, la 93e compagnie fut affectée au corps expéditionnaire britannique et envoyée à Bruz, au sud de Rennes. Pendant quatre semaines, Hanns et ses camarades furent employés à des travaux de force : ils creusèrent des tranchées, déchargèrent des trains et construisirent des routes, croisant les doigts pour ne pas tomber nez à nez avec l'ennemi qui n'aurait fait qu'une bouchée de ces soldats sans armes.

À partir de début juin, les blindés allemands effectuèrent une percée sur l'ouest de la France, resserrant leur étau sur les troupes alliées et les repoussant vers les côtes. À Dunkerque, la Royal Navy était parvenue à rassembler une armada de bâtiments de guerre, de transports de troupes et d'embarcations légères pour évacuer vers l'Angleterre plus de trois cent mille combattants du corps expéditionnaire britannique ; quelques jours plus tard, des détachements supplémentaires de navires convergèrent vers Saint-Malo pour récupérer d'autres unités, parmi lesquelles la 93e, qui serait l'une des dernières à embarquer. Les pionniers s'étaient repliés sur l'hippodrome de la ville, où ils attendaient patiemment leur tour, somnolant sur le gazon ou jouant aux cartes à l'ombre d'un bouquet de saules. La ligne de front était si proche que l'on entendait les canonnades et le crépitement des mitraillettes. Hanns commençait à se dire qu'il ne reverrait jamais l'Angleterre. Ses inquiétudes étaient justifiées, car sa carte d'identité militaire ne laissait aucun doute sur ses origines : « Hanns Herman Alexander, né à Berlin en 1917. » S'il se faisait prendre, il ne donnait pas cher de sa peau. Quelques-uns de ses compagnons comprirent également le danger ; ils allumèrent un feu et brûlèrent tous leurs papiers.

Quand enfin on les appela pour l'embarquement, les premières troupes allemandes entraient dans les faubourgs de la ville. Les pionniers gagnèrent le port sous les huées des Malouins qui, furieux d'être abandonnés aux mains de l'ennemi, leur jetaient des légumes pourris. Ce soir-là, leur navire appareilla sur une mer d'huile. C'était une chance, car les ponts étaient tellement surchargés de passagers que la ligne de flottaison s'enfonçait sous le poids. Les jumeaux avaient trouvé une petite place sur le toit d'une cabine et fêtaient leur départ précipité autour d'une tranche de rosbif et d'une bouteille de vin rouge qu'ils avaient « libérées » d'une épicerie locale.

Dès son retour en Angleterre, la 93e prit le train pour son nouveau cantonnement d'Alexandra Palace, au nord de Londres. Quelques jours plus tard, Hanns alla trouver son commandant et lui expliqua qu'il souhaitait modifier ses prénoms pour les débarrasser de leur consonance germanique. Il préférait toutefois éviter la procédure officielle au cas où les Allemands surveilleraient les actes déclaratifs de ce type, qui devaient obligatoirement être publiés dans la presse britannique. Il voulait simplement que sa nouvelle identité apparaisse sur ses papiers militaires. Comprenant le sens de cette démarche, lord Reading consulta sa hiérarchie qui l'autorisa à délivrer à Hanns une carte militaire au nom de Howard Hervey Alexander*.

Il se sentait plus en sécurité derrière ces prénoms anglais, qui n'eurent par ailleurs pas grand impact sur son quotidien : sa famille continuait de l'appeler Hanns et, ses initiales étant restées les mêmes, il signa jusqu'à la fin de ses jours « H. H. Alexander ». Tout au plus ce changement induit-il une légère confusion parmi ses amis, collègues et connaissances pour lesquels il pouvait être soit « Hanns », soit « Howard » soit encore « Alex ». Paul, lui, n'éprouva pas le besoin de changer quoi que ce soit à son état civil, assez passe-partout pour ne rien trahir de ses origines.

Au début du mois de juillet 1940, les jumeaux profitèrent d'une permission pour aller voir Bella à Chalfont St. Peter, un village du Buckinghamshire à une quarantaine de kilomètres de leurs quartiers. Il faisait un temps magnifique et l'on avait installé une table sur des tréteaux à l'ombre d'un arbre. Après le déjeuner, les deux fils de Bella, Peter qui avait déjà six ans et son petit frère Tony, trois ans, traînèrent leurs oncles vers le fond du jardin pour leur montrer « le gros trou ». Les autorités venaient en effet d'annoncer l'imminence probable de bombardements ennemis sur l'Angleterre et Bella avait décidé de faire creuser une excavation sur près de deux mètres pour accueillir un abri Anderson. Paul et Hanns contemplèrent le chantier et, échangeant un regard complice, attrapèrent leurs neveux, les déposèrent au fond de la fosse… et tournèrent les talons. Peter et Tony riaient aux éclats, mais ils déchantèrent vite en comprenant qu'ils n'arriveraient jamais à remonter tout seuls. Ils appelèrent à l'aide. Personne ne vint. À mesure

* Hanns avait en réalité choisi « Harvey » comme second prénom, mais il se trompa en l'inscrivant sur son formulaire de demande et la coquille resta.

que les minutes passaient, la plaisanterie devenait beaucoup moins drôle. Pris de panique, Tony éclata en sanglots. Hanns et Paul attendirent un bon quart d'heure avant de venir les délivrer. Peter adorait ses oncles mais trouvait que pour le coup, ils avaient poussé le bouchon un peu loin.

En réintégrant leur caserne, les jumeaux apprirent qu'ils seraient dorénavant affectés dans deux unités différentes. La menace d'invasion allemande se précisait et le ministère de la Guerre mobilisait toutes les compagnies de sapeurs pour renforcer les défenses du pays. L'équipe de Hanns partit d'abord préparer les stocks de ravitaillement des troupes combattantes à Newbury ; elle fut ensuite envoyée défricher un bois à Cirencester pour dégager un terrain de manœuvres, puis chargée d'aller réparer la digue protégeant la base navale de Portland, près de Weymouth. C'était un travail pénible, ingrat et exténuant, à des années-lumière de ce que Hanns avait imaginé en signant son contrat d'engagement ; mais du moins faisait-il son devoir, et il n'avait pas trop à se plaindre car il parvint à obtenir une permission pour aller passer les fêtes juives en famille.

Tous les juifs allemands exilés en Angleterre n'avaient pas cette chance. Depuis les succès militaires de la Wehrmacht dans le Nord de la France en mai 1940, les autorités britanniques, qui redoutaient une invasion allemande, avaient mis en place une politique d'internement de masse des réfugiés arrivés sur leur sol. Qualifiés de « ressortissants ennemis » et perçus comme des espions en puissance, les étrangers étaient désormais arrêtés et menacés de transferts forcés vers le Canada, les Caraïbes et l'Australie. Quelque vingt-sept mille individus – essentiellement des hommes et, pour la plupart, des juifs qui avaient fui l'oppression nazie et militaient contre le fascisme – furent ainsi rassemblés et internés dans des camps, de façon indiscriminée. « Face au péril actuel, nous ne pouvons faire toutes les distinctions que nous aimerions faire », déclara le Premier ministre Winston Churchill pour justifier cette initiative, lançant le mot d'ordre : « Embarquez-les tous ! »

En tant que soldats de l'armée britannique, Hanns et Paul échappèrent à ces coups de filet. Leur beau-frère Erich Hirschowitz fut en revanche pris dans la rafle. La police vint l'arrêter dans son atelier le 19 juillet 1940 et l'emmena au commissariat de Tottenham où, pour l'unique fois de sa vie, il passa la nuit en cellule. Le lendemain, on l'autorisa à aller récupérer sous bonne escorte quelques effets chez lui, avant de l'embarquer dans un autocar avec une trentaine d'autres réfugiés. Cinq heures plus tard, il arrivait à Prees Heath, un camp d'internement construit à la va-vite près de Whitchurch, dans le Shropshire, non loin de la frontière galloise. En fait de camp, le site n'était qu'un méchant terrain vague entouré d'une clôture de barbelés au centre duquel avaient été dressées une douzaine de grandes tentes de toile blanche ouvertes à une extrémité ; elles abritaient de longues tables et des bancs de bois, des bureaux, une cuisine et des toilettes. Il n'y avait pas l'eau courante, les rations étaient insuffisantes et les conditions de vie très sommaires.

Dès leur arrivée, on les informa qu'ils seraient libérés s'ils s'engageaient dans le corps des pionniers. Erich hésitait à suivre l'exemple de ses beaux-frères. Il n'était pas convaincu que sa place était sous les drapeaux. Comme lui, Elsie estimait qu'il contribuerait mieux à l'effort de guerre en continuant de gérer son entreprise de maroquinerie. À en juger par le tableau qu'elle brossa de l'emploi du temps de ses frères, elle n'avait pas une très haute opinion des pionniers :

Le 20 août 1940

Erich,

J'espère que tu vas bien et j'attends avec impatience le jour où je pourrai à nouveau te serrer dans mes bras. J'ai vu Hanns cet après-midi. Il est tellement occupé que c'est à peine s'il a le temps de venir nous voir : ce matin il jouait aux fléchettes, cet après-midi au ping-pong. À 17 h 30, il avait rendez-vous avec une fille, à 20 heures avec une autre. Après quoi, il va à Oxford et le programme de demain, c'est grasse matinée. Il s'ennuie ferme, le pauvre. Aujourd'hui, il a appelé Paul qui a réintégré sa compagnie et l'attend à la caserne ; lui non plus ne sait pas comment occuper ses journées. On croit rêver !
Je t'embrasse fort,

Elsie

Erich fut finalement relâché au bout de quatre mois, le 9 novembre 1940, après que le gouvernement britannique eut compris qu'il n'avait pas grand-chose à craindre des réfugiés allemands. Il rentra chez lui et reprit son affaire en main, toujours persuadé qu'il serait plus utile à la tête de son entreprise que chez les pionniers.

Hanns lui reprocha sa lâcheté, mais à vrai dire, personne ne savait à l'époque qui, d'Erich ou des jumeaux, contribuerait le plus efficacement à soutenir la machine de guerre britannique.

Jusqu'en 1942, les Alexander parvinrent à garder le contact avec leurs proches et leurs amis restés en Allemagne. Ils recevaient des nouvelles par voie postale, car le courrier arrivait encore, ou par l'intermédiaire d'amis ou de connaissances récemment arrivés sur le sol britannique.

Ils se faisaient surtout du souci pour l'inflexible tante Bing : à soixante-neuf ans, elle se voyait mal recommencer

Cäcilie Bing
dans les années 1930, Francfort

sa vie dans un pays anglophone et rien ni personne ne pouvait la convaincre d'émigrer. Dans une lettre du 11 novembre 1941 à une cousine établie à New York, elle annonçait la disparition tragique de certains de ses amis et voisins, parlait de ceux qui étaient encore en vie et se demandait ce qu'il était advenu d'autres gens dont elle avait perdu la trace. Elle achevait sur ces mots : « Mes yeux fatiguent et ma main tremble. Je m'arrêterai donc là. J'espère te lire bientôt. Je sais que tu feras tout ce qui est en ton pouvoir pour aider ceux qui en auront besoin. Reçois tous mes vœux de bonheur… Cäcilie Bing. »

La lettre était passée à travers les mailles de la censure et la cousine d'Amérique l'avait fait suivre à Londres. C'était la dernière fois que les Alexander avaient eu des nouvelles de leur tante. Depuis quelques mois, la presse britannique et américaine faisait ses gros titres sur les rafles, les déportations et les camps de concentration nazis et, par le père d'Ann, Hanns avait eu un témoignage de première main sur Sachsenhausen. Si les détails étaient encore flous et souvent contradictoires, il frémissait à l'idée que la tante Bing ait pu échouer dans l'un de ces camps et il priait pour qu'elle soit toujours en sécurité dans son hôtel de Francfort.

Depuis deux ans qu'ils étaient sous les drapeaux, Hanns et Paul rongeaient leur frein : ils n'avaient jusqu'à présent été employés qu'à des tâches manuelles et avaient vu à peu près autant de combats que leur beau-frère derrière son comptoir de maroquinerie. Ils avaient compris que, pour être considérés comme membres à part entière de l'armée britannique, ils devaient briguer un grade d'officier. En décembre 1942, leur candidature à l'école des élèves-officiers fut enfin acceptée.

Ils entrèrent à l'Officer Cadet Training Unit (OCTU) du Lincolnshire le 3 janvier 1943. Leur formation commença par quatre semaines de cours théoriques : on les initia à la tactique militaire et aux transmissions, on leur apprit à donner et recevoir des ordres et, surtout, à discipliner leurs hommes. Après quoi, vint le temps des manœuvres et des exercices tactiques. Ils découvrirent les joies du fameux parcours du combattant – ramper dans la boue, franchir des torrents d'eaux vives au pas de course et se repérer de nuit en pleine campagne –, censé évaluer leurs capacités à commander tout en soutenant un effort physique prolongé. « Ce n'est pas ce que nous préférons, mais on ne nous demande pas notre avis, avoua Hanns à ses parents. Nous ferons de notre mieux mais nous avons tous deux décidé de ne pas faire trop de zèle. Les exercices sont éprouvants, mais si les autres y arrivent alors que, pour la plupart, ils sont bien plus vieux que nous, nous devrions tenir le coup. »

Deux mois plus tard, ils accrochaient leurs galons de lieutenant à leur uniforme et, ravis d'avoir enfin gagné le respect auquel ils aspiraient tant, portaient fièrement leur arme à la ceinture. Mais le règlement interdisant à deux officiers de la même famille de servir dans la même unité, ils furent à nouveau séparés : Paul fut affecté au commandement Nord de l'armée de terre et Hanns au commandement Sud. Comme tous leurs collègues frais émoulus de l'école d'officiers, ils se présentèrent dans leurs unités, impatients d'aller au feu.

Hanns retourna en France avec la 239e compagnie le 20 juillet 1944. Les troupes américaines et britanniques avaient débarqué en Normandie six semaines auparavant, mais le secteur d'Arromanches était encore en pleine effervescence : des milliers d'hommes en uniforme s'activaient sur les sables de Gold Beach ; une chaîne humaine se relayait sur une centaine de mètres pour transporter des tonnes de matériel et de vivres entre l'immense port artificiel et le sommet des falaises verdoyantes barrant la plage ; d'autres équipes, pantalons relevés au-dessus du genou, déchargeaient des chars et des blindés ; des soldats qui bivouaquaient là depuis leur arrivée couraient en formation sur la grève. Jusqu'à la fin de la guerre, cette tête de pont déverserait plus de deux millions et demi d'hommes sur le sol français.

L'unité de Hanns fut chargée de surveiller un petit groupe d'officiers allemands capturés la veille et rassemblés dans un camp de fortune, simple terrain vague non clôturé et délimité par des rubans blancs tirés entre des arbres pour signaler les zones minées. Ces juifs allemands, qui avaient été chassés de chez eux et portaient désormais l'uniforme britannique, se retrouvaient dans le rôle aussi étrange qu'inconfortable de geôliers de leurs persécuteurs.

Paul débarqua à Gold Beach deux semaines après son frère et se mit aussitôt à sa recherche. Il avait à peine commencé à explorer les environs qu'un soldat l'approcha et se mit au garde-à-vous devant lui.

« Vous m'avez vu quelque part, aujourd'hui ? lui demanda Paul.

— Oui, il y a cinq minutes, là-bas », répondit l'autre en montrant le rivage.

Hanns était effectivement en train de défiler sur la plage, à quelques centaines de mètres de là. L'espace d'un instant, son commandant crut voir double.

« Lequel d'entre vous est dans mon régiment ?

— C'est moi, le charria Paul.

— Mais non, c'est moi », assura Hanns.

Ils ne s'étaient plus autant amusés depuis l'époque où ils changeaient de classe au nez et à la barbe de leurs professeurs, à Berlin. Ils passèrent quelques heures ensemble, puis repartirent chacun de leur côté : Paul devait aller charger et décharger des caisses de matériel à la gare de Caen, tandis que Hanns allait retrouver les unités médicales qui soignaient les blessés dans un océan de tentes beiges surnommé « Harley Street », en référence à la rue de Londres célèbre pour ses nombreux médecins, dentistes, cliniques et hôpitaux. On lui confia le commandement des auxiliaires non médicaux, ce qui revenait à coordonner la noria des brancardiers, organiser les équipes de nettoyage et assurer une partie de l'intendance. Le plus difficile était de gérer les pénuries de vivres : la chaîne d'approvisionnement était grippée et ils avaient par exemple des paquets de pommes de terre déshydratées, mais pas d'eau potable pour les préparer. Avec tant de bouches à nourrir, la logistique de l'hôpital de campagne d'Arromanches était un véritable cauchemar. Les soldats en étaient quittes pour faire avec les moyens du bord en attendant le prochain cargo de ravitaillement.

Quelques semaines plus tard, apprenant que la compagnie de Paul était revenue dans les parages, Hanns fit parvenir un message à son frère, lui donnant rendez-vous le vendredi suivant dans un café de la grand-place de Bayeux. Au jour dit, il fut retardé et arriva un peu après dix-neuf heures. Il n'y avait personne en terrasse, mais la petite salle mal éclairée était emplie de rires et de fumée ; en cette fin de semaine, tout le monde était prêt à faire la fête, billets en poche.

Paul était introuvable ; Hanns commanda une bière et demanda à un officier britannique installé près de lui au bar s'il n'avait pas vu quelqu'un qui lui ressemblait.

« Si, répondit celui-ci, et il m'a laissé un message. Il était désolé mais il devait repartir. Il vous attend ici demain soir à sept heures. »

Sur ce, il l'invita à boire un verre avec ses amis attablés dans un coin du café. Hanns prit place à côté d'une petite brune vêtue d'une robe à fleurs qui lui tombait au-dessous du genou. Elle s'appelait Jeannine.

« *Enchanté** », lui dit-il.

C'était l'un des quatre mots de français qu'il connaissait. Jeannine lui rendit son sourire et poursuivit sa conversation. En fin de soirée, elle emmena dîner le petit groupe chez elle et, après le repas, proposa à Hanns, qui avait à peine échangé un mot avec elle, de rester pour la nuit.

Le lendemain, Paul l'attendait au bar, comme convenu.

« Eh bien, qu'est-ce qu'il t'est arrivé, hier soir ? » lui demanda-t-il.

Hanns s'excusa de son retard et, encore tout étonné, résuma la suite des événements :

« J'ai tout juste dit "*enchanté*" à une fille et je me suis retrouvé dans son lit !

— Pas étonnant, répliqua Paul en riant, je lui ai fait du gringue tout l'après-midi ! »

C'était en septembre 1944. Les Alliés avaient pris pied sur le continent européen mais la guerre était encore loin d'être finie : il leur restait à reconquérir le reste de la France, la Belgique, les Pays-Bas, puis à pénétrer en Allemagne et s'emparer de Berlin. Pour Hanns, la guerre prendrait bientôt un tour autrement sérieux.

* En français dans le texte.

9

Rudolf

Oświęcim, Haute-Silésie, 1942

Le premier convoi de juifs destinés à l'extermination arriva à Auschwitz au printemps 1942. Épuisés et désorientés par le voyage, quelque deux cents ou trois cents hommes, femmes et enfants furent débarqués du train sur le quai de Birkenau. Les plus vigoureux, jugés aptes au travail, furent escortés aux baraquements, tandis que les autres étaient dirigés à l'autre bout du camp vers l'une des anciennes fermes reconverties, où on les fit calmement déshabiller derrière des paravents. Aucun ne se doutait de ce qui les attendait. Les surveillants leur indiquèrent une porte marquée « Salle de désinfection » et, aidés par des interprètes, leur recommandèrent de bien se rappeler où ils avaient laissé leurs effets afin de les récupérer après l'épouillage. Dès qu'ils furent tous entrés dans la pièce, on verrouilla les portes derrière eux. Des gardes déversèrent des boîtes de cristaux de Zyklon B par une trappe. Dix minutes plus tard, tous les prisonniers étaient morts. Au bout d'une heure, les hommes du *Sonderkommando** rouvrirent la

* Les *Sonderkommandos* étaient des unités spéciales exclusivement composées de déportés juifs contraints de travailler aux chambres à gaz et aux crématoires. En tant que « porteurs d'un secret », ils étaient isolés de

chambre à gaz et accomplirent leur sinistre besogne : dépouiller les victimes de leurs bagues, extraire les dents en or, sortir les corps et les traîner dans les grandes fosses de crémation creusées derrière la « maison rouge ». Lorsqu'ils eurent entassé une centaine de cadavres dans chaque charnier, ils l'embrasèrent avec de vieux chiffons trempés d'essence. Dès que le feu eut pris, ils ajoutèrent d'autres corps. À mesure que ces amas de chair humaine se consumaient, ils récupéraient dans des seaux métalliques la graisse qui s'écoulait par des rigoles et la reversaient sur les flammes pour attiser les brasiers, qui brûlèrent pendant six à sept heures. Ils attendirent ensuite que les restes aient refroidi pour collecter les os et les broyer sur de grands mortiers de béton à l'aide de lourds pilons en bois. Enfin, les cendres furent chargées dans des camions qui allèrent les jeter dans la Vistule.

Convoi après convoi, la méthode fut rapidement rodée. En tant que commandant du camp, Rudolf se faisait un devoir de donner l'exemple à ses hommes en affichant « une indifférence glaciale » face à ce spectacle d'épouvante.

> Mes fonctions m'obligeaient à assister à tout le déroulement de l'opération. Jour et nuit, je devais être là pendant qu'on s'occupait à extraire les cadavres, à les brûler, à leur arracher leurs dents en or, à leur couper les cheveux. Ces horreurs duraient pendant des heures, mais je ne pouvais même pas m'absenter pendant qu'on creusait les charniers qui répandaient une odeur épouvantable et pendant qu'on brûlait les corps. Il m'incombait même d'observer la mort à travers les lucarnes de la chambre à gaz : c'étaient les médecins qui le désiraient.

---

tous les autres prisonniers avec lesquels ils ne devaient avoir aucun contact et, lorsqu'ils tombaient malades, ils ne pouvaient pas même être admis à l'hôpital du camp.

Je ne pouvais échapper à tout cela parce que j'étais celui vers lequel étaient tournés tous les regards. Je devais montrer à tous que je ne me contentais pas de donner des ordres et d'organiser les préparatifs, mais que j'assistais à toutes les phases des opérations, tout comme je l'exigeais de mes subordonnés.

La machine d'extermination de masse était lancée.

En juillet 1942, sur le conseil de Himmler, Rudolf alla visiter le tout nouveau camp de Treblinka II, à quatre heures de route d'Auschwitz. Dissimulé dans les forêts isolées du nord-est de la Pologne occupée, il s'étirait sur un rectangle de trois cents mètres sur cinq cents. Il n'y avait là ni baraques, ni usine : Treblinka avait été conçu spécifiquement comme un centre d'extermination des juifs et autres « ennemis de l'État ».

Rudolf arriva au moment même où l'on débarquait un transport de déportés du ghetto de Varsovie. Il regarda les hommes, femmes et enfants descendre des wagons à bestiaux et s'engager dans « le tunnel », entre deux haies de surveillants qui hurlaient des ordres en brandissant leurs armes et faisaient avancer les récalcitrants à coups de crosse. Au bout de cette allée, les prisonniers furent poussés dans un bunker ; à peine les portes s'étaient-elles refermées derrière eux que l'on envoya dans la pièce les gaz d'échappement d'un moteur diesel. Lorsqu'ils estimèrent que toutes les victimes avaient été asphyxiées, les gardes rouvrirent les portes pour aérer le local. Une heure après, ils sortirent les cadavres et les jetèrent dans les fosses à ciel ouvert où ils seraient brûlés.

Rudolf ne fut absolument pas convaincu par les procédés rudimentaires de Treblinka où, en six mois, on avait déjà liquidé quatre-vingt mille « unités ». Les chambres à gaz ne pouvaient accueillir que deux cents personnes à la fois, l'évacuation des corps était mal organisée et, le commandant du camp ne faisant rien pour rassurer les condamnés, on assistait systématiquement à d'insupportables scènes de panique et de résistance. Il comprit que, pour faire face aux transferts massifs annoncés à Auschwitz, il lui faudrait mettre en place un système plus efficace, une véritable usine de mort qui tournerait jour et nuit à grande échelle, sans traumatiser inutilement les gardes ou éveiller les soupçons des autres prisonniers.

Avec son équipe, Rudolf passa plusieurs mois à optimiser les capacités des installations d'Auschwitz II et les techniques d'extermination : il fit construire quatre nouveaux crématoires, plus grands et beaucoup plus perfectionnés, près de la voie de chemin de fer ; puis il ordonna à Franz Hössler, promu *Kommandoführer*, de former un *Sonderkommando* pour exhumer les dizaines de milliers de corps enfouis dans des fosses communes du camp et les incinérer à Birkenau. Ces hommes seraient abattus après s'être acquittés de leur mission et Hössler constituerait une autre équipe pour les arrivages suivants.

Rudolf et son état-major instituèrent par ailleurs un rigoureux processus de « sélection » afin de séparer les faibles des forts et les jeunes des vieillards. L'opération s'effectuait sur la rampe de débarquement sous la direction des médecins du camp. Après plusieurs jours de voyage dans des wagons à bestiaux bondés, les déportés épuisés, affamés et terrifiés étaient accueillis à la descente du train par des gardes qui braquaient sur eux leurs mitraillettes en hurlant « *Schnell ! Schnell !* » ; des chiens-loups tirant sur leur laisse montraient les crocs et aboyaient furieusement ; un médecin arpentait la rampe, inspectant les nouveaux venus pour séparer d'abord les hommes des femmes, puis trier ceux qui iraient travailler dans les usines et ceux qui seraient envoyés dans les chambres à gaz. Tout allait très vite. Des enfants étaient arrachés aux jupes de leur mère, des maris séparés de leur femme, des frères de leur sœur... Au moindre signe de désobéissance, un gardien empoignait le coupable, l'entraînait à quelque distance et le fusillait.

Les prisonniers qui n'étaient pas immédiatement destinés au gazage étaient conduits au « sauna », où ils étaient dépouillés des effets personnels qui ne leur avaient pas été confisqués sur la rampe – chaussures, chaussettes, pantalons, chemises, manteaux et même sous-vêtements – jusqu'aux objets de valeur : bijoux, or, montre, valises, œuvres d'art, et tout ce qu'ils auraient pu espérer échanger contre de l'argent ou leur liberté. Après le déshabillage, on leur rasait le crâne et on les faisait entrer dans les douches. Nus et humiliés, ils étaient ensuite dirigés vers une autre pièce où on leur tatouait un numéro sur l'avant-bras gauche à l'aide d'une sorte de poinçon à aiguille qui transperçait la chair. Enfin, on leur remettait une tenue de treillis à rayures grises et bleues : un pantalon et une veste trop larges, et le calot réglementaire. Alignés par rangs de cinq, ils étaient alors emmenés vers leurs baraques.

Les « sélectionnés » étaient directement acheminés de la rampe de débarquement vers les « bains », dont ils étaient persuadés de ressortir après la douche et l'épouillage. Après s'être déshabillés dans un vestiaire sombre, ils pénétraient dans la grande salle voisine. Les portes hermétiques de la chambre à gaz claquaient dans leur dos et le Zyklon B était introduit par des cheminées (et, à partir de 1943, par de fausses pommes de douche). L'installation permettait de liquider plus de deux mille « unités » d'un seul coup. À la fin de l'opération, les membres du *Sonderkommando* évacuaient les corps et les chargeaient dans les fours pour les incinérer. Toutes les traces du massacre étaient ensuite effacées avant l'arrivée de la fournée suivante et, après plusieurs cycles de gazage et de nettoyage, les hommes du « commando spécial » étaient gazés à leur tour.

Rudolf confiait généralement le débarquement des déportés à ses sous-officiers, mais il devait parfois intervenir. Le 23 octobre 1943, alors qu'un transport de malades, de vieillards et d'enfants en bas âge transféré du camp de Belsen était poussé dans la chambre à gaz, une jeune détenue – une très belle danseuse de Varsovie, selon les témoignages – refusa de se laisser faire. Elle jeta sa chaussure à la figure d'un sergent SS, se saisit de son arme et lui tira une balle en plein ventre. Les deux tiers des déportés étaient déjà dans la chambre de la mort, mais les autres, une petite centaine, lui prêtèrent main-forte, s'emparant de tout ce qui leur tombait sous la main pour assaillir gardes, kapos et *Sonderkommandos*. Dans la mêlée, ils arrachèrent les câbles des plafonniers et poignardèrent mortellement l'un des SS envoyés en renfort. Rudolf, appelé en urgence, arriva à cet instant.

Il reprit aussitôt les choses en main. Il ordonna de fermer la chambre à gaz et d'envoyer le Zyklon B. En moins de dix minutes, il reprit le contrôle du vestiaire plongé dans l'obscurité. Escorté de gardes armés de mitraillettes, il entra avec un projecteur, repoussa les mutins dans un coin de la pièce, les fit passer un par un dans une salle attenante et les fit exécuter sur-le-champ.

Les séances d'extermination prenaient parfois leur tribut sur les employés des crématoires. Certains venaient trouver Rudolf pour lui demander s'il était « vraiment nécessaire d'anéantir des centaines de milliers de femmes et d'enfants ». Pour les rassurer, le commandant leur affirmait qu'il n'avait aucun doute là-dessus, puisque les ordres venaient du Führer en personne et que, les juifs étant « les ennemis les plus acharnés de l'Allemagne », il était indispensable de les éliminer jusqu'au dernier. Dans son autobiographie, il prétendit toutefois avoir lui aussi eu bien des scrupules, dont il ne pouvait faire part à personne, et moins encore à ses subordonnés.

> Tous les regards étaient fixés sur moi. Tout le monde m'observait attentivement pour voir comment je réagissais devant des scènes semblables [...]. Chacune de mes paroles était longuement discutée par les hommes. Je devais me maîtriser pour ne pas laisser échapper dans un moment de trouble une phrase qui exprimait mes doutes et mes angoisses. J'étais obligé d'arborer un air froid et implacable en assistant à des scènes de nature à bouleverser tout être humain. Il ne m'était pas permis de me détourner si l'émotion s'emparait de moi. Je devais afficher mon indifférence tandis que les mères entraient dans les chambres à gaz en tenant leurs enfants qui riaient ou qui versaient des larmes.

Il est impossible de savoir jusqu'à quel point, en son for intérieur, Rudolf remit véritablement en cause le bien-fondé de sa mission. Nous savons en revanche qu'il déploya un zèle et une ingéniosité redoutables pour donner corps à ces usines de la mort et qu'il ne souhaitait rien tant que l'approbation de Himmler.

Il avait jusqu'alors réussi à effectuer son effroyable tâche sans état d'âme en compartimentant sa vie : en rentrant chez lui le soir, il parvenait à faire abstraction des horreurs de la journée pour se replonger dans la chaleur de son foyer. Mais il était désormais tellement surchargé de travail que ces instants de répit se faisaient de plus en plus rares.

> Il arrivait souvent que le souvenir d'incidents quelconques qui s'étaient produits pendant l'extermination me revienne à l'esprit. Aussitôt, je sortais de la maison : il m'était impossible de rester dans l'ambiance intime de ma famille. En voyant jouer mes enfants ou ma femme tenir le plus petit dans ses bras, le visage rayonnant de bonheur, je me demandais souvent

combien de temps ce bonheur pourrait durer. Ma femme ne parvenait pas à s'expliquer ma tristesse : elle l'attribuait à des soucis de service. Souvent, la nuit, lorsque je me trouvais à l'arrivée des trains, près des chambres à gaz ou des bûchers, je pensais involontairement à ma propre famille.

Lorsque la tension devenait trop insupportable, c'était auprès de ses chevaux qu'il allait chercher quelque réconfort. Il montait alors en selle et partait au grand galop afin d'« échapper à la hantise » et il lui arrivait de se réfugier en pleine nuit à l'écurie pour retrouver « le calme auprès de [ses] chevaux préférés ».

Entre-temps, les gazages se poursuivaient. Entre 1940 et 1944, plus d'un million trois cent mille détenus arrivèrent à Auschwitz. Sur ce nombre, il n'y eut que deux cent mille rescapés. Un million de juifs, soixante-quinze mille Polonais, vingt et un mille Tziganes et quinze mille prisonniers de guerre soviétiques n'en revinrent jamais.

Le dévouement de Rudolf ne passait pas inaperçu à Berlin. Le 29 juillet 1942, un capitaine du bureau du *Reichsführer* adressa une note au bureau du personnel de la *Schutzstaffel* l'informant que Rudolf Höss avait été promu au grade d'*Obersturmbannführer-SS* : Himmler était satisfait du travail de son protégé.

Fin 1942, le complexe concentrationnaire d'Auschwitz s'était rapidement agrandi : au *Stammlager* (camp principal) d'Auschwitz I et au camp d'extermination d'Auschwitz II/Birkenau étaient venues s'ajouter deux nouvelles structures : la fabrique de caoutchouc d'IG Farben et le gigantesque *Arbeitslager* (camp de travail) qui lui était associé, Auschwitz III/Monovitz. Une bonne quarantaine de sous-camps avaient en outre fleuri alentour, pour la plupart des installations annexes abritant les prisonniers réquisitionnés dans d'autres usines des environs. L'essentiel des gazages se faisant à Birkenau, les dizaines de milliers de détenus parqués dans ces autres camps ne virent jamais les crématoires. Comme n'importe quel autre directeur de prison, Rudolf devait organiser la vie de ces hommes, femmes et enfants astreints aux travaux forcés, et la tâche n'était pas aisée.

Il mit donc au point diverses stratégies. Il imposa une discipline stricte dans tout le camp, exigeant un respect sans faille de l'autorité et ne tolérant aucune désobéissance. Il épuisa les détenus au travail, les soumettant à de longues journées harassantes afin d'étouffer dans l'œuf toute velléité de rébellion. Au printemps 1943, il réquisitionna des prisonnières du camp des femmes et ouvrit un bordel auquel avaient accès certains prisonniers non juifs « méritants ».

Son initiative la plus surprenante fut sans doute le *Lagerorchester*, l'orchestre du camp, censé élever les esprits. Lors de son séjour en prison, dans les années 1920, Rudolf avait découvert les vertus de la grande musique pour apaiser les fortes têtes et ramener les criminels les plus endurcis à de meilleurs sentiments. Dès 1941, il avait appliqué la leçon à Auschwitz en constituant un orchestre composé de musiciens professionnels et amateurs. Il leur fit donner des instruments volés à d'autres déportés et les logea à part dans le « bloc de la musique », où des juifs cohabitaient avec des non-juifs.

Les musiciens furent répartis en deux groupes : quatre-vingts furent affectés à un orchestre symphonique et cent vingt autres à la fanfare. La concurrence était rude pour intégrer ces formations, car leurs membres bénéficiaient de privilèges spéciaux (de meilleures rations, des dortoirs plus confortables) et étaient surtout assurés d'échapper – au moins provisoirement – à la chambre à gaz.

Chaque matin, à la porte du camp, Rudolf assistait au départ des prisonniers pour l'usine d'IG Farben, défilant en bon ordre par rangs de cinq, et tous les soirs, il les regardait rentrer tête basse, le pas chancelant. À côté de lui, l'orchestre jouait des marches rythmées, censées les aider à avancer plus vite et en cadence. Qu'il pleuve, qu'il vente ou qu'il grêle, les musiciens en guenilles devaient exécuter des airs traditionnels allemands, sans jamais pouvoir protéger leurs instruments des intempéries. Le dimanche soir, ils étaient encore convoqués pour « animer » les exécutions.

Les autres camps placés sous la responsabilité de Rudolf possédaient également leur propre formation musicale. L'orchestre des femmes de Birkenau accompagnait le départ des prisonniers et se produisait parfois dans les baraques des SS pour le plaisir des officiers et dignitaires en visite. Ceux-ci demandaient des œuvres du répertoire classique – des arias de *Rigoletto* ou de *Madame Butterfly*, la *Marche militaire* de Schubert, les *Légendes de la forêt viennoise* de Johann Strauss – et les femmes jouaient, s'efforçant d'oublier le temps d'une partition les horreurs qui se déroulaient de l'autre côté du mur.

Ces concerts attiraient beaucoup de hauts responsables du camp : Josef Kramer, promu commandant de Birkenau en mai 1944, le sinistre Dr Josef Mengele, Franz Hössler, chef du *Sonderkommando*, Irma Grese, une jeune blonde aux yeux bleus de vingt ans, implacable *Oberaufseherin* et deuxième femme la plus haut placée dans la hiérarchie du camp des femmes, ou encore sa collègue Elizabeth Volkenrath, vingt-trois ans, responsable d'équipes de travail féminines. Rudolf aussi assistait à ces représentations. « Auschwitz ne me laissait vraiment pas le temps de m'ennuyer », concéda-t-il dans ses Mémoires, songeant à tout ce que le camp avait à offrir.

La famille Höss ne manquait effectivement de rien à Auschwitz. Hedwig se plaisait tant dans son « petit paradis de fleurs » qu'elle espérait y passer le restant de ses jours. Avec la bénédiction de Himmler, elle avait entrepris de faire réno-

La famille Höss à la villa d'Auschwitz, 1943. De gauche à droite, dans le sens des aiguilles d'une montre : Inge-Brigitt, Klaus, Rudolf, Heidetraut, Hans-Jürgen, Hedwig et Annegret.

ver la villa : les chambres avaient été repeintes, la cuisine modernisée et toutes sortes d'œuvres d'art et tapisseries volées aux juifs à leur arrivée ornaient les murs. (Les seuls tableaux qui ne venaient pas du « Kanada* » étaient ceux de son frère, Fritz Hensel, des vues de la Sola et du château d'Oświęcim.) Presque tous les meubles avaient été fabriqués par les détenus. Des tapis colorés couvraient les parquets et des rideaux chatoyants brodés de dentelle habillaient les fenêtres.

Au rez-de-chaussée, la cuisine était équipée d'un fourneau et d'un garde-manger bien fourni. Entre les buffets vitrés de la salle à manger, des chaises de cuir entouraient une table ovale à rallonge pouvant accueillir huit convives. Le salon, coquettement meublé d'un canapé, trois fauteuils, deux guéridons et un lampadaire, ouvrait sur le bureau de Rudolf. Le commandant travaillait sur une table en noyer clair, assortie à deux fauteuils de cuir et couverte de photos de famille protégées par un sous-main en plastique transparent. Il disposait également d'un long placard étroit dans lequel il rangeait ses livres, ses documents et quelques bouteilles de vodka.

L'étage était subdivisé entre une salle de jeu et trois chambres. Celle des parents comportait deux lits jumeaux en noyer clair, deux penderies et un fauteuil assez grand pour y dormir. Au-dessus des lits était accrochée une peinture à l'huile représentant une couronne de fleurs sauvages. Dans la chambre d'amis, tapissée d'un papier peint au motif de fleurs et feuilles de lilas ton sur ton, il y avait deux lits de bois sombre, un placard et une bibliothèque. Hedwig avait fait aménager trois chambres de bonne au grenier pour loger ses domestiques et les avoir sous la main à tout instant.

* À Birkenau, nom du magasin dans lequel étaient entreposés et triés tous les objets pillés par les autorités du camp.

Rudolf et Hedwig s'efforçaient d'offrir à leurs enfants une vie aussi normale que possible et les avaient inscrits à l'école communale. Heidetraut avait du mal à s'intégrer et ses camarades, qui n'ignoraient ni les fonctions de son père ni le luxe dans lequel vivaient les Höss, la surnommaient « la reine nazie ».

Pour distraire ses enfants, leur père les conduisait à travers champs jusqu'à l'écurie, où ils donnaient des pommes aux chevaux et les brossaient. Ils allaient aussi s'occuper des chiens au chenil. Le week-end, Rudolf mettait un disque de musique classique sur le gramophone et se promenait de pièce en pièce, laissant une odeur douceâtre de cigare dans son sillage. Il passait parfois l'après-midi au salon à bavarder avec ses enfants ou à leur lire un épisode de *Max et Moritz*, l'un de ses livres de jeunesse préférés. Lorsqu'il en trouvait le temps, il les emmenait faire de la barque sur la Sola. À Noël, il attelait un traîneau, les faisait habiller chaudement et les enveloppait de grosses couvertures pour les conduire par la campagne dans l'un des villages voisins où, émerveillés, ils assistaient à un spectacle de la Nativité et chantaient des hymnes de Noël. Au retour, toujours emmitouflés sous leurs couvertures, ils sirotaient un chocolat chaud, blottis contre leurs parents.

Rudolf Höss avec ses enfants sur la Sola, 1940-1943

Ces moments heureux et sereins que Rudolf parvenait à se ménager en dépit de la pression constante à laquelle il était soumis et de son emploi du temps surchargé étaient néanmoins trop rares à son goût. Il aurait aimé passer davantage de temps en famille, mais il n'était jamais satisfait de son travail et se sentait obligé d'en faire toujours plus. « Je pensais que toute ma vie devait être sacrifiée au service et cette notion exagérée du devoir m'a rendu l'existence encore plus difficile qu'elle ne l'était en réalité. »

Les enfants ne se doutaient certainement pas que, derrière le mur de leur jardin, on assassinait chaque jour des gens par milliers, mais leur mère le savait depuis le jour de 1942 où elle avait surpris la conversation d'un administrateur de district du parti, qui évoquait le programme d'extermination. « Elle a été bouleversée, confierait Höss à ses interrogateurs de Nuremberg. Elle m'a demandé si tout cela était vrai et je lui ai expliqué de la même façon que Himmler me l'avait expliqué » – il fallait éliminer les juifs parce qu'ils représentaient une menace pour leur civilisation, et puisque c'était un ordre du *Reichsführer*, il se devait de l'exécuter.

Si la nouvelle lui avait fait l'effet d'un électrochoc, elle ne l'empêcha manifestement pas de rester à la villa, à quelques mètres à peine des fours crématoires dont elle connaissait désormais la vocation. Nourrie du même antisémitisme que son mari, Hedwig ne désavouait d'ailleurs pas la philosophie de Himmler, et son jardinier l'avait un jour entendue dire que les juifs devaient « disparaître de la surface de la Terre jusqu'au dernier ». À en croire Rudolf, elle fut néanmoins si « bouleversée » qu'à compter du jour où elle avait appris en quoi consistait son travail, elle refusa d'avoir des relations sexuelles avec lui. La raison était plus probablement ailleurs…

Depuis le printemps 1942, une séduisante Autrichienne de trente-neuf ans, Eleanor Hodys, avait commencé à travailler à la villa. Elle n'était pas juive mais avait été internée deux mois plus tôt pour avoir contrefait une carte d'adhésion au NSDAP. Excellente couturière, elle avait été convoquée chez la femme du commandant pour repriser le tapis du hall d'entrée de la villa. Elle passa deux jours à quatre pattes sur le sol, reprenant minutieusement les accrocs à l'aiguille. Elle vit Rudolf aller et venir plusieurs fois, et il finit par lui demander si elle s'appelait bien Hodys. Elle confirma. « En tant que prisonnière politique, lui fit-il remarquer, normalement, vous n'auriez pas le droit de travailler chez moi. Mais puisque ma femme est satisfaite de vos services, vous pouvez rester. »

Au cours des semaines suivantes, Hedwig lui confia divers menus ouvrages, dont une tapisserie déchirée, un coussin de soie troué et un tapis de laine à raccommoder pour la voiture du commandant. Elle continuait de dormir au camp, mais prenait désormais ses repas à la cuisine avec les domestiques, où on lui servait des plats dont les autres prisonniers n'auraient pas même pu rêver : des pâtisseries, des gâteaux, de la viande, de la soupe, des salades de fruits, du café… La table des Höss était à son sens aussi bonne que celle d'un grand hôtel avant guerre.

Eleanor ne tarda pas à se rendre compte de l'intérêt que lui portait Rudolf. Il ne manquait pas une occasion de la croiser à la villa et, depuis quelque temps, il s'efforçait aussi de la voir au camp. Il se montrait très agréable, plaisantait avec elle, et lui racontait des histoires pour la faire rire. Elle savait très bien qu'en répondant à ses avances, elle se mettrait en danger, mais elle éprouvait pour lui une étrange attirance. Lorsqu'elle l'avait rencontré, elle vivait avec trois autres filles dans l'une des baraques de brique rouge du Stalag ; peu après, elle fut transférée dans une chambre individuelle du bloc 4, et on lui précisa même qu'elle pouvait la décorer comme bon lui semblait. Elle avait également le droit de fumer, ce qui était strictement interdit à tous les autres prisonniers, et elle se vit accorder l'incroyable privilège de pouvoir passer de temps à autre la nuit au village, où elle disposait de sa propre bonne et de sa cuisinière.

Un jour de mai 1942 où elle se trouvait seule avec Rudolf à la villa, il s'approcha d'elle et l'embrassa par surprise sur la bouche. Terrifiée, elle courut s'enfermer dans les toilettes. Elle ne concevait pas de coucher avec lui : non seulement il était marié, mais c'était le commandant du camp. Sa décision était prise : elle ne reviendrait jamais travailler chez lui.

Dès lors, elle veilla à garder ses distances avec lui, mais cela ne suffit pas. En septembre, elle fut convoquée à la villa où Hedwig, qui avait manifestement eu vent de l'affaire, la congédia officiellement. Quinze jours plus tard, accusée d'avoir commis un vol à la villa, Eleanor fut arrêtée et placée au « bunker » – le sinistre bloc 11 où se déroulaient les interrogatoires. Elle écrivit aux Höss, protestant de son innocence, et fut provisoirement relâchée avant d'être remise en détention dans la cellule 24 du bloc 11. On lui donna un lit, un matelas, une table et un tabouret, et on l'autorisa à écrire et à fumer. Ces petits luxes la rassurèrent un peu.

Puis, une dizaine de jours avant Noël, à onze heures du soir, un homme pénétra dans sa cellule. Allongée dans le noir, elle n'avait pas entendu la porte s'ouvrir et pensa qu'il s'agissait d'un des gardes.

« Que voulez-vous ? s'exaspéra-t-elle.

— Chut ! » lui répondit une voix apaisante. L'intrus alluma un briquet et la flamme éclaira son visage. C'était Rudolf.

« Que se passe-t-il ? demanda-t-elle, effrayée.

— Tu vas pouvoir sortir. »

Elle crut qu'il était venu la libérer. « Maintenant ? Tout de suite ?

— Chut… Ne fais pas de bruit. Nous allons en parler », répliqua Rudolf en s'asseyant sur le rebord du lit.

Il se pencha vers elle et tenta de l'embrasser. Elle le repoussa dans un petit cri étouffé. Rudolf lui dit de rester tranquille et de ne pas éveiller l'attention : personne ne savait qu'il était là, il était passé par la porte du jardin et s'était glissé jusque-là sans se faire voir. Il essaya à nouveau de poser un baiser sur ses lèvres, plus tendrement, mais elle ne se laissa pas davantage faire. Il n'insista pas. Il reviendrait un autre jour, dit-il. À ces mots, Eleanor parut se radoucir, mais le supplia de ne pas venir de nuit. Rudolf voulut y voir une invitation. Il la salua, sortit de la pièce et verrouilla la porte derrière lui.

Il retourna la voir peu après. Ils passèrent deux heures ensemble. Il la fit parler d'elle et de sa famille, mais ne livra rien de sa propre histoire. Elle résista encore à ses avances et il repartit de mauvaise humeur. Elle fut alors transférée à la cellule n° 6, qui s'ouvrait de l'intérieur. Quelques jours plus tard, elle s'abandonna pour la première fois à lui.

Il revint plusieurs nuits de suite, mais un soir, le hululement d'une sirène d'alarme interrompit leurs ébats. Voyant clignoter les lumières dans le couloir, Rudolf prit peur et se cacha derrière la porte, tandis qu'Eleanor faisait prestement disparaître son uniforme sous le lit. Un surveillant s'arrêta devant la cellule, ouvrit le judas, jeta un coup d'œil à l'intérieur et, ne voyant rien de suspect, repartit. Dès que le calme fut revenu, Rudolf se rhabilla précipitamment et fila. Mais il se ravisa et revint presque aussitôt, craignant de croiser quelqu'un et d'avoir à expliquer ce qu'il faisait au camp à une heure si tardive. Il resta auprès de sa maîtresse jusqu'à plus de une heure du matin.

Rudolf savait qu'il risquait gros s'il se faisait prendre. Il avait violé le serment qu'il s'était fait autrefois, en Palestine, mais il contrevenait surtout au règlement officiel de la SS, qui interdisait formellement toute relation intime avec des prisonnières. Il retournait pourtant régulièrement à la cellule nº 6. En tout, il coucha quatre ou cinq fois avec Eleanor.

Il lui demanda un soir ce qu'elle ferait si quelqu'un découvrait leur liaison. Elle lui promit de garder le silence. Il était bien placé pour savoir que rien n'était plus facile à briser que le silence d'un prisonnier. Si les autorités présentaient des preuves contre elle, lui expliqua-t-il, elle devrait avouer, et dire qu'elle avait eu des relations sexuelles avec un autre prisonnier. En aucun cas elle ne devait prononcer le nom du commandant. Pour se couvrir, il lui tendit un crayon et un papier, l'éclaira de la lueur de sa lampe électrique et lui ordonna d'écrire qu'elle avait eu une liaison avec un kapo. Dès qu'elle eut signé sa déclaration, il plia la feuille, la glissa dans son carnet de cuir et remit le tout dans sa poche.

Eleanor était toujours dans la cellule nº 6 lorsque, en février 1943, elle fut prise de violentes nausées. On l'emmena voir un médecin du camp, qui l'examina et lui annonça qu'elle était enceinte de huit semaines. Il voulut savoir qui était le père, mais elle refusa de répondre, l'implora de ne rien dire et lui demanda de l'aider à avorter. Le lendemain, une prisonnière lui fit passer deux cachets par la fenêtre de sa cellule. Le premier lui déclencha de si fortes douleurs qu'elle jeta le second.

Elle fut rapidement transférée au sous-sol du bunker, dans un minuscule cachot sombre et mal aéré. Elle avait à peine la place de se tenir debout et préférait rester à genoux. On l'avait enfermée là toute nue et, dès qu'il l'entendait pleurer, son gardien l'aspergeait d'eau. Dans l'obscurité, elle sentait le contact d'un corps sans vie étendu à côté d'elle. Elle n'avait aucun moyen de se laver et n'avait droit qu'à de maigres rations de pain et de café. Tous les quatre jours, on lui octroyait une petite portion de nourriture cuite. Lorsqu'elle demanda des vêtements, son garde-chiourme la traita de « vieille vache » et de « chèvre hystérique », s'étonnant qu'elle fût encore vivante.

Elle ne sortit de cet enfer que le 16 juin 1943. Elle était alors enceinte de six mois. Rudolf ordonna à un médecin de la faire avorter. Après quoi, elle fut affectée aux cuisines, mais jusqu'en décembre, elle refit de nombreux séjours à l'hôpital.

Ce fut vers cette époque que Rudolf reçut une visite dont il se serait bien passé : Maximilian von Herff, chef du service central du personnel de la SS, venait évaluer l'état du camp et, plus particulièrement, constater les améliorations qu'y avait apportées le commandant depuis le dernier passage du *Reichsführer*. Directement rattaché au bureau de Himmler, il exerçait un immense pouvoir dans l'appareil politique. L'inquiétude de Rudolf était toutefois sans fondement, car le rapport que remit Herff à son patron le 25 juillet était tout à fait élogieux :

COMMANDANT DU CAMP *OBERSTURMBANNFÜHRER-SS* HÖSS

A l'étoffe d'un bon soldat, sportif, cavalier, sait réagir en toute situation, calme et simple, et toutefois sûr de lui et objectif. Il ne se met pas en avant, préférant laisser ses actions parler pour lui.

Bon commandant, H. a également accompli un travail pionnier dans le domaine de la gestion des camps de concentration, apportant des idées et des méthodes nouvelles en matière de formation. Doté de bonnes capacités d'organisation et agriculteur compétent, il est le modèle du pionnier allemand pour les territoires de l'Est.

H. est parfaitement capable d'occuper des postes de direction importants dans le domaine de la gestion des camps de concentration. Il est particulièrement efficace pour résoudre des problèmes d'ordre pratique.

Le 30 juillet, Rudolf reçut un télégramme de Richard Glücks autorisant une nouvelle livraison de Zyklon B. Rien ne devait interrompre la mécanique bien huilée du programme d'extermination.

En cette fin d'été 1943, Rudolf était au faîte de sa carrière : il administrait un réseau de camps accueillant plus de quatre-vingt mille détenus encadrés par plus d'un millier de gardes. Il avait mis au point la machine à tuer la plus efficace de l'histoire de l'humanité, capable d'éliminer plus de quatre mille personnes par jour. Et, dans sa villa de fonction refaite à neuf, son épouse avait le privilège de recevoir les hommes les plus puissants du Reich.

Rudolf avait amorcé le grand projet de Himmler : la solution finale à la question juive. Pour l'heure, ses supérieurs étaient très contents de lui.

10

Hanns

Normandie, 1945

Les premiers témoignages sur les atrocités nazies en Allemagne et en Pologne avaient commencé à filtrer dès 1942 dans les pays alliés. Le 10 août de cette année-là, huit mois après l'entrée en guerre des États-Unis, la légation américaine à Genève transmit une dépêche au Département d'État de Washington et au Foreign Office de Londres :

> Reçu rapport alarmant indiquant qu'au quartier général du Führer on a discuté d'un plan, encore à l'examen, prévoyant qu'après déportation et concentration à l'Est, tous les juifs des territoires occupés ou contrôlés par l'Allemagne, au nombre de 3,5 à 4 millions, doivent être exterminés d'un coup, de manière à résoudre une fois pour toutes la question juive en Europe — STOP — L'action serait prévue pour l'automne — STOP — Méthodes d'exécution toujours en discussion — STOP — Acide prussique [Zyklon B] a été évoqué — STOP.

Dans un premier temps, les Alliés n'avaient pas pris très au sérieux les divers télégrammes faisant état des persécutions nazies contre les populations civiles, n'y voyant que de vagues rumeurs sans fondements. Mais à l'été 1943, ils ne pouvaient plus ignorer l'avalanche de câbles diplomatiques, de plus en plus crédibles : des juifs allemands et français avaient été raflés, embarqués dans des trains et expédiés vers l'est ; les juifs de Varsovie avaient été rassemblés dans un ghetto, tabassés et affamés, puis déportés vers des camps de concentration ; ceux de Biélorussie, de Russie et d'Ukraine avaient été expulsés *manu militari* de leurs villages, massacrés et jetés dans d'immenses charniers.

En octobre 1943, travaillant conjointement avec les gouvernements alliés en exil, la Grande-Bretagne, l'Union soviétique et les États-Unis mirent en place la Commission des Nations unies pour les crimes de guerre (UNWCC). Cet organisme, basé à Londres, serait chargé de dresser une liste de criminels de guerre et de collecter auprès des États membres des documents susceptibles de nourrir l'accusation. À la fin des hostilités, tous les individus soupçonnés d'avoir commis des atrocités seraient arrêtés et jugés. Churchill, Staline et Roosevelt avaient signé une déclaration conjointe en forme de mise en garde aux criminels de guerre : « Il ne fait aucun doute que les trois puissances alliées les poursuivront jusqu'aux confins de la Terre pour les remettre aux mains de leurs accusateurs de façon que justice soit rendue. »

Or, à partir du moment où ils eurent confié le dossier à une organisation internationale, les Alliés ne firent pas grand-chose pour définir une politique concertée sur les crimes de guerre. En fait, tant que la victoire n'était pas encore assurée, personne n'avait très envie de songer à l'après-guerre, ni même de poursuivre les criminels de guerre ou de les livrer à la justice.

Puis, début 1944, un câble atterrit sur les bureaux des gouvernements de Londres, Moscou et Washington, assurant que des milliers de juifs étaient gazés dans les camps de concentration de Pologne. Le 24 mars, Roosevelt s'adressa à la presse : « Dans une série de crimes les plus noirs de l'histoire – crimes inaugurés par les nazis *en temps de paix* et multipliés cent fois par eux en temps de guerre – l'extermination systématique et généralisée des juifs d'Europe continue sans répit d'heure en heure. » Et, ajouta-t-il, « tous ceux qui contribuent sciemment à envoyer à la mort les juifs déportés en Pologne, ou les Norvégiens et les Français déportés en Allemagne, sont aussi coupables que les bourreaux. Tous ceux qui ont leur part de responsabilité auront aussi leur part de châtiment ».

Ces déclarations publiques et leur retentissement médiatique ne contribuèrent cependant pas beaucoup à résoudre les innombrables problèmes d'ordre pratique qui se posaient aux Alliés : comment qualifier un « crime de guerre » ? Combien d'individus pourrait-on raisonnablement traduire devant les tribunaux ? Et lesquels cibler en particulier ? D'aucuns étaient d'avis que seuls les plus hauts représentants du IIIe Reich devraient être jugés ; d'autres estimaient que ce ne serait pas équitable – de fait, on pouvait difficilement soutenir que le ministre des Transports fût aussi coupable que les chefs militaires. Restait encore à savoir ce que l'on ferait des criminels une fois qu'on les aurait arrêtés : fallait-il les fusiller ou les juger conformément au droit occidental ? Et si procès il y avait, où devraient-ils se tenir – dans l'une des capitales alliées ou dans le pays où les crimes avaient été commis ?

Chaque jour apportait son nouveau lot de récits de terreur et d'exactions perpétrées par les nazis, et l'opinion publique voulait savoir comment les Alliés envisageaient d'y réagir. Le 30 août 1944, sir Cecil Hurst, président de la Commission, donna sa première conférence de presse. Elle tourna au désastre. Hurst tenta d'esquiver la question d'un journaliste qui lui demandait si Adolf Hitler figurait sur la liste noire des Alliés et, poussé dans ses retranchements, il fut incapable de répondre. Savait-il seulement combien de noms comportait cette liste ? « Elle n'est pas très longue, répliqua-t-il. Pour tout dire, elle est même maigre. »

Alors que la fin des hostilités approchait, les Alliés s'attelèrent plus sérieusement à la tâche. Les échanges d'informations entre les états-majors britanniques – alimentés par les gouvernements français, polonais et belge en exil à Londres – et américains s'intensifièrent. Il fut enfin convenu que serait considéré comme criminel de guerre quiconque avait commandité, commis ou contribué à commettre des actes de violence depuis le 20 janvier 1933. Cette définition était loin de l'hypothèse de travail de l'année précédente, limitée aux crimes contre les forces alliées ; interprétée littéralement, elle pouvait conduire à inculper plus de un million d'individus dans l'Allemagne d'après-guerre.

Afin de mieux cerner leurs cibles, les Alliés établirent une base de données des criminels de guerre présumés : le Registre central des criminels de guerre et des suspects pour la sécurité (plus connu sous son acronyme anglais Crowcass) définissait trois catégories : les personnes recherchées, les personnes arrêtées pour des crimes spécifiques, et les prisonniers de guerre. La première comptait plus de cent mille noms, mais le temps qu'elle soit rendue publique, elle était déjà dépassée, et elle ne précisait pas la nature des crimes imputés aux suspects. Une autre liste prioritaire, recensant cent soixante-cinq criminels de haut rang, parmi lesquels Adolf Hitler, Oswald Pohl et Hermann Göring, fut également dressée. Si les noms de Richard Glücks, du Dr Enno Lolling et d'Adolf Eichmann avaient été oubliés, celui de Rudolf Höss y figurait bel et bien :

> HESS. STUBF-SS. 38 ans ; 1 m 80 ; 78 kg ; châtain foncé ; officier d'encadrement du camp de concentration d'Auschwitz. Criminel de guerre.

Son patronyme était écorché, sa fonction, son âge et son poids étaient faux, mais du moins Rudolf était-il fiché.

Début 1945, cependant, ni Londres ni Washington n'étaient véritablement disposés à enquêter sérieusement sur les crimes de guerre. Les Américains prévoyaient de mobiliser moins de deux cents agents – depuis les enquêteurs et avocats jusqu'aux commissaires chargés de la collecte des preuves et au personnel administratif –, dont très peu étaient familiers des procédures d'instruction ou parlaient allemand. Les Britanniques étaient encore moins ambitieux : ils n'envisageaient de composer que trois équipes d'enquête, rassemblant une petite quarantaine de personnes, dont seuls douze avaient une expérience en la matière – mais ils ne donnèrent pas même suite à ce projet. En avril 1945, moins d'un mois avant l'arrêt des combats, les Britanniques poursuivirent leur avancée en territoire allemand et s'emparèrent de plusieurs villes et usines. Mais ils ne disposaient d'aucune équipe d'enquêteurs pour interroger leurs prisonniers et moins encore pour traquer les responsables nazis qui s'étaient évanouis dans la nature.

À partir du 15 avril 1945, cependant, Londres changea soudain son fusil d'épaule : les soldats britanniques venaient de découvrir le camp de Bergen-Belsen. Horrifiés par le spectacle des cadavres et des survivants décharnés, ils avaient aussitôt alerté leur état-major, réclamant de toute urgence des enquêteurs pour interroger les gardes capturés. Or les autorités en étaient encore à réfléchir aux modalités de leur participation aux travaux sur les crimes de guerre et n'avaient aucune équipe sous la main. Faute de mieux, elles enverraient en éclaireurs quatre enquêteurs accompagnés d'un interprète et d'un assistant chacun. Restait à recruter des gens compétents.

Depuis le début de l'année, Hanns secondait le commandant d'une nouvelle base alliée de Normandie, tandis que, non loin de là, la compagnie de son frère avait été affectée à la surveillance des prisonniers de guerre allemands. À ses moments perdus, Paul s'essayait au marché noir : il achetait des parfums bon marché, de la crème de cassis et des vêtements féminins, en revendait une partie avec une coquette marge et envoyait le reste à ses sœurs. Tous les paquets expédiés vers la Grande-Bretagne devaient théoriquement être contrôlés par le commandant du secteur qui, pour le plus grand bonheur de Paul, avait délégué cette tâche à son adjoint, Hanns Alexander.

Hanns Alexander, 1945

Hanns n'était pas mécontent de ses nouvelles fonctions : il ne dormait plus sous une tente plantée dans la boue, expliqua-t-il à Elsie et Erich, mais dans une caserne et un vrai lit. Debout à sept heures du matin, il devait faire acte de présence jusqu'au soir, mais il n'était pas vraiment surchargé de travail. En fait, il passait le plus clair de ses journées à faire son courrier : « Ils n'apprécient pas trop de me voir gratter du papier à longueur de temps, mais il va bien falloir qu'ils s'y fassent », plaisantait-il, en profitant au passage pour passer de menues commandes à ses parents et à ses sœurs : « Merci pour les lames de rasoir. Il me faudrait aussi de nouvelles pierres à briquet pour ma pipe. »

Il abordait également dans ces lettres l'épineuse question de ses relations avec Ann. Ils avaient repris contact au moment où il faisait ses classes chez les pionniers et, depuis 1943, ils s'étaient revus à la faveur d'une permission. Désormais, Ann s'impatientait et lui demandait de s'engager, mais lui n'était pas prêt. En deux ans, ils avaient passé moins de deux semaines ensemble, et il avait plus envie de rentrer dans ses foyers que de fonder le sien. En manière de compromis, comme il était à l'étranger, elle avait proposé qu'ils se fiancent sans fixer de date de mariage. « Si elle continue à me houspiller encore longtemps, je finirai bien par céder, confia-t-il à Elsie. Je l'aime beaucoup, et c'est vrai que tout cela semble bien égoïste et injuste de ma part. »

Paul mit également son grain de sel, prenant le parti d'Ann : « Il est bien normal qu'elle veuille savoir où elle en est et exige au moins des fiançailles, écrivit-il à Elsie. Personnellement, je trouve que ce serait le moins qu'il puisse faire. Et comme elle saura toujours gagner sa vie, je ne vois vraiment pas ce qui l'arrête. Tu serais bien placée pour en parler avec Ann, tâter le terrain pour savoir ce qu'en pensent les parents, puis en glisser habilement un mot à Hanns. »

Elsie avait toutefois des nouvelles plus graves à annoncer à ses frères : le Dr Alexander avait fait un infarctus qui, bien que mineur, était tout de même alarmant. Hanns répondit immédiatement : « Je suis bien entendu très inquiet et j'attends chacune de tes lettres avec impatience. Je suis en contact permanent avec Paul qui, bien qu'il soit toujours en vadrouille, se débrouille pour faire suivre son courrier. » Au moment où la Grande-Bretagne devait intensifier son effort de guerre pour assurer la victoire, les jumeaux savaient qu'ils n'auraient pas de permission de sitôt et demandèrent donc un congé pour raisons familiales. Il leur fut refusé.

Quinze jours plus tard, Elsie les rassura : leur père se remettait peu à peu et il n'était plus nécessaire qu'ils rentrent. Hanns remercia ses sœurs de tout ce qu'elles faisaient pour leurs parents, mais lui aussi aurait voulu être auprès d'eux pour les aider. « La vie de soldat est déjà assez rude comme ça. Mais quand on ne peut plus rentrer chez soi en cas d'urgence, elle devient intenable. Enfin, j'aurai beau pester, ça ne changera rien. »

Les soucis de santé de son père l'avaient remué, venant lui rappeler qu'il était loin des siens et qu'il n'était plus maître de sa vie. Son seul espoir était que la guerre s'achève rapidement, ce qui, convenait-il, n'était pas très réaliste : « Ce ne serait peut-être pas impossible, mais je vois mal les Boches demander un armistice. Et si on doit se battre pour reprendre le pays village par village, on n'est pas sortis de l'auberge. » Il avait surtout envie de rentrer en Angleterre, de trouver un travail et de régulariser sa situation avec Ann. « Personnellement, je ne verrais aucun inconvénient à être démobilisé demain. J'en ai marre. »

Mais quel avenir avait-il réellement en Grande-Bretagne ? Officiellement, il était toujours apatride. Son pays d'accueil finirait-il par lui accorder la citoyenneté ? Il en avait parlé au responsable du personnel de son unité et lui avait posé « certaines questions que chacun de nos hommes se pose » : leur proposerait-on la naturalisation à leur retour du front ? Qu'y avait-il de prévu pour les volontaires du corps des pionniers après la guerre ? Leurs familles pourraient-elles rester sur le sol britannique ? Son officier ne le rassura pas beaucoup en répondant que les autorités n'avaient envisagé aucun dispositif particulier, mais qu'il n'y avait « rien à craindre ». « Qu'on ne vienne pas nous raconter qu'il n'y a pas de problème juif en Grande-Bretagne, écrivit-il à ses parents. Il y en a bel et bien un. »

À la fin du mois d'avril 1945, Hanns oublia momentanément ses problèmes personnels lorsqu'il reçut ordre de se présenter à l'état-major britannique établi à Bruxelles, dans le quartier d'Uccle. Les Britanniques avaient enfin composé leur première équipe d'enquêteurs sur les crimes de guerre et ils avaient sélectionné un certain Howard Hervey Alexander.

11

Rudolf

Berlin, 1943

Au printemps 1943, la corruption endémique qui sévissait dans les camps de concentration devint un véritable sujet de préoccupation pour Heinrich Himmler. Il tenait d'autant plus à l'enrayer qu'il avait appris que, profitant de leur fonction, des SS détournaient à leur profit l'or censé renflouer les coffres de guerre du pays. Il chargea le juge SS Konrad Morgen d'aller enquêter dans les camps afin d'évaluer l'étendue du problème.

Konrad Morgen était un choix singulier. À trente-trois ans, ce fils de cheminot qui avait fait son droit à Francfort s'était fait remarquer pour ses opinions pacifistes et son esprit indépendant. Il n'en avait pas moins intégré la SS, gravissant les échelons jusqu'à décrocher les épaulettes de *Sturmbannführer*. Nommé à la magistrature dès le début de la guerre, il s'était très vite distingué par sa détermination à faire triompher la vérité – ce qui lui avait valu quelques ennemis dans l'appareil du pouvoir. En 1942, à l'issue d'une vaste enquête sur la corruption au sein de la SS, il avait été dégradé et expédié sur le terrible front de l'Est par mesure disciplinaire. Sa réputation de justicier était telle qu'on le surnommait « le chien sanguinaire ».

Désormais revenu en grâce auprès du *Reichsführer*, il s'empressa d'aller perquisitionner à Dachau, Sachsenhausen et Buchenwald. En l'espace de quelques semaines, il avait rassemblé suffisamment de preuves pour engager des poursuites contre plus de huit cents membres de la SS et faire arrêter l'ancien commandant de Buchenwald, Karl-Otto Koch. Le message était clair : Himmler ne plaisantait plus et était bien décidé à éradiquer la corruption. Et visiblement, son mandataire prenait sa mission à cœur.

Au début de sa tournée, Morgen ignorait tout du programme d'extermination mis en œuvre à Auschwitz et dans d'autres camps. Ce fut le commandant de Treblinka, Christian Wirth, qui lui apprit que, sur instructions expresses du *Reichsführer*, il faisait gazer des milliers de juifs chaque semaine. Le jeune juge en crut à peine ses oreilles, mais le spectacle de coffres remplis de montres-bracelets et de devises étrangères suffit à le convaincre. À la fin de leur entretien, Wirth lui suggéra de s'intéresser à un autre camp d'extermination situé près du village d'Auschwitz et dirigé par un certain Rudolf Höss, « médiocre disciple de Himmler ».

Morgen ne possédait *a priori* aucun élément qui justifiât un déplacement dans le camp de Haute-Silésie, mais à son retour à Berlin, on lui signala que le service des douanes avait intercepté un colis contenant deux kilogrammes d'or dentaire, expédié par un infirmier d'Auschwitz. Il tenait à présent une bonne raison d'aller fourrer son nez dans la comptabilité de Höss.

Il débarqua à la gare d'Oświęcim à la fin de l'été 1943. Une voiture l'attendait et le conduisit directement à la Kommandantur. Il présenta à Rudolf son mandat qui l'autorisait à titre exceptionnel à accéder à toutes les installations du camp, jusqu'aux plus secrètes. Rudolf n'eut d'autre choix que de s'incliner devant l'envoyé de Himmler : il s'engagea à tout faire pour faciliter son enquête et mit un sous-officier à sa disposition pour lui faire visiter les lieux.

Peu après, Morgen se trouvait dans une voiture devant l'entrée du camp principal lorsqu'il assista presque par hasard à l'arrivée d'un transport : un garde fit descendre les prisonniers sur la rampe, puis un médecin parcourut les rangs, sélectionnant méthodiquement les malades, les vieillards et les enfants qui furent chargés à l'arrière de camions stationnés à proximité. Morgen demanda à son chauffeur de les suivre. Le convoi s'arrêta au bout d'une longue route étroite. On débarqua les passagers et on les dirigea vers des bâtisses tout en longueur qui ressemblaient à d'immenses salles de douche. Morgen frémit d'horreur lorsque son accompagnateur lui expliqua le fonctionnement des chambres à gaz et des crématoires.

À la caserne des SS de Birkenau, le juge s'étonna de trouver des gardes paresseusement affalés sur des canapés, le regard vide, comme drogués. Dans un coin de la pièce commune, quatre ou cinq jeunes et jolies juives préparaient des galettes de pommes de terre sur un fourneau et servaient les hommes comme des esclaves. Morgen mena sa perquisition et trouva dans un casier des bijoux en or, des bagues serties de perles et d'épaisses liasses de billets de banque étrangers.

Il passa les jours suivants à parcourir le camp souche, interrogeant les gardiens, les officiers et les médecins. Il apprit ainsi qu'en plus du massacre organisé des juifs, des milliers d'autres prisonniers étaient régulièrement passés par les armes, en dehors de toute procédure judiciaire – des politiques russes et polonais, pour la plupart, abattus d'une balle dans la nuque au « mur des exécutions », entre les blocs 11 et 12. Il découvrit également que l'*Untersturmführer-SS* Maximilian Grabner, chef de la section politique chargé de la discipline du camp, avait à lui seul fait liquider dans l'illégalité la plus totale plus de deux mille détenus.

Consterné, Morgen retourna voir Rudolf : comment se faisait-il que l'existence des chambres à gaz et du programme d'extermination n'ait jamais filtré, ni dans l'opinion allemande, ni à l'étranger ? Les opérations étaient hautement confidentielles, expliqua le commandant ; pour écarter tout soupçon, il obligeait les juifs qui avaient des relations haut placées à l'étranger à leur écrire qu'ils étaient en vie et n'avaient pas à se plaindre de leurs conditions de détention. Au chapitre de la corruption et des mœurs, Rudolf concéda qu'il avait effectivement eu à régler quelques menus problèmes, mais que ceux-ci étaient surtout le fait des gardiens et officiers subalternes.

Rentré à Berlin, le juge présenta ses conclusions à deux des plus hauts dignitaires de la SS, qui en référaient directement à Himmler : Ernst Kaltenbrunner, chef du RSHA, et Oswald Pohl, directeur du WVHA*. Il leur fit part des sinistres détails qu'il avait appris de la bouche de Wirth à Treblinka et des scènes abominables auxquelles il avait assisté à Auschwitz. Ses supérieurs feignirent l'indignation et lui promirent vaguement de dépêcher des enquêtes complémentaires. À la tiédeur de leur réaction, Morgen comprit qu'il n'avait aucune chance de mettre fin aux massacres et qu'il valait mieux axer son rapport sur les aspects purement juridiques de son enquête : il dénonça le trafic d'or généralisé dans les camps et l'inimaginable ampleur des liquidations extrajudiciaires à Auschwitz.

Ces révélations mirent Himmler de fort mauvaise humeur. Il ordonna au juge d'arrêter tous les coupables. Martin Bormann, secrétaire particulier du Führer qui avait eu vent du rapport, intervint auprès du *Reichsführer* pour le prier d'épar-

* Le *SS-Wirtschafts-Verwaltungshauptamt*, Office économique et administratif central de la SS, supervisait la gestion financière des camps de concentration et chapeautait l'*Amtsgruppe D* (groupe d'offices D, institué en 1942 en remplacement de l'IKL), dirigé par Richard Glücks.

gner Höss : il n'avait pas oublié que dans les années 1920, son ami l'avait couvert en endossant toute la responsabilité du meurtre de Walter Kadow. Himmler passa un coup de fil au commandant d'Auschwitz : le rapport Morgen l'avait gravement compromis et sa position n'était plus tenable, lui annonça-t-il sans ménagement. Rudolf accusa le coup : « J'ai éprouvé au premier moment une certaine peine en m'arrachant à Auschwitz ; je me sentais trop lié à ce camp où j'avais eu à vaincre tant de difficultés et tant d'abus, où tant de lourds problèmes restaient à résoudre », avouerait-il dans ses souvenirs. Il s'inquiétait également pour Hedwig qui, le 20 septembre 1943, avait donné naissance à leur cinquième enfant, Annegret. Quitter la villa lui serait un crève-cœur. Mais à la réflexion, il n'était pas mécontent de changer d'air : « Après les neuf années que j'avais consacrées à la gestion de camps (dont trois ans et demi à Auschwitz), j'en avais vraiment assez. »

Il demanda à partir pour le front de l'Est, mais Himmler refusa. Il n'avait pas les moyens de laisser filer un officier qui connaissait aussi bien le système concentrationnaire. Ils trouvèrent finalement un compromis : Rudolf serait muté au siège de l'*Amtsgruppe D** à Oranienburg-Sachsenhausen, près de Berlin, et Hedwig pourrait rester à la villa. La perspective de travailler dans un bureau et d'être séparé de sa famille ne l'enchantait guère, mais il avait déjà de la chance d'avoir échappé au pire – la prison, la torture, voire le peloton d'exécution.

De son côté, Konrad Morgen poursuivait son enquête, dans le secret espoir qu'après le départ de Rudolf, le rythme des exterminations ralentirait. Si on lui en donnait le temps, il pourrait approfondir ses recherches et parviendrait peut-être même à inculper Höss. Après tout, se disait-il, puisque Himmler avait suivi ses recommandations sur le rapport

* Département en charge de l'administration de l'ensemble des camps de concentration.

d'Auschwitz, il y avait de bonnes chances pour qu'il l'écoute à nouveau.

Le 1er décembre 1943, Rudolf retourna à Sachsenhausen, où il prit ses fonctions de chef du Bureau 1 de l'*Amtsgruppe D* – ou « D1 ». Il était désormais chargé de la logistique, de la sécurité, des transports motorisés, de l'armement, ainsi que des punitions, exécutions et exterminations pour tous les camps de concentration, et notamment Auschwitz, Belsen, Dachau et Sachsenhausen. Il était placé sous l'autorité directe de Richard Glücks, qui dirigeait l'inspection des camps depuis 1939. Celui-ci n'avait aucune sympathie pour Höss. Il avait tenté de s'opposer à sa mutation dans son service, mais Oswald Pohl avait eu le dernier mot. Dans la hiérarchie du WVHA, Rudolf n'était à présent plus qu'à trois échelons en dessous du *Reichsführer*.

Le « groupe d'offices D », dont les activités étaient hautement confidentielles, avait repris les locaux de l'IKL, dans le bâtiment en T en bordure du camp de Sachsenhausen. Son patron, Glücks, était un quinquagénaire jovial, qui prenait la vie du bon côté et ne manquait jamais l'occasion de glisser un bon mot, jusque dans les situations les plus terrifiantes. À en croire Rudolf, il était incapable de prendre la moindre décision et avait une très mauvaise mémoire des détails. Il régnait sur son empire concentrationnaire depuis le deuxième étage du bâtiment en T, où il s'était approprié une pièce de belle hauteur sous plafond, avec un sol de marbre rouge et deux balcons offrant de magnifiques panoramas sur la ville d'Oranienburg.

Faute d'avoir pu se débarrasser de Höss, il lui avait attribué par pure mesquinerie un minuscule placard sans vue, tout au fond d'un couloir du rez-de-chaussée, aussi loin que possible de son cabinet directorial. Rudolf était bien moins à son aise au siège de l'*Amtsgruppe D* que dans l'immense complexe administratif qu'il gérait à Auschwitz. Ses quatre assistants, Wehner, Sug, Pallasch et Unger, qui composaient la D1, avaient leurs bureaux de l'autre côté du couloir. Deux étages au-dessus, Gerhard Maurer dirigeait la D2, qui coordonnait l'organisation du travail dans les prisons des camps. Maurer était un homme très énergique, auquel aucun détail n'échappait. Lorsqu'il ne voulait pas passer par Glücks, c'était à lui que Rudolf s'adressait pour transmettre des informations à Oswald Pohl. Enno Lolling, chef de la D3, travaillait également au deuxième étage, dans le bureau 95. Il était responsable de l'organisation des médecins, hôpitaux et infirmeries, ainsi que des expériences médicales menées dans les camps. C'était lui qui, en 1941, avait organisé le programme d'euthanasie des déportés les plus faibles – à commencer par les enfants et les malades mentaux – par injection de phénol dans le cœur. Lui encore qui, quelques jours avant l'arrivée de Rudolf à Sachsenhausen, avait offert à ses supérieurs des peaux tannées de prisonniers tatoués, en manière de remerciement pour sa promotion. À quarante-cinq ans, usé par des années de consommation d'alcool et de morphine, Lolling avait des allures de vieillard.

Les réunions de l'*Amtsgruppe D* se tenaient dans une grande salle de conférences, près du bureau de Glücks. La pièce était éclairée par des fenêtres sur trois côtés et ses murs lambrissés étaient ornés d'un motif carré faisant écho à celui du plafond à caisson vert et blanc. C'était là, autour de grandes tables disposées en U, que l'on planifiait les moindres détails de la solution finale – là que se jouait le destin de millions de déportés.

Plus Rudolf côtoyait son patron, plus il le méprisait. Glücks était à son sens un petit gratte-papier sans envergure, incapable de prendre une quelconque initiative sans l'aval de ses supérieurs ; il détestait visiter les camps et, lorsqu'il était contraint de s'y rendre, il restait dans les bureaux des officiers à bavarder de tout et n'importe quoi, mais jamais des problèmes qui préoccupaient les commandants.

Dans tous les camps, il était perdu face aux situations les plus difficiles et, en règle générale, il laissait les commandants s'en débrouiller. Pendant les réunions, il se défaussait souvent sur eux : « Arrêtez de me poser toutes ces questions. Vous en savez bien plus long que moi ! » leur disait-il.

Le moindre coup de fil de Himmler le mettait dans tous ses états et il s'arrangeait pour ne pas avoir à le rencontrer en personne. Avant une convocation chez le chef de la SS, il pouvait rester prostré pendant des jours, sans parler à personne. Obnubilé par les évasions, qui devaient être signalées au *Reichsführer* en personne, il houspillait Rudolf tous les matins : « Combien de prisonniers se sont évadés, aujourd'hui ? » Et pour peu que Rudolf lui demande son avis sur une chose ou une autre, il obtenait invariablement la même réponse : « Faites ce que vous voudrez, du moment que ça n'arrive pas aux oreilles de Himmler. »

Malgré les volumes impressionnants de paperasserie qui lui parvenaient des différents camps et s'accumulaient dans son bureau, Rudolf ne tarda guère à comprendre qu'il était impossible de savoir ce qui se passait réellement sur le terrain. Il recevait d'interminables listes détaillant les quantités de denrées alimentaires consommées ou de couvertures envoyées, le nombre de gardes de service et les effectifs des convois quotidiens… Mais il ignorait tout des tâches assignées aux gardes, de l'état de santé des déportés, des conditions d'hygiène des camps.

Oswald Pohl lui suggéra d'aller inspecter les installations – ce que ses prédécesseurs avaient scrupuleusement évité de faire – afin d'évaluer par lui-même la situation de chaque site. Rudolf passa ainsi les premières semaines de 1944 à sillonner la Pologne et l'Allemagne, et ce qu'il y vit le contraria au plus haut point : les camps étaient surpeuplés et les installations sanitaires déplorables ; les détenus, astreints à de longues journées de travail dans des conditions extrêmement dures, n'avaient pratiquement rien à boire ni à manger ; à Auschwitz, plus de cent mille prisonniers juifs étaient morts ou avaient été exécutés lors d'une marche forcée vers une usine d'armement voisine. Les responsables des camps étaient manifestement incapables de gérer efficacement leur réserve de main-d'œuvre servile pour soutenir l'effort de guerre.

Dès son retour, il rédigea une série de directives visant à rationaliser l'exploitation des camps de concentration.

Tandis que Rudolf se démenait à l'*Amtsgruppe D*, ses supérieurs s'employaient à accélérer le programme d'extermination des juifs d'Europe.

Le 20 mars 1944, au lendemain de l'entrée des troupes allemandes en Hongrie, Adolf Eichmann, responsable des « affaires juives » au sein du RSHA, débarqua à Budapest où, avec la collaboration des dirigeants hongrois, il devait organiser dans les meilleurs délais la déportation des huit cent mille juifs du pays.

Les autorités et la police hongroises avaient trois mois pour rafler tous les juifs, en commençant par les campagnes pour terminer par les villes. Après quoi, elles chargeraient les prisonniers dans des trains, à raison de soixante-cinq personnes par wagon, quarante-cinq wagons par train et quatre convois quotidiens, ce qui permettrait de « traiter » douze mille « unités » par jour. Les trains traverseraient la Tchécoslovaquie, franchiraient la frontière polonaise et, au terme d'un voyage de cinq cents kilomètres, atteindraient enfin Auschwitz.

Pour faire face à cet afflux massif, il était indispensable d'agrandir les infrastructures du camp, de perfectionner les méthodes de gazage et de former le personnel. La logistique de cette immense entreprise ne pouvait être confiée qu'à un homme d'expérience – et de confiance.

La sélection des juifs hongrois à Auschwitz-Birkenau, mai 1944

Le 6 mai 1944, Rudolf reçut un télégramme du général SS Heinz Karl Fanslau, chef du personnel du WVHA. C'était un ordre de mission : il conserverait son poste à la D1, mais pour l'heure, il devait se rendre immédiatement à Auschwitz afin de « traiter les nouveaux arrivants attendus » – un euphémisme signifiant, en clair, qu'il était chargé de présider à l'extermination des juifs hongrois.

Le surlendemain, Rudolf était à pied d'œuvre. Il passa tout d'abord voir Hedwig et les enfants, qui vivaient toujours à la villa. Annegret n'avait que huit semaines lorsqu'il était parti, et il ne l'avait pas revue depuis six mois. Hedwig, qui reprochait souvent à son mari de ne penser qu'à son travail au détriment de sa famille, espérait qu'après cette si longue absence il saurait rattraper le temps perdu. Mais Rudolf n'aurait pas le loisir de jouer avec ses enfants. Il n'y aurait ni promenade en barque sur la Sola ni histoires au coin du feu, car les premiers convois partiraient bientôt de Budapest.

Sa première entreprise fut de préparer le camp pour l'arrivée des juifs hongrois. En son absence, son remplaçant, Arthur Liebehenschel, s'était montré trop laxiste à son goût et il s'empressa de remettre son personnel au pas. Liebehenschel, quant à lui, avait été muté à la direction d'un autre camp d'extermination polonais, à Majdanek, non loin de Lublin. Après avoir dressé un état des lieux de tous les camps du complexe d'Auschwitz, Rudolf lança de grands travaux de réparation dans les crématoires et fit creuser à proximité des fosses supplémentaires dans lesquelles on brûlerait les cadavres. La voie de chemin de fer de Birkenau ayant enfin été prolongée jusqu'à l'autre bout du camp, il ordonna à ses gardes de dégager les quelques mètres séparant la rampe de débarquement des chambres à gaz. En quelques jours, le camp était prêt à accueillir les transports.

Des femmes et enfants juifs de Hongrie « sélectionnés » se dirigent vers les chambres à gaz d'Auschwitz-Birkenau, mai 1944

Les premiers convois de Hongrie arrivèrent le 15 mai. Le 8 juillet, plus de quatre cent trente-sept mille juifs hongrois avaient été déportés dans 151 trains, dont 136 à destination de Birkenau, où 90 % des prisonniers furent exterminés dès leur arrivée. Les « sélections » étaient dirigées par Josef Mengele et Fritz Klein, les médecins du camp. Le rythme des gazages était tel que la capacité des fours crématoires fut rapidement atteinte. Les corps excédentaires étaient traînés dans les nouvelles fosses, aspergés d'essence et brûlés. La fumée noire qui s'élevait de ces bûchers était visible à des kilomètres à la ronde.

Les Allemands avaient donné à ce programme le nom de code « Aktion Höss », puisque c'était Rudolf qui avait été chargé de procéder à l'élimination de plus de quatre cent mille juifs hongrois à Auschwitz. Le 29 juillet, un aréopage de dignitaires nazis se réunit dans le cadre bucolique de la Solahütte, leur chalet de villégiature situé à une trentaine de kilomètres du camp, pour rendre un hommage appuyé à Rudolf et fêter le bon déroulement de l'opération.

Rappelé à Berlin le lendemain de cette petite fête, Rudolf reprit ses fonctions à la tête de la D1. Maintenant que la machine de mort d'Auschwitz avait été remise en route, le commandement du camp souche fut confié à Richard Baer, ancien adjoint d'Oswald Pohl.

Tout au long du second semestre, Rudolf inspecta les camps relevant de sa juridiction. Partout, il constata combien les conditions de vie se dégradaient depuis que, dans son ultime effort pour gagner la guerre, l'Allemagne consacrait toutes ses ressources à l'armée, au détriment des camps. Il se rendit notamment à Belsen qui, jusqu'en 1943, avait été un centre de détention de prisonniers de guerre. Himmler l'avait ensuite transformé en « camp d'hébergement » pour les *Austausch-Juden*, des juifs influents, originaires pour la plupart des Pays-Bas, destinés à servir de monnaie d'échange

Fête en l'honneur de Rudolf Höss à la Solahütte. Au premier rang, de gauche à droite : Karl Höcker, Otto Moll, Rudolf Höss, Richard Baer, Josef Kramer, Franz Hössler et Josef Mengele

contre des citoyens allemands détenus dans d'autres pays ou de fortes sommes d'argent sonnant et trébuchant. Par rapport à d'autres camps de concentration, Belsen offrait des conditions de vie relativement correctes, du moins jusqu'au printemps 1944, date à laquelle il changea à nouveau de vocation pour ne plus recevoir que des malades et des mourants. Il comptait alors plus de quinze mille juifs venus de toute l'Europe, bien qu'il eût été prévu pour en accueillir moitié moins.

En cet automne 1944, Rudolf constata avec stupéfaction qu'en l'espace de quelques mois à peine, les installations s'étaient détériorées à vitesse grand V :

> Le camp offrait un aspect désolé. Les baraques destinées aux détenus, à l'économat et à la troupe étaient dans un état de délabrement total et les conditions d'hygiène pires que celles d'Auschwitz. [...] La situation qui s'y établit était telle que moi, qui en avais pourtant vu de toutes les couleurs à Auschwitz, je me vis obligé de la qualifier d'atroce.

Il était urgent d'intervenir. Dès son retour à Berlin, il alerta Glücks et le persuada de révoquer le commandant de Belsen pour le remplacer par Josef Kramer, son ancien adjoint, seul capable, d'après lui, de remettre le site en état.

Reprenant sa tournée, Rudolf passa par Hambourg, Dresde et Francfort... L'aviation alliée pilonnait le pays depuis des mois, dévastant dans son sillage les plus belles villes allemandes. Les raids avaient déjà tué des dizaines de milliers de civils, fait encore plus de blessés et jeté des millions d'Allemands à la rue. Berlin n'avait pas été épargné : un déluge de feu avait réduit des quartiers entiers à un champ de ruines.

> L'épreuve n'était pas seulement d'ordre physique, mais aussi d'ordre moral, car toute la vie dans les grandes villes se trouvait bouleversée. Celui qui a pu observer l'attitude et la physionomie des gens réfugiés dans les abris, privés ou publics, se souviendra toujours de l'agitation, de l'angoisse mortelle qui s'emparaient d'eux aux approches du « tapis de bombes », quand l'édifice s'ébranlait et s'effondrait et quand les femmes hurlaient en cherchant protection auprès des hommes.

Dans ce climat d'apocalypse, il était de plus en plus risqué de vivre en Allemagne. Pourtant, Rudolf décida de rapatrier sa famille dans la capitale. Si les choses tournaient mal, se disait-il, il serait près d'eux et pourrait organiser leur fuite.

Début janvier 1945, il fut de nouveau convoqué en Haute-Silésie afin d'aider les responsables d'Auschwitz à préparer l'évacuation devant l'inexorable avancée de l'Armée rouge. Il n'arriva jamais à destination : il avait à peine atteint les faubourgs de Cracovie que l'avant-garde des chars soviétiques était déjà aux portes du camp. Conformément aux ordres de Berlin, les gardes avaient réussi à faire disparaître toutes les preuves du génocide juste avant leur arrivée : ils avaient fait sauter les crématoires, démonté les chambres à gaz, dispersé les portes hermétiques dans les champs alentour et brûlé tous les documents administratifs. Ils avaient ensuite évacué tous les détenus, dont beaucoup tenaient à peine debout, les poussant dans une marche forcée vers l'ouest, à travers les campagnes glaciales. Parvenu à quelques kilomètres d'Auschwitz, Rudolf assista à ce pathétique exode :

> Je m'étais heurté sur toutes les routes et sur tous les sentiers à des colonnes de détenus qui avançaient péniblement dans la neige épaisse. Il n'y avait pour eux aucun approvisionnement. Les *Unterführer* qui dirigeaient ces convois de cadavres vivants ignoraient, dans la plupart des cas, où il leur fallait diriger leurs pas. [...] Il était aisé de suivre les traces de ce « chemin de croix » car, tous les cent mètres, on se heurtait à un détenu mort d'épuisement ou fusillé. [...] Sur le bord de la route, on ne voyait pas seulement les corps des prisonniers ; beaucoup de réfugiés y étaient assis avec leur femme et leurs enfants. À la sortie d'un village, j'aperçus une femme installée sur un tronc d'arbre, qui chantait pour bercer son enfant. Mais l'enfant était mort, et la femme folle.

Plus de soixante mille hommes, femmes et enfants se traînèrent ainsi sur une cinquantaine de kilomètres jusqu'à Loslau, sur la frontière tchécoslovaque, où les attendaient des trains. Ils n'étaient vêtus que d'une chemise et d'un pantalon fins. La plupart n'avaient ni chaussures ni chaussettes. Affaiblis par des années de privations et de travaux harassants, ils avançaient à pas lourds sous la menace des armes, titubant sur les bancs de neige, glissant sur les routes verglacées, grelottant sous les bourrasques de neige. Quelque quinze mille prisonniers périrent dans cette marche de la mort.

Les rescapés furent entassés dans des wagons à bestiaux. Ils y passèrent quatre jours entiers, dans un froid à pierre fendre, sans rien à manger, sans couverture ni chauffage, espérant trouver au bout du chemin le « camp de convalescence » dont on leur avait parlé. Chacun soufflait sur le corps glacé de son voisin pour le réchauffer et ils chantaient pour se donner du courage. Au quatrième jour, enfin, le train s'arrêta, mais ils n'étaient pas au bout de leurs peines : ils durent encore marcher quatre heures dans un paysage de désolation pour atteindre le camp de Belsen.

Rudolf retourna à Belsen vers la mi-mars 1945, accompagné d'Oswald Pohl. Ce fut la dernière fois qu'il vit le camp. Plus de cinquante mille prisonniers se tassaient dans des baraques qui ne pouvaient en accueillir que sept mille ; il en mourait chaque jour près de cinq cents. Kramer n'avait pas su améliorer les infrastructures, ou ne s'en était pas donné la peine. L'approvisionnement en eau et en vivres, déjà limité en temps normal, n'était plus assuré depuis plusieurs jours. Les eaux usées s'écoulaient par des caniveaux à ciel ouvert qui se déversaient dans un champ voisin. L'horreur avait atteint son paroxysme à Belsen : le typhus et autres maladies infectieuses s'étaient propagés à la vitesse de l'éclair, la famine régnait en maître, et des milliers de corps sans vie jonchaient le sol. Un prisonnier sur dix en avait été réduit à dépecer des cadavres pour se nourrir de leur chair. « Kramer n'avait aucun moyen pour y remédier, écrirait Rudolf. Pohl lui-même fut bouleversé par les impressions qu'il recueillit. »

En rentrant à Berlin, Rudolf apprit la terrible nouvelle : l'ennemi était aux portes de la ville. L'Armée rouge avait déferlé sur la Pologne et la Silésie, pris Varsovie et Cracovie, et était désormais massée sur la rive droite de l'Oder, à moins d'une soixantaine de kilomètres de la capitale allemande. Les forces soviétiques ne comptaient pas moins de deux millions d'hommes, cent mille véhicules et six mille blindés. Entre-temps, la RAF et l'US Air Force continuaient de déverser nuit après nuit des milliers de bombes sur la ville martyrisée. Chacun savait que la défaite était proche…

En retrouvant son mari, Hedwig le pressa de questions : qu'allaient-ils devenir ? L'Allemagne pouvait-elle encore gagner la guerre ? Ne possédait-elle pas une arme secrète qui lui assurerait la victoire ? Rudolf, lui, ne se faisait plus d'illusions. Pourtant, il ne trouva pas la force de lui dire la vérité. Bien sûr, il y avait encore de l'espoir, lui assura-t-il. Mais il était bien placé pour savoir que son pays était à genoux. Au cours de ses tournées, il avait vu les usines d'armement à l'arrêt, la folle évacuation des camps et les effets dévastateurs de cette débandade sur le moral des troupes.

Le temps était compté. Toute la famille devait quitter Berlin au plus vite.

12

Hanns

Bruxelles et Belsen, 1945

Le lieutenant Hanns Alexander arriva à la gare de Bruxelles-Nord le 8 mai 1945. Portant fier son uniforme et son calot kaki, un sac de toile jeté sur l'épaule, il traversa le boulevard grouillant de monde et prit une chambre au Grand Hôtel. Dans la poche de sa veste, il avait glissé une petite photo d'Ann.

Il devait se rendre au QG d'Uccle dans les meilleurs délais, mais les gens de Bruxelles ne lui en laissèrent pas le loisir. L'Allemagne venait de capituler et une atmosphère de fête et de joie flottait sur la capitale belge : le portrait du roi Léopold trônait en belle place dans les vitrines ; le drapeau belge claquait aux balcons ; épiciers, merciers, chocolatiers et tailleurs avaient agencé leurs devantures aux couleurs nationales – rouge, jaune et noir. Le fringant officier britannique se laissa happer dans ce tourbillon d'euphorie : on le traitait en héros, on l'entraînait de bar en bar, on lui payait des chopes de bière, les filles lui sautaient au cou et l'embrassaient sur les lèvres…

Hanns partageait le bonheur des Bruxellois, mais la victoire ne changeait pas grand-chose à sa situation, puisqu'il restait mobilisé et ne savait toujours pas quand il rentrerait chez lui.

Il ne lui fallut pas moins de trois jours pour rejoindre son affectation. On lui expliqua aussitôt ce que l'on attendait de lui : il avait été nommé dans l'équipe d'interprètes et devrait assister les enquêteurs chargés d'interroger les officiers SS capturés au camp de Belsen, que les Britanniques avaient libéré trois semaines plus tôt.

Ce matin-là, il était de belle humeur en grimpant au côté de son chauffeur dans une camionnette militaire. Au moment où ils démarraient, un aide de camp les mit en garde : « Évitez les gars de la police militaire ! À chaque fois que vous les croiserez, ils insisteront pour vous vacciner contre la typhoïde ! » Hanns, qui n'avait jamais entendu parler de Belsen, crut à une simple boutade.

Ils mirent cap vers l'est, traversèrent la pointe sud des Pays-Bas, et franchirent la frontière allemande. Cinq années de guerre avaient laissé leur marque sur le paysage : tout le long de la route, ils virent des chars calcinés, des camions renversés, des bâtisses éventrées. La région avait été le théâtre de combats acharnés. Il ne restait que très peu de civils, la plupart ayant été évacués pendant la bataille d'Aix-la-Chapelle, que les Américains avaient remportée de haute lutte en octobre 1944. Ceux qui n'étaient pas partis avaient accroché un drapeau blanc à leur fenêtre en signe de reddition. À Cologne, Hanns et son chauffeur découvrirent un champ de ruines : la ville avait essuyé plus de deux cents raids aériens, dont la fameuse sortie des « mille bombardiers » de la RAF, en mai 1942. Ses ponts étaient effondrés, ses bâtiments détruits, ses rues encombrées de gravats. Ils contournèrent le centre et poursuivirent vers Düsseldorf et Dortmund, où les attendaient les mêmes scènes de désolation. Les seuls véhicules qu'ils croisaient étaient des camions militaires qui allaient réapprovisionner les avant-postes alliés. Hanns n'avait pas revu son pays natal depuis 1936. Il était tout à la fois abasourdi et bouleversé par l'ampleur des destructions.

Le soleil venait de se coucher lorsque, ce 12 mai, ils passèrent les grilles de barbelés du camp de Belsen. À l'intérieur, des milliers de cadavres s'amoncelaient à l'air libre. Des bulldozers avaient commencé à les déblayer, les repoussant dans des fosses. Les survivants étaient si décharnés que leurs côtes semblaient prêtes à crever la peau. Des mères se cramponnaient à leurs enfants morts ; des prisonniers en pyjama rayé, crâne rasé, traînaient près des baraques de bois délabrées, le regard vide ; partout, d'immenses pancartes annonçaient en lettres rouges : « Danger, typhus ! » Il n'y avait pas d'eau, pas de vivres, pas assez de matériel médical et très peu d'abris dignes de ce nom.

Hanns se souviendrait longtemps de cette plongée dans l'horreur :

L'enlèvement des cadavres au camp de concentration de Belsen, avril-mai 1945

Le camp n'était ouvert que depuis quelques jours. Il n'avait pas encore été déblayé. Il avait été fermé pour éviter que le typhus ne se propage dans toute l'Allemagne. Les surveillants allemands étaient partis, mais il restait les Hongrois, qui ne valaient pas beaucoup mieux que les nazis. Avant de songer à interpréter, il fallait entièrement nettoyer le site. Chacun faisait ce qu'il pouvait. Des morts-vivants déambulaient dans les allées, des cadavres jonchaient le sol et des gens qui croyaient être vivants ne l'étaient déjà plus. C'était une vision d'épouvante. À chaque fois que l'on entrait ou ressortait du camp, on se faisait asperger de DDT.

Sa première mission fut de participer à l'ensevelissement des cadavres disséminés aux quatre coins du camp. Aidé d'un collègue, l'un attrapant le corps par les bras, l'autre par les jambes, il en jeta plusieurs centaines dans une fosse commune. Au bout d'une journée passée à aller et venir dans une insupportable puanteur, il ne sentait plus ses bras. Lorsqu'une tranchée était pleine, un rabbin attaché à l'armée britannique s'approchait et, avec Hanns et les autres soldats et prisonniers juifs, récitait la prière rituelle pour les morts. Les hommes remplirent ainsi plusieurs fosses jusqu'à ce que tous les corps aient été ramassés.

Tous les soldats britanniques étaient profondément choqués par ce qu'ils avaient trouvé à Belsen, mais ces atrocités laissèrent à Hanns un goût plus amer encore : elles avaient été perpétrées sur son sol natal, et la grande majorité des victimes étaient des juifs, comme lui. Il comprenait ce que lui racontaient les prisonniers germanophones. Il partageait leur passé, leur culture. Leur histoire aurait très bien pu être la sienne. Il était accablé. Pour lui, il y aurait un avant et un après Belsen : il n'était déjà plus le jeune homme insouciant et égoïste qui, quelques jours plus tôt, trinquait joyeusement à la victoire. Saisi d'une colère sourde, il s'efforçait tant bien que mal de rester maître de lui. Il savait désormais pourquoi il était là.

Le rabbin Hartman lit le Kaddish devant un charnier de Belsen, mai 1945

Plus que jamais, il éprouvait le besoin impérieux de se rendre utile. Il n'était pas à Belsen depuis une semaine qu'une infirmière de la Croix-Rouge lui signala le cas d'une fillette de cinq ans dont la mère avait été évacuée juste avant l'arrivée des Britanniques ; la petite était persuadée qu'elle était encore en vie, quelque part. Hanns n'avait pas grand espoir de retrouver cette femme parmi les millions de personnes déplacées et dispersées aux quatre coins de l'Europe, mais il promit de faire tout son possible. Il mena sa petite enquête et apprit que les Allemands avaient effectivement transféré un contingent de prisonnières de Belsen au camp de Wolfsburg, près de Hanovre.

Il emprunta un camion blindé à son commandant, embarqua la gamine et l'infirmière et fila vers Wolfsburg. Arrivé à destination, il fit grimper l'infirmière sur le toit avec un mégaphone et, tandis qu'ils faisaient le tour du camp, elle appelait la mère, expliquant en allemand que sa fille la recherchait. Soudain, un cri perçant s'éleva de la foule. Une femme se précipita vers eux. Quelques secondes plus tard, elle serrait son enfant dans ses bras.

Le 16 mai, le lieutenant-colonel Leo Genn reçut un télégramme secret de l'état-major britannique : il était nommé à la tête du petit groupe d'enquêteurs et d'interprètes stationnés avec lui à Belsen, qui constitueraient l'Équipe n° 1 d'enquête sur les crimes de guerre, dite WCIT-1*.

Trois officiers de l'« équipe de libération initiale », les commandants Geoffrey Smallwood et P.I. Bell et le capitaine Alfred James « Freddie » Fox, avaient commencé à recueillir quelques dépositions de témoins. Deux jeunes ex-détenues les assistaient car, à en croire Smallwood, les premiers interprètes qui les accompagnaient « avaient craqué et étaient tombés malades » en découvrant les horreurs de Belsen. Genn devait à présent prendre le relais et, fort de son expérience d'avocat, organiser l'instruction des crimes de guerre dans les règles. Il aurait notamment à interroger les anciens surveillants et officiers SS incarcérés à la prison de Celle, dont beaucoup avaient, à un moment ou un autre de leur carrière, été employés à Auschwitz.

Après la terrible corvée de ramassage des corps, Hanns troqua avec soulagement sa casquette de croque-mort malgré lui pour celle d'interprète. Leo Genn convoqua ses troupes

* « Number 1 War Crimes Investigation Team ».

et leur présenta l'organigramme de son équipe : le commandant S.E. Champion, son adjoint, et lui-même seraient assistés par deux anciens inspecteurs de police, le lieutenant Raymond Robichaud et le capitaine Fox, qui coordonneraient la collecte de preuves. Ceux-ci seraient épaulés dans leur mission par des interprètes – dont un seul était pour l'instant sur place, le lieutenant Hanns Alexander. Huit sous-officiers leur serviraient de chauffeurs et de secrétaires et leur assureraient au besoin une protection armée. Huit jours après la capitulation officielle de l'Allemagne, le personnel britannique envoyé sur le terrain pour enquêter sur les crimes de guerre se résumait aux douze membres de la WCIT-1.

L'équipe avait carte blanche pour utiliser toutes les ressources de Belsen et s'installer dans les bureaux des anciens administrateurs du camp. Pour le reste, ils devraient se débrouiller tout seuls, car les autorités ne leur fourniraient aucun moyen supplémentaire : pas de machines à écrire, pas de dictaphones, aucun soutien des services de renseignements, pas de véhicules ni de matériel de communication. Ils en seraient donc réduits à faire avec les moyens du bord ou à réquisitionner du matériel auprès des civils.

Dans son rapport du 21 mai au général de brigade Scott-Barett, juge-avocat général adjoint à la Commission des crimes de guerre, Leo Genn ne cacha pas son exaspération : « Je ferai bien entendu de mon mieux, mais je dois vous dire que je n'ai aucune assurance d'apporter la réponse adaptée puisque (outre le manque d'effectifs évoqué plus haut), nombre de mes chevaux ont déjà quitté le yard, et je crains de n'avoir pas suffisamment de force pour fermer la porte de l'écurie sur ceux qui restent. »

Il s'efforça toutefois de motiver ses hommes en leur exposant leur mission : l'objectif était de recueillir des preuves qui seraient présentées dès l'automne suivant à un tribunal britannique réuni à Lunebourg pour juger les tortionnaires ayant officié au camp de Belsen. Le procès se déroulerait selon le code de procédure britannique : un tribunal militaire établi sur le modèle d'une cour martiale, des avocats assurant la défense des inculpés, une équipe de juristes pour assister l'accusation et une cour composée de juges et de procureurs britanniques. Ces principes seraient entérinés dans la législation du Royaume-Uni par le mandat royal du 18 juin 1945.

Hanns travaillerait en binôme avec le capitaine Fox, un ancien brigadier de police anglais qui, malgré un accent marqué, parlait relativement bien l'allemand mais préférait s'allier le concours d'un germanophone confirmé. Il avait déjà accumulé des piles de notes manuscrites sur ses premiers interrogatoires et demanderait à Hanns de les dactylographier, puis de l'accompagner pour faire signer ces dépositions à leurs auteurs devant témoin. Mais avant cela, ils iraient interroger les anciens gardes et administrateurs du camp détenus à Celle.

Les techniques d'interrogatoire des Britanniques, particulièrement musclées, avaient été mises au point par un certain colonel Robin Stephens, surnommé « Tin Eye » (œil en ferblanc) en raison du monocle qu'il portait sur son œil droit. Pendant la guerre, Stephens avait dirigé le sinistre « Camp 020 », centre secret d'interrogation des espions et prisonniers allemands situé dans une belle demeure victorienne du sud de Londres et placé sous l'autorité du MI5, le service de contre-espionnage britannique. Tout en affirmant que la violence n'avait pas sa place dans une salle d'interrogatoire, il encourageait ses collaborateurs à briser toute capacité de résistance de leurs sources en utilisant d'emblée des stratégies d'intimidation afin d'obtenir au plus vite des aveux. Les qualités premières d'un bon « briseur » étaient selon lui l'enthousiasme et le bon sens ; il devait également avoir vu du pays et vécu les traumatismes de la guerre ; et surtout, éprouver « une haine implacable de l'ennemi » car, expliquait-il, « il en découle une certaine approche agressive ». Hanns était un « briseur » né.

Le capitaine Fox et son interprète se mirent en route dès le 17 mai. La petite cité médiévale de Celle n'était qu'à une trentaine de kilomètres de Belsen. À la prison, on mit à leur disposition une petite pièce meublée d'un simple bureau et de trois chaises. Tandis que Hanns tirait nerveusement sur sa pipe, Fox relut rapidement les questions qu'il avait préparées. Puis un factionnaire fit entrer leur premier sujet. Franz Hössler avait travaillé à deux reprises à Auschwitz, d'abord en qualité de responsable des cuisines du camp puis, à partir de janvier 1944, en tant que *Lagerführer* du camp des femmes de Birkenau.

Dès l'abord, il se déclara disposé à coopérer du mieux qu'il le pourrait. Sur demande de Hanns, il se présenta en quelques mots : il avait trente-neuf ans et était photographe de profession. Que savait-il des chambres à gaz ?

> Tout le monde au camp connaissait l'existence des chambres à gaz d'Auschwitz, mais à aucun moment je n'ai pris part à la sélection des prisonniers qui devaient y être envoyés et incinérés. À l'époque où j'étais employé au camp, les sélections étaient effectuées par le Dr Klein, le Dr Mengele et d'autres jeunes médecins dont j'ignore le nom. J'ai assisté à ces « défilés de sélection », mais mon rôle se limitait au maintien de l'ordre. On faisait souvent défiler les femmes nues devant les médecins, et tous les déportés sélectionnés étaient envoyés directement à la chambre à gaz. C'est en discutant avec les médecins que j'ai appris cela. Je pense qu'ils sélectionnaient surtout ceux qui étaient malades et ne pouvaient pas travailler.

Hanns prenait des notes en allemand, s'efforçant de retranscrire mot pour mot les réponses de l'ancien chef de camp car on lui avait bien précisé que, pour être recevable devant le tribunal, la déposition devait être aussi fidèle que possible aux propos du témoin. Hössler poursuivit :

> Quand les transports arrivaient, on débarquait les prisonniers et on les emmenait au camp. Sur des convois de deux mille à trois mille prisonniers, on en expédiait souvent jusqu'à huit cents à la chambre à gaz. C'étaient toujours les médecins qui menaient la sélection.

Au fur et à mesure de l'interrogatoire, Hanns sentait monter en lui un ouragan de colère et de haine envers l'officier SS. Bien sûr, il avait lu des articles dans les journaux, entendu des rumeurs à Belsen, mais il avait à présent devant lui un homme qui avait participé à ces exactions et confirmait l'ampleur colossale, inimaginable, des massacres d'Auschwitz. Il était sous le choc. Jamais il n'aurait pensé vivre pareille expérience – et de fait, il fut peut-être parmi les premiers à entendre un personnage clé livrer un témoignage aussi cru. Il parvint tout de même à garder contenance et continua à traduire calmement les questions de Fox et les réponses de Hössler.

Qui dirigeait le camp, à l'époque ?

> Lorsque j'étais à Auschwitz, le commandant était Höss, jusqu'en juin 1944, après quoi Baer lui a succédé. Je me suis souvent plaint à Höss sur cette façon d'envoyer des gens à la chambre à gaz, mais il me répondait que ce n'était pas mon affaire.

Le lendemain, les deux interrogateurs britanniques allèrent auditionner un autre témoin à l'hôpital militaire Schwarmstedt, à une demi-heure de route à l'ouest de Celle. On les conduisit dans une chambre cellulaire où ils rencontrèrent leur homme : Fritz Klein, un médecin de cinquante-sept ans qui avait œuvré à Auschwitz, puis à Belsen. Klein était en piteux état. Depuis son arrestation, il avait été mis à contribution pour déblayer le camp, transportant sans répit des centaines de cadavres vers les fosses. Fox et son assistant s'assirent à son chevet et l'interrogatoire débuta. Hanns avait pris le rythme du feu roulant de questions-réponses et, entre deux traductions, arrivait à placer lui-même quelques questions.

Klein était un *Volksdeutsch* de Roumanie et avait fait ses études de médecine à Budapest. Peu après son entrée dans la Waffen-SS, il avait été nommé médecin recruteur en Yougoslavie. Muté à Auschwitz en 1943, il avait supervisé un grand nombre d'« actions spéciales » – expression sous laquelle l'administration des camps désignait les sélections. Il confirma qu'à l'époque, le commandant du camp était bien Rudolf Höss, expliqua qu'il faisait partie d'une équipe de huit médecins, puis décrivit le processus de sélection :

> Lorsque les convois arrivaient à Auschwitz, c'était au médecin qu'il revenait de mettre à part les prisonniers inaptes au travail – les enfants, les personnes âgées et les malades, essentiellement. J'ai vu les chambres à gaz et les crématoires d'Auschwitz, et je savais que ceux que je sélectionnais étaient destinés au « traitement spécial », mais j'exécutais simplement les ordres du Dr Wirths. Je ne saurais dire de qui lui-même tenait ses ordres, et je n'ai jamais eu connaissance de la moindre directive écrite sur le gazage des déportés. Je n'ai jamais reçu que des ordres oraux. Tous les médecins dont j'ai parlé ont pris part à ces sélections, et s'il est vrai que lors des débarquements, des gardes SS étaient présents sur la rampe, ils ne participaient pas activement au choix de ceux qui n'étaient pas en état de travailler.

Hanns intervint : pourquoi, en tant que médecin, n'avait-il rien fait pour mettre un terme à ces « actions spéciales » ?

> Je n'ai jamais protesté contre le fait que des gens soient envoyés à la chambre à gaz, mais je ne l'ai jamais approuvé. Un soldat n'a pas le droit de protester. Je n'avais aucun plaisir à voir défiler

devant moi ces gens que je devais séparer en deux colonnes, et je savais que les « sélectionnés » seraient gazés. Par la suite, les détenues qui tombaient enceintes et devenaient par là même inaptes au travail furent également sélectionnées. J'ai entendu dire que Himmler était venu inspecter le camp d'Auschwitz, mais personnellement, je ne l'ai jamais vu. Les grands pontes étaient forcément au courant des méthodes employées à Auschwitz.

Le 18 mai, ce fut au tour d'Irma Grese d'être entendue par les enquêteurs britanniques. Avant son transfert à Belsen, elle occupait la deuxième place dans la hiérarchie des surveillantes du camp des femmes de Birkenau. C'était une beauté aryenne blonde aux pommettes hautes que la presse surnommerait diversement « l'ange blond d'Auschwitz » ou « l'hyène de Belsen ». Hanns était de plus en plus à l'aise dans son rôle d'interprète, jonglant avec brio entre l'anglais et l'allemand. Mais ce jour-là, Grese refusa obstinément de répondre aux questions de Fox et nia en bloc tout ce dont on l'accusait. Exaspérés par ses dérobades, les interrogateurs écourtèrent la séance.

N'ayant jamais été formé aux techniques policières ou militaires, Hanns observait attentivement la façon dont son patron menait les interrogatoires, formulait ses questions de façon à obtenir des réponses complètes, et imposait son autorité. À un certain moment, il l'avait vu écumer de colère devant Grese et, dans son meilleur allemand, lui hurler au visage qu'elle mentait. Quand la prisonnière fut sortie, il lui avait demandé ce qui l'avait fait à ce point sortir de ses gonds. « Je n'étais pas du tout énervé, s'amusa Fox. C'est simplement une ficelle du métier. »

Leur témoin suivant était Elisabeth Volkenrath, ancienne *Oberaufseherin* du camp des femmes à Auschwitz, puis à Belsen. Elle portait un tailleur de laine grise, un chemisier blanc et des bottines noires. Ses photographies de l'époque révèlent un menton pointu, des yeux écartés et de longs cheveux blonds séparés par une raie et ramenés en chignon sur le haut de la tête. Au cours de ses interrogatoires précédents, Fox avait déjà entendu parler de cette femme féroce et sanguinaire qui n'hésitait pas à abattre des détenues pour le simple plaisir de tuer. La jeune femme de vingt-six ans qui se tenait devant eux était la surveillante la plus détestée de Belsen.

Hanns la fit asseoir et l'invita à résumer son parcours. Elle était née dans une petite ville de Basse-Silésie allemande et avant guerre, elle exerçait le métier de coiffeuse. Entrée dans la SS en 1941, elle avait d'abord été gardienne au camp de Ravensbrück, avant d'être affectée au *Stammlager* d'Auschwitz en mars 1942. Comme Irma Grese, elle affirma n'avoir jamais participé aux gazages, tout en reconnaissant avoir assisté aux « sélections ». Hanns assura l'interprétation de bout en bout et, quand Fox en eut fini, il demanda à Volkenrath qui, d'après elle, était responsable des exactions commises à Auschwitz.

> À mon avis, l'homme qui porte la plus grosse responsabilité de ce qui s'est passé à Auschwitz était Höss, puisqu'il administrait tous les camps de la région. Et naturellement le *Reichsführer* Himmler, qui était à la tête de l'ensemble du système concentrationnaire. À aucun moment je n'ai vu le moindre ordre écrit relatif aux camps de concentration.

Satisfaits de leur moisson, l'enquêteur et son interprète rentrèrent à Belsen. En leur absence, leurs collègues n'avaient pas chômé : ils avaient tapissé les murs du petit bureau de la WCIT-1, installé dans une ancienne caserne en marge du camp, des photos et fiches de renseignements des gardes et administrateurs SS recherchés, spécifiant leur nom, âge, fonction et signes particuliers. La liste des criminels de guerre que l'UNWCC avait publiée à la fin des hostilités était également affichée.

Fox reprit le témoignage de Volkenrath pour montrer à Hanns comment préparer une déposition : il sélectionna les passages les plus éloquents, les dactylographia en anglais, puis demanda à son adjoint de les traduire en allemand. Lorsqu'ils eurent ainsi remis au propre toutes les dépositions, ils retournèrent à Celle et les présentèrent aux prisonniers. Après qu'Elisabeth Volkenrath eut relu et validé la sienne, elle la signa et Hanns inscrivit au bas de la page la mention suivante :

Je certifie avoir traduit avec exactitude la déclaration ci-dessus de l'allemand vers l'anglais et en avoir fait lecture en allemand à Elisabeth Volkenrath, qui l'a signée en ma présence.

Signé : H. H. Alexander

Avec ces interrogatoires, Hanns découvrait un autre volet des camps de concentration nazis. Il avait déjà constaté les effets tragiques de la famine et des effroyables conditions d'internement sur les déportés de Belsen ; il avait maintenant confirmation d'une réalité plus terrible encore : à Auschwitz, les médecins avaient sciemment envoyé à la mort les personnes âgées, les malades et les enfants ; des milliers de juifs avaient été gazés (il ne pouvait pas encore savoir que le sinistre bilan dépasserait le million de victimes) ; et le principal maître d'œuvre de ces abominations était le commandant Rudolf Höss.

Il y avait à présent deux hommes en lui : les soldats et le personnel médical de Belsen connaissaient surtout le Hanns (ou « Alex ») charmant et jovial, toujours prompt à glisser une blague salace et à faire rire son entourage ; il ne dévoilait son autre facette qu'à ceux qui partageaient sa souffrance – une petite poignée d'anciens détenus et sa famille. Ceux-là savaient que, sous les apparences, il y avait un juif allemand écorché vif, un garçon grave et déterminé, un interrogateur implacable, plein de haine et capable de déchaîner sa violence contre ses « sujets ».

À la fin mai, au bout de quinze jours passés à traduire les dépositions des surveillants SS, Hanns commençait à s'ennuyer. Il avait bien conscience d'accomplir une tâche essentielle, mais le premier bilingue venu aurait fait aussi bien que lui, se disait-il. De plus, il n'avait jusqu'à présent eu affaire qu'à des sous-fifres de l'appareil nazi, des gens qui ne pouvaient à eux seuls être tenus pour responsables de l'infamie du système concentrationnaire. Les rares officiers supérieurs capturés avaient déjà témoigné et croupiraient plusieurs mois dans leurs cellules en attendant leur procès. Mais bien d'autres couraient encore dans la nature. Lors des interrogatoires, chaque garde en avait impliqué au moins trois au quatre.

Hanns nourrissait maintenant d'autres ambitions. Il parlait allemand, certes, mais surtout, il comprenait la psyché allemande, il connaissait le pays et pouvait se repérer mieux que quiconque dans une ville. Fort de ces atouts, il se jura de mettre la main sur les grands criminels de guerre, à commencer par le commandant Höss.

Il alla frapper à la porte de Leo Genn et lui demanda l'autorisation de commencer ses recherches, mais son supérieur refusa : il estimait que Hanns manquait d'expérience et lui rappela qu'il restait encore beaucoup à faire à Belsen. Hanns fit mine de s'incliner. Mais dès le lendemain, profitant d'un creux dans son emploi du temps, il sauta dans une voiture et fila à l'anglaise. Au diable le protocole ! Il deviendrait l'un des premiers hommes de l'armée britannique à traquer les criminels de guerre nazis – en franc-tireur et sur son temps libre !

Genn avait pourtant raison. Hanns n'était absolument pas armé pour s'attaquer à pareille entreprise. Il n'avait aucune expérience de police judiciaire, pas la moindre formation de détective, ne bénéficiait d'aucun soutien tactique, n'avait jamais eu accès aux rapports de renseignements, et ne disposait d'aucun indice, d'aucune piste. Ce n'était qu'un simple interprète, bien incapable de retrouver la trace d'un suspect et plus encore de l'arrêter. Il n'avait ni plan d'action, ni légitimité. Mais il en aurait fallu davantage pour le décourager.

En sillonnant le nord de l'Allemagne, il remarqua qu'il y avait peu de véhicules sur les routes. Si, après six années de guerre, il se trouvait encore quelques civils qui possédaient une voiture, les pénuries étaient telles qu'ils n'avaient aucun moyen de remplir le réservoir. En traversant les villes et villages, il ne croisait que des véhicules militaires ; dans les rares magasins ouverts, il ne vit que des produits de première nécessité sur des rayonnages clairsemés ; les gens avec lesquels il tenta de lier conversation se méfiaient de ce détective amateur.

Hanns profita de l'une de ces escapades pour aller voir son frère, employé dans un camp de prisonniers de guerre au nord de Hambourg. Les jumeaux passèrent en revue une colonne de soldats allemands et leur firent retrousser leurs manches pour identifier les membres de la SS, qui avaient tous leur groupe sanguin tatoué sur le bras. Mais ces hommes n'étaient aux yeux de Hanns que du menu fretin qui ne valait pas même d'être arrêté.

Avant de repartir, il évoqua avec son frère le cas de leur grand-tante, Cäcilie. Depuis sa dernière lettre de Francfort, ils avaient perdu tout contact avec elle. Paul devait justement se rendre bientôt à Francfort, et il promit de se renseigner.

Le 15 juin, Paul fit parvenir un billet à son frère : son voyage à Francfort n'avait rien donné. Aucun de leurs amis ne savait ce qu'avait pu devenir la tante Bing. Les registres de l'hôtel Excelsior où elle avait pris ses quartiers n'avaient gardé aucune trace de son départ et la police ignorait où elle était passée. « Je ne sais pas si Lilly est encore en vie, écrivit Paul à ses parents, mais je doute qu'elle soit encore à Francfort. » Ce fut en fait Henny qui, cinq jours plus tard, apprit la nouvelle à ses fils : la Croix-Rouge avait retrouvé des documents indiquant que la vieille dame avait été raflée dans son hôtel le 2 septembre 1942 et embarquée avec des milliers d'autres juifs dans un convoi en partance pour le ghetto de Theresienstadt, en Tchécoslovaquie. Y était-elle restée ? Avait-elle survécu à la guerre ? Impossible à dire… Hanns réagit immédiatement : « Désolé pour Lilly Bing, mais à en juger par ce que j'ai vu ici [à Belsen], elle n'a pu être que mieux lotie à Theresienstadt. J'espère qu'elle n'a pas trop souffert, et qu'elle n'a pas traîné trop longtemps. »

Dès qu'il n'était pas de service, Hanns avait pris l'habitude de s'échapper du camp. Le dimanche 15 juillet, il reprit sa plume pour parler à Elsie de ses nouvelles attributions – qui lui laissaient bien moins de loisir qu'avant pour entretenir sa correspondance : « Je m'amuse comme un petit fou à traquer ces salopards de SS, mais j'avoue que ces derniers temps, je n'ai pas eu la chance d'attraper quoi que ce soit d'intéressant. » Il menait cette chasse au nazi sur son temps libre, précisa-t-il, car il n'avait pas obtenu le feu vert de son supérieur. « Hélas, mon patron ne partage pas mes idées. Pour lui, notre travail est de nous occuper de ceux que nous avons déjà arrêtés, mais si je peux contribuer à en débusquer un qui n'est pas encore derrière les barreaux, je le ferai. »

264280 Lt. H.H.Alexander
No.1 War Crimes Investigation Team
c/o 618 Military Government
B.L.A.
Sunday 15th July 1945.

Dear Elsie and Erich,
Many thanks for letters which I have been unable to answer ever since I arrived in Belsen. We are still very busy, as you will undoubtedly expect after many justified complaints from Ann for my not writing. well all this can't be helped, as there is a job to be done. When other people write letters in their spare time, I do a wee bit of welfare work. It is so very little one can help these people, but every little helps, even if it is only to write a letter for them. My biggest enjoyment still is chasing these SS about, but lately have not been too lucky catching anything interesting. Unfortunately my boss has different ideas ti mine. He says our job is to deal with those in custody, and I agree with them, but if I can help to catch one that is not yet behing bars, I do it, even if it is somebody elses job. But there usually goes my spare time.

Le jeudi suivant il écrivit à ses parents, d'abord pour les remercier d'avoir fait réparer sa chère pipe Dunhill et de la lui avoir renvoyée, ensuite pour féliciter son père qui venait d'ouvrir son cabinet à Londres : « Je suis ravi pour le cabinet. Ce que tu as réussi à faire en quelques années à peine est merveilleux, surtout dans ces conditions difficiles, car la guerre reste la guerre et, d'une manière ou d'une autre, elle a touché presque tout le monde. Mille huit cents patients ! Bigre ! J'aimerais pouvoir dire que j'ai déjà fait pendre mille huit cents SS, mais je crains de ne jamais y arriver. C'est incroyable, mais mieux vaut ne pas trop en parler. Dieu merci, il y en a quelques-uns qui passent l'arme à gauche entre-temps. C'est déjà ça de pris. Sur ceux-là, au moins, je suis fixé, mais qui sait ce que deviendront les autres ? »

Tout au long de l'été 1945, Hanns battit la campagne pour interroger des centaines de soldats et civils allemands, mais il ne récolta que très peu de renseignements utiles. Il était pourtant bien décidé à persévérer.

Entre-temps, Alfred et Henny en étaient encore à essayer de reconstruire leur vie à Londres. Après la fête de la victoire du 8 mai, l'euphorie était retombée. Un certain nombre de denrées, tels le bacon, le beurre, la confiture ou le chocolat, étaient toujours rationnées, ainsi que l'essence. Alfred avait dû renoncer à ses promenades à la campagne et le moindre déplacement en ville était un cauchemar, car toutes les rues étaient en chantier et, après des années de bombardements, le réseau du métro n'était pas encore totalement rétabli. En attendant le retour de ses fils, le docteur se concentrait donc sur son travail. Il avait loué des locaux au 62 Wimpole Street et se refaisait peu à peu une clientèle.

Elsie et Erich, eux, avaient choisi de rester à la campagne pendant toute la guerre, afin de mettre leurs enfants à l'abri des raids aériens. Erich faisait la navette tous les matins pour gérer son commerce de cuir, dopé par la demande de guerre. La fin du conflit avait en revanche été très dure pour Bella : une semaine après la capitulation de l'Allemagne, son mari Harold était mort dans un accident sur un aérodrome du Wiltshire : un avion avait percuté son véhicule en ratant son atterrissage. Elle devrait désormais élever seule ses deux petits garçons.

Ann vivait avec ses parents dans un petit appartement de Finchley, dans le nord de Londres. Elle avait trouvé un emploi à la North London Metal Company qui, dans la perspective de l'effort de reconstruction, tournait à présent à plein régime. Elle s'était également inscrite à la Ligue des femmes juives, une association créée pour « aiguiser en chaque femme juive sa conscience juive et son sens des responsabilités envers la communauté juive » ; dans ce cadre, elle passait le plus clair de ses week-ends à aider les nécessiteux et visiter les malades et les personnes âgées.

Sa relation avec Hanns se poursuivait sur le mode épistolaire : ils s'écrivaient sur de fragiles feuilles de papier bleuté utilisé pour le courrier aérien ou au dos de cartes postales touristiques. En juillet, elle partit passer quelques jours dans les Cornouailles avec des amis. Loin de l'agitation des rues de Londres, elle profita de la chaleur de l'été, faisant partager à son fiancé tous ses petits bonheurs : un déjeuner tranquille au bord d'un lac ; une après-midi à lézarder sur la plage parmi les familles de vacanciers ; la tournée des boutiques pittoresques de St. Ives ; une promenade sur le chemin des falaises… « On se croirait ici au bout du monde, ou dans la partie d'Angleterre la plus proche du paradis », confia-t-elle à Hanns.

Elle ne l'avait pas revu depuis plus de quatre mois. À sa dernière permission, avant qu'il n'intègre la WCIT-1, il était surtout resté auprès de son père, tout juste sorti de l'hôpital, et n'avait consacré que très peu de temps à sa fiancée. Or,

Ann estimait qu'il était grand temps de songer sérieusement à l'avenir et ses appels du pied se faisaient de plus en plus pressants. Mais, comme il le confia à Elsie, lui n'était pas prêt à se mettre la corde au cou, du moins pas dans l'immédiat :

En parlant de problèmes, j'en vois un autre qui va bientôt me tomber dessus : Ann insiste pour qu'on se marie dès ma prochaine permission, si tant est que j'en aie une de sitôt. Pauvre de moi ! J'aurais donc dix jours pour me marier, partir en voyage de noces et rentrer dare-dare en Allemagne. Et en plus, il faudrait que je sois content. Et au cas où il me resterait une minute ou deux, je suppose qu'elle s'attend aussi à ce que je décroche un emploi stable. Je suis désolé pour Ann, mais je l'avais prévenue : on ne construit rien avec un type comme moi. Elle m'a envoyé une lettre adorable, il y a quelque temps. Elle me demandait ce que je voulais. En lisant ma réponse, elle m'aurait sans doute étripé si elle avait pu. Comme si je pouvais régler tous les problèmes depuis Belsen. Tu parles d'une idée…

Hanns

Ann continua de le houspiller pour qu'il demande une permission, mais cet été-là, Hanns avait bien d'autres chats à fouetter. Sa vie privée s'effaçait derrière son activité de chasseur de nazis.

Tout au long du mois d'août, l'équipe de la WCIT-1 travailla d'arrache-pied pour finaliser les dépositions des témoins avant l'ouverture du procès de Lunebourg, dit « de Belsen ». Ce serait la première fois que des hommes seraient poursuivis pour des crimes commis contre leurs propres citoyens, et beaucoup considéraient cet événement comme un galop d'essai pour les procès des grands criminels de guerre qui se dérouleraient à Nuremberg à partir de novembre. Les autorités tenaient donc à ce que tous les documents destinés au tribunal soient irréprochables.

Le 1er septembre, Leo Genn s'assura le concours de Hanns pour aller auditionner à la prison de Celle l'accusé principal, Josef Kramer, et le faire revenir sur ses déclarations initiales. En mai, l'ancien adjoint de Höss avait en effet assuré tout ignorer des chambres à gaz d'Auschwitz, ce que démentaient catégoriquement tous les anciens surveillants et prisonniers interrogés à ce sujet. Face à ces témoignages accablants, Kramer avait accepté de rectifier sa déposition.

Après les préliminaires d'usage, Hanns demanda au *Hauptsturmführer-SS* de lui dire ce qu'il savait des chambres à gaz d'Auschwitz. Sa réponse, qui serait dûment consignée sous forme de déclaration sous serment, constituerait l'une des pièces clés du procès de Belsen.

> La première fois que j'ai vu une vraie chambre à gaz, c'était à Auschwitz. Elle était rattachée au crématoire. Le bâtiment complet, comprenant le crématoire et la chambre à gaz, se trouvait dans le camp numéro 2 (Birkenau) que je commandais.

Josef Kramer, ancien commandant des camps de Belsen et de Birkenau, aux arrêts à Belsen, mai 1945

J'ai visité le bâtiment lors de ma première inspection, trois jours après mon arrivée, mais pendant les huit premiers jours où j'étais là elle n'a pas fonctionné. Au bout de huit jours, le premier convoi est arrivé, d'où ont été sélectionnées les victimes de la chambre à gaz, et au même moment j'ai reçu un ordre écrit de Höss, qui commandait la totalité d'Auschwitz, disant que, même si la chambre à gaz et le crématoire étaient situés dans ma partie du camp, je n'avais sur eux aucun droit de regard quel qu'il soit.

Comment se faisait-il que Rudolf Höss n'ait rien fait pour arrêter ces massacres ? interrompit Hanns.

En fait, les ordres concernant la chambre à gaz étaient toujours donnés par Höss et je suis fermement convaincu qu'il recevait lui-même ses ordres de Berlin. Je crois que si j'avais été dans la position de Höss et si j'avais reçu de tels ordres, je les aurais exécutés, parce que même si j'avais protesté, le seul résultat aurait été de me retrouver prisonnier moi-même. Mes sentiments touchant aux ordres sur la chambre à gaz étaient une légère surprise et je me demandais si un tel acte était vraiment juste.

Hanns et Genn tenaient la preuve, non seulement que Kramer était au courant de l'existence des chambres à gaz d'Auschwitz, mais aussi, à en croire ses propos, qu'il avait gardé suffisamment de sens moral pour remettre en cause leur utilisation. Ils prenaient également conscience du rôle essentiel que Rudolf Höss avait tenu dans l'élaboration de l'usine de mort d'Auschwitz. S'ils parvenaient à faire témoigner le commandant, ils pourraient démontrer la réalité de la Shoah. Encore fallait-il lui mettre la main au collet.

Au cours des semaines qui suivirent, Hanns accompagna à la prison de Celle plusieurs groupes d'anciens internés qui identifièrent formellement leurs kapos de Belsen. Il recueillit ainsi le témoignage de Miklos Hirsch qui raconta avoir vu son chef de bloc, Isaak Judalewsky, battre à mort un autre prisonnier à coups de planche en bois. « Il s'est approché d'un malade alité dans la couchette haute de notre baraque, et l'a frappé à la bouche et au visage avec la boucle de son ceinturon. Le malheureux est tombé de son bat-flanc et est resté par terre, inconscient », renchérit Josef Silberstein, qui avait également assisté à cet épisode. Le temps que le médecin arrive, ajouta-t-il, l'homme était mort. Une déportée russe, Marian Tatarczuk, accusa pour sa part Antoni Polanski, un autre *Blockältester* (chef de baraque) capturé, d'avoir fait subir de multiples sévices aux détenus dont il avait la charge. Les femmes kapos n'étaient pas en reste : Maria Malzyner, renommée pour sa cruauté, avait été arrêtée quelques jours auparavant. Plusieurs de ses anciennes victimes venues la reconnaître à Celle, parmi lesquelles Blanka Vogel, Margit Spitzer, Ilona Grosz et Helen Jakubovits, livrèrent leurs récits au sous-lieutenant britannique : « Elle m'a frappée à coups de poing sur la tête. Elle m'a assené plusieurs coups violents et m'a attrapée par les cheveux, m'arrachant des touffes par poignées », rapporta Blanka Vogel. Hanns escorta également Alfred Kurzke au camp d'internement allié de Neuengamme, près de Hambourg, où celui-ci identifia l'*Oberscharführer-SS* Oskar Georg Helbig, membre de l'administration du camp de concentration de Mittelbau-Dora que la justice militaire américaine condamnerait en 1947 à vingt ans de prison.

Enfin, à la troisième semaine de septembre, Leo Genn estima qu'ils étaient prêts.

Le premier procès pour crimes de guerre au monde, le « procès de Josef Kramer et quarante-quatre autres », s'ouvrit le 17 septembre 1945 dans la grande salle d'audience de Lunebourg. Les accusés étaient assis au milieu de la salle : vingt et une femmes et vingt-quatre hommes, chacun portant

Le procès de Belsen, septembre-novembre 1945

un numéro sur un grand carré de coton blanc attaché sur la poitrine. La cour, présidée par le major général Horatio Pettus Mackintosh Berney-Ficklin, était composée de quatre juges militaires britanniques. Des correspondants de presse de toutes les grandes capitales et un public nombreux se pressaient dans les tribunes. Le lieutenant Hanns Alexander et le capitaine Alfred Fox avaient pris place au fond de la salle, curieux de voir comment les magistrats exploiteraient leurs interrogatoires.

Lorsque les quarante-cinq accusés eurent plaidé non coupables, le procureur, le colonel Thomas Backhouse, se leva et prononça son réquisitoire introductif : « Le ministère public soutiendra qu'à Auschwitz, des millions de personnes ont été exterminées délibérément et de sang-froid. [...] Tous les membres du personnel portent leur part de responsabilité dans les mauvais traitements dont ils savaient qu'ils provoqueraient des souffrances physiques et conduiraient à la mort. [...] Nous démontrerons, preuves à l'appui, qu'ils ont commis des actes de cruauté délibérés avec l'intention de donner la mort. » Il conclut son discours sur une assertion inconcevable, affirmant que « pas moins de quatre millions de personnes ont été gazées dans ce camp ».

Deux mois durant, le monde entier garda les yeux braqués sur Lunebourg. Le procès faisait les manchettes de la presse internationale qui, dans ses pages intérieures, rapportait dans un luxe de détails toutes les déclarations des témoins, des prévenus et de leurs avocats. L'accusation fit projeter un film sur la libération d'Auschwitz par l'Armée rouge ; d'anciens déportés internés à Belsen et Auschwitz défilèrent devant la cour pour raconter l'horreur. Les avocats de la défense furent bien en peine de réfuter ces témoignages accablants.

Lorsque Josef Kramer fut à son tour appelé à la barre, ce fut lui qui prononça pour la première fois le nom de Rudolf Höss devant un tribunal jugeant des crimes de guerre. Il expliqua qu'il avait été l'adjoint du commandant Höss, qui contrôlait l'ensemble du complexe concentrationnaire d'Auschwitz. C'était également Höss, ajouta-t-il, qui avait dirigé la construction et l'exploitation des chambres à gaz dans lesquelles avaient péri des millions de gens. Le *New York Times* revint sur ces déclarations dans un long article de fond, soulignant que Rudolf Höss, « grand absent » de Belsen, figurait désormais sur la liste des criminels de guerre les plus recherchés.

Le procès s'acheva le 17 novembre 1945. Sur les quarante-cinq accusés, trente furent déclarés coupables de crimes de guerre. Dix-neuf écopèrent de peines de prison ; les onze autres – parmi lesquels Kramer, Klein, Hössler, Volkenrath et Grese, que Hanns avait interrogés – furent « condamnés à mort par pendaison ».

Au matin du 13 décembre, à 9 h 34, Elisabeth Volkenrath monta la première sur l'échafaud dressé dans la cour de la prison de Hamelin. À 10 h 04, Irma Grese fut à son tour engloutie par la trappe. Son dernier mot avait été pour son bourreau : « *Schnell !* » Kramer et Klein furent pendus côte à côte à 12 h 11, et Hössler à 15 h 37. À 16 h 16, tout était fini.

En suivant les audiences jour après jour, Hanns s'était rendu compte que les hommes et les femmes qui se tenaient dans le box des accusés ne représentaient qu'une goutte d'eau dans l'océan des hauts responsables nazis qui se cachaient encore dans l'Allemagne occupée. Peu avant la fin du procès, il retourna voir son commandant et revint à la charge, demandant à être mis en disponibilité pour aller traquer des criminels de guerre. Cette fois-ci, Leo Genn céda et, mieux, lui donna quelques pistes : il lui conseilla de commencer par éplucher les dossiers du Crowcass, qui contenaient le nom des milliers de criminels de guerre en puissance recensés par les Alliés. Puis il lui fournit un chauffeur et une voiture, et l'investit d'un mandat officiel lui permettant de se rendre où bon lui semblait pour mener ses investigations. Et pour la première fois de sa vie, Hanns était habilité à procéder à des arrestations.

Quelques heures plus tard, il quittait le camp, un laissez-passer et une liste de noms en poche, un revolver et une paire de menottes accrochés à la ceinture. Il mit rapidement au point son mode opératoire : il repérait d'abord un nom sur la liste et se rendait au dernier domicile connu du suspect. Une fois sur place, il allait confirmer l'adresse au

Hanns en enquêteur sur les crimes de guerre, 1945

commissariat de police ou à la mairie et demandait des coupures de presse et des photographies récentes de son homme. En règle générale, celui-ci s'était volatilisé dans la nature. Hanns menait alors sa petite enquête de voisinage, espérant recueillir davantage de renseignements auprès des proches, des bailleurs et des voisins. Ses recherches le conduisaient ainsi de ville en ville, d'un bout à l'autre du pays.

Au fil de ses pérégrinations, il constata que dans les bourgades et les campagnes où les forces d'occupation alliées n'avaient pas encore pris pied, la population restait farouchement attachée à l'idéologie national-socialiste. À une trentaine de kilomètres à peine de Bergen-Belsen, il tomba ainsi dans la petite ville de Bad Fallingbosten, dont le maire lui certifia qu'aucun juif n'avait jamais vécu dans sa commune. Hanns prit cette déclaration pour argent comptant, mais en repartant, il vit un cimetière juif en bordure de la grand-route. Furieux de s'être ainsi laissé rouler dans la farine, il fit aussitôt demi-tour, empoigna le maire par le col, le mit en état d'arrestation et l'expédia sur-le-champ à la prison de Bergen.

En novembre 1945, au bout d'un mois de recherches, Hanns n'avait mis la main que sur deux suspects répertoriés au Crowcass : un policier de haut rang de Hambourg, et un officier supérieur de la marine en planque près de Belsen. Mais ni l'un ni l'autre n'ayant été impliqués dans le système concentrationnaire, ils n'étaient à son sens que de « petits poissons ».

Sa nouvelle mission lui apportait toutefois bien plus de satisfaction que le travail de bureau auquel il avait été astreint pendant des mois. En sillonnant les routes à sa guise, il savourait sa liberté et, pour ne rien gâcher, il avait été promu capitaine. Il n'était plus un simple réfugié allemand employé à l'interprétation, mais un enquêteur à part entière dans l'équipe britannique chargée des crimes de guerre.

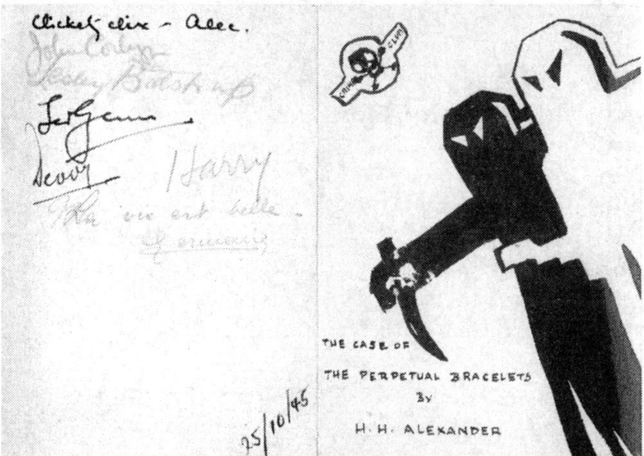

Verso d'un menu signé des membres de l'Équipe n° 1 d'enquête sur les crimes de guerre (WCIT-1), octobre 1945

13

Rudolf

Berlin, 1945

En avril 1945, au siège du WVHA à Oranienburg, Rudolf et ses collègues préparaient leur fuite. L'Armée rouge était aux portes de Berlin et, en Belgique, les colonnes blindées américaines avançaient inexorablement sur l'Allemagne. Les membres de l'*Amtsgruppe D* durent bien se rendre à l'évidence : l'étau se resserrait et la défaite était proche.

Avec l'énergie du désespoir, Rudolf tentait encore de se raccrocher à la vision du « IIIe Reich de mille ans » que leur avait promis Hitler : « Nous ne gagnerions jamais la guerre de cette façon-là. Mais il ne m'était pas permis de renoncer à ma foi en la victoire finale. Le sens commun me disait que nous perdrions la guerre mais mon cœur restait attaché au Führer et à notre idéologie. Cela ne pouvait pas mourir. »

Le 16 avril, après que les bâtiments administratifs d'Oranienburg-Sachsenhausen eurent échappé de peu à un bombardement, Himmler ordonna de passer par les flammes toutes les archives relatives au système concentrationnaire. Registres, films, documents et toutes autres pièces compromettantes devaient disparaître. Dans la foulée, Richard Glücks organisa l'exode vers le nord d'un groupe d'officiers triés sur le volet et de leurs proches : lui-même conduirait de hauts responsables de son service dans le Schleswig-Holstein où les attendrait Himmler, tandis que Rudolf escorterait Theodor Eicke, sa femme et sa fille ainsi que quelques autres familles, et les rejoindrait en passant par Ravensbrück où, depuis la fin 1944, il avait déjà mis à l'abri Hedwig et les enfants.

Son odyssée débuta six jours plus tard. Il rallierait tout d'abord Rostock, sur la mer Baltique, avant de bifurquer vers l'ouest, en direction de la frontière danoise, échappant ainsi aux violentes offensives des Alliés dans le centre de l'Allemagne. Avant de retrouver le *Reichsführer*, Rudolf prévoyait de laisser sa famille chez son beau-frère Fritz, qui s'était replié à Sankt Michaelisdonn, un petit village proche des côtes de la mer du Nord, à une centaine de kilomètres au nord de Hambourg. Au volant de son Opel Kapitän, il prit la tête d'un convoi de véhicules, voyageant surtout de nuit et privilégiant les itinéraires boisés afin d'éviter de se faire repérer par l'aviation ennemie. « Notre fuite s'effectuait dans des conditions épouvantables, écrirait Rudolf. Tous feux éteints, nous avancions dans la nuit, le long des routes embouteillées ; responsable de toute la colonne, je devais veiller constamment à ce que des voitures ne soient pas séparées du reste du convoi. »

Ils étaient en chemin depuis plusieurs jours lorsque, le 30 avril, ils apprirent qu'Adolf Hitler s'était suicidé dans son bunker, juste avant l'entrée des Soviétiques dans Berlin. Rudolf accusa le coup : « Avec le Führer disparaissait tout notre univers. » Ce fut alors qu'il proposa à Hedwig d'en finir une bonne fois pour toutes :

> La vie avait-elle encore un sens pour nous ? On nous poursuivrait, on nous rechercherait. Nous voulûmes prendre du poison. J'en avais procuré à ma femme, en prévision d'une avance inattendue des Russes, afin qu'elle-même et nos enfants ne

tombent pas vivants entre les mains des ennemis. C'est à cause des enfants que nous renonçâmes au suicide et décidâmes de nous soumettre à notre sort. Par la suite je l'ai toujours regretté. Nous aurions dû mourir. La mort nous aurait épargné beaucoup de souffrances, surtout à ma femme et aux enfants. Je ne sais pas ce qui les attend encore. Mais je sais que nous aurions dû périr avec le monde auquel nous rattachaient des liens indestructibles.

Parvenu à Rostock, sur la côte balte, son convoi fut bloqué à l'approche d'une route truffée de mines antichar. Ils durent abandonner les deux camions qui transportaient leurs bagages et leur matériel radio et s'entasser dans les voitures afin de poursuivre à l'ouest, vers Kiel, puis Rensburg, où ils firent leur jonction avec l'équipe de Glücks. Celui-ci était gravement malade. Il était accompagné de sa femme et de sa fille, de son adjoint Gerhard Maurer, du Dr Enno Lolling et de sa famille, ainsi que d'autres cadres de l'*Amtsgruppe D*. Rudolf prit les choses en main et chercha un abri pour la nuit, mais ne trouva rien d'assez grand ni d'assez sûr pour héberger tout ce monde. Ils repartirent en pleine nuit et, une trentaine de kilomètres plus loin, finirent par repérer une caserne désaffectée où les voyageurs exténués purent dormir quelques heures. Aux premières lueurs du jour, ils reprirent leur périple en direction de la frontière, empruntant des routes secondaires pour contourner les barrages que les Britanniques avaient dressés sur les grands axes.

Alors que son univers s'effondrait autour de lui, Rudolf en vint à s'interroger sur la cause à laquelle il s'était donné corps et âme depuis vingt-cinq ans. Il croyait encore au projet national-socialiste, à la suprématie du peuple allemand, à l'élargissement nécessaire de son espace vital et au danger que représentaient les « ennemis de l'État ». Mais il commençait à se dire que le Reich avait eu tort de provoquer « cette guerre terrible » et de se servir « d'une propagande et d'une terreur inouïes » pour soumettre l'Europe de l'Est à sa volonté. Il ne manifestait aucun remords pour les millions de victimes de l'extermination, mais constatait simplement qu'en dépit de leur ampleur, les moyens déployés n'avaient pas produit le résultat tant attendu.

Le 1er mai, Rudolf quitta ses compagnons pour déposer sa famille à Sankt Michaelisdonn, où Fritz avait trouvé une méchante cabane en bois. Il n'y avait là qu'un poêle à bois, une vieille table de campagne et quelques chaises branlantes mais Hedwig et les enfants pourraient s'y cacher en attendant de trouver mieux. Ils dormiraient par terre et, comme ils avaient dû abandonner leurs bagages dans leur fuite, ils ne possédaient rien d'autre que ce qu'ils avaient sur le dos.

Rudolf ne s'attarda pas. Dès le lendemain, il reprit la route, emmenant avec lui son fils aîné. Il estimait qu'à quinze ans, Klaus était en âge de se battre pour sa patrie et, convaincu que l'Allemagne n'avait pas encore dit son dernier mot, il tenait à ce que son fils participe à la résistance. Ils allaient précisément retrouver Glücks et ses fidèles dans un bois des environs de Flensbourg, où Himmler leur avait donné rendez-vous pour préparer l'Allemagne d'après guerre. Or, au lieu des ordres de combat espérés, leur supérieur leur annonça que tout était fini : l'heure était venue de changer d'identité et de se dissoudre dans la Wehrmacht. Lui-même se ferait passer pour un simple sergent et filerait en Suède à la première occasion.

Rudolf n'en revenait pas...

> Nous nous présentâmes pour faire notre dernier rapport à Flensbourg, où Himmler s'était retiré avec le gouvernement du Reich. Il n'était plus question de combattre. Sauve-qui-peut était le mot d'ordre. Je n'oublierai jamais cette dernière rencontre où je pris congé du *Reichsführer*. Il était tout rayonnant de bonne humeur, et pourtant le monde, notre monde, avait disparu.

Dépité, il fit ses adieux à son fils et le renvoya auprès de sa mère avec son ordonnance et sa voiture. Il se retrouvait désormais à pied. Avec Gerhard Maurer, il emmena Glücks, qui se trouvait au plus mal, à l'hôpital naval de Mürwik : ils l'y laissèrent sous le nom de « Sommerman ». Puis ils se séparèrent. Maurer repartit vers le sud, espérant trouver de faux papiers et se faire oublier. Rudolf, lui, resta à Flensbourg et alla trouver un commandant de la Kriegsmarine qui lui remit un ordre de marche au nom d'un certain Franz Lang, un quartier-maître récemment décédé. Il remercia le commandant, détruisit tous les documents susceptibles de révéler sa véritable identité et rejoignit son « affectation » à l'île de Sylt, où il comptait rester caché en attendant de trouver moyen de quitter le pays.

Fine langue de terre étirée sur trente-cinq kilomètres en bordure de la pointe septentrionale de l'Allemagne, l'île de Sylt était depuis longtemps une destination touristique, appréciée de la bonne société hambourgeoise pour ses vieilles chaumières, sa lande fleurie et ses plages sauvages. Elle abritait également l'école de signalisation de la Marine. Dans les premiers jours de mai, Rudolf s'y présenta sous son nom d'emprunt et fut admis sans que personne ne lui pose de questions. Il resta ainsi quatre semaines dans ce paysage de pinèdes et hautes dunes de sable, tandis que le haut commandement allemand négociait la reddition avec les Alliés.

Nul ne savait ce qu'avaient prévu les vainqueurs et un sentiment d'inquiétude planait sur l'école navale de Sylt. Les journées de Rudolf s'écoulaient avec une terrible lenteur. Seule consolation, il pouvait aller voir de temps en temps sa famille, qui n'était qu'à deux heures de route. La résistance avait échoué, et la défaite virait à la débâcle. Lui qui avait fondé toute son existence sur la loyauté et l'action, se retrouvait soudain isolé et désœuvré. Déçu, désorienté, il perdait peu à peu tous ses repères.

Le 23 mai 1945, la radio annonça le décès de Himmler. Rudolf n'en crut pas ses oreilles. Depuis leur dernière rencontre, aux environs de Flensbourg, le *Reichsführer* avait manifestement changé son fusil d'épaule : au lieu de fuir vers la Suède, il était reparti vers le sud mais s'était fait arrêter à un barrage britannique près de Lunebourg. Il s'était rasé la moustache et, un bandeau noir sur l'œil, voyageait avec un laissez-passer établi au nom d'un simple sergent de la Wehrmacht, Heinrich Hitzinger. Son accoutrement avait mis la puce à l'oreille du commandant Sydney Excell, qui tenait le poste de contrôle. N'écoutant que son instinct, celui-ci l'avait arrêté et fait conduire à la prison de Lunebourg. Le lendemain, comprenant qu'il était inutile de jouer plus longtemps la comédie, l'ancien chef des SS avait jeté le masque : « Je suis Heinrich Himmler » avait-il tranquillement déclaré, avant de croquer la capsule de cyanure qu'il gardait au fond de la bouche et de s'effondrer. Les médecins britanniques avaient tout fait pour le ranimer, mais en vain : leur prisonnier était mort en un quart d'heure. Pour Rudolf, cette nouvelle confirmait, s'il en était besoin, que son monde s'écroulait et lui rappela qu'il devait absolument garder son ampoule de cyanure à portée de main.

Quelques semaines plus tard, l'école de signalisation de la Marine se rendit sans combattre aux forces britanniques ; l'ensemble du personnel fut aussitôt évacué dans un camp construit à la hâte près du canal de Kiel, dans l'est du Schleswig-Holstein. Puis Rudolf se retrouva interné avec les officiers supérieurs à la prison de Heide, à une petite centaine de kilomètres au sud de Flensbourg. Il jouait si bien son rôle de matelot qu'il ne fut jamais interrogé. Au bout de quelques jours, faisant valoir son expérience d'agriculteur, il posa sa candidature pour travailler dans une exploitation des environs. La manœuvre était habile, car le haut commandement britannique, qui craignait que la famine ne s'installe en Allemagne, mobilisait alors des milliers de prisonniers de guerre dans le cadre de l'« opération Barleycorn » conçue pour relancer l'activité agricole dans sa zone d'occupation. Rudolf fut ainsi relâché et le bureau du travail lui trouva une place d'ouvrier dans une ferme.

Le 5 juillet, Rudolf arriva à Gottrupel, un hameau de deux cent quatre-vingts âmes adossé à un petit bois et ouvrant sur de vastes plaines, à une dizaine de kilomètres de Flensbourg et à trois à peine de la frontière danoise. Il se présenta à la ferme Hansen. On le conduisit vers une longue bâtisse de plain-pied aux murs de pierre blanchis à la chaux surmontés d'un haut toit à deux pentes en ardoise : ce serait la grange où il dormirait.

Le maître des lieux, Hans Peter Hansen, était prisonnier dans un camp américain où étaient regroupés d'anciens SS. C'était une aubaine pour Rudolf, qui avait toute latitude pour cultiver la terre comme il l'entendait. Cet été-là, il ne ménagea pas sa peine. Le jour, il travaillait aux champs et le soir, il lisait dans la grange jusqu'à une heure avancée. Les gens du village, qui le connaissaient sous le nom de Franz Lang, étaient rassurés par la politesse et l'humilité de cet ancien matelot et impressionnés par son zèle tranquille. Il gagna si bien leur confiance qu'ils le nommèrent secrétaire de mairie. Ils étaient à mille lieues de se douter qu'il pût s'agir d'un ancien dignitaire du régime.

En septembre, il se rendit à deux reprises à Sankt Michaelisdonn pour voir Hedwig. Ils se retrouvèrent brièvement dans un champ des environs du village afin d'échapper à la vigilance des Britanniques qui patrouillaient la région. Ils eurent tout juste le temps d'échanger quelques mots : il lui exposa ses projets de fuite et elle lui parla des enfants qui,

La ferme de Gottrupel où se cachait Rudolf Höss (photo prise vers 1909)

comme elle, avaient bien du mal à s'adapter aux dures réalités de leur nouvelle vie.

Entre la moisson, les déchaumages et les labours, les travaux de la ferme le tinrent occupé tout l'automne. Quelques jours après Noël, il retrouva son beau-frère dans un bar de Flensbourg. Celui-ci lui remit une lettre de Hedwig, accompagnée d'un baluchon de vêtements. En repartant, il rappela à l'ancien commandant qu'il était toujours en danger : les Britanniques avaient repéré sa famille à Sankt Michaelisdonn et la surveillaient de très près. Il ne devait plus avoir aucun contact direct avec sa femme et ses enfants, ajouta Fritz. Toutes les communications passeraient désormais par lui. Si Rudolf comptait fuir l'Allemagne avant de se faire arrêter, il avait tout intérêt à rester en planque et à ne pas se faire remarquer.

14

Hanns

Belsen, 1945

À la fin de 1945, le War Office avait compris qu'il était temps de renforcer son équipe d'enquête sur les crimes de guerre. Les Britanniques avaient certes dirigé un procès important à Belsen et, avec les Américains, les Soviétiques et les Français, ils avaient commencé à instruire les procès de Nuremberg, autrement ambitieux. Mais ils savaient aussi que la grande majorité des criminels de guerre étaient toujours en fuite.

Ils mirent donc en place un nouveau Groupe de recherche des crimes de guerre basé à Bad Oeynhausen, ville la plus septentrionale de Westphalie que les troupes d'occupation britanniques avaient réquisitionnée en mai 1945 – expropriant au passage les habitants –, pour y installer le quartier général de l'Armée britannique du Rhin (BAOR). La maison du 24 Lettow-Vorbeckstrasse fut attribuée au Groupe et deviendrait le centre de coordination de toutes les enquêtes.

Le Groupe de recherche était placé sous l'autorité du colonel d'aviation Anthony George Somerhough, un colosse dont le visage jovial cachait un esprit vif, et qui passait souvent ses soirées à mitonner des omelettes pour ses fidèles limiers. Son adjoint, le colonel Gerald Draper, un avocat londonien qui avait servi dans l'infanterie chez les Irish Guards, s'occupait de tous les aspects juridiques des enquêtes. Entre autres remaniements, Leo Genn était rentré en Angleterre et avait cédé la direction de la WCIT-1 au lieutenant-colonel Thomas H. Tilling, un petit homme sec aux yeux bleus perçants encadrés par des cheveux roux coupés en brosse et une moustache en crayon.

Dans une note à Somerhough rédigée début novembre 1945, Draper fit le point sur la situation des principaux dirigeants de l'*Amtsgruppe D* : le Dr Enno Lolling s'était suicidé ; Karl Sommer (adjoint de Maurer à la D2) était détenu dans un camp américain à Berlin ; on croyait savoir que Richard Glücks avait mis fin à ses jours à sa sortie de l'hôpital de Mürwik, mais Draper n'était pas convaincu par cette histoire ; enfin, Oswald Pohl, Gerhard Maurer et Rudolf Höss se cachaient encore quelque part. Il y avait donc du pain sur la planche.

Le « Group Captain » Somerhough, que ses hommes surnommaient affectueusement *Gruppenführer*, venait précisément de recevoir les nouvelles directives de Londres : ses équipes devaient passer à la vitesse supérieure afin d'arrêter au moins cinq cents criminels avant la fin avril. Ayant entendu parler du capitaine Hanns Alexander, qui s'était autant distingué par son excellente connaissance du pays que par ses talents d'investigation, il demanda à Tilling de le lancer sur la piste de l'un des personnages les plus détestés du IIIe Reich : le *Gauleiter* du Luxembourg, Gustav Simon.

DIFFUSION RESTREINTE
BOAR/ 15226/7/Bureau du procureur général

15 nov. 1945

cc : WCIT-1
Objet : *Gauleiter* Gustav Simon

Un courrier du ministère de la Justice, Bureau national des crimes de guerre à Wiesbaden, nous informe que le gouvernement du Luxembourg est extrêmement inquiet d'apprendre que le *Gauleiter* sus-nommé, dit « *Chef der Zivilverwarltung in Luxembourg* », qu'ils considèrent comme un important criminel de guerre, n'a toujours pas été arrêté.

Selon une enquête préliminaire des autorités françaises, il semblerait que SIMON se cache dans la zone d'occupation britannique près de Cologne (région de l'Eifel).

En dépit de ces maigres indices, je souhaiterais que nous apportions notre concours autant qu'il sera possible et je vous demande par la présente de bien vouloir détacher le capitaine Alexander à cette mission spéciale, qu'il effectuera en coopération avec tous les services de sécurité britanniques de la zone qui seraient prêts à lui venir en aide.

A. G. SOMERHOUGH

Gustav Simon était né en 1900 à Sarrebruck. Son père était fonctionnaire des chemins de fer et sa mère femme au foyer. Après une formation d'enseignant, il avait rejoint le parti nazi en 1925 et s'était rapidement élevé dans la hiérarchie. Bien qu'il n'eût jamais appartenu à la SS, Simon était considéré comme un « vieux combattant » du fait de son adhésion précoce au NSDAP et, au fil des ans, il s'était vu confier de plus en plus de responsabilités. Hitler l'avait nommé *Gauleiter* de Coblence en 1931, puis du Luxembourg en 1940, au lendemain de l'invasion allemande. Simon avait pour mandat de démanteler l'appareil d'État du grand-duché, d'interdire l'usage de la langue française et de germaniser la population. Vers la fin de 1940, il lança un vaste programme d'émigration des juifs du Luxembourg.

Dans le cadre de cet exode, plus d'un millier de juifs s'étaient réfugiés en France, au Portugal et en Belgique. Au cours des mois suivants, plusieurs centaines réussirent encore à fuir vers les pays voisins. Certains y trouvèrent un asile ;

Le Gauleiter *Gustav Simon, Luxembourg, 1942*

d'autres eurent moins de chance et furent raflés par la Gestapo.

Le 16 octobre 1941, un premier contingent de juifs luxembourgeois fut déporté au ghetto de Łódź en Pologne – d'autres convois seraient par la suite acheminés vers Theresienstadt, puis Auschwitz. Dès le lendemain, 17 octobre, Gustav Simon déclarait fièrement le Luxembourg *judenfrei*, débarrassé de ses juifs. Ce fut le seul *Gauleiter* nazi à clamer haut et fort que sa région avait été entièrement « nettoyée ». Sur les trois mille neuf cents juifs que comptait le pays avant l'occupation, mille deux cent quatre-vingt-dix périrent dans la Shoah.

Depuis que les Américains avaient libéré le grand-duché en septembre 1944, pratiquement plus personne ne savait ce qu'était devenu Simon. On supposait qu'il était retourné en Allemagne et le bruit courait qu'il se cachait quelque part près de Cologne.

Si les enquêteurs britanniques s'étaient jusqu'alors limités à interroger les gardes et hauts responsables SS déjà en détention, ils devaient à présent se mettre en chasse. Le lieutenant-colonel Tilling convoqua Hanns dans son bureau et lui exposa sa mission. S'il parvenait à mettre la main sur Gustav Simon, ajouta-t-il, son travail constituerait le prototype d'une nouvelle méthode qui serait appliquée à l'ensemble de l'unité : les enquêteurs iraient passer villes, villages et campagnes au peigne fin et interroger les populations locales jusqu'à retrouver la piste d'un criminel de guerre donné. Ce qui revenait peu ou prou à rechercher une aiguille dans une botte de foin – comme l'indiquait d'ailleurs le nom de code de cette stratégie que Hanns aurait l'honneur d'inaugurer : « *Operation Haystack** ».

Il opérerait seul mais au besoin, précisa Tilling, il pourrait contacter les services de sécurité américains et belges qui

* *Haystack* signifie « botte de foin ».

avaient été informés de son objectif et lui assureraient un appui logistique. Seul impératif : ramener Gustav Simon vivant.

Le 23 novembre 1945, le jour même où les procureurs américains achevaient de prononcer leur réquisitoire au procès de Nuremberg, Hanns quitta sa base pour Wiesbaden. Quatre heures plus tard, il rencontrait le juge Charles-Léon Hammes, représentant luxembourgeois à l'UNWCC, qui lui remit deux photographies de Simon : un regard prédateur, de petits yeux, des lèvres minces, un nez pointu, une fossette au menton ; des cheveux foncés séparés par une raie sur le côté et rasés à cinq centimètres au-dessus des oreilles, qui en paraissaient encore plus grandes.

Avant d'engager sa chasse à l'homme, Hanns retourna faire son rapport au lieutenant-colonel Tilling. Une violente tempête de neige qui balayait l'Europe centrale l'immobilisa cependant au camp de Belsen et retarda ses projets d'une semaine ce qui, tout compte fait, n'était pas plus mal : il en profita pour mieux préparer son périple, rassemblant deux jours de rations, des couvertures, des chaînes à neige, des vêtements chauds, un carnet de notes, une trousse d'urgence ainsi que son revolver et une paire de menottes. Le Groupe de recherche des crimes de guerre lui avait par ailleurs remis une carte plastifiée du nord-ouest de l'Allemagne qui lui serait des plus précieuses.

Le 1er décembre enfin, le temps se leva. Hanns et son chauffeur prirent la route, direction sud-ouest : ils avaient décidé de commencer par la dernière adresse connue de Gustav Simon, à Coblence. Sur place, Hanns alla droit à la préfecture, espérant recueillir quelques pistes supplémentaires. Le chef de la police lui confirma que, vers 1935, le *Gauleiter* avait effectivement habité au 15 Rheinallee, mais s'étonna de sa démarche, car il avait lu dans un quotidien de Francfort que Simon avait été arrêté peu après la guerre. Stupéfait, Hanns remercia son interlocuteur et fila aussitôt au siège du journal. Il questionna le rédacteur en chef qui le détrompa : il n'avait jamais rien publié de tel. Hanns venait de recevoir sa première grande leçon : ne jamais faire confiance à personne. Dorénavant, il se méfierait de tous ses informateurs, même – ou surtout – de ceux qui occupaient des fonctions importantes.

Il repartit pour Coblence, mais se rendit cette fois-ci au commissariat de quartier. L'agent de service se montra bien plus coopératif : l'épouse de Simon s'appelait Friedel Henning, le couple avait divorcé en 1942 et avait un fils de quatorze ans, Gustav Adolf Simon. Les parents de Friedel habitaient à Hermeskeil, près de la frontière du Luxembourg.

Fort de ces renseignements, Hanns alla interroger les beaux-parents du *Gauleiter* qui se firent un plaisir de lui répondre – apparemment, Simon avait « plaqué leur fille sans crier gare » –, mais ils ne savaient malheureusement plus rien de leur gendre depuis un bon bout de temps et n'avaient aucune idée de l'endroit où il pouvait se trouver. Ils lui apprirent néanmoins que sa mère était toujours vivante et qu'elle habitait à Friedewald, à cent cinquante kilomètres au nord-ouest de Francfort.

Le lendemain, 4 décembre, Hanns frappait à la porte de Mme Simon mère. Elle lui fit un accueil glacial, répondit sèchement à ses questions et déclara n'avoir aucune nouvelle de son fils ni de son petit-fils. Hanns, qui avait compris que chaque village d'Allemagne pouvait abriter autant de sympathisants que d'adversaires du nazisme, entreprit une petite enquête de voisinage. Après quelques ratés, il parvint à glaner des bribes d'information : Gustav Simon était en effet passé chez sa mère et avait filé le 27 mars 1945, veille de l'arrivée des Américains à Friedewald ; un jeune homme portant un sac à dos était venu voir la vieille dame en pleine nuit, puis était reparti pour Marbourg avec les deux nièces du *Gauleiter*. Hanns supposa qu'il s'agissait du fils de Gustav Simon.

Il remonta en voiture et se fit conduire à Marbourg, à près de deux heures de route à l'ouest. Il retrouva rapidement la trace des jeunes filles qui, à son grand soulagement, acceptèrent de lui parler et semblaient sincères : Gustav Adolf était allé s'établir à Dassel, au sud de Hanovre, avait pris le patronyme de sa mère et se faisait maintenant appeler Gustav Henning.

À Dassel, le maire remit à l'enquêteur britannique un sac retrouvé dans un bois à l'entrée de la ville. Il contenait des papiers d'identité au nom de « Gustav Henning », un uniforme des Jeunesses hitlériennes, une photographie d'identité récente et des tracts de propagande des milices du Werwolf.

Pensant tenir sa proie, Hanns fonça à l'adresse que lui avaient fournie les nièces. Hélas, les occupants de la maison lui annoncèrent que Gustav Henning n'habitait plus là depuis cinq mois. Une fois de plus, il s'était fait rouler dans la farine : les filles l'avaient lancé sur une piste froide pour protéger leur cousin. Il était furieux. Il n'avait déjà pas beaucoup de temps pour remplir sa mission, et l'idée que ces « sales petites Boches » se paient sa tête lui était tout bonnement insupportable. Ne faisant ni une ni deux, il reprit le chemin de Marbourg, les arrêta pour obstruction à la justice, les fit jeter dans des cellules séparées et les mit aussitôt sur le gril : où est Gustav Simon ? Quand avez-vous vu Gustav Adolf ou « Gustav Henning » pour la dernière fois ? Pourquoi m'avez-vous menti ? Il les harcela des heures durant, menaçant de les faire traduire devant le tribunal des crimes de guerre si elles s'obstinaient dans leur silence.

Enfin, l'une d'elles craqua : les renseignements que sa sœur et elle lui avaient fournis étaient datés, reconnut-elle ; Gustav vivait désormais en Westphalie chez une autre cousine, Alvis Scheideler, au 11 Eschenlohstrasse à Plettenberg.

Hanns n'était peut-être pas au bout de ses peines, mais du moins avait-il le sentiment de se rapprocher du but – et de toute façon, il s'était déjà tellement fait balader qu'il n'en était plus à une centaine de kilomètres près. À Plettenberg, il s'allia le concours de la 3e brigade d'infanterie belge pour perquisitionner le domicile d'Alvis Scheideler. Le fils Simon n'y était plus. Sa cousine confirma qu'elle l'avait bien hébergé un moment mais, dit-elle, il venait de déménager. Hanns explosa : où était passé le garçon ? À sa grande surprise, Alvis Scheideler annonça tranquillement qu'il habitait au 38 Dingeringhauser Weg. C'était très littéralement au coin de la rue !

N'y croyant qu'à moitié, il se précipita à l'adresse indiquée, talonné par les soldats belges. L'immeuble se trouvait dans une petite rue, à l'écart du centre-ville. La propriétaire se montra très loquace : elle logeait en effet le jeune homme et, ajouta-t-elle, celui-ci se trouvait justement dans sa chambre. Elle les précéda dans le couloir, alla frapper à sa porte et l'ouvrit grand sur un adolescent à l'air boudeur, en tenue de voyage. Hanns entra, se présenta, et l'enjoignit de décliner son identité et de présenter ses papiers. Le garçon s'exécuta à contrecœur. C'était bien Gustav Adolf Simon, fils de Gustav Simon.

Hanns fouilla rapidement la chambre. Il trouva une carte d'état-major britannique de Hanovre mais aucune arme. Puis, se tournant vers Gustav Adolf, il lui demanda ce qu'il avait fait depuis la fin de la guerre. Il avait travaillé et ne s'était jamais mêlé de politique, assura le gamin. Exaspéré par cette mauvaise foi, Hanns le mit au pied du mur : la police avait retrouvé le sac qu'il avait jeté dans un bois avec des tracts du Werwolf et sa carte d'identité. Pris en défaut, le jeune Simon se tut. Hanns poussa son avantage et voulut savoir où se cachait son père. Comme s'il répétait une réplique apprise par cœur, le garçon répondit que son père n'avait jamais mis les pieds à Plettenberg et qu'il ne l'avait pas revu depuis le dimanche de Pâques. Il ignorait tout de ses déplacements et de sa nouvelle identité. Hanns en avait assez entendu. En attendant de retrouver le père, il arrêta le fils pour possession illégale d'une carte d'état-major britannique et demanda à l'unité belge de l'emmener à la prison de la ville.

Après quoi, il retourna voir la personne la plus coopérative qu'il eût rencontrée jusqu'à présent, Alvis Scheideler. Il ne fut pas déçu du détour : elle avait vu Gustav Simon et avait sa petite idée sur l'endroit où il se cachait, sur son nouveau métier et elle décrivit jusqu'à ses vêtements. Le *Gauleiter* avait récemment pris une chambre dans deux hôtels de la ville, le Harpe et le Hoppes, et il travaillait comme jardinier dans une école primaire des environs. Il se faisait appeler « Volter » ou « Hofler » et avait changé d'apparence. L'homme que le capitaine Alexander recherchait avait maintenant les cheveux gris, une moustache et des lunettes.

En fin de soirée, accompagné de son informatrice, Hanns se présenta à l'hôtel Harpe. Il glissa quelques marks au réceptionniste et demanda à voir le registre des clients. L'homme tira d'un tiroir un gros livre relié et le posa sur le comptoir. Hanns l'ouvrit et, suivant les dernières inscriptions du doigt, s'arrêta sur un nom :

> 14/09/45. Hans Woffler, né le 26/09/1900, domicilié à Francfort. A quitté l'hôtel le 15/09/45.
>
> 13/11/45. Hans Woffler, né le 26/09/1900, domicilié à Steinbeck, 1 Schusterstrasse, carte d'identité n° A13882. A quitté l'hôtel le 16/11/45.

Il tenait la preuve que, contrairement à ce que prétendait son fils, Gustav Simon était venu à Plettenberg quatre semaines plus tôt. Le nom n'était pas tout à fait le même que celui qu'Alvis lui avait donné, mais ce n'était pas loin.

Il reporta ces renseignements sur son carnet de notes, remercia le réceptionniste, puis se dirigea avec Alvis vers le second hôtel, tout proche, où il exigea également de consulter le registre. Il retrouva son homme sous un autre prénom :

> 12/11/45. Heinrich Woffler, né le 26/09/1900 à Francfort, domicilié à Einbeck, carte d'identité n° A13882. A quitté l'hôtel le 13/11/45.

Le lendemain, il alla rendre visite à Gustav Adolf dans sa cellule. Intimidé par la colère de l'enquêteur, l'adolescent lâcha enfin le morceau : son père avait trouvé un emploi de jardinier en zone britannique et il l'avait vu récemment à Plettenberg. L'enquête progressait un peu.

Convaincu de la bonne foi de Scheideler, il retourna étudier de plus près les registres hôteliers. Il repéra une constante : deux clients avaient utilisé le même nom de famille, avec deux adresses distinctes : Steinbeck et Einbeck. À sa connaissance, il n'existait en Allemagne aucun bourg appelé Steinbeck, mais la ficelle était assez grosse : peut-être ce « Woffler » habitait-il à Einbeck.

Le 10 décembre avant l'aube, il repartit vers l'est, en direction d'Einbeck. Deux cent cinquante kilomètres plus loin, il s'arrêta devant la gendarmerie du village. Aucun Hans ni Heinrich Woffler n'était répertorié dans la municipalité, lui dit-on. Un peu dépité, il jeta un coup d'œil sur ses notes et se dit qu'il n'avait rien à perdre à aller faire un tour à l'adresse indiquée dans le premier registre. Au 1 Schusterstrasse, il examina la liste des locataires affichée à la porte. Son instinct ne l'avait pas trompé : le premier nom était celui de Hans Woffler. Il sonna.

Une vieille dame vint lui ouvrir. C'était la propriétaire, Frau Blumenberg. Hanns lui montra la photographie de Gustav Simon et elle reconnut son locataire mais, lui dit-elle, elle ne l'avait pas revu depuis deux mois. Comment s'appelait-il ? « Hans Woffler », répondit-elle. À ce qu'elle en savait, il était jardinier dans une école primaire des environs de Paderborn, à une centaine de kilomètres à l'ouest de là.

Hanns fila immédiatement à Paderborn. À la mairie, il apprit qu'un certain « Hans Woffler » s'était effectivement fait domicilier chez Frau Berhorst dans le village d'Upsprunge, à un petit quart d'heure de route vers le sud.

À onze heures du soir, Hanns se posta avec un petit détachement de police devant une maison d'une rue tranquille d'Upsprunge. Après un rapide échange sur leur tactique d'approche et d'assaut, un gendarme força la porte et, au signal convenu, les autres s'engouffrèrent à sa suite.

Tétanisé par cette irruption soudaine, l'occupant de la maison n'eut pas le temps de présenter la moindre résistance. Tout tremblant et affolé, il se recroquevilla devant les agents en uniforme. S'il l'avait croisé dans la rue, Hanns ne l'aurait jamais reconnu : le personnage qu'il avait sous les yeux ne ressemblait pas beaucoup à celui des photos que le juge Hammes lui avait remises. Après six mois de cavale, le fier *Gauleiter* aux joues rebondies par le pouvoir et l'opulence paraissait un vieillard : les traits émaciés, le visage tanné par le soleil et encadré d'une longue tignasse grise, il portait des lunettes, s'était laissé pousser la moustache et nageait dans ses vêtements. Prévenu de cette métamorphose par Alvis Scheideler, Hanns était certain de tenir enfin son homme : Gustav Simon.

Tandis que les gendarmes le tenaient en respect du bout de leur arme, Hanns lui examina la bouche et le fouilla pour s'assurer qu'il ne dissimulait pas une ampoule de cyanure. Puis il lui demanda ses papiers : ils étaient au nom de Woffler. C'étaient manifestement des faux, ce que Simon s'obstina à nier. Il avait toutefois commis une erreur en laissant traîner dans sa chambre un manteau sur lequel était cousu un insigne portant son vrai nom et son grade. Contraint par l'évidence, il finit par avouer sa véritable identité.

Hanns l'assaillit alors d'un feu roulant de questions : comment avait-il fui le Luxembourg ? Où s'était-il caché après l'arrivée des Américains ? Qui l'avait aidé ? À quand remontait sa dernière rencontre avec les caciques du régime – Himmler, Pohl et Eichmann ? Cet interrogatoire ne mena à rien. Simon marmonna quelques vagues généralités mais ne révéla rien.

Hanns récupéra tous ses effets – ses vêtements, ses livres, son papier à lettres, ses enveloppes et ses stylos – et les fit porter dans sa voiture. Puisant directement dans le portefeuille de Simon, il paya le solde du loyer à la logeuse et l'autorisa à garder l'énorme stock de provisions que s'était constitué l'ancien gouverneur.

Il passa les menottes à son prisonnier, le poussa à l'arrière de sa voiture et le conduisit à la prison de Paderborn. Avant de tourner les talons, il recommanda au gardien de le placer sous étroite surveillance pour éviter toute tentative de suicide et lui interdit formellement de le livrer à qui que ce soit d'autre que lui-même. Après avoir ratissé en tous sens le cœur de l'Allemagne pendant dix-sept jours et parcouru près de deux mille cinq cents kilomètres, il avait fini par débusquer son premier grand criminel de guerre nazi.

Il repartit en pleine nuit pour Belsen, où il arriva au matin du 11 décembre. Il n'avait pas fermé l'œil depuis plus de vingt-quatre heures lorsqu'il se présenta dans le bureau de son supérieur pour lui annoncer la capture de Gustav Simon. Tilling était ravi. À dire vrai, il craignait que le *Gauleiter* ne leur ait filé entre les doigts depuis longtemps et n'espérait plus un tel succès. Il félicita chaleureusement son enquêteur et, lorsque celui-ci demanda à ramener lui-même Simon au Luxembourg, il lui accorda cette faveur sans aucune hésitation :

« Pas de problème. C'est vous qui l'avez pêché, le poisson est à vous ! »

Huit jours plus tard, Hanns reçut l'ordre de mission du colonel Somerhough : le capitaine Alexander devait se rendre à la prison de Paderborn, où il retrouverait la capitaine Léone Muller, membre de l'Office luxembourgeois pour la recherche des crimes de guerre, avec laquelle il prendrait en charge Gustav Simon. Il récupérerait au passage Richard Hengst, l'ancien bourgmestre de la ville de Luxembourg qui avait gouverné le pays avec le *Gauleiter* entre 1940 et 1943. Les deux escortes déposeraient ensuite leurs charges à la prison de Bonn, en veillant à ce que les surveillants respectent scrupuleusement les procédures en vigueur et notamment à ce qu'ils les placent sous observation permanente afin d'écarter tout risque de suicide. Le lendemain, ils poursuivraient leur route jusqu'au Luxembourg où ils remettraient leurs captifs aux autorités. Somerhough concluait sur une mise en garde : « Sachant que les populations locales sont extrêmement hostiles à Simon, il serait préférable que les prisonniers ne soient vus ni dans la voiture, ni dans les rues. »

Mais rien ne se passa comme prévu. Dans son rapport d'enquête, Hanns raconta la suite des événements :

CONFIDENTIEL
Rapport sur la remise de Gustav Simon et Richard Hengst.
Capitaine H. H. Alexander
Équipe n° 1 d'enquête sur les crimes de guerre

2 janvier 1946
Camp de Hohne (Belsen)

1 – Le 19 décembre 1945, sur ordre du Bureau du procureur général (Section des crimes de guerre), je me suis rendu au quartier général de l'Armée britannique du Rhin, accompagné de Richard HENGST, ancien bourgmestre de la ville de

Luxembourg. La capitaine Muller, de l'Office luxembourgeois pour la recherche des crimes de guerre, m'y a rejoint. De là, nous sommes allés à Paderborn dans l'intention de récupérer Gustav SIMON mais à notre arrivée, le commandant de la place de Paderborn nous a informés que SIMON s'était pendu la veille, 18 décembre 1945, alors qu'il était en détention dans la prison de la police de Paderborn. C'était sa deuxième tentative de suicide. La première, m'a-t-on dit, avait eu lieu le 11 décembre (il avait alors essayé de se trancher une veine) ; elle fut néanmoins prévenue à temps. Avant de chercher à mettre fin à ses jours le 11 décembre, SIMON a fait une déposition volontaire à l'officier de police qui le surveillait, reconnaissant être bien Gustav SIMON, *Gauleiter* du Luxembourg, et expliquant qu'il faisait cette déclaration pour éviter davantage d'ennuis à sa famille. La déposition et le rapport de l'agent de police sont joints à l'annexe « A ». L'original a été remis aux autorités du Luxembourg, la pièce « A » ci-jointe étant une copie certifiée conforme à l'original.

2 – J'ai été informé que SIMON s'est pendu entre 11 h 45 et 12 h 15 le 18 décembre 1945. Il a utilisé une corde confectionnée à partir de la couverture de toile de son lit et il s'est pendu au montant du lit superposé de sa cellule. La corde a été remise à Mlle Muller et ramenée au Luxembourg. Il a été établi que la prison avait pris toutes les précautions nécessaires pour éviter une telle tentative, ayant retiré au prisonnier ses bretelles, lacets, etc. De plus, après la première tentative, la garde avait été doublée.

En lieu et place de son précieux prisonnier, Hanns se retrouvait donc avec un cadavre sur les bras. Il décida malgré tout de le livrer aux autorités luxembourgeoises. Il l'enveloppa dans une couverture, le ficela solidement puis l'attacha au porte-bagages accroché à l'arrière de la voiture. Il traversa ainsi la moitié de l'Allemagne, traînant son « macchabée » en remorque. Ils franchirent la frontière le 20 décembre à deux heures du matin. Peu après, ils remirent leurs passagers à Victor Bodson, ministre de la Justice du grand-duché, et au juge Hammes, auxquels ils firent un bref récit des événements de cette journée tumultueuse. Hengst fut transféré à la prison du Grund tandis que l'on conduisait Hanns dans un hôtel de la ville. L'ancien *Gauleiter*, lui, passa la nuit au frais dans une cellule.

Le lendemain, la presse fut convoquée au rez-de-chaussée du ministère de la Justice. Victor Bodson et Jos Thorn, président de la Commission luxembourgeoise des crimes de guerre, posèrent sous un crépitement de flashs à côté du capitaine Alexander et de la capitaine Muller. Les journalistes furent ensuite invités à aller voir et photographier le corps du gouverneur nazi à la prison. Il était toujours vêtu de son uniforme de prisonnier, mais sa moustache avait été rasée et on lui avait retiré ses lunettes. Il avait la tête renversée en arrière et son cou mal rasé était encore rouge et gonflé.

Jos Thorn, Hanns Alexander et Victor Bodson, décembre 1945

Le *Tageblatt*, l'un des plus grands quotidiens du pays, publia un compte rendu de la conférence de presse :

> LE *GAULEITER* SIMON S'EST SUICIDÉ À PADERBORN
>
> L'histoire de la traque du *Gauleiter* a tout d'un scénario de roman policier et témoigne du talent de l'unité de recherche du capitaine Alexander. Malheureusement, les efforts acharnés du capitaine anglais ne déboucheront pas sur l'issue qu'attendaient les Luxembourgeois, à savoir le procès et l'exécution du criminel de guerre au Luxembourg. Le capitaine Alexander a présenté son rapport dans un allemand irréprochable, relatant son odyssée de deux mille cinq cents kilomètres qui débuta le 23 novembre pour s'achever par l'arrestation du *Gauleiter* le 10 décembre à onze heures du soir.
>
> « Je suis désolé de ne pas avoir pu ramener le *Gauleiter* vivant au Luxembourg, s'est-il excusé. Malheureusement, les choses ne se sont pas passées comme je l'aurais aimé. Mais Gustav Simon a eu ce qu'il méritait : la corde. Ce qui, a-t-il ajouté avec un flegme tout britannique, nous a économisé quelques dépenses inutiles. »
>
> Le corps sans vie qu'il a ramené est sans l'ombre d'un doute celui du *Gauleiter* : un examen du cadavre à la prison centrale de Luxembourg, ainsi que les faits que nous venons de rapporter, révèlent incontestablement sa véritable identité.
>
> Malgré la déception que nous vaut le suicide de Gustav Simon, la gratitude de tout notre peuple va au capitaine Alexander qui a capturé le monstre.

Tout le monde n'était pourtant pas convaincu par cette explication. D'aucuns prétendaient en effet que Gustav Simon ne s'était pas pendu et était encore vivant au moment où Hanns était allé le chercher à la prison de Paderborn. Le capitaine Alexander aurait été rejoint par sept partisans luxembourgeois, parmi lesquels la capitaine Léone Muller, et ils auraient emmené Simon dans une forêt des environs de la ville pour l'exécuter. Hanns aurait alors fait serment de ne jamais révéler la vérité, et aurait couvert le meurtre en présentant dès le lendemain la « version officielle » devant la presse réunie à Luxembourg.

Quoi qu'il en fût, Hanns avait réussi à retrouver la trace du fugitif et l'avait arrêté. Mission accomplie – ou presque.

À l'issue de la rencontre avec les journalistes, il fut convié à une réception dans la somptueuse salle des fêtes du palais grand-ducal, donnée par la grande-duchesse Charlotte qui, avec sa famille, venait de rentrer de son exil volontaire à Londres. Dans son uniforme kaki impeccablement repassé, il se tenait près de la table des boissons lorsqu'il vit s'avancer vers lui la grande-duchesse en personne qui, dans un anglais parfait, le remercia d'avoir capturé Simon. Hanns profita de l'occasion pour lui remettre un billet tout neuf de cinq livres, en remboursement du sac de couchage que son fils Jean avait payé à un ami officier à l'époque où ils étaient tous deux engagés dans le corps des volontaires des Irish Guards.

Hanns passa le reste de la semaine à Luxembourg, faisant la tournée des bars et des brasseries avec Victor Bodson pour fêter l'arrestation de Gustav Simon. Les deux hommes se découvrirent deux grands points communs : une haine viscérale des nazis – avant guerre, Bodson avait aidé plus d'une centaine de juifs à fuir l'Allemagne – et une capacité à lever le coude plus souvent qu'à leur tour.

Si Hanns avait entretenu une correspondance régulière avec sa fiancée tout au long de l'été, à partir du moment où il s'était lancé sur la piste de Simon, il n'avait plus eu une minute à lui pour lui écrire, et ce long silence n'avait pas laissé de contrarier la jeune femme. Lorsqu'il rentra à Belsen, Tilling lui remit deux lettres. La première, signée d'Ann, était adressée au lieutenant-colonel lui-même ; la seconde était la réponse du berger à la bergère.

28 novembre 1945

Cher lieutenant-colonel,

Le présent courrier ne se veut en rien une lettre convenable mais simplement un répertoire de griefs qui, je l'espère, saura produire l'effet nécessaire. L'auteur de ces lignes avait dans un premier temps envisagé de demander de l'aide mais a tout compte fait préféré prendre elle-même les choses en main, puisqu'il s'agit après tout d'une affaire très personnelle et qu'une aide ne pourrait, dans le cas présent, qu'envenimer la situation.

Qu'il lui soit donc permis de souligner ici qu'au cours de ces dernières semaines – pour ne pas dire de ces derniers mois –, le capitaine Alexander n'a fait absolument aucun effort pour tenir sa correspondance, chose qui n'a pas manqué de soulever bien des commentaires, de la part de sa « bien-aimée fiancée » naturellement, mais également de la famille du capitaine. Il ne peut y avoir aucune raison valable pour que le capitaine Alexander ne prenne pas un instant pour griffonner quelques lignes tous les deux jours. Comme le disait un ancien officier d'artillerie, on trouve toujours le temps d'écrire une lettre, avis que partage très certainement l'auteur de ces lignes.

Je vous saurais gré de voir ce que vous pouvez faire pour apporter satisfaction à la soussignée, faute de quoi, celle-ci se verra dans l'obligation de prendre des mesures draconiennes.
Bien à vous,

Ann Graetz

Tilling avait pris son temps pour mijoter sa réplique :

10 décembre 1945

Chère Madame,

En ma qualité de commandant du capitaine Alexander, j'estime vous devoir quelque explication sur sa mauvaise volonté manifeste à vous écrire.

De par ses exceptionnelles qualités de caractère, le capitaine Alexander est invariablement désigné pour les missions les plus périlleuses et, à l'heure qu'il est, je l'ai d'ailleurs envoyé réaliser une enquête de la plus haute urgence dans un harem allemand. Cette tâche l'obligera naturellement à travailler jour et nuit dans des conditions de pression extrêmes, mais bien qu'il soit seul pour la mener à bien, son enthousiasme et l'énergie qu'il y consacre lui permettront très certainement de la boucler dans les délais pour bénéficier d'un repos bien mérité et profiter de la période de Noël pour recharger la mine de son crayon.

En conclusion, Madame, permettez-moi de vous souhaiter un très joyeux Noël, et de vous dire combien je compatis à votre initiative courageuse mais, je le crains, vouée à l'échec, pour parvenir à piloter le capitaine Alexander dans les eaux agitées de la vie conjugale.

Restant, Madame, votre serviteur dévoué,

T. H. Tilling (Lt.-col.)

PS : En fait, Alex n'a aucune excuse et, si j'étais vous, je formulerais ma prochaine lettre en des termes encore plus intransigeants.

Ayant lu cet échange épistolaire entre sa fiancée et son supérieur, Hanns adressa à sa « chère Poppitt » une lettre qu'il reconnaissait être « bien tardive ». Elle ne faisait pas moins de trois pages et était écrite sur du papier à lettres volé à Gustav Simon. Il avait été occupé à traquer le *Gauleiter*, expliqua-t-il, ce qui lui avait pris plus longtemps que prévu car il « avait mis un point d'honneur à mettre la main au collet à ce porc ». Il la remercia en plaisantant d'avoir envoyé sa taille de bague, mais prit soin de préciser qu'il n'était pas prêt à s'engager, du moins pour l'instant. Il s'empressa toutefois de la rassurer, jurant que malgré la séparation il lui était resté fidèle : « Ne t'inquiète pas, je ne tiens chaud à aucune Hollandaise. Je n'ai d'ailleurs pas beaucoup le loisir de tenir chaud à qui que ce soit, ces jours-ci. » Il promit de lui acheter un parapluie lors de son prochain passage à Bruxelles et de demander une permission pour bientôt, peut-être après Noël. « À part cela, il n'y a pas grand-chose de nouveau, ici. Beaucoup de travail et rien de cet esprit de Noël auquel nous avons été habitués en ville à cette période de l'année. »

Au soir du 26 décembre 1945, il retrouva ses collègues au Club des officiers de Belsen pour le grand bal de la Saint-Étienne. Parmi la foule des hommes et femmes en uniforme qui se pressaient autour de la table des cocktails, il régala ses camarades de quelques anecdotes dont il avait le secret. À cette ambiance festive se mêlait un sentiment d'excitation car, après six années de mobilisation, beaucoup de militaires rentreraient bientôt dans leurs foyers.

Entre-temps, le camp de concentration de Belsen avait été transformé en un immense centre d'accueil de réfugiés. Les Britanniques avaient mis le feu aux anciennes baraques pour prévenir la diffusion des épidémies. Le site accueillait encore près de dix mille pensionnaires, juifs pour la plupart, logés dans les anciennes casernes des SS. Les conditions de vie s'étaient considérablement améliorées mais la grande majorité des réfugiés n'avaient qu'un désir : retourner au plus vite chez eux. Or, il était à l'époque pratiquement impossible de quitter les limites du camp, et plus encore de franchir une frontière. Belsen était une zone de quarantaine.

Ce soir-là, en musardant de groupe en groupe dans la salle bondée du Club, Hanns remarqua une jolie jeune fille assise seule dans un coin. De longs cheveux bruns lui tombaient sur les épaules et, contrairement à la plupart des femmes, elle n'était pas habillée pour l'occasion. Visiblement impressionné par sa simplicité, il se présenta et l'invita à danser. Tandis qu'ils tournoyaient sur la piste, elle lui raconta son histoire : elle s'appelait Anita Lasker et aidait parfois les Britanniques en qualité d'interprète ; elle était juive allemande, avait été déportée à Auschwitz et n'avait dû sa survie qu'à l'orchestre des femmes, dans lequel elle jouait du violoncelle.

Hanns lui proposa de l'aider à quitter le camp avec sa sœur. Comme les milliers d'autres anciens internés encore bloqués à Belsen, les deux sœurs n'avaient pas pu obtenir de permis de voyage pour se rendre dans un autre pays. Elle expliqua que si Hanns arrivait à les faire passer jusqu'à Bruxelles, elles se débrouilleraient ensuite pour rejoindre Londres. Il accepta et lui donna rendez-vous à l'entrée principale du camp le lendemain matin à sept heures. Anita retourna à sa baraque et passa la nuit à fabriquer un faux certificat de sortie du pays : « L'ex-détenue du camp de concentration de Belsen mentionnée ci-dessus est autorisée à se rendre à Bruxelles afin d'y engager une procédure de rapatriement. Elle voyagera sous la garde du capitaine Alexander. Fait à Hohne, le 27 décembre 1945. »

Anita Lasker (à gauche) à son départ de Belsen, décembre 1945

À l'heure dite, les sœurs Lasker attendaient devant le poste de garde principal du camp. Elles n'avaient pour tout bagage que le violoncelle d'Anita et un vieil étui de machine à écrire rempli de leurs maigres effets. Elles regardaient nerveusement l'agent de la police militaire lever et abaisser la barrière rouge et blanc pour laisser passer les camions. Des prisonniers se dirigeaient par groupes de deux ou trois vers les tentes des cantines pour prendre leur petit déjeuner, puis repartaient d'un pas lourd vers les baraques où, pour tuer le temps, ils joueraient aux cartes, feraient leur courrier ou somnoleraient. À chaque minute qui passait, Anita sentait l'inquiétude monter. Hanns n'arrivait pas. Plusieurs heures s'écoulèrent, et elle commençait à se dire que leur conversation de la veille au soir n'était que le fruit de son imagination.

Elle allait perdre tout espoir quand soudain, une grosse Mercedes-Benz vert foncé s'arrêta devant elles. « Désolé, je ne me suis pas réveillé », bafouilla Hanns, tout confus.

Les deux sœurs grimpèrent à l'arrière, où était déjà installée Lucille Eichengreen, une autre jeune femme que Hanns avait conviée à profiter du voyage. Hanns prit place à l'avant, à côté du chauffeur. Tandis que la voiture partait en direction de la Hollande, aucun des passagers ne dit un mot en voyant Belsen s'éloigner derrière eux.

Au bout de trois heures de route, ils arrivèrent à la frontière. Un soldat hollandais leur demanda leurs papiers. À partir de là, les récits des événements divergent. Anita raconte qu'elle tendit son sauf-conduit au garde, qui parut s'interroger sur l'authenticité du document. Il leur fit remarquer que les réfugiés étaient censés se déplacer en convois et non dans des véhicules privés et semblait à deux doigts de les arrêter quand Hanns, se prévalant de son grade de capitaine, lui ordonna d'appeler le quartier général. Le soldat s'exécuta et, quelques minutes plus tard, la Mercedes roulait sur le sol hollandais.

Lucille rapporta une version plus rocambolesque de cet épisode : selon elle, leur petit groupe éveilla tout de suite les soupçons des gardes-frontières qui se mirent à crier. Hanns parlementa avec eux mais n'arriva pas à les convaincre. Excédé, il se tourna vers le chauffeur, lui ordonna de faire marche arrière et de contourner le poste de passage par un talus. « Baissez-vous ! cria-t-il à ses passagères. Ces salopards lèvent leurs mitraillettes ! » Dès qu'ils furent assez loin, il les autorisa à se relever. Ils étaient en Hollande.

Nul ne saura jamais comment les choses se sont véritablement déroulées, mais toujours est-il qu'ils avaient réussi à passer la frontière. À Bruxelles, Hanns prit contact avec des amis de sa mère qui l'hébergèrent pour la nuit avec son chauffeur et les jeunes femmes. C'était la première fois depuis six ans qu'elles dormaient dans une vraie maison.

Hanns retourna à Belsen dès le lendemain, heureux d'avoir pu aider ses trois protégées à regagner leur liberté.

Après avoir repoussé l'échéance pendant des mois, il jugea que l'heure était maintenant venue de faire sa demande en mariage à la femme de sa vie. Il avait espéré être démobilisé avant de se fiancer et expliqué à Ann qu'il valait mieux attendre qu'il ait un emploi stable et un toit à lui offrir. Mais à présent, la guerre était finie et Ann n'avait que trop patienté. Par chance, le lieutenant-colonel Tilling accorda au fringant capitaine une longue permission.

Hanns quitta donc Belsen en janvier 1946 et, empruntant tour à tour des camions militaires et voitures de service, il traversa les paysages dévastés des Pays-Bas, de la Belgique et de la côte septentrionale de la France. À Calais, il embarqua pour Douvres, puis sauta dans un train pour Londres. Comme par un fait exprès, Paul, qui était toujours affecté dans un camp de prisonniers du nord de l'Allemagne, avait lui aussi obtenu une permission et retrouva son jumeau dans la capitale britannique.

Hanns et Ann passèrent une semaine ensemble. Ils se racontèrent tout ce qu'ils n'avaient pas eu le temps de se dire et allèrent deux ou trois fois au cinéma. Ce fut autour d'un café au Lyons Corner House, où il l'avait invitée pour leur premier rendez-vous, que Hanns fit sa demande à sa fiancée. Celle-ci avait été informée de ses intentions par une indiscrétion d'Elsie, mais elle ne cacha pas son soulagement en l'entendant prononcer très officiellement la formule rituelle : « Veux-tu devenir ma femme ? » Naturellement, elle accepta. Ils convinrent de ne se marier que lorsqu'il aurait quitté l'armée et gagnerait sa vie.

Hanns Alexander en permission avec Ann Graetz, 1946

Entre-temps, en Allemagne, les patrons de Hanns au Groupe de recherche des crimes de guerre commençaient à trouver le temps long. Ils avaient besoin de leur enquêteur.

15

Hanns et Rudolf

Gottrupel et Belsen, 1946

Dans les premiers mois de 1946, Rudolf continua de voir son beau-frère de temps à autre. Le 3 mars, Fritz le rejoignit à la ferme de Gottrupel pour lui remettre des lettres de Hedwig et lui donner des nouvelles des siens : ils avaient quitté la cabane pour un appartement au-dessus d'une ancienne sucrerie à Sankt Michaelisdonn. Leur nouveau foyer était moins exposé aux intempéries, la toiture ne prenait pas l'eau et les murs ne laissaient plus passer le vent, mais Hedwig avait toujours autant de mal à s'occuper des enfants et à joindre les deux bouts.

Par chance, Leo Helger, l'ancien chauffeur de Rudolf à Auschwitz, avait retrouvé leur trace (peut-être par l'intermédiaire de l'un des officiers SS exilés à Flensbourg) et leur avait fait parvenir de l'argent et divers objets récupérés dans l'ancien appartement de Rudolf à Berlin : un coupe-cigare gravé, un poignard au manche orné de l'insigne de la SS, et un grand coffre de bois sculpté d'anciens symboles runiques – cadeau de Himmler.

Les quelques billets tombaient à point nommé, mais ils s'épuisèrent rapidement. La nourriture était encore rationnée et il gelait à pierre fendre. Les enfants n'avaient pratiquement rien à se mettre sur le dos et en étaient réduits à aller voler du charbon dans les wagons de marchandises qui, une fois par semaine, s'arrêtaient sur une voie de garage près de la sucrerie. Ces petits larcins suffisaient à peine à alimenter le poêle pendant deux jours et, le reste du temps, la petite famille grelottait dans sa cachette. Les petits portaient des sabots de bois confectionnés par leur mère, ce qui valait toujours mieux que d'aller nu-pieds dans la neige, mais ne remplaçait pas de vrais souliers. Brigitte avait les pieds crevassés d'engelures et les soulageait tant bien que mal en les enveloppant de vieux chiffons. Il leur fallait des vêtements chauds, du chauffage et un logement plus confortable, mais pour l'heure, aucune solution ne se dessinait. Rudolf se désolait de ne rien pouvoir faire pour atténuer les souffrances des siens alors qu'il était si près d'eux.

Avec Fritz, il parlait également de l'avenir, et surtout des problèmes que ne manquerait pas d'affronter sa famille si elle restait en Allemagne. La résistance avait échoué. Les nazis ne reprendraient jamais le pouvoir. Les Américains, les Soviétiques et les Britanniques s'étaient partagé le contrôle du pays. La plupart des caciques du régime et des cadres de la SS avaient été arrêtés et attendaient d'être jugés. Beaucoup avaient d'ores et déjà été pendus.

Rudolf et son beau-frère envisagèrent de faire sortir clandestinement Hedwig et les enfants du pays. De nombreux hauts responsables de la SS et du NSDAP avaient déjà franchi les frontières ou s'apprêtaient à le faire. Beaucoup étaient partis s'installer en Amérique latine : Adolf Eichmann, avec qui Rudolf avait travaillé en étroite collaboration pour liquider les juifs hongrois ; Franz Stangl, l'ex-commandant de Treblinka qu'il avait rencontré à l'occasion de l'une de ses nombreuses tournées ; et Josef Mengele, le tristement célèbre médecin d'Auschwitz que Rudolf recevait autrefois volontiers à sa table. Des filières d'exfiltration, surnommées les « *Rattenlinen* », organisaient la fuite des nazis vers des destinations jugées sûres, selon des itinéraires bien rodés : l'une de ces « routes des rats » transitait par l'Italie ou l'Espagne, une autre, au nord, par le Danemark et la Suède. Ce serait cette dernière que Rudolf emprunterait depuis Gottrupel.

Mais s'il choisissait de s'échapper, il devrait partir seul. Il serait bien trop risqué de voyager avec une femme et cinq enfants. Rudolf médita longtemps ce cruel dilemme : il n'avait aucune envie d'abandonner les siens, mais s'il se faisait prendre, il ne leur serait d'aucun secours. Après mûre réflexion, il opta pour la fuite en solitaire. Il se débrouillerait pour faire venir sa famille plus tard. Restait à préparer le voyage, prendre contact avec les réseaux, acheter les billets... Fritz l'aiderait.

En attendant le moment idéal pour passer à l'action, l'ancien commandant d'Auschwitz, l'un des hommes les plus recherchés d'Allemagne, devrait continuer de se dérober à ses poursuivants.

Début janvier 1946, le War Office adressa une note de service au Groupe de recherche des crimes de guerre en Allemagne, lui reprochant de ne toujours pas avoir retrouvé les criminels en cavale et accusant ses membres d'« immobilisme ». Ce courrier eut le don d'exaspérer le colonel Somerhough. Dans sa réponse, il expliqua sans détour que si les enquêtes piétinaient, la faute n'en incombait nullement à ses hommes mais aux services logistiques qui ne leur donnaient aucun moyen matériel de s'acquitter de leur mission :

> Nous avons retrouvé vingt-quatre hommes recherchés et enregistré plus d'un millier de dépositions. Un simple coup d'œil aux courriers envoyés par notre équipe pour réclamer des véhicules, des mécaniciens et des effectifs de police supplémentaires suffit à constater que nous demandons depuis des mois

à cor et à cri de quoi nous rendre moins « immobilistes ». Nous ne pouvons pas bouger tant que nous ne disposons pas de moyens de transport.

Fort de l'expérience concluante de la traque de Gustav Simon, Somerhough décida d'affiner sa stratégie : ses équipes concentreraient leurs efforts sur quelques personnalités parmi les plus importantes du Reich, qui auraient selon lui le plus de chances d'être condamnées devant un tribunal. Il leur ordonna donc de cibler les principaux chefs de l'*Amtsgruppe D*, responsables de la gestion des camps de concentration.

Dans un rapport daté de la troisième semaine de janvier 1946, le lieutenant-colonel Tilling exposa son plan : il enverrait deux de ses limiers au siège de l'*Amtsgruppe D* à Oranienburg-Sachsenhausen : le commandant Caola, un avocat londonien qui venait de rejoindre l'équipe et, dès qu'il aurait réussi à l'arracher aux bras de sa fiancée, le capitaine H.H. Alexander.

18 janvier 1946

Objet : mise à disposition du capitaine H.H. Alexander
Ministère de la Justice / Bureau du procureur général
(Section des crimes de guerre)
QG BAOR

1 – En référence à votre courrier du 12 janvier 1946, réf. BAOR/15228/2c. 1821

2 – Le capitaine ALEXANDER aura ordre de se présenter à vous dès son retour de permission, prévu le 24 janvier 1946.

3 – Pour l'heure, le commandant CAOLA se renseigne sur l'organisation interne de l'*Amtsgruppe D*, sur lequel il a la charge d'enquêter. À cette fin, il interrogera les employés de l'*Amtsgruppe D* dont notre équipe sait qu'ils sont en détention.

4 – Il a été convenu que le capitaine ALEXANDER interviendrait essentiellement pour localiser et arrêter d'autres personnes recherchées ayant travaillé pour l'*Amtsgruppe D*. Nous pensons qu'il serait préférable que le commandant CAOLA soit présent lors de tous les interrogatoires de ces individus lorsque le capitaine ALEXANDER les aura appréhendés.

Commandant de l'Équipe n° 1
d'enquête sur les crimes de guerre.
Lieutenant-colonel Tilling
(HOHNE) Camp de Belsen

Hanns rejoignit son unité dans les délais impartis. Tilling lui exposa en quelques mots sa nouvelle mission et, quatre jours plus tard, le 28 janvier, le jeune homme reprenait la route en compagnie du commandant Caola. Direction : Berlin.

Il n'avait pas revu la capitale depuis dix ans. Elle était méconnaissable. Les deux hommes parcoururent lentement les rues enneigées, effarés par l'ampleur des dégâts : la Kammergerichte, qui avait abrité le sinistre Tribunal du peuple, la chancellerie du Reich et le siège de la Gestapo avaient croulé sous les bombes ; le quartier commerçant d'Unter den Linden, où Hanns allait autrefois acheter ses cadeaux d'anniversaire avec sa nounou, était dévasté. Beaucoup des plus beaux monuments de Berlin étaient en ruines. La Neue Synagogue d'Oranienburgerstrasse, où il avait fait sa bar-mitsvah, avait été pilonnée par l'aviation britannique et n'était plus qu'une carcasse calcinée.

Il se dirigea vers l'ouest de la ville pour voir son ancien quartier. Du sanatorium de son père, qui jadis se dressait sur quatre étages sur l'Achenbachstrasse, il ne restait qu'un tas de gravats et de bois. Un peu plus loin, l'immeuble de la Kaiserallee était encore debout, mais il était dans un tel état qu'il semblait promis à la démolition. Pas même le zoo où, enfant, il était si souvent allé se promener n'avait échappé à la destruction : la maison des singes et le vivarium des reptiles n'étaient plus que des coquilles vides dont on avait réussi à évacuer les animaux avant l'arrivée des vagues de bombardiers.

Hanns fit part de ses impressions à ses parents : « Berlin n'a plus rien d'une ville et d'après moi, elle mettra au moins vingt ans à se relever. Tout ce qui n'a pas été détruit par les bombes l'a été par les combats de rues. 220 Kaiserallee : à raser ; 15 Achenbachstr. : rasé… Aldon, Eden et tous les bons hôtels sont en ruines. Nous sommes descendus au Savoy, un cinq étoiles de la Fasanenstrasse, sauf qu'il n'y avait pas d'eau chaude – elle n'est distribuée que le dimanche après-midi. Je suis passé à Glienicke. La maison est encore là et en relativement bon état. Le jardin, en revanche, est complètement *verwildert* [en friche] et les arbres ont tellement poussé qu'il m'a paru tout petit. » Il avait également eu des nouvelles du supérieur de son père qui, en 1933, avait protégé leur appartement pendant le boycott juif. « L'Oberst Meyer est mort », annonça-t-il, mais il ne connaissait ni les causes ni les circonstances de son décès.

Au bureau de la Croix-Rouge, il retrouva le nom de la tante Cäcilie Bing sur la liste d'un convoi envoyé dans les territoires de l'Est en septembre 1942, confirmant ainsi les informations qu'avait reçues Henny à l'été précédent.

Il passa les quelques jours suivants à rechercher d'autres anciennes connaissances dont ses sœurs et Ann lui avaient donné les noms. Partout, la réponse était la même : « Non, cette personne n'habite plus à Berlin », ou bien : « Ils ont été envoyés dans les camps de l'Est. » Il arpenta les rues de Wilmersdorf, le quartier juif où avait vécu sa famille – la Fasanenstrasse, le Kurfürstendamm, la Rankeplatz –, cherchant les épiciers, cordonniers, tailleurs et bijoutiers dont les Alexander avaient autrefois été clients. Personne ne se souvenait de lui. On eût dit que ce volet de son histoire avait été effacé.

Il rejoignit le commandant Caola et tous deux firent route vers Sachsenhausen-Oranienburg pour perquisitionner le siège de l'administration des camps. Étrangement, la structure était intacte. Hanns poussa les deux battants de la grande porte d'entrée. Dans le hall d'accueil, il vit un plan des locaux épinglé au mur, indiquant le nom de l'occupant de chaque bureau, ainsi que son titre et son numéro de téléphone. Les deux enquêteurs parcoururent pendant des heures le dédale de pièces désertées, retournant en tous sens les bureaux et les armoires, espérant dénicher des indices qui les mèneraient vers les criminels recherchés. Ce fut en vain : toutes les archives avaient été détruites, conformément aux ordres de Himmler.

Faute de pièces concrètes, Hanns et Caola se mirent en quête d'anciens membres du personnel de l'*Amtsgruppe D*. Ils commencèrent par un camp de prisonniers de guerre tenu par les Américains, tout près du centre-ville. Ils y trouvèrent Karl Sommer, un SS de trente et un ans originaire de Cologne, ancien numéro trois du service, juste en dessous de Richard Glücks et de Gerhard Maurer dans la hiérarchie. Sommer leur apprit que ses chefs s'étaient enfuis vers le nord en avril 1945, quelques jours à peine avant la fin de la guerre. Il leur expliqua également qui travaillait sous les ordres de qui dans le fameux bâtiment en T et les aida à reconstituer un organigramme du groupe d'offices D :

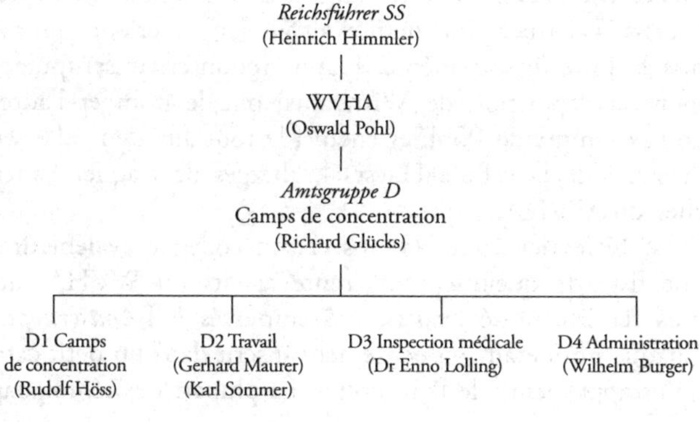

Il régnait cependant à l'époque un tel chaos dans la capitale allemande qu'en dépit de tous leurs efforts, ils ne parvinrent à localiser aucun responsable de la gestion des camps. Ils retrouvèrent bien la trace de l'ancienne secrétaire d'Oswald Pohl, Frau Fauler, qui était désormais embauchée dans les services administratifs des Alliés ; mais le temps qu'ils aillent l'interroger, elle était partie en congé. Le chauffeur de Pohl, Walter Seinfert, travaillait également pour l'armée américaine à Berlin mais apparemment, personne ne savait où le contacter.

Ils eurent un peu plus de chance dans une agence de presse berlinoise qui leur fournit des coupures de presse et des photographies des dirigeants SS prises avant et pendant la guerre. Puis ils allèrent questionner l'ancien adjoint de Pohl, Georg Witt, détenu par les Américains. Celui-ci leur expliqua que Pohl et ses principaux collaborateurs avaient quitté Berlin dix mois plus tôt, le 12 avril 1945, afin d'établir un Commandement Sud près de Munich. L'avancée rapide des troupes américaines dans le sud de l'Allemagne les avait néanmoins contraints à renoncer à ce projet et, après une brève étape à Dachau, le groupe s'était séparé. Pohl et lui-même avaient échappé de peu aux Américains en allant se cacher chez l'ex-femme de Pohl à Brunningsau, en Bavière. C'était la dernière fois qu'il avait vu son supérieur, qui avait pris la fuite le soir même. Hanns retranscrivit scrupuleusement la déposition de Witt, ainsi que le nom et l'adresse de l'ex-femme de Pohl, et envoya le tout aux deux chasseurs de nazis de la cellule Haystack chargés de traquer l'ancien chef du WVHA.

Le 18 février 1946, Hanns et son collègue avaient dressé une liste de quelque cent trente agents du WVHA, dont plus de la moitié avaient été employés à l'*Amtsgruppe D*. Chaque nom était soigneusement inscrit dans un petit carnet qu'ils appelaient « le livre noir ». La plupart des témoignages se recoupaient sur un point : les principaux dirigeants du groupe d'offices D, à commencer par Glücks, Maurer et Höss, avaient fui avec leurs familles vers la frontière danoise. Le commandant Caola rédigea son rapport sur leur voyage à Berlin :

> Les enquêteurs se sont jusqu'à présent attachés à collecter des renseignements dont nous espérons qu'ils permettront de retrouver et d'arrêter les personnes recherchées et, à moins que le capitaine Alexander ne découvre de nouvelles pistes dans la région de Flensbourg où il compte se rendre dans les jours à venir, nous n'avons que peu de chances de recueillir des renseignements complémentaires tant qu'aucune autre arrestation n'aura été effectuée. Nous proposons donc de débuter la « traque » dès que le capitaine Alexander aura collecté de nouveaux indices à Flensbourg. Étant entendu que le capitaine Alexander se chargera lui-même de rechercher les officiers supérieurs, nous suggérons de lancer l'équipe Haystack à la poursuite des officiers subalternes et autres individus pouvant être considérés comme des témoins potentiels.

À Belsen, Tilling avait du nouveau pour Hanns : les deux chasseurs de nazis du Haystack étaient sur le point de mettre la main sur Oswald Pohl, et les Américains étaient aux trousses de Gerhard Maurer, dont ils pensaient qu'il se trouvait dans leur zone. Parallèlement, le renseignement britannique avait confirmé que le Dr Lolling s'était donné la mort en mai 1945 ; quant à Wilhelm Burger, chef de la D4, il avait été arrêté par les Polonais. Hanns devrait donc se concentrer sur deux cibles prioritaires : Richard Glücks, le redoutable patron de l'*Amtsgruppe D*, et Rudolf Höss, qui devaient tous deux se terrer dans la région de Flensbourg, non loin de la frontière danoise.

Une antenne du renseignement britannique basée près de Flensbourg lui transmit un dossier sur Glücks, dont le sort alimentait depuis mai 1945 des rumeurs contradictoires : certains pensaient savoir qu'il avait réussi à gagner l'Amérique du Sud, d'autres prétendaient qu'il gérait à présent le réseau ODESSA, une organisation clandestine qui aidait d'anciens nazis à s'évader afin d'échapper à la justice des vainqueurs ; d'autres encore étaient persuadés qu'il se cachait toujours dans le sud de l'Allemagne. Le personnel de l'hôpital naval de Mürwik avait par ailleurs indiqué qu'un certain « Sommerman », que l'on soupçonnait d'être Richard Glücks, avait été admis en urgence début mai 1945 et était mort quelques jours plus tard d'un « empoisonnement à l'acide prussique (suicide) », selon l'acte de décès. Dans leur rapport, les médecins précisaient qu'un corps avait été enterré le 18 mai au cimetière de Flensbourg, puis exhumé, mais l'autopsie n'avait pas permis de l'identifier.

Hanns ne disposait d'aucune information sur Rudolf Höss. On lui conseilla de se rapprocher de l'unité de renseignement britannique qui opérait dans le Schleswig-Holstein et semblait avoir une petite idée de l'endroit où s'était repliée la famille du commandant. Il se fit attribuer un véhicule et partit pour Flensbourg.

La reconstruction d'après guerre battait son plein et les routes étaient encombrées d'énormes camions acheminant depuis le port de Hambourg des tonnes de machines et de matériaux vers les villes du sud de l'Allemagne ; pour ne rien arranger, la neige n'avait pas été déblayée depuis les violentes tempêtes qui s'étaient abattues sur le pays la semaine précédente et les chaussées étaient glissantes et dangereuses.

Hanns fit une première étape chez l'épouse de Glücks, Aloise, au 25 Friedrichshof. Elle confirma avoir quitté Berlin fin avril 1945 avec son mari et les autres directeurs de l'*Amtsgruppe D*, parmi lesquels Höss, Maurer et Lolling ; ils étaient arrivés à Flensbourg le 1er mai. Elle pensait que son mari s'était suicidé dix jours plus tard, mais n'en avait pas la preuve formelle. Poussée dans ses retranchements, elle avoua que le professeur Gebhardt, médecin personnel de Himmler, lui avait laissé entendre qu'il était toujours en vie. Il lui avait assuré qu'il « allait bien et était caché » et lui avait recommandé de ne pas chercher à le contacter car elle risquait de « mettre d'autres personnes en danger ». Elle se disait pourtant convaincue qu'il n'était plus de ce monde et montra à l'enquêteur une relique censée être la mâchoire inférieure de Glücks, montrant les éclats de verre qui prouvaient selon elle qu'il avait croqué l'ampoule de cyanure. Hanns exposa clairement ses réserves dans son rapport :

> Frau Glücks porte le deuil. J'ai remarqué qu'elle ne portait qu'une seule alliance. Or, la tradition veut que les veuves portent aussi celle de leur mari au même doigt. Je ne l'ai pas interrogée sur ce point pour ne pas éveiller ses soupçons.

Puisque l'affaire Glücks tournait court, il passa à son « client » suivant : le commandant d'Auschwitz, Rudolf Höss.

Le 8 mars, il arriva à Heide – la ville où Höss avait été interné après l'entrée des Britanniques à Sylt – et se gara devant un modeste immeuble de brique blanche. C'était le siège de la 92e Field Security Section (FSS 92).

Les Britanniques avaient déployé plus d'une centaine de sections de la sécurité militaire pour quadriller leur immense zone d'occupation. À mi-chemin entre force de police et agence de renseignement militaire et de contre-espionnage, la FSS comblait le vide laissé par l'effondrement de l'appareil sécuritaire allemand, réprimant les mouvements de résistance armée et rétablissant un semblant d'ordre dans le pays.

Hanns fut introduit dans un petit bureau administratif et présenté au commandant de la FSS 92. Le capitaine William Victor Cross, solide gaillard de trente-trois ans au teint rougeaud, était attaché à l'Intelligence Corps depuis 1939 et très apprécié de ses subordonnés. Hanns lui expliqua qu'il avait été chargé par la WCIT-1 de retrouver la piste de Rudolf Höss et de l'arrêter ; il avait récemment entendu dire que l'ancien commandant d'Auschwitz s'était réfugié dans les environs de Flensbourg. Cross fit mine de s'offusquer, lui rappelant que la mission première de son unité était le maintien de l'ordre mais, passé cette mise au point de pure forme, il admit que ses services s'intéressaient également de très près à Höss, car il figurait en bonne place sur la liste noire des criminels de guerre. Malheureusement, ils n'avaient aucune piste sur son repaire ou sa nouvelle identité. Ils surveillaient cependant sa famille, installée dans une ancienne sucrerie de Sankt Michaelisdonn, et ses agents avaient intercepté une lettre de Rudolf Höss à sa femme. Celle-ci devait donc savoir où se trouvait son mari, ou du moins connaître quelqu'un qui avait son adresse. Ils l'avaient justement appréhendée la veille pour l'interroger.

Hanns avait frappé à la bonne porte. Cross lui adjoignit l'un de ses agents germanophones, le sergent Koolish, qui l'escorta à la prison de Lunden. Dans une cellule, ils virent une femme au visage rond vêtue d'un chemisier sale et d'une jupe paysanne. Hedwig n'avait plus de domestiques à régenter et était bien loin de sa villa emplie de meubles de style et d'œuvres d'art, mais elle n'avait rien perdu de son arrogance. Hanns se présenta en allemand : il était capitaine dans l'armée britannique et souhaitait lui poser quelques questions. Depuis combien de temps était-elle installée au-dessus de l'ancienne sucrerie ? Comment était-elle arrivée à Flensbourg depuis Auschwitz ? Avait-elle été en contact avec son mari ? Où vivait-il ? Sous quelle identité ? Hedwig le toisa avec un air de dignité outragée et refusa catégoriquement de révéler quoi que ce soit.

Comprenant qu'il avait affaire à forte partie, il décida de recourir à l'une des méthodes éprouvées de « Tin Eye » Stephen : se servir des enfants pour faire parler les parents. Le lendemain, accompagné de quatre agents de la FSS 92, il se rendit à l'ancienne sucrerie de Sankt Michaelisdonn. Il grimpa les escaliers et poussa la porte d'un logement sombre, en désordre et glacial. Depuis l'arrestation de leur mère, les enfants étaient livrés à eux-mêmes. L'appartement était à peine meublé – une petite table de bois, quelques vieilles chaises branlantes. Il n'y avait ni matelas au sol ni tableaux sur les murs. C'était davantage un refuge provisoire qu'un vrai logement. Hanns fut accueilli par les quatre aînés (la benjamine dormait sous une couverture dans un coin de la pièce). Il les fit asseoir sur la table et les accabla de questions, leur enjoignant d'une voix vociférante de révéler où vivait leur père. Les gamins, terrorisés, protestèrent de leur ignorance. Hanns s'approcha à quelques centimètres de Klaus et lui hurla à la figure : « Où est ton père ? » L'adolescent jura qu'il n'en avait aucune idée. Hanns cogna du poing sur la table et, prenant son air mauvais, aboya : « Tu le sais, j'en suis sûr ! » Puis il s'en prit à Heidetraut, la menaçant d'emmener son frère si elle ne parlait pas. La fillette assura en pleurnichant que ni elle ni ses frères et sœurs n'étaient au courant de rien. Vint le tour de Brigitte, qui ne fut guère plus bavarde. Au comble de l'exaspération, il lui promit que si elle n'avouait pas, il ferait exécuter leur mère. Brigitte, sous le choc, s'enfuit en courant et alla se pelotonner sous un arbre, se couvrant les oreilles des deux mains. Elle ne releva la tête qu'en entendant repartir les soldats britanniques. Son frère était assis à l'arrière de leur camion.

Hanns fit descendre le garçon devant la prison de Lunden et le conduisit dans la cellule de sa mère. Hedwig pâlit en voyant son fils. En dépit des craintes qu'elle pouvait nourrir pour lui, elle ne varia pas d'un pouce dans ses réponses : « Je ne sais pas où se trouve mon mari. » La bouffée d'angoisse qui l'avait envahie à l'arrivée de Klaus n'avait cependant pas échappé à Hanns. Pour faire craquer la mère, il devait trouver moyen de lui faire comprendre que la vie de son enfant était entre ses mains.

Il laissa mariner le garçon vingt-quatre heures et, lorsqu'il revint l'interroger, celui-ci semblait dans de meilleures dispositions. Il expliqua qu'il n'avait plus revu son père depuis mai 1945, date à laquelle il avait porté à Hedwig une lettre de Rudolf accompagnée de son *Totenkopfring**, qui lui avait été remis en personne par le *Reichsführer*, avec sa signature gravée à l'intérieur. Il s'obstinait pourtant à affirmer n'avoir aucun renseignement sur le lieu où son père s'était réfugié.

Supportant mal de voir son fils mis sur la sellette, Hedwig annonça que Klaus et elle entamaient une grève de la faim pour protester contre le traitement qui leur était infligé. Hanns les sépara, mais Hedwig ne pliait toujours pas. À chaque fois qu'il entrait dans sa cellule pour la cuisiner sur son mari, elle répondait invariablement : « Il est mort. »

Puisque les tactiques d'intimidation et d'isolement ne donnaient rien, Hanns changea son fusil d'épaule. À l'aube du 11 mars 1946, tandis qu'un vieux train à vapeur passait derrière la prison dans un bruit de ferraille, Hanns fit irruption dans la cellule de Hedwig et lui annonça qu'il s'apprêtait à embarquer son fils pour la Sibérie et qu'elle ne le reverrait jamais. Bien entendu, il ne tenait qu'à elle de lui éviter la déportation, ajouta-t-il après un silence calculé. Il lui tendit un crayon et un papier puis, tournant les talons, lui laissa quelques instants de réflexion. Il revint dix minutes plus tard. Le stratagème avait marché : l'ex-commandant d'Auschwitz vivait sur la ferme de Hans Peter Hansen à Gottrupel, sous le nom de « Franz Lang », avait-elle écrit.

* Anneau à tête de mort, distinction créée par Himmler pour les dirigeants de la SS.

16

Hanns et Rudolf

Gottrupel, 1946

Les aveux de Hedwig en main, Hanns se précipita dans le bureau du capitaine Cross. Les deux hommes s'entendirent aussitôt sur un plan d'action : ils arrêteraient Höss au plus vite, et de nuit. Ils devraient disposer d'une bonne puissance de feu car Rudolf n'était peut-être pas seul et il opposerait sans doute une farouche résistance.

Il ne leur fallut pas plus d'une heure pour mobiliser un détachement de la FSS 92 et présenter les détails de l'opération à leurs hommes. Comme Hanns, la plupart étaient des juifs allemands qui étaient passés par le corps des pionniers – des exilés chassés de leur pays qui avaient tous perdu un ou plusieurs proches à Auschwitz. Certains, tels Kuditsch et Wiener, avaient gardé leur patronyme. D'autres l'avaient anglicisé en Roberts, Cresswell ou Shiffers. Il y avait également des Anglais issus de familles juives, qui n'étaient pas moins vindicatifs : Bernard Clarke, originaire de la côte sud, et Karl « Blitz » Abrahams, de Liverpool.

Ils vérifièrent leurs fusils et chargèrent du matériel dans leurs camions : des couvertures, une radio de campagne, des cartons de munitions, ainsi qu'une caisse de manches de pioche. Entre-temps, Hanns passa un coup de fil au commandant de la 318e Section de la sécurité militaire, auquel il exposa sa mission et demanda des renforts en appui. Il prit également la précaution de s'attacher un médecin du 5e régiment royal d'artillerie à cheval.

Le crépuscule enveloppait déjà la campagne allemande lorsque le petit convoi de camions et de Jeeps partit pour Gottrupel. À l'arrière des véhicules, vingt-cinq hommes en uniforme tripotaient nerveusement leurs fusils. Hanns savait qu'ils avaient tous envie d'en découdre.

Ce 11 mars à vingt-trois heures, il faisait nuit noire et il n'y avait pas un bruit quand ils pénétrèrent dans la cour de la ferme de Gottrupel. Hanns descendit de sa Jeep, accompagné du médecin militaire et de son chauffeur, et ordonna aux autres de rester en retrait. Il se dirigea vers la grange et tambourina à la porte.

Réveillé en sursaut, Rudolf crut d'abord « être attaqué par des cambrioleurs qui étaient alors très nombreux dans la région ». Puis une voix autoritaire lui ordonna d'ouvrir. Comprenant qu'il était cerné, il s'exécuta. Deux officiers en uniforme britannique apparurent dans l'encadrement de la porte. Il vit à leurs pattes d'épaules que l'un était capitaine, l'autre médecin. Derrière eux, une bonne vingtaine de soldats pointaient leurs fusils sur lui. Il ne comprenait pas bien d'où sortaient tout ce monde et ces flots de lumière.

Soudain le capitaine, un bel homme au regard féroce, lui enfonça sans crier gare le canon de son revolver dans la bouche. Il le fouilla pour s'assurer qu'il ne portait pas de fiole de cyanure sur lui. « Vérifiez qu'il n'ait rien ! » lança-t-il au médecin, tenant son prisonnier en respect tandis que son collègue lui examinait la bouche et donnait son feu vert.

Le capitaine s'adressa à lui dans un allemand impeccable. Rudolf comprit immédiatement que cet officier anglais était originaire d'Allemagne. Lorsque celui-ci lui demanda ses papiers, il lui tendit une carte d'identité provisoire au nom de Franz Lang, n° B 22595. Hanns avait vu ce nom sur la boîte aux lettres de la grange mais il n'était pas dupe. Le personnage ressemblait comme deux gouttes d'eau à celui de la photographie qu'on lui avait remise. Il paraissait certes plus vieux et amaigri mais, malgré sa mauvaise mine, il était parfaitement reconnaissable.

Hanns lui mit la photo sous le nez. « Je sais que vous êtes le commandant d'Auschwitz », aboya-t-il. Rudolf nia farouchement, montrant à nouveau ses papiers. Peut-être parviendrait-il à se tirer de ce mauvais pas, se disait-il. Après tout, il avait déjà filé entre les doigts des Britanniques.

Cette fois-ci, Hanns était certain d'avoir fait bonne pêche. Il lui releva les manches, espérant trouver son groupe sanguin tatoué sur le bras ; il ne vit rien. La conversation tournait en rond mais il n'était pas près de lâcher prise. Il parcourut la pièce du regard, cherchant un indice pour confondre son suspect. Ses yeux tombèrent sur son alliance.

« Donnez-la-moi, ordonna-t-il.

— Impossible, elle est coincée depuis des années, répliqua Rudolf.

— Qu'à cela ne tienne, je vais vous couper le doigt. »

Pour bien montrer qu'il ne plaisantait pas, il envoya l'un des agents de la FSS 92 chercher un couteau de cuisine. Celui-ci revint et lui tendit un coutelas à grande lame. Hanns l'empoigna, visiblement décidé à mettre sa menace à exécution. Rudolf pâlit. Quitte à perdre sa bague, autant sauver son doigt, songea-t-il. Il retira sa bague à contrecœur et, jetant un regard noir à son tortionnaire, la lui remit. Hanns l'examina à la lumière. Son intuition ne l'avait pas trompé : les noms de Rudolf et Hedwig étaient gravés sur la face interne. Il remercia Höss et empocha l'alliance.

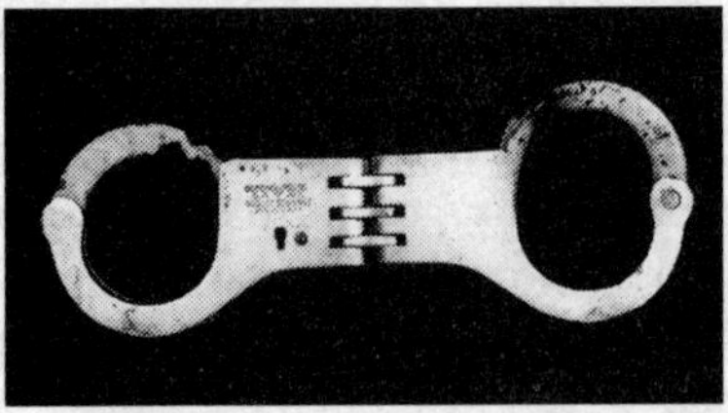
Menottes portées par Rudolf Höss lors de son arrestation

Ayant identifié son homme, il était prêt à lui signifier son arrestation, mais il sentait bien que ses collègues brûlaient de déverser leur trop-plein de haine sur l'immonde assassin, ce qu'il ne comprenait que trop bien. Il hésita : devait-il jeter Rudolf à la curée ou le protéger ? Se tournant vers ses camarades, il déclara simplement : « Dans dix minutes, je veux Höss dans ma voiture – entier. » Sur ce, il s'éloigna. Il savait qu'il aurait à répondre de ce qui allait se passer, mais il était prêt à en assumer les conséquences.

Rudolf fut aussitôt cerné par les soldats qui le traînèrent sur l'une des tables d'abattage de la grange, lui arrachèrent son pyjama et, armés de manches de pioche, le rouèrent de coups. Sourds à ses hurlements, ils cognèrent avec une telle violence qu'au bout d'un moment, le médecin alla trouver Hanns : « Dites-leur d'arrêter si vous ne voulez pas ramener un cadavre. »

Vers minuit, le capitaine et trois sergents poussèrent leur prisonnier sur la banquette arrière d'une Jeep et montèrent à sa suite. Ils le conduisaient à la prison de Heide. Hanns prit place à côté de lui et, dans le bruit des moteurs, commença son interrogatoire : Comment vous appelez-vous ? Quel était votre grade dans la SS ? Quel rôle avez-vous joué pendant la guerre ? Avez-vous travaillé à Auschwitz ? Étourdi par cette salve de questions, Rudolf finit par admettre qu'il avait effectivement géré le camp d'Auschwitz et qu'il avait été « personnellement responsable de la mort de dix mille personnes ». Hanns était ravi : il avait capturé l'un des criminels de guerre les plus recherchés, et celui-ci était disposé à parler.

Il était près de deux heures du matin lorsqu'ils arrivèrent à Heide. Contre toute attente, au lieu de se rendre directement à la prison, les véhicules militaires s'arrêtèrent au centre-ville, devant un bar où Hanns avait donné rendez-vous à son frère. Laissant Rudolf sous bonne garde dans sa Jeep, le capitaine et une vingtaine de ses collègues s'entassèrent dans le petit établissement pour arroser le succès de l'opération.

Le lendemain, Paul décrivit la scène à ses parents :

Le 13 mars 1946

Le séjour de Hanns s'est très bien passé, bien qu'il n'ait pas eu une minute à lui. Mais il ne repartira pas les mains vides. Il a capturé le salopard d'Auschwitz. Je n'ai jamais vu une telle larve de ma vie. Après l'arrestation, je l'ai retrouvé avec son équipe pour fêter ça, pendant que Rudolf crevait de trouille dans la voiture entre deux mastars. Nous avons trinqué à ce succès au champagne et au whisky. Il n'en fallait pas moins pour ce coup de maître. Mais je laisse Hanns vous raconter les détails. C'est une sacrée pointure, mais n'allez surtout pas le lui répéter, sinon il va encore faire son eingebildet *[faraud].*

Après cette petite célébration improvisée, Hanns retourna à la Jeep, fit descendre Rudolf, retira la couverture qu'il avait jetée sur ses épaules et l'obligea à traverser la place enneigée nu comme un ver pour rejoindre la prison. Lorsque son prisonnier fut sous les verrous, il procéda à son premier interrogatoire officiel, en compagnie d'un sergent de la sécurité militaire. Ils lui firent ingérer de force de l'alcool et le flagellèrent avec son propre fouet, qu'ils avaient retrouvé parmi ses bagages dans la grange. Il resta menotté en permanence et, dans sa cellule où la température descendait bien en dessous de zéro, Rudolf fut rapidement couvert d'engelures.

Rudolf Höss aux mains des forces britanniques, mars 1946

Le 15 mars, Hanns livra Rudolf au centre de détention des criminels de guerre de Minden, surnommé « Camp Tomato ». Le colonel Gerald Draper, responsable du service juridique du Groupe de recherche des crimes de guerre, soumit l'ancien SS à un nouvel interrogatoire serré. Quelques heures plus tard, il lui faisait signer les huit pages de sa déposition, précédées d'un résumé d'un paragraphe. C'était la première fois qu'un commandant de camp de concentration révélait les rouages de la solution finale. Rudolf avait avoué avoir organisé le massacre de deux millions d'hommes, femmes et enfants.

17

Hanns et Rudolf

Belsen et Nuremberg, 1946

Sa mission accomplie, Hanns s'offrit quelques jours de répit à Hambourg. Il prit une chambre à l'Atlantic, un luxueux hôtel planté en bordure du lac Alster. Ses pas le menèrent directement au bar, où il passa la nuit à boire. En remontant se coucher, il remarqua que certains clients avaient laissé leurs chaussures dans le couloir. Il jeta un rapide coup d'œil alentour pour s'assurer qu'il n'y avait personne en vue, attrapa les chaussures et les jeta dans la cage d'escalier.

Au petit déjeuner, il eut l'heureuse surprise de trouver son jumeau dans la salle à manger. Il le croyait rentré à son poste mais, comme si souvent pendant cette guerre, leurs chemins se croisaient à nouveau.

« Comment as-tu passé ta soirée ? lui demanda Paul.

— Je me suis saoulé et j'ai balancé des chaussures d'officiers au rez-de-chaussée depuis le deuxième étage.

— Tiens, c'est marrant… J'ai fait exactement la même chose, mais depuis le troisième étage ! »

Ils ne s'étendirent pas très longuement sur leurs activités professionnelles. Ce ne fut jamais leur sujet de conversation préféré, ni pendant la guerre, ni après. Paul en avait assez de cette vie de soldat. Il était révolté par ce que les Allemands avaient fait et n'avait plus qu'une envie : rentrer en Angleterre. Hanns, lui, était fier d'avoir contribué à traquer des criminels de guerre mais, entre le spectacle d'horreur du camp de Belsen, les insoutenables témoignages des officiers SS d'Auschwitz et l'intensité de la chasse aux nazis, il en avait déjà trop vu. L'un et l'autre estimaient qu'il valait bien mieux noyer ce cauchemar dans l'alcool. Pendant cinq jours, ils firent la tournée des bars de Hambourg, descendant verre sur verre pour fêter l'arrestation de Rudolf Höss.

Lorsque Hanns fut rentré à Belsen, Tilling le félicita à nouveau chaleureusement et lui annonça qu'il pouvait à présent regagner ses foyers.

Maintenant que les procès de Belsen étaient terminés et que ceux de Nuremberg étaient déjà bien amorcés, de sérieux remaniements s'imposaient au sein de la cellule Haystack. Elle concentrerait ses recherches sur d'autres cibles : de simples surveillants SS, des industriels qui avaient collaboré avec les nazis et des ennemis plus politiques – des hommes et des femmes qui, en ce début de guerre froide, s'employaient à saper le travail des Britanniques et des Américains. L'unité de recherche des crimes de guerre venait de recruter des juristes et des policiers confirmés ; les amateurs formés sur le tas, comme Hanns, n'y avaient plus leur place.

Loin d'être déçu, Hanns accueillit la nouvelle avec soulagement. Il lui tardait de retrouver la vie civile. Il occupa la fin de son séjour à Belsen à rédiger un compte rendu de ses activités à Berlin et Flensbourg, et à remplir une pile de formulaires administratifs. Puis il fit ses adieux à ses collègues et sauta dans un camion militaire en partance pour Bruxelles. En passant la frontière, il se jura de ne plus jamais remettre les pieds dans son pays natal.

Après une traversée en ferry, il retrouva le sol anglais et prit aussitôt un train pour Guilford. Là, on lui remit son certificat de démobilisation et un costume bleu foncé flambant neuf. C'était le 20 avril 1946. Pour lui, la guerre était finie.

Ses papiers de naturalisation lui parvinrent peu après par la poste. Au bout de six ans et demi de service dans l'armée de Sa Majesté, Hanns Hermann Alexander était enfin devenu citoyen britannique.

Le dimanche 19 mai 1946, il épousa Ann dans la New Liberal Jewish Synagogue qui venait d'ouvrir ses portes à Londres. Il arborait son uniforme kaki amidonné, des bottines vernies rutilantes, et son calot légèrement de guingois lui donnait un petit air canaille. Ann avait choisi une robe de mariée ivoire, assortie d'un chapeau amazone à voile court et de chaussures à talons. Paul, qui avait été démobilisé le même jour que son frère, posa à leurs côtés dans son uniforme militaire. Derrière eux, l'arche sainte recouverte d'un rideau abritait la Torah des Alexander.

Les procès des principaux criminels de guerre devant le Tribunal militaire international (TMI), plus connus sous le nom de procès de Nuremberg, s'étaient ouverts quatre mois avant l'arrestation de Rudolf Höss. La ville avait été choisie pour accueillir le tribunal en partie pour sa portée historique (c'était là qu'à l'apogée du IIIe Reich, des dizaines de milliers de gens étaient venus écouter les discours enflammés de Hitler et qu'avaient été promulguées les premières lois antijuives), mais aussi parce qu'elle se trouvait en zone américaine. De fait, bien que l'initiative de juger et de punir les auteurs des exactions nazies revînt aux quatre puissances alliées, la Grande-Bretagne, la France et l'Union soviétique avaient accepté de laisser le devant de la scène aux Américains, qui détenaient la plupart des accusés.

Les séances se déroulaient au palais de justice. L'immense bâtisse, construite dans une harmonie de pierres blanches, jaunes et ocres, occupait tout un pâté de maisons et, en dépit des dommages qu'elle avait subis pendant la guerre, l'extérieur était pratiquement intact.

À la première audience, le 20 novembre 1945, le procureur général américain, Robert Jackson, prononça sa déclaration liminaire :

> Les crimes que nous cherchons à condamner et à punir ont été si prémédités, si néfastes et si dévastateurs que la civilisation ne peut tolérer qu'on les ignore, car elle ne pourrait survivre à leur répétition. Que quatre grandes nations exaltées par leur victoire et profondément meurtries retiennent les mains vengeresses et livrent volontairement leurs ennemis captifs au jugement de la loi est l'un des plus grands tributs que la Force paya jamais à la Raison.

Après quoi, ses collègues se succédèrent au prétoire pour donner lecture de l'acte d'accusation, égrenant le catalogue des crimes contre l'humanité imputés à vingt-quatre des plus hauts dignitaires nazis en captivité, parmi lesquels Hermann Göring (commandant de la Luftwaffe et successeur désigné de Hitler), Rudolf Hess (adjoint de Hitler), Albert Speer (ministre de l'Armement), Hans Frank (gouverneur général de la Pologne occupée), Ernst Kaltenbrunner (patron du RSHA et plus haut gradé SS après la mort de Himmler). Quant à Martin Bormann (chef de la chancellerie du NSDAP), il restait introuvable et serait jugé par contumace.

En l'espace de quatre mois, le ministère public avait convoqué des centaines de témoins et recueilli des piles de dépositions sous serment de victimes des camps de concentration. L'accusation avait par ailleurs versé au dossier des caisses entières de correspondance entre les dirigeants du Reich, des bons de commande et des reçus attestant de la livraison de Zyklon B dans les camps, et des copies des dossiers professionnels des prévenus, dans lesquels étaient scrupuleusement consignées leurs activités et leurs responsabilités. Ces pièces à charge constituaient des preuves accablantes : les nazis avaient perpétré des massacres et des exactions d'une ampleur telle que l'humanité n'en avait encore jamais vu. Pourtant, lorsqu'ils passèrent un à un à la barre, tous les accusés nièrent avoir eu connaissance de ce génocide.

Les procès de Nuremberg furent abondamment couverts par les médias internationaux. Jour après jour, les journaux publiaient des éditoriaux de plus en plus alarmistes, prédisant qu'en dépit de leur participation manifeste à l'extermination de millions de juifs, de communistes et de Tziganes dans les camps, il n'était pas exclu que les prévenus soient acquittés. La procédure légale menaçait de tourner au fiasco.

Entre-temps, la nouvelle de l'arrestation de Rudolf Höss s'était propagée.

*

* *

Le 17 mars 1946, le *New York Times* annonça qu'au terme de neuf mois de traque, des agents britanniques avaient capturé Rudolf Höss, « sans doute le plus grand meurtrier de l'histoire de l'humanité ». Quelques jours plus tard, à Hambourg, Flensbourg et dans d'autres villes allemandes, des bulletins d'information de l'Armée britannique titraient en manchettes : « Deux millions de personnes gazées ! Le commandant d'Auschwitz avoue. » Ils reprenaient dans leurs colonnes les renseignements que Rudolf avait fournis à ses interrogateurs de Camp Tomato, décrivant par le menu le processus de sélection, les chambres à gaz et les crématoires.

Curieusement, alors que Rudolf avait été arrêté et que ses aveux lui avaient valu une notoriété quasi instantanée aux quatre coins du monde, il n'était pas certain qu'il puisse être déféré devant les tribunaux. Aux termes de la déclaration de Moscou qui, dès 1943, avait institué les bases légales du TMI, Roosevelt, Churchill et Staline étaient en effet convenus que les criminels de guerre seraient « renvoyés dans les pays dans lesquels ces actes abominables ont été commis, à l'effet qu'ils puissent être jugés et punis selon les lois de ces pays libérés et des gouvernements libres qu'elles y mettront en place ». Or, ce genre de procès exigeait des ressources et des capacités d'organisation considérables, dont ne disposait pas le tout jeune gouvernement polonais qui en était encore à tenter de remettre sur pied un pays ravagé par la guerre.

L'affaire fit l'objet de nombreux échanges de câbles diplomatiques entre Londres et Varsovie. Les Britanniques proposaient de juger eux-mêmes Rudolf, tandis que les Polonais refusaient de s'engager à le traduire en justice. Ce fut Whitney Harris, jeune substitut américain à Nuremberg, qui trouva la solution à cette controverse : il avait achevé d'instruire le dossier d'Ernst Kaltenbrunner et cherchait désespérément un haut dignitaire du régime prêt à témoigner sur les atrocités perpétrées dans les camps de concentration. Après avoir lu les articles de presse, il comprit que s'il parvenait à faire comparaître Rudolf Höss en qualité de témoin, sa déposition serait officiellement versée au dossier, corroborant ainsi les preuves orales apportées par de nombreux témoins, et aurait en outre des chances d'impliquer ou de compromettre d'autres accusés et de les pousser ainsi à reconnaître leur propre culpabilité.

Harris expédia un télégramme urgent à Camp Tomato pour réclamer le transfert de Rudolf Höss à Nuremberg.

30 mars 1946

Bureau exécutif britannique des crimes de guerre
Section européenne de Nuremberg
211430A
Diffusion restreinte

J'ai appris par voie de presse la capture de Rudolf Höss, ancien commandant du camp de concentration d'Auschwitz. Höss sera probablement en mesure d'apporter des informations mettant en cause Kaltenbrunner et d'autres accusés ; je vous saurais donc gré de le transférer à Nuremberg dans les meilleurs délais à des fins d'interrogatoire. À son arrivée ici, il sera confié au 6850e Détachement de la sécurité intérieure (ISD) et son escorte se présentera à la salle 216 du palais de justice. Indiquer date prévue d'arrivée s.v.p.

Dès le lendemain, deux agents de la police militaire britannique convoyèrent leur prisonnier dûment menotté à Nuremberg. Au palais de justice, un employé établit sa « fiche préliminaire de prisonnier de guerre » comportant son nom, sa date de naissance, sa taille, son poids et son rang ; à la rubrique « signes particuliers », il inscrivit : dents en or, yeux marron, cheveux châtain clair, engelures aux pieds. Il le fit signer au bas de la page, puis releva ses empreintes digitales.

On lui fit ensuite descendre un escalier en spirale menant au sous-sol de l'aile C du palais. Ses pas résonnèrent entre les murs blancs du couloir. Un factionnaire américain était posté devant chaque cellule. Depuis le suicide en détention de l'un des accusés (Robert Ley, chef du Front du travail) quelques mois auparavant, les prisonniers étaient surveillés jour et nuit. Rudolf fut placé à l'isolement entre quatre murs de béton. La pièce éclairée par une lucarne haute n'était meublée que d'un lit garni d'un mauvais matelas et d'une couverture de laine, d'un tabouret en bois et d'un seau.

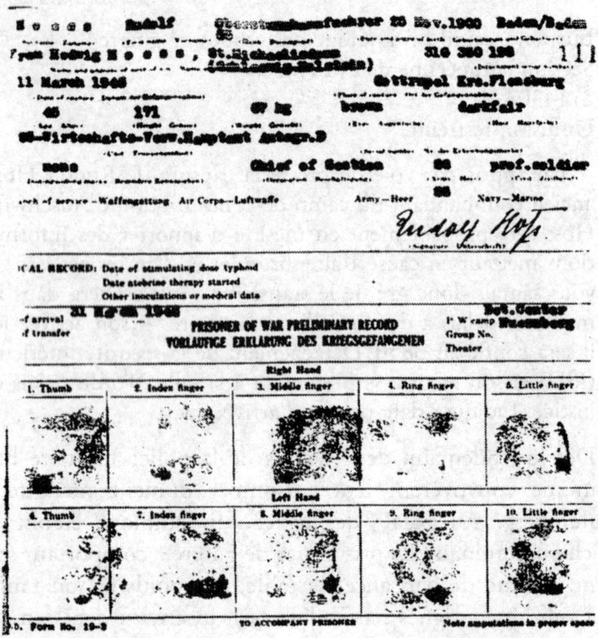

Fiche préliminaire de prisonnier de guerre de Rudolf Höss, Nuremberg, avril 1946

Au matin du 1er avril 1946, Rudolf fut conduit dans un petit bureau. Assis derrière une table en bois, Whitney Harris l'attendait en compagnie d'un journaliste accrédité par le tribunal et d'un interprète. Ils virent avancer vers eux un homme étiolé par trois semaines de détention à Berlin. Il avait les yeux rougis, des joues creuses mangées par une barbe de plusieurs jours. Son apparence chétive surprit Harris, qui s'attendait à un personnage robuste, plus grand, dégageant une force brute et une aura de puissance, ou tout au moins un certain charisme. Il avait en face de lui un homme quelconque auquel il trouva des allures de « garçon épicier », quelqu'un qu'il n'aurait pas même remarqué s'il l'avait croisé dans la rue.

L'élégance de Harris, sanglé dans sa veste croisée bleu marine de capitaine de corvette semée de gros boutons de laiton, tranchait sur l'aspect négligé du prisonnier. Le substitut attendait cette confrontation avec impatience. Il travaillait pour le TMI depuis l'été précédent et avait déjà interrogé plusieurs hiérarques de l'appareil nazi, mais il n'en avait encore rencontré aucun qui pût le renseigner sur les rouages internes des camps de concentration.

Rudolf prit place en face de lui, les yeux rivés au sol, attendant les questions en faisant craquer ses phalanges. Harris rompit enfin le silence en lui demandant de se présenter brièvement. À mesure que l'interprète traduisait, il prenait des notes sur un petit carnet. Il ne commença véritablement l'interrogatoire que lorsqu'ils en arrivèrent à Auschwitz : combien de personnes étaient mortes dans le camp ? Trois millions, répondit fermement Rudolf. Deux millions et demi dans les chambres à gaz et cinq cent mille emportés par la faim et les maladies.

Harris était profondément troublé par le ton impassible sur lequel Höss prononçait ces aveux édifiants, mais il était également très satisfait. Ce témoignage serait une pièce clé du procès car jusqu'à présent, tous les accusés avaient refusé de confirmer ce qui s'était passé dans les camps de concentration. L'accusation avait déjà présenté ses moyens de preuve mais Harris avait réussi à convaincre les avocats de Kaltenbrunner de citer Höss comme témoin. Contre toute attente, ceux-ci avaient accepté ce marché de dupes car leur client était accusé d'avoir construit et géré des camps et ils espéraient que Höss le disculperait en attestant qu'il n'avait jamais mis les pieds à Auschwitz.

Le 2 avril, Harris poursuivit son interrogatoire et passa la soirée à rédiger la déposition. Il n'en sélectionna que les passages les plus pertinents qu'il reformula à sa manière, en anglais. Il assurerait par la suite qu'il s'était attaché à restituer les idées-force et le sens des propos du commandant et n'avait fait que choisir les mots qui feraient le plus d'effet en salle d'audience. Le lendemain, il présenta au prisonnier la version remaniée de son témoignage. Rudolf, qui avait appris l'anglais lors de son internement à la prison de Brandebourg, la lut, y apporta quelques petites corrections, la valida et signa au bas de la dernière page. Il n'y avait plus qu'à attendre que la défense décide de l'appeler à la barre.

Whitney Harris au procès de Nuremberg

Le quartier cellulaire de l'aile C abritait tant de dirigeants allemands que les Américains avaient demandé à une équipe de psychologues de leur soutirer des confidences, de leur faire passer des tests et de veiller sur leur santé mentale. En attendant de comparaître, Rudolf reçut ainsi la visite d'un psychologue et d'un psychiatre.

Le premier était Gustav Gilbert, un juif new-yorkais issu d'une famille d'immigrés juifs autrichiens. Il soumit Rudolf à un test de quotient intellectuel et au test de Rorschach. Il en conclut que Rudolf, comme les autres nazis qu'il avait interrogés, présentait une intelligence supérieure à la moyenne. Invité à résumer son parcours personnel et professionnel, Rudolf répéta ce qu'il avait déjà dit à Harris, déclarant sur le même ton désabusé être responsable de la mort de plus de deux millions et demi de juifs. Comment était-il possible de tuer autant de monde ? s'étonna Gilbert. « Techniquement, répliqua Rudolf, ce n'était pas très dur. Il n'aurait pas été difficile d'en exterminer encore plus. » Le psychologue essaya de le pousser dans ses retranchements afin de faire parler ses émotions, mais Rudolf restait de marbre :

« À l'époque, nous n'avions pas à songer aux conséquences de nos actes. Je ne me suis jamais imaginé qu'un jour, j'aurais à en répondre. En Allemagne, voyez-vous, il était entendu que si quelque chose tournait mal, c'était l'homme qui donnait les ordres qui était responsable.

— Mais sur le plan humain ?…

— Cela n'entrait pas en ligne de compte », coupa sèchement Höss.

À un moment donné de l'entretien, il tendit une perche à son interlocuteur : « Je suppose que vous vous demandez si mes pensées et mes habitudes sont normales ? » Gilbert saisit la balle au bond : « Et vous, qu'en pensez-vous ?

— Je suis tout à fait normal. Et même à l'époque où j'accomplissais ce travail d'extermination, je menais une vie de famille parfaitement normale. »

Le psychologue l'encouragea à creuser le sujet. Le commandant admit qu'il était de nature solitaire, incapable d'autre chose que d'échanges superficiels avec ses amis et collègues, et qu'il se sentait mieux lorsqu'il était tout seul. Il avoua qu'il avait cessé d'avoir des relations intimes avec son épouse après qu'elle eut appris l'existence des chambres à gaz dans le camp et, tout en confirmant avoir eu quelques liaisons extraconjugales, il prétendit ne pas être un homme très « sensuel ». Éprouvait-il quelque remords pour ses victimes juives ? Non, expliqua Rudolf, car on partait alors du principe que les juifs étaient responsables de toutes les difficultés économiques et sociales de l'Allemagne, comme le martelaient la presse et surtout l'armée, qui s'était mise en devoir de protéger l'Allemagne des juifs. « Bien sûr, ce n'était pas toujours agréable de voir ces montagnes de cadavres et de sentir continuellement l'odeur de brûlé, enchaîna-t-il, mais Himmler l'avait ordonné et en avait même expliqué la nécessité. Personnellement, je ne me suis jamais vraiment demandé si c'était bien ou mal. En soi, le problème de l'extermination des juifs n'était pas nouveau – mais le fait que ce soit moi qui sois chargé de le résoudre me terrifia dans un premier temps. Cela étant, à partir du moment où j'avais reçu cet ordre formel et direct, et même une explication, je n'avais d'autre choix que de mener ma mission à bien. »

Gilbert reprit ses notes pour rédiger son rapport : « Dans tous les entretiens, Höss s'exprime de façon prosaïque et indifférente, manifeste un intérêt tardif pour l'énormité de son crime, allant jusqu'à laisser entendre que cela ne lui serait jamais venu à l'esprit si quelqu'un ne lui avait pas posé la question. Il affiche trop de détachement pour laisser place au moindre soupçon de remords, et pas même l'idée d'être condamné à la pendaison ne l'émeut particulièrement. Dans l'ensemble, on a l'impression d'un homme intellectuellement normal mais présentant une apathie schizoïde, une insensibilité et un manque d'empathie qui pourraient difficilement être plus extrêmes chez un psychotique déclaré. »

Le surlendemain, le commandant Leon Goldensohn, psychiatre de l'armée américaine, vint à son tour étudier le cas Höss. Goldensohn avait trente-cinq ans et, comme Gilbert, c'était un juif new-yorkais. En entrant dans la cellule, pipe au bec, il trouva Rudolf assis sur le rebord de son lit, les jambes de pantalon relevées, les pieds dans une bassine d'eau froide. Par l'intermédiaire de son interprète, il lui demanda ce qu'il avait. Depuis son arrestation, répondit Rudolf, il souffrait d'engelures.

Le psychiatre l'interrogea sur son état d'esprit. « Je me sens moins inquiet maintenant qu'auparavant. » Ce qu'il avait fait à Auschwitz ne le bouleversait-il pas un peu, parfois ? « Je croyais bien faire, j'obéissais aux ordres, et maintenant, naturellement, je me rends compte que c'était inutile et mal. Mais je ne vois pas ce que vous voulez dire quand vous parlez d'être bouleversé, parce que, personnellement, je n'ai tué personne. J'étais juste le directeur du programme d'extermination à Auschwitz. C'est Hitler qui l'a ordonné par le truchement de Himmler et c'est Eichmann qui m'a donné l'ordre concernant les convois. » Était-il hanté par des cauchemars – des images d'exécutions, de chambres à gaz ou des corps calcinés ? « Non, je n'ai pas de visions de ce genre. »

Goldensohn remit son diagnostic le 20 mai 1946 : « Son caractère est celui du psychopathe amoral ce qui, en soi et au regard de son histoire personnelle, révèle une absence d'amour parental et une hostilité inconsciente à l'égard du père. Il y a en deuxième lieu l'influence du national-socialisme, qui a permis à ce psychopathe sadique de commettre des actes d'une inhumanité sans précédent dans un cadre d'apparente respectabilité sociale et politique. En résumé, conclut-il, cet homme n'a aucune valeur morale ni éthique, et ne réagit aux massacres dont il est accusé que par l'indifférence. »

Le 15 avril, Rudolf fut appelé à témoigner devant la cour. Vêtu d'un costume noir fraîchement repassé et d'une cravate rayée, les cheveux coupés et bien peignés, il s'avança vers la barre, enfila des écouteurs et, la main sur la Bible, jura de dire toute la vérité. Deux sentinelles de la police militaire américaine, de solides gaillards coiffés d'un casque blanc, se tenaient en faction derrière lui, mains dans le dos. En toile de fond était accrochée une grande carte d'Europe semée de pastilles de couleur indiquant l'emplacement des principales villes et des camps de concentration.

Le défenseur de Kaltenbrunner, Kurt Kauffmann, s'adressa à Rudolf : « Témoin, tout ce que vous allez dire devant ce tribunal aura une portée considérable. Vous êtes peut-être le seul qui puisse apporter un éclairage sur certains aspects cachés, dire de qui vous avez reçu l'ordre d'exterminer les juifs d'Europe et expliquer ensuite comment cet ordre a été exécuté et en quoi votre mission revêtait un caractère confidentiel. » Sur ce, il le pressa de questions qui visaient essentiellement à l'amener à dire qu'à l'époque où il était commandant d'Auschwitz, il n'avait jamais reçu la visite d'Ernst Kaltenbrunner, ce dont Rudolf convint aisément.

L'équipe de l'accusation était dirigée par le colonel John Harlan Amen. Comme tous ses collègues, cet officier de belle carrure revêtait son uniforme, la poitrine barrée d'une rangée de médailles, les épaulettes ornées de l'aigle argentée correspondant à son grade. Amen prit place devant un pupitre équipé d'un micro et de deux voyants – un rouge et un blanc. Ce dispositif contrôlé par le greffier indiquait aux intervenants le moment où ils pouvaient prendre la parole. Lorsque le voyant blanc clignota, le procureur commença par lire des extraits de la déclaration sous serment que Rudolf avait signée devant Whitney Harris. Le film de cette séance est l'unique document d'archive audiovisuel sur lequel apparaît Rudolf Höss. L'ancien commandant répondit d'une voix nasillarde et aiguë au contre-interrogatoire du procureur :

COLONEL AMEN : Avez-vous signé cette déclaration sous serment de votre plein gré ?

RUDOLF : *Jawohl.*

COLONEL AMEN : Certifiez-vous que tout ce qu'elle contient est la vérité ?

RUDOLF : *Jawohl.*

Amen lut alors un passage dans lequel Höss résumait sa carrière dans la SS : gardien de camp à Dachau, chef de la garde à Sachsenhausen, commandant d'Auschwitz, et enfin patron de la D1 à l'*Amtsgruppe D*. Il leva le regard, marqua une pause pour ménager ses effets, et enchaîna sur la partie la plus édifiante des aveux de Rudolf :

« J'ai été commandant d'Auschwitz jusqu'au 1er décembre 1943, et j'estime qu'au moins deux millions et demi de victimes y ont été exterminées par gazage et crémation, et au moins un demi-million de plus sont morts de faim et de maladie, ce qui fait un total d'environ trois millions de morts. »

Pendant cette lecture, une chape de silence s'abattit sur la salle. Dans le box des accusés, les vingt-trois prévenus écoutaient d'un air sombre. Les procureurs comprirent qu'ils avaient enfin trouvé leur témoin clé. Les journalistes entassés dans la galerie de la presse prenaient frénétiquement des notes. Du haut de leur tribune, les quatre juges promenaient un regard impassible sur la salle, se félicitant de la précision de ce témoignage qui, à la fin du procès, les guiderait dans leurs conclusions.

COLONEL AMEN : « Ce chiffre représente environ 70 % à 80 % de l'ensemble des personnes envoyées à Auschwitz comme prisonniers, les autres ayant été sélectionnées et utilisées pour le travail forcé dans les industries du camp de concentration ; parmi les personnes exécutées et brûlées, quelque vingt mille prisonniers de guerre soviétiques (préalablement extraits par la Gestapo de leurs cages de fer) ont été acheminés à Auschwitz dans des convois de la Wehrmacht conduits par des officiers et des soldats de l'armée régulière. Parmi les autres victimes, il y avait aussi quelque cent mille juifs allemands et de nombreux ressortissants, juifs pour la plupart, de Hollande, de France, de Belgique, de Pologne, de Hongrie, de Tchécoslovaquie, de Grèce et d'autres pays. Pour le seul été 1944, nous avons exécuté environ quatre cent mille personnes à Auschwitz. » Témoin, confirmez-vous la véracité de ces propos ?

RUDOLF : *Jawohl.* Tout cela est vrai.

COLONEL AMEN : « J'ai personnellement supervisé les exécutions à Auschwitz jusqu'au 1er décembre 1943 et je sais, pour avoir ensuite dirigé l'administration des camps de concentration au sein du WVHA, que ces exécutions de masse se sont poursuivies comme je l'ai indiqué plus haut. Toutes les exécutions de masse par gazage ont été réalisées sous l'ordre direct, la supervision et la responsabilité du RSHA. Tous les ordres d'extermination que j'ai reçus venaient directement du RSHA. » Témoin, ces déclarations sont-elles vraies et exactes ?

RUDOLF : *Jawohl.*

Au terme de cet échange, Rudolf retira ses écouteurs, les posa sur le rebord de son box et retourna s'asseoir au fond de la salle. Quelques minutes plus tard, les juges levèrent la séance et Rudolf regagna sa cellule.

Son témoignage fit les manchettes de la presse internationale. Pour le *New York Times*, ce fut « le moment le plus fort du procès ». Le *Times* de Londres allait encore plus loin, estimant que « par ses effarantes implications, sa déposition surpassera toute autre pièce écrite ».

Dans l'assistance, chacun avait également compris que les déclarations de Rudolf auraient une influence déterminante sur le cours du procès et sur le sort des accusés eux-mêmes. À l'heure du déjeuner au réfectoire des prisonniers, Hans Frank prit à part Gustave Gilbert : « Avec cet épisode, le procès a atteint le fond. Entendre un homme déclarer sans ciller qu'il a exterminé de sang-froid deux millions et demi de gens ! Mille ans passeront sans que soit effacée cette responsabilité de l'Allemagne. » Hermann Göring se dit également choqué par les aveux de Rudolf, mais il s'empressa de prendre ses distances, expliquant que c'était parce qu'il venait de la région arriérée du sud-ouest de l'Allemagne que Höss avait été capable de pareils crimes – crimes qu'un Prussien comme lui n'aurait jamais pu envisager.

Frank prêta serment le 18 avril. Il fut le premier à avouer son rôle dans ces atrocités. « Avez-vous jamais participé directement à l'élimination des juifs ? » lui demanda le représentant de l'accusation. « Je dis oui. Et si je dis oui, c'est parce que depuis les cinq mois que dure ce procès, je suis accablé par la culpabilité, et particulièrement accablé par la déclaration de Rudolf Höss. »

Les principaux accusés commençaient enfin à admettre leurs crimes.

Au moment où Rudolf témoignait à Nuremberg, les Polonais annoncèrent qu'ils étaient prêts à le traduire en justice pour les exactions qu'il avait perpétrées sur leur territoire.

Le 25 mai 1946, un an presque jour pour jour après la capitulation allemande et onze semaines après sa capture, Rudolf fut extradé en Pologne. Sur le tarmac de l'aéroport de Nuremberg, un reporter des actualités Pathé le fit poser, hagard et débraillé dans ses vêtements de prisonnier. Un avion américain le transféra avec deux autres criminels de guerre à Varsovie où il fut mis à la disposition des autorités. À la prison municipale, il dut à nouveau décliner son identité, donner ses empreintes et subir une fouille en règle avant d'être placé à l'isolement.

Mis à part ce que Rudolf lui-même en dit dans ses Mémoires, on ne sait que peu de chose sur son internement à Varsovie. Il trouvait le temps long et disait être persécuté par un garde d'une vingtaine d'années qui le rouait de coups, mais il ne se plaignit jamais à la direction car les autres surveillants le traitaient correctement.

Rudolf Höss livré aux autorités polonaises, mai 1946

Le 30 juillet, on le fit embarquer dans un train pour Cracovie avec sept autres hauts gradés de la SS. Aucune voiture ne les attendait à la gare. Ce fut un attroupement turbulent qui les accueillit sous une tempête d'insultes. Ils avaient été reconnus et Rudolf commençait à craindre de se faire lyncher lorsqu'un fourgon cellulaire vint enfin les chercher.

Dans les faubourgs de la ville, ils s'arrêtèrent devant la prison du 7 rue Montelupich, qui avait été l'un des pires centres de détention de la Gestapo en Pologne. Elle avait échappé aux raids aériens et, à la fin 1946, elle abriterait les plus célèbres criminels nazis qui avaient sévi en Pologne. Rudolf fut incarcéré au sous-sol dans un minuscule cachot d'un mètre quatre-vingts sur trois dont les murs de béton gris étaient percés d'une unique fenêtre, à deux mètres du sol.

L'ameublement n'était guère plus fantaisiste qu'à Nuremberg : un lit et une paillasse, une couverture élimée, un seau, une ampoule nue pendant au plafond, un petit poêle à bois dans un coin, et dans un autre un broc en émail pour boire et se laver. Les détenus avaient droit à une douche tous les quinze jours, mais le savon et les serviettes étaient rares. Les repas se limitaient à du café, de la soupe de pommes de terre et un quignon de pain ; quelques privilégiés se faisaient apporter des provisions par leur famille. La prison ne fournissait pas d'uniforme et le règlement prévoyait que les sous-vêtements n'étaient changés que toutes les six semaines. Les Polonais avaient eu la prévenance de donner à Rudolf des chaussettes de laine bien chaudes.

Il n'avait rien à faire pour s'occuper. Ses codétenus l'ignoraient, quand ils ne lui manifestaient pas ouvertement leur hostilité. Il écrivait à Hedwig et à sa famille mais ne recevait jamais de réponse. Plus le temps passait, plus l'isolement lui pesait. Il sombrait dans la dépression et commençait à délirer.

Enfin, dans les premiers jours de novembre, un juge d'instruction polonais vint le trouver dans sa cellule. Tiré à quatre épingles dans un costume sur mesure, un porte-cigarette en jade entre les lèvres, Jan Sehn se présenta : il dirigeait l'équipe polonaise d'enquête sur les crimes de guerre et venait préparer l'audition imminente de Rudolf.

Il lui apportait une rame de papier pelure et des crayons : il attendait de lui qu'il établisse une liste des documents détruits avant l'arrivée de l'Armée rouge à Auschwitz. Rudolf refusa. Il n'avait aucune raison de fouiller sa mémoire pour livrer de pareils renseignements. Réflexion faite pourtant, il se dit que ce serait un moyen de tromper son ennui et que, dans l'ensemble, les Polonais s'étaient plutôt bien comportés à son égard. Il se prêta donc au jeu, allant même jusqu'à se dire « reconnaissant à ceux qui m'ont chargé de ce travail d'écriture [...] qui m'apporte bien des satisfactions ».

Lorsque Sehn vint récupérer ses notes, il se félicita de voir son prisonnier en de si bonnes dispositions et lui proposa de continuer sur sa lancée : il pourrait brosser en quelques pages la personnalité des principaux dirigeants de l'Office économique et administratif de la SS : Himmler, Eichmann, Maurer, Pohl et Glücks. Au bout d'une semaine, les portraits étaient prêts. Le procureur expliqua à Rudolf que ces textes seraient versés à son dossier et lui suggéra de décrire par le menu les diverses opérations liées au fonctionnement du camp : les convois, le processus de sélection, les chambres à gaz... Rudolf s'appliqua pendant des semaines à remplir des dizaines de feuillets d'une petite écriture serrée s'étirant sur toute la largeur du papier.

Entre deux visites du procureur, il entretenait une correspondance unilatérale avec sa famille. Le 24 décembre, il écrivit à Hedwig une lettre dans laquelle transparaissaient de plus en plus sa nostalgie et son amertume :

> *Le regard d'enfants impatients, emplis de joie et d'une heureuse innocence sous le sapin illuminé, était autrefois notre récompense pour tous les soucis et les sacrifices de l'année écoulée. Pour le cœur léger de ces enfants, nous oubliions tous nos problèmes, nos ennuis et nos tourments en ces instants de douceur et de sérénité. Nous avons vu nos petits grandir, insouciants et en bonne santé et ils ont été notre raison de vivre. [...] Mais cette guerre néfaste a détruit notre bonheur, tout comme elle a détruit celui de millions de familles, les a déchirées et a causé d'indicibles souffrances dans le monde entier.*

Hedwig ne répondit pas plus à ce courrier qu'aux précédents. Rudolf, lui, poursuivait son monologue :

Ma chère bonne Mutz, mes chers enfants,

Un mois de plus a passé sans nouvelles de vous. Les dernières remontent à votre chère lettre du 23 juin, que j'ai reçue le 7 septembre. J'y puise tous mes espoirs pour vous, mais elle est déjà si ancienne. Je voudrais savoir comment vous allez aujourd'hui, mes chéris, comment se déroule votre vie en ce moment.

J'affronterais mon sort avec tellement plus de calme si je savais que vous êtes en bonne santé et que vous ne manquez de rien, si je savais que des gens de bien vous aident, que l'on vous laisse vivre en paix. Si j'avais une idée de ce dont est fait votre dur quotidien. Je n'ai que des questions et elles ne me laissent aucun répit. Je dois y répondre seul. Mais il ne sert à rien de ruminer ces tristes pensées. Ainsi va notre existence – c'est le destin et nous sommes impuissants à l'infléchir.

Vous êtes dans toutes mes pensées et j'attends – je continue d'attendre dans l'angoisse de vos nouvelles, quelque signe de vie de votre part, espérant et priant avec confiance pour que vous soyez tous en bonne santé, que tout aille bien pour vous, que votre vie soit supportable. Pour ma part, je me porte toujours bien.

C'est la troisième lettre que je vous adresse d'ici. J'ai envoyé la première le jour de mon anniversaire, la deuxième à Noël. J'espère qu'elles vous sont toutes deux parvenues.

Enfin, je vous souhaite tout le meilleur, mes chéris, mes pensées les plus tendres vont vers vous mes chers enfants, ma Mäusl, mon Burling, ma Püppi, ma Kindi et mon Klaus. Et toi, ma chère et bonne Mutz, reçois mes vœux les plus chaleureux,
Pour toujours et éternellement,

Votre Vati

Tandis que l'instruction de l'affaire Höss se poursuivait, Jan Sehn encourageait Rudolf à relater ses années de guerre, mais aussi sa propre histoire, en parlant de sa famille, de ses origines… Rudolf n'avait *a priori* aucune envie d'étaler les détails de sa vie privée sur la place publique mais le procureur insistait : écrire l'occuperait utilement et pourrait même lui apporter un certain apaisement. Plus que ces arguments, ce qui finit par le décider fut sans doute sa volonté de rétablir la vérité, de donner un sens à son engagement et de dénoncer les mensonges et la lâcheté des huiles du parti qui avaient comparu à Nuremberg : Göring, commandant de la Luftwaffe, avait cherché à se faire passer pour un simple soldat ; Oswald Pohl, son propre patron, avait affirmé que les camps d'extermination étaient placés sous la responsabilité de ses subalternes et tenté de faire porter le chapeau à Richard Glücks ; Rudolf Hess, l'ancien secrétaire du Führer, jouait l'amnésie ; Kaltenbrunner avait eu le front de clamer ne rien savoir de la solution finale, alors qu'il avait lui-même fait construire au moins un camp de concentration. Ils avaient tous menti pour sauver leur peau. Le stratagème ne leur avait pas réussi. Rudolf, lui, ne renierait pas son passé. Il se faisait au contraire un devoir de livrer ses souvenirs au monde. Ne pas le faire reviendrait à trahir tout ce en quoi il avait cru.

Il reprit donc son crayon et inscrivit en haut d'une feuille le titre du premier chapitre de son autobiographie : « Enfance et adolescence »

> Je voudrais dans les pages suivantes dresser un bilan de ma vie intérieure, en évoquant de la façon la plus véridique tous les événements essentiels de mon existence et l'influence tantôt exaltante, tantôt déprimante, que ces événements ont exercée sur ma mentalité. Pour rendre le tableau plus complet, je me vois obligé de remonter aux premières années de mon enfance.
>
> Jusqu'à l'âge de six ans, j'ai vécu avec mes parents dans la banlieue de Baden-Baden. Aux alentours de notre maison, il n'y avait que quelques fermes isolées ; je manquais de compagnons de jeu car les enfants des voisins étaient tous beaucoup plus âgés que moi…

Laissant jour après jour sa plume courir au fil de sa pensée, il revint sur le moment où il accepta de renoncer à sa ferme pour entrer dans la SS :

> En jetant aujourd'hui un regard en arrière, je dois avouer que je regrette infiniment la décision que j'ai prise alors après de longues et douloureuses réflexions. Ma vie et celle de ma famille auraient pris un autre cours. De toute façon, nous nous trouverions aujourd'hui privés de ferme et même de patrie, mais au long des années, nous aurions accompli un travail susceptible de nous procurer une profonde satisfaction intérieure. Malheureusement il n'est donné à personne de deviner le cours de son destin et de choisir à temps la bonne voie à suivre.

En février 1947, avant de poser le point final à ses Mémoires, il expliqua ce qui l'avait poussé à se livrer avec une telle franchise :

> Je n'aurais jamais consenti à dévoiler mes pensées les plus intimes, les plus secrètes, à exhiber ainsi mon « moi » si on ne m'avait pas traité ici [à la prison Montelupich] avec tant de compréhension, tant d'humanité.
>
> C'est pour répondre à cette attitude que je me devais de contribuer, dans la mesure où cela m'était possible, à éclaircir les points obscurs.

Il avait bien conscience que ses confessions trouveraient un jour un lectorat bien plus vaste que les membres du tribunal qui s'apprêtaient à le juger. Il demanda à ceux qui les publieraient de supprimer les passages concernant sa famille et de gommer ses « mouvements d'attendrissement » et ses « doutes secrets », estimant qu'un lecteur non averti serait incapable de voir l'homme derrière le criminel de guerre.

> Que le grand public continue donc à me considérer comme une bête féroce, un sadique cruel, comme l'assassin de millions d'êtres humains : les masses ne sauraient se faire une autre idée

de l'ancien commandant d'Auschwitz. Elles ne comprendront jamais que, moi aussi, j'avais un cœur…

Enfin, il certifia avoir écrit ces pages de sa propre initiative et en dehors de toute contrainte, et signa sous la dernière ligne.

Au printemps 1946, le gouvernement polonais avait engagé ses propres enquêtes sur les crimes de guerre, sous l'autorité du Tribunal suprême de Pologne (*Najwyzszy Trybunal Narodowy*). Cette juridiction était chargée de poursuivre les « criminels hitléro-fascistes » accusés de meurtres et de mauvais traitements envers la population civile et les prisonniers de guerre dans la Pologne occupée. Elle organisa en tout sept procès et jugea quarante-neuf accusés, Rudolf étant le plus célèbre.

Son procès eut lieu à Varsovie, dans l'auditorium du Syndicat des enseignants polonais, d'une capacité de cinq cents places. Il débuta le 11 mars 1947. La cour, présidée par le juge Alfred Eimer, était composée de quatre juges assesseurs et de quatre députés de la Diète – la chambre basse du Parlement – invités à siéger pour représenter symboliquement le peuple polonais. Un avocat polonais fut commis d'office pour assurer la défense de Höss. Des observateurs soviétiques, français, allemands, tchécoslovaques et britanniques assistaient aux séances. Au moins quatre-vingts anciens déportés suivirent également les débats de bout en bout. Le correspondant du *Times* rapporta qu'à la première apparition de Rudolf, un « murmure étouffé » s'éleva dans la salle. Par la suite, les audiences furent surtout marquées par « une absence presque totale de manifestations d'émotion ».

Le ministère public était dirigé par Tadeusz Cyprian, un avocat de quarante-neuf ans originaire de Sniatyn, photographe à ses heures perdues. Ce dernier avait une certaine expérience des procès pour crimes de guerre car, en tant que membre de la délégation officielle polonaise, il avait assisté à ceux de Belsen et de Nuremberg. Dans un silence presque absolu, il lut à haute voix l'acte d'accusation, qui ne faisait pas moins de quatre-vingt-dix-huit pages. Rudolf avait à répondre de la mort de trois cent mille prisonniers polonais et soviétiques et de quatre millions de juifs. Assis dans le box des accusés, un casque sur les oreilles, il suivait attentivement la traduction simultanée du réquisitoire introductif du procureur. Cyprian déclara que Höss était un « rouage volontaire » d'un système conçu pour anéantir la race slave et conclut qu'il méritait la corde pour ses crimes. L'accusation cita soixante-six témoins, dont quarante-huit Polonais et dix-huit étrangers. Au fil des audiences, Rudolf écouta sans broncher les récits égrenés par la longue procession de survivants d'Auschwitz qui se relayaient à la barre.

Lors de son contre-interrogatoire, il répondit sèchement aux questions du procureur sur les aspects logistiques, expliquant froidement que la capacité des crématoires d'Auschwitz aurait tout au mieux permis de liquider un million et demi d'« unités », et non quatre millions comme le prétendait le ministère public.

Pour sa défense, il s'appuya essentiellement sur ses Mémoires, qui avaient été versés aux pièces du débat judiciaire. Alors qu'il s'était promis de ne pas se dérober, il usait dans ce texte d'arguments captieux pour clamer son innocence : « Je n'ai jamais maltraité un détenu ; je n'en ai jamais tué un seul de mes propres mains. » Il niait toute implication dans les abus commis au camp : « Bien des choses se sont produites à Auschwitz – soi-disant en mon nom et sur mes ordres – dont je n'ai jamais rien su : je ne les aurais ni tolérées, ni approuvées. » Il prétendait avoir frissonné d'horreur en entendant parler pour la première fois, à Nuremberg, « des tortures épouvantables imposées aux détenus d'Auschwitz ». Il se défaussa sur ses subordonnés, assurant qu'ils avaient agi de leur propre chef et à son insu et que lui ne s'était jamais douté de ces brutalités systématiques.

Il concédait pourtant que c'était à lui qu'il revenait de répondre de ce qui s'était passé dans le camp dont il avait la charge : « Puisque c'était à Auschwitz, j'en suis responsable. Le règlement du camp le dit expressément : “Le commandant du camp est entièrement responsable pour toute l'étendue du camp.” » Rudolf admettait avoir dirigé la construction des chambres à gaz, le processus de sélection et le fonctionnement des fours crématoires. Dans un passage capital de ses confessions, il estimait que l'extermination des juifs était une erreur, non parce que ces massacres à grande échelle étaient immoraux ou monstrueux, mais parce que, soulignait-il, « c'est cet anéantissement en masse qui a attiré sur l'Allemagne la haine du monde entier ».

Les procureurs n'eurent aucun mal à établir que Rudolf était au courant depuis longtemps de toutes ces atrocités : ils disposaient de montagnes de pièces à conviction et de témoignages à charge de rescapés d'Auschwitz. Ils démontèrent tout aussi facilement l'argument selon lequel les surveillants SS avaient désobéi à ses ordres, s'appuyant sur les dépositions des témoins pour prouver que Rudolf contrôlait strictement tous les aspects de la vie du camp. Ils balayèrent également d'un revers de main le parallèle insidieux que l'accusé avait dressé entre les bombardements alliés sur Dresde et d'autres villes allemandes, et le génocide qu'il avait orchestré à Auschwitz. Les raids aériens sur Dresde, qui avaient tué et jeté à la rue des milliers de civils, avaient certes été un épisode tragique, mais ils visaient des objectifs militaires, alors que les gazages d'Auschwitz relevaient d'un plan concerté d'élimination d'une minorité ethnique et constituaient par conséquent un crime caractérisé contre l'humanité.

Rudolf Höss écoute le verdict au procès de Varsovie, avril 1947

Alors, dans un ultime sursaut, reniant soudain toute loyauté envers ses chefs ou ses convictions, Rudolf tenta de se disculper : il n'avait fait qu'exécuter les ordres de Himmler. La cour rejeta cet argument car les statuts du TMI stipulaient expressément que le fait d'avoir agi conformément aux instructions d'un supérieur n'était pas une excuse absolutoire.

Le 27 mars, au terme de quinze jours de débats, l'accusé fut invité à se lever pour entendre le verdict de ses juges : coupable. Il ne manifesta aucune surprise. Comme il l'avait confié au journaliste du *Times*, il s'attendait à cette issue. Le 2 avril, il fut à nouveau convoqué au tribunal pour la lecture du jugement. Dans son veston de laine grise bien repassé, il paraissait plus en forme qu'à Nuremberg : il avait repris de l'embonpoint et on lui avait coupé les cheveux. Debout dans le box, encadré de deux factionnaires gantés de blanc main sur la mitraillette, il chaussa ses écouteurs.

Le président du tribunal rendit sa sentence : « L'accusé est condamné à la peine de mort par pendaison sur le site du camp d'Auschwitz, hors de la vue du public. »

Rudolf était sous le choc. Il avait espéré mourir en officier sous les balles d'un peloton d'exécution et non au bout d'une corde, comme un vulgaire criminel de droit commun. Huit jours plus tard, la plus haute juridiction du pays confirmait la sentence et peu après, le président de la République de Pologne indiquait par un courrier officiel au tribunal qu'il avait « décidé de ne pas user des pouvoirs qui lui étaient conférés pour réduire la peine de l'accusé ».

Le 11 avril, cinq jours avant la date prévue de son exécution, Rudolf écrivit une dernière fois à sa femme. C'était une lettre d'adieu, mais aussi une confession : il avait fondé toutes ses valeurs sur des principes erronés, expliquait-il, et il était inévitable qu'elles finissent par s'effondrer. Il comprenait à présent qu'il n'avait été qu'« un rouage dans la monstrueuse machine d'extermination du IIIe Reich », un

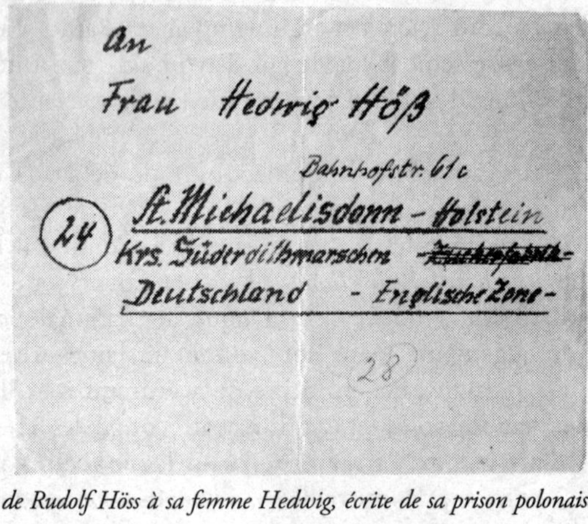

Lettre de Rudolf Höss à sa femme Hedwig, écrite de sa prison polonaise, 1947

« automate obéissant aveuglément à tous les ordres » et que, pour s'être « écarté du droit chemin », il avait été « l'artisan de [s]a propre perte ». Ce parcours avait fait de lui « le plus grand de tous les exterminateurs d'êtres humains ». Pour ces crimes, reconnaissait-il, il devait mourir. « Dans le calme et la dignité, je vois mes derniers instants approcher. »

Évoquant avec nostalgie leur mariage et « le printemps de leur vie » sur la ferme de Poméranie en 1929, il glissa son alliance dans l'enveloppe, puis exhorta Hedwig à partir le plus loin possible et à reprendre son nom de jeune fille car, disait-il, « mieux vaut que mon nom disparaisse avec moi ».

« C'est le cœur lourd, ma très chère Mutz, ma pauvre, ma malheureuse épouse bien-aimée, que je t'envoie toutes mes pensées les plus affectueuses. Souviens-toi de moi avec amour. Je serai avec toi jusqu'à mon dernier souffle », conclut-il.

Puis il prépara une ultime lettre pour ses enfants :

Mes chers, mes bons enfants !

Votre papa doit maintenant vous quitter. Il ne vous reste que votre chère et bonne maman, mes pauvres petits. Qu'elle veille encore longtemps sur vous. Vous ne réalisez pas encore ce que votre chère maman représente pour vous et combien elle vous est précieuse. L'amour et l'attention d'une mère sont ce qu'il y a de plus beau et de plus inestimable en ce monde. Je l'ai compris il y a bien longtemps, mais il était déjà trop tard : je l'ai regretté toute ma vie.

Klaus, mon cher garçon ! Tu es l'aîné. Tu vas maintenant te faire une place dans le vaste monde. Tu dois tracer ton propre chemin dans la vie. Tu as de bonnes capacités. Utilise-les ! Garde ton bon cœur. En devenant un homme, laisse-toi guider en premier lieu par la chaleur et l'humanité. Apprends à penser et à juger par toi-même, en toute conscience. N'accepte pas tout sans esprit critique et comme la vérité absolue. Apprends de ma vie.

Kindi et Püppi, mes grandes filles !

Vous êtes encore trop jeunes pour comprendre le dur destin qui nous a été réservé. Mais sachez que c'est surtout à vous, mes chères bonnes filles, qu'il revient de rester aux côtés de votre pauvre mère et, avec toute la force de votre affection, de l'aider autant que vous le pourrez. Entourez-la de tout votre amour d'enfants, du fond de votre cœur, et montrez-lui combien vous l'aimez.

Mon Burling, cher petit bonhomme !

Conserve ton caractère joyeux d'enfant. La vie cruelle t'arrachera trop tôt, mon cher garçon, au monde de l'enfance. [...] Mon pauvre petit bonhomme, tu n'as maintenant plus que ta chère bonne maman pour s'occuper de toi. Écoute-la avec amour et gentillesse et reste toujours le Burling bien-aimé de papa.

Annemäusl, ma chérie !

Il m'a été trop peu permis de profiter de ta merveilleuse petite personnalité. Ta chère bonne maman devra te prendre dans ses bras pour nous deux, ma chère Mäusl, et te parler de ton papa, te dire combien il t'aimait. J'espère que tu apporteras un rayon de soleil à ta pauvre et chère maman pour l'aider à traverser les épreuves.

Une fois de plus, du fond du cœur, je vous demande à tous, mes chers et bons enfants, de conserver dans votre cœur mes dernières paroles. Repensez-y souvent.

Gardez la mémoire affectueuse de votre père.

Papa

L'exécution de Rudolf, fixée au 14 avril 1947, fut reportée de deux jours car les autorités craignaient que les habitants d'Oświęcim ne tentent de lyncher l'ancien commandant lors de son transfert entre sa prison de Wadowice et l'échafaud. À l'aube du 16 avril, une escouade de prisonniers de guerre allemands dressa une potence en bois munie d'une trappe, à quelques pas de l'ancien crématoire d'Auschwitz et à une cinquantaine de mètres de la villa qu'occupaient autrefois

Rudolf et sa famille. Le camp était désert. Des militaires polonais gardaient l'entrée et filtraient les rares personnes autorisées à assister à la pendaison.

À huit heures précises, Rudolf arriva à bord d'un camion militaire et fut tout d'abord emmené dans le bâtiment de pierre où il avait autrefois son bureau. Il demanda une tasse de café. Quand il l'eut vidée, on le conduisit dans une cellule du « bunker », le bloc 11 également surnommé « le bloc de la mort » – celui-là même où, six ans plus tôt, le Zyklon B avait été expérimenté sur des prisonniers de guerre soviétiques.

On vint le chercher à dix heures. Il paraissait calme. Flanqué de ses escortes, il remonta d'un pas vif l'allée pavée, passa devant l'infirmerie où, sur ordres du Dr Lolling, on avait tué des enfants par injections de phénol ; il traversa la place d'appel où il obligeait jadis les détenus à rester au garde-à-vous pendant des heures sous un soleil de plomb ou une pluie battante.

En tournant à l'angle du bloc 4, il aperçut un attroupement d'une centaine de gens, massés en demi-cercle devant le vieux crématoire. Il y avait là quelques anciens détenus, des représentants du ministère de la Justice polonais, des membres du Bureau du procureur général et du Bureau de la sécurité. Les autorités polonaises ayant décrété que, contrairement aux pendaisons de Belsen et de Nuremberg, l'exécution ne serait pas publique, aucun journaliste n'était présent. Il faisait froid ce jour-là et la plupart des témoins portaient un manteau, un bonnet et des gants.

La foule s'écarta en voyant Rudolf approcher de l'estrade, les mains liées derrière le dos. Un soldat l'aida à monter sur le tabouret posé sur la trappe. On fit venir le père Tadeusz Zaremba, un prêtre d'Oświęcim que Rudolf avait réclamé. Les deux hommes échangèrent quelques mots à voix basse.

Le procureur donna à nouveau lecture du jugement, puis un bourreau encapuchonné de noir passa la corde autour du cou du condamné. Rudolf l'ajusta d'un mouvement de tête.

L'exécution de Rudolf Höss, Auschwitz, avril 1947

À 10 h 08, sur un signe du procureur, le bourreau retira le tabouret. La trappe s'ouvrit sous les pieds du pendu. Le prêtre prononça une prière.

À 10 h 21, un médecin constata officiellement le décès de Rudolf Höss.

Quelques instants plus tard, l'exécuteur coupa la corde et étendit le corps de sa victime dans un simple cercueil de bois blanc. Le cadavre fut ensuite transporté dans un hôpital de Cracovie pour y être autopsié. Le lendemain, on l'inhuma dans une tombe anonyme d'un cimetière des environs.

ÉPILOGUE

Les descendants des dirigeants nazis ont diversement assumé leur héritage paternel : certains en étaient fiers, d'autres en avaient honte, d'autres encore n'ont vécu que dans la peur. Les Höss choisirent de s'enfermer dans le déni. Pour eux, tout se passait comme si leur généalogie avait débuté en mai 1947. Ayant effacé leur passé, ils s'inventèrent de nouveaux mythes familiaux, à commencer par celui de la survie héroïque dont le mérite revenait en premier lieu à Hedwig, qui avait endossé le rôle de chef de famille et, disait-on, réussi envers et contre tout à nourrir et protéger ses enfants dans les difficiles années d'après guerre.

Il y avait certes une part de vérité dans cette version de l'histoire, car la vie était en effet très dure en Allemagne. Après l'exécution de Rudolf, Hedwig et ses cinq enfants étaient restés dans le petit appartement au-dessus de la sucrerie de Sankt Michaelisdonn. Ils déambulaient dans les rues du village, les pieds enveloppés dans des chiffons, et se nourrissaient des légumes de leur potager. Les voisins les évitaient. Il était désormais trop risqué d'être vu en compagnie de gens qui avaient été si proches du pouvoir sous le IIIe Reich.

Mais du moins avaient-ils survécu. Lorsque Klaus trouva un emploi à Stuttgart, sa mère et ses frère et sœurs le rejoignirent. Devenus adultes, la fratrie se dispersa entre les pays baltes, l'Australie et les États-Unis. Seule Hedwig resta en Allemagne. Contrairement à d'autres veuves de soldats allemands, elle n'eut droit ni à une pension de retraite ni à aucune autre allocation de l'État. En 1965, elle fut citée à comparaître comme témoin au procès de Francfort. Au bout de vingt années de tergiversations, le gouvernement allemand s'était enfin résolu à juger les officiers SS et le personnel du camp d'Auschwitz qui, toute honte bue, s'étaient fondus dans la population et avaient continué à mener une existence normale. Hedwig Höss ne resta pas plus de deux minutes à la barre, le temps de prêter serment et de confirmer qu'elle n'avait jamais rencontré l'un des accusés dans le camp que gérait son mari en Haute-Silésie. Ce fut la dernière fois qu'on la vit dans une salle d'audience.

Après leur voyage de noces aux îles Scilly, Hanns et Ann emménagèrent dans les quartiers nord de Londres. La famille Alexander était à nouveau réunie et commençait à s'agrandir. En 1948, Ann donna naissance à leur premier enfant, Annette ; deux ans plus tard, leur deuxième fille, Jackie, vint au monde. Elsie et Erich avaient trois enfants : Frank, Michael et Vivien. Bella s'était remariée peu après la guerre et consacra tout son temps à élever ses quatre garçons : Peter, Tony, Julian et Stephen. Paul, lui, avait plus de mal à se ranger. Il changeait de travail comme de chemise, finit par se mettre à son compte comme constructeur et émigra au Canada, où il resta plusieurs années. Il se maria deux fois et eut deux enfants, John et Marion.

Le Dr Alexander ne se reconstitua jamais une aussi belle clientèle qu'à Berlin, mais son cabinet tournait bien, ses patients l'appréciaient et Henny et lui vivaient confortablement. Toujours amateur de bonnes choses, Alfred ne renonça jamais à son cigare. Il décéda en 1950 d'une crise cardiaque. Sa disparition fut un terrible traumatisme pour sa famille,

Ann et Hanns le jour de leur mariage, Londres, mai 1946

et surtout pour Henny. Celle-ci fit néanmoins preuve d'un remarquable stoïcisme et continua de porter avec grâce sa couronne de matriarche pendant vingt ans.

En 1948, le gouvernement tchécoslovaque se proposa de décerner à Hanns la médaille du Mérite de deuxième classe, « en reconnaissance de son comportement exceptionnel envers l'armée de Tchécoslovaquie et les citoyens tchécoslovaques détenus de force en Allemagne ». L'année précédente, le Luxembourg avait offert de lui attribuer la croix de l'Ordre national de la Couronne de chêne, l'une des plus hautes distinctions du grand-duché. Les autorités britanniques s'y étaient opposées car un règlement interdisait à ses ressortissants d'accepter des décorations étrangères au titre des services rendus après la fin de la guerre. Hanns ne reçut donc aucun de ces deux insignes honorifiques – en fait, il ne sut même jamais qu'il avait été pressenti.

Dans son âge mûr, il ne cherchait plus l'adrénaline et l'aventure qui avaient pimenté ses années de guerre. Son travail

– chez Japhet & Co, la banque dans laquelle il était entré avant guerre, puis chez S. G. Warburg –, sa famille et sa communauté lui suffisaient. Il se consacrait de plus en plus à la synagogue que son père avait contribué à fonder et qui, après avoir été provisoirement hébergée dans une salle à manger privée, puis dans la synagogue de St. John's Wood, finit par s'établir définitivement dans le presbytère d'une ancienne église anglicane sur Belsize Square. Les fidèles, tous des réfugiés juifs allemands dirigés par un rabbin rescapé d'un camp de concentration, observaient la liturgie du courant libéral allemand. La Torah des Alexander fut leur première et plus précieuse possession. D'autres rouleaux sacrés la remplaceraient, mais pendant des années, ce fut ceux des Alexander que l'on sortait pour les services du vendredi soir et du samedi matin, les grandes fêtes juives et autres événements religieux.

Hanns et Paul remplissaient la fonction de *shammès*, hommes à tout faire de la congrégation. En queue-de-pie et haut-de-forme d'abord, et plus tard dans un costume rayé

Lecture de la Torah des Alexander à la synagogue de Belsize Square, Londres, 2001 (Paul, à gauche, lit sous le regard de Hanns, à droite)

bleu, ils assistèrent pendant quarante ans à tous les offices. Ils entretenaient les locaux, préparaient les objets du culte, veillaient à ce que les livres et les châles de prière soient à leur place et, pour les repas communs, que les tables aient été correctement dressées et les verres remplis. Ils devinrent les piliers de cette communauté progressiste et sociale, ce qui ne les empêchait nullement de continuer à jouer de bons tours et à raconter des blagues salaces – au grand ravissement de leurs petits-enfants.

Hanns Alexander, Croydon, 1986

Hanns n'oublia jamais tout ce qu'il devait à la Grande-Bretagne qui l'avait accueilli avec les siens et lui avait permis de prendre un nouveau départ. En 1986 – il avait alors soixante-neuf ans –, Ann et lui organisèrent un grand repas pour fêter le cinquantième anniversaire de leur arrivée à Londres et remercier leur patrie d'adoption. Ils choisirent de réunir famille et amis à l'aérodrome de Croydon, où ils avaient posé pied pour la première fois sur le sol britannique. Au dessert, Hanns leva son verre et prononça un bref discours : « Nous sommes ici plusieurs à être venus nous réfugier dans ce pays, fuyant l'oppression nazie. Notre gratitude est infinie et nous sommes ici par la grâce de Dieu. Je vous invite à vous lever et à porter avec moi un toast à Sa Majesté la Reine. »

S'il était reconnaissant à son pays adoptif et en appréciait bien des côtés, ses sentiments à l'égard de l'Allemagne ne varièrent jamais. Après la mort d'Alfred, lorsque ses frère et sœurs trièrent les affaires de leur père, ils trouvèrent sa Croix de fer première classe. Bella, qui savait combien Hanns y était attaché lorsqu'il était enfant, la lui offrit. Contre toute attente, il refusa : il ne voulait pas plus entendre parler de cette décoration que de l'Allemagne. Depuis 1945, sa colère ne s'était pas dissipée : « Le nombre de meurtriers que j'ai dû laisser filer m'a rendu malade. Ils nous ont ridiculisés. Les Russes ont été bien plus efficaces. Dès qu'ils avaient vent de ce genre d'histoire, ils débusquaient les coupables et les fusillaient sur-le-champ. Mais nous, bien sûr, nous ne pouvions pas faire ça. Nous ne l'avons pas fait. » Pour lui, la guerre resta toujours un sujet tabou. « Je ne voulais pas en parler aux enfants, car ils ne devaient pas être élevés dans la haine. Mais moi, je suis empli de haine. »

Il avait déjà quatre-vingts ans passés lorsque le musée établi sur le site du camp de Belsen proposa de l'honorer pour son action dans l'immédiat après-guerre. Fidèle à son serment de ne plus jamais fouler le sol d'Allemagne, il déclina l'invitation. Ainsi, effet de son silence et de sa haine, ses faits d'armes ne furent jamais reconnus.

Les premières années du XXIe siècle lui réservèrent bien des chagrins : en 2000, il enterra sa sœur Bella. En 2003, il perdit son jumeau, Paul. L'année suivante, c'était Elsie qui les quittait.

Le 22 décembre 2006, après une longue semaine de sorties entre amis et au théâtre, Hanns se réveilla en pleine nuit avec une sensation d'oppression dans la poitrine. Il avait du mal à respirer mais rassura sa femme : ce n'était rien. Le lendemain après-midi, son état empira et Ann appela une ambulance. Une heure plus tard, il était admis au Royal Free Hospital. Ils passèrent tous deux une très mauvaise nuit. Au matin, les médecins annoncèrent à Ann que son mari avait une pneumonie, mais que le danger était passé. Ils la renvoyèrent chez elle en lui conseillant de se reposer. En fin de matinée, Jackie et Annette vinrent voir leur père. Hanns retira son masque à oxygène et ils bavardèrent joyeusement. Avant de repartir, l'aînée embrassa son père, lui promettant de repasser très bientôt.

Dans l'après-midi, son état se dégrada très rapidement. L'hôpital ne parvint pas à contacter Ann. Elle était chez elle mais elle avait pris un somnifère et dormait à poings fermés. Les médecins appelèrent Annette et Jackie. Le temps qu'elles arrivent au chevet de Hanns, il avait rendu son dernier souffle. Il avait quatre-vingt-neuf ans. Elles rentrèrent chez leurs parents mais choisirent de ne pas réveiller leur mère. Le lendemain matin, Ann comprit immédiatement ce qui s'était passé en voyant ses filles chez elle. Elle ne fut pas surprise. Toutes trois se réjouissaient qu'il n'ait pas souffert. Il était resté digne et joyeux jusqu'au bout.

À ses obsèques, beaucoup de ses proches découvrirent la véritable histoire de sa vie. Son neveu acheva son éloge sur ces termes :

> En un mot comme en cent, Hanns était un homme, un *mensch*. [...] Soyons certains qu'il nous a quittés en ayant accompli son devoir à tous égards, qu'il a peut-être rendu ce monde meilleur et fait de nous, qui l'avons connu et aimé, de meilleures personnes. Je terminerai en citant son petit-neveu de six ans, Benji, qui, en apprenant le décès de Hanns, a demandé : « Il a fait ses valises pour aller jouer au ciel avec papy Paul ? » Je suis sûr que c'est exactement cela. Nous espérons qu'il a maintenant retrouvé son alter ego, son frère Paul. J'aimerais penser que tous deux nous regardent en ce moment, un peu embarrassés de tout ce que nous disons d'eux, mais qu'ils se moquent de nous et préparent sans doute quelque bonne farce, comme ils l'ont fait toute leur vie, s'inspirant de Denis la Malice – ou plutôt de Max et Moritz.

Après le service funèbre, les cendres de Hanns furent dispersées sur la concession familiale du cimetière juif de

Willesden. C'était là que son père, Alfred, avait été enterré cinquante-six ans auparavant, et que l'avaient ensuite rejoint sa mère Henny et son frère Paul.

Le lit de lierre de la sépulture familiale, sur laquelle de rares personnes viennent parfois se recueillir, est surmonté d'une immense stèle gravée de la devise : « Servir autrui avant soi. »

Post-scriptum

Il fait frais en ce matin de novembre. L'air est vif et transparent, mais de gros nuages noirs s'amoncellent dans le ciel. Je suis devant l'entrée d'Auschwitz, sous la lourde banderole de fer forgé déployant sa sinistre devise : *Arbeit macht frei*. Je suis accompagné d'un homme du même âge que moi ou presque et d'une vieille dame, sa mère.

Il s'appelle Rainer Höss. Il a quarante-quatre ans et porte un pull orange à rayures parsemé d'un motif de flocons de neige. Rainer est le petit-fils de Rudolf Höss. Dans sa famille, une véritable omerta pesait sur les années de guerre. Aujourd'hui, il veut en savoir davantage. Pendant des années, il a rassemblé des informations dans son coin, passant des heures en bibliothèque, interrogeant des amis de la famille, compulsant de vieilles photos, et il a lu et relu l'autobiographie de son grand-père. Lorsqu'il a commencé à poser des questions à son père, Hans-Jürgen, celui-ci s'est aussitôt refermé comme une huître, coupant court à tout dialogue. Récemment, Rainer a été accusé de tenter de vendre une partie des objets ayant appartenu à Rudolf – un coffre de bois sculpté offert par Himmler, un poignard de SS, des diapositives couleur de ses parents, oncles, tantes et grands-parents à Auschwitz –, et il ne décolère pas contre les journalistes qui ont monté l'affaire en épingle.

Rainer Höss et Irene Alba devant l'entrée principale d'Auschwitz, novembre 2009

La mère de Rainer, Irene Alba, est une petite femme trapue d'environ soixante-quinze ans, au visage rond, les cheveux argentés ramenés en queue-de-cheval. Elle est née et a grandi dans l'ancienne Souabe conservatrice et vit seule depuis qu'elle a divorcé du père de Rainer, il y a vingt ans.

C'est ici qu'ont été massacrés plus de un million de juifs et des centaines de milliers de prisonniers politiques, de Tziganes et de catholiques. C'est la première fois qu'un descendant de Rudolf revient sur ces lieux depuis que Hedwig et ses enfants ont quitté leur coquette résidence en 1944.

Nous nous prenons mutuellement en photo devant le portail : Rainer a l'air grave. Irene, elle, semble terrifiée. Nous franchissons la porte, flanquée d'une triple clôture de barbelés et pénétrons dans le camp.

Rainer sort sa caméra vidéo et filme tout ce qu'il voit, comme pour mieux se couper de ses émotions. Je sors également la mienne et j'essaie de l'imiter. Tout cela me paraît irréel : le petit-fils et la belle-fille du commandant Rudolf Höss se retrouvent à Auschwitz avec le descendant d'une famille juive qui a échappé de peu aux atrocités qui s'y sont déroulées.

Nous marchons sur le pavage inégal de l'allée principale, passons devant les bâtiments de deux étages en brique rouge, puis nous tournons à droite sur l'allée principale qui mène au centre du camp. Là, nous nous arrêtons devant deux poteaux de métal noir réunis par une traverse. C'était là que les gardiens d'Auschwitz pendaient les prisonniers coupables d'infractions aussi insignifiantes que de bouger pendant l'appel ou échanger un regard.

C'est la deuxième fois que je viens ici et je constate avec soulagement que je ne ressens plus ce trouble intérieur qui m'avait saisi lors de ma première visite. Rainer continue de filmer – les baraques de brique rouge, les panneaux *Achtung !*, la clôture électrique contre laquelle les prisonniers se jetaient pour en finir. En me retournant vers Irene, je comprends qu'elle est bien moins à l'aise que lui.

« C'est affreux… Je suis tellement triste », hoquette-t-elle en fondant en larmes. Elle se recroqueville dans son manteau de fourrure gris sombre. « Je ne savais rien de tout cela quand j'ai épousé Hans-Jürgen. Il ne m'a rien dit. Je ne l'ai appris que quand ma sœur m'a montré un article du *Stürmer.* » Elle parle d'une voix entrecoupée de sanglots et j'ai du mal à la comprendre.

« Votre mari était le fils du commandant du camp. À l'époque où il habitait la villa tout près du crématoire, il ne savait rien des gazages ?

— Il disait simplement qu'il flottait une mauvaise odeur dans l'air. Pas toujours. Mais ça sentait très mauvais.

— Et sa mère, Hedwig, était-elle au courant des massacres ?

— Bien sûr ! Bien sûr que oui ! Elle a vécu là toutes ces années !

— Pourquoi êtes-vous restée mariée si longtemps à Hans-Jürgen si vous saviez tout cela ?

— Le jour où nous nous sommes mariés à l'église, j'ai juré de rester avec lui jusqu'à ce que la mort nous sépare, dans la santé ou la maladie. J'ai tenu vingt-sept ans. Ce n'est pas un homme heureux. »

Je ne sais pas très bien si elle pleure sur les crimes épouvantables qui ont été perpétrés ici ou si elle s'apitoie sur son propre sort. Je voudrais lui laisser le bénéfice du doute.

De loin, j'aperçois Rainer qui pénètre dans le bloc 11 – le sinistre « bunker » où les prisonniers étaient interrogés, torturés et exécutés. Celui où l'adjoint de Rudolf avait testé pour la première fois le Zyklon B. Je reste à l'extérieur avec Irene.

« Hans-Jürgen parlait-il d'Auschwitz lorsque vous viviez ensemble ?

— Seulement quand il était triste. Il disait que c'était une époque terrible. »

Je rejoins son fils dans un baraquement consacré à la mémoire des juifs déportés de France. Je le suis de salle en salle. Il regarde les murs tapissés de centaines de photographies de juifs, prises aux temps où ils vivaient encore normalement : des gens élégamment vêtus, qui portent un instrument de musique, dansent dans un night-club, font du vélo, se réunissent autour d'un repas de famille… Tous ont disparu.

Rainer éclate en sanglots. « C'est abominable ! bredouille-t-il. Ce qu'a fait mon grand-père… C'est tellement horrible. J'ai lu des tas de livres, j'ai étudié ça pendant des années, mais être là, c'est pire que tout ce que j'imaginais. Quel endroit effroyable ! »

Nous sortons et nous dirigeons vers l'autre bout du camp. C'est le moment que j'attendais avec le plus d'impatience. Nous nous engageons dans un petit passage bordé de barbelés.

« C'est ici », dis-je.

Devant nous se dresse la potence à laquelle le grand-père de Rainer a été pendu, près du vieux crématoire. Rainer s'approche de la structure de bois. Il s'arrête, l'observe un instant, et dit : « C'est là qu'ils l'ont exécuté. C'est le seul endroit qui me plaise ici. »

Irene est dans tous ses états. Elle ne supporte pas la vue de cet instrument et s'éloigne. Elle se retourne et me voit prendre une photo de Rainer près de la potence : « Ne faites pas ça ! hurle-t-elle. Ne prenez pas de photo ici ! »

Lorsqu'elle me demande pourquoi je prends tant de photos, je lui explique que je travaille sur l'histoire de mon grand-oncle, Hanns Alexander.

« C'est lui qui a arrêté Rudolf, précise Rainer.

— J'ai entendu parler de l'arrestation, dit-elle. Rudolf dormait quand ils l'ont trouvé. Ils l'ont passé à tabac le soir où ils l'ont capturé.

— C'est mon oncle qui a fait parler Hedwig quand il l'a retrouvée. Elle lui a dit que Rudolf avait pris un nom d'emprunt, Franz Lang, et qu'il se cachait dans une ferme des environs.

— Comment ? C'est Hedwig qui a dénoncé Rudolf ? Ce n'est pas son frère ? » s'exclame-t-elle. Elle me jette un regard noir. « Je ne peux pas croire ça. Hedwig m'a toujours dit que c'était son frère Fritz qui l'avait dénoncé. » Non. J'ai une copie du rapport d'arrestation qui le prouve. « Oh mon Dieu, mon Dieu… » marmonne-t-elle, se pelotonnant encore plus dans son manteau. Elle a l'air sincèrement bouleversée.

Rainer se dirige vers une porte métallique percée d'un judas. C'est la porte arrière du vieux crématoire. C'était par cet œilleton que son grand-père assistait au gazage des déportés pour prouver à ses subordonnés qu'il assumait pleinement les massacres qu'il ordonnait. Rainer secoue la tête.

« Mutti, ne viens pas ici. Ça va te faire du mal.

— Si, si, je veux voir », réplique-t-elle, les bras tétanisés, le souffle court. On dirait qu'elle a une crise d'asthme.

Rainer hausse les épaules et s'approche de la porte. Elle lui emboîte le pas. Je les suis, un peu en retrait.

Il franchit le sas en béton et pénètre dans la chambre à gaz. « Regarde là-haut, dit-il en montrant une lucarne au plafond. C'est par là qu'ils jetaient le Zyklon B. » Puis il passe dans une salle adjacente, où se trouvent les fours noircis dans lesquels les corps étaient incinérés. Sa mère s'arrête net à la porte, incapable de faire un pas de plus.

« *Mein Gott, mein Gott*…

— C'est affreux, répète Rainer. Affreux. »

Irene se résout à entrer et se plante devant les portes de fonte noire des fours. Elle tremble de tous ses membres et est secouée de sanglots. « *Nein, nein, nein* », suffoque-t-elle.

Enfin, nous ressortons et retrouvons la lumière du jour et l'air frais.

Rainer se tourne vers moi et lâche froidement : « Si je savais où mon grand-père est enterré, j'irais pisser sur sa tombe. »

En rentrant d'Auschwitz, je me suis remis au travail pour achever ce livre. Il y avait trois ans que mon grand-oncle était mort et que j'avais débuté mes recherches. Je comprenais mieux comment le chemin de Hanns Alexander avait croisé celui de Rudolf Höss ; comment Rudolf en était arrivé à prendre le commandement d'Auschwitz ; et pourquoi, à la fin des hostilités, Hanns avait choisi d'affronter ses persécuteurs.

Les détails, en revanche, m'apparaissaient moins clairement. Au fil de mes recherches, j'ai appris que l'interprétation de l'histoire varie selon le point de vue de celui qui la raconte et n'est jamais aussi simple qu'on pourrait le penser.

En poursuivant mon enquête, j'ai également été frappé par l'importance des textes : de la Torah des Alexander, miraculeusement réchappée de la terreur nazie, jusqu'aux lettres de Hanns, découvertes dans un petit coffret parmi les affaires d'Ann, en passant, bien sûr, par les Mémoires de Rudolf, preuve fondamentale de la Shoah, préservée pour que les générations futures n'oublient jamais.

« Ce qu'a fait Hanns Alexander était remarquable, m'a confié le procureur Whitney Harris, l'homme qui avait fait comparaître Rudolf à Nuremberg. C'est vrai, la grande majorité des dirigeants nous ont filé entre les doigts. Mais l'important est que nous en ayons capturé quelques-uns et que nous ayons pu consigner leurs témoignages, pour l'Histoire, pour que les gens sachent ce qui s'est vraiment passé. C'est cela que nous avons accompli. »

J'ai aussi appris que la même histoire, une fois publiée, peut être appréciée de diverses manières. Lorsque je suis allé voir la fille de Rudolf, j'ai repéré l'autobiographie de son père sur sa table de chevet. Elle l'avait à peine feuilletée, m'a-t-elle dit. Dans l'appartement de Hanns, une semaine après sa mort, j'avais trouvé le même livre sur la table du salon, écorné à chaque page, et marqué de son nom sur l'intérieur de la couverture.

Quant à la Torah des Alexander, elle est toujours utilisée à ce jour. Le 16 mars 2013, toute ma famille s'est réunie à la synagogue de Belsize Square pour assister à la bar-mitsvah de ma fille Sam et de ma nièce Sipan. Lorsqu'elles ont achevé leur lecture, une clameur d'approbation s'est élevée de l'assistance : « *Skoiach, skoiach !* » Les deux jeunes filles étaient entrées dans l'âge adulte.

Et, comme d'habitude, nous avions tous la larme à l'œil.

NOTES

Prologue

p. 13 : « ALEXANDER Howard Harvey… » : L'avis de décès du *Daily Telegraph* mentionne par erreur le 23 décembre comme étant un vendredi, alors que c'était un samedi, et se trompe sur l'orthographe du deuxième prénom de Hanns.

Chapitre 1

p. 24 : « Le 1er août 1916… » : À partir du jour où il s'engagea, Rudolf assura à qui voulait l'entendre qu'il était né le 25 novembre 1900, contrairement à ce qu'indiquent ses actes de naissance, de baptême et de mariage. Lorsqu'il entra dans la SS, il s'arrangea pour faire falsifier le dernier chiffre de son année de naissance (transformant un 1 en 0) dans son dossier officiel, faisant ainsi oublier qu'il avait triché sur son âge. Une copie de ce document est conservée aux Archives nationales des États-Unis (College Park, Maryland). Ses actes de naissance et de baptême peuvent être consultés dans les registres d'état civil de la mairie de Baden-Baden.

p. 25 : « Lorsque son unité arriva… » : La campagne de Mésopotamie mettait en présence d'un côté les empires centraux (ou Triplice), représentés surtout par les forces turques appuyées par quelques unités allemandes, et de l'autre les Alliés (ou l'Entente), représentés par l'Empire britannique qui avait déployé un corps expéditionnaire indien placé dans un premier temps sous commandement indien. Les réserves en hydrocarbures de la Mésopotamie (l'Irak actuel) constituaient un enjeu stratégique pour les deux camps qui avaient besoin de pétrole pour soutenir leur effort de guerre sur tous les théâtres d'opérations.

p. 27 : « Début 1917... » : Le 9 décembre 1917, au terme de deux mois de combats acharnés qui firent de très nombreuses victimes dans les deux camps – dix-huit mille côté Alliés et vingt-cinq mille dans les rangs des empires centraux –, les Alliés obtinrent enfin la reddition de Jérusalem. Le général Edmund Allenby, commandant en chef des forces alliées, raconta par la suite qu'il entra dans la Ville sainte à pied et fut accueilli sous les vivats de la population.

p. 28 : « Dans les mois qui suivirent ... » : Les notes ajoutées ultérieurement à son dossier de la SS, conservé aux Archives nationales des États-Unis, indiquent que Rudolf Höss fut blessé trois fois durant la Première Guerre mondiale.

Chapitre 2

p. 35 : « Alfred venait d'une famille aisée ... » : Alfred Alexander évoqua la mort de sa mère dans son *Red Little Book*, un recueil de souvenirs inédit. À l'issue de ses études secondaires, il s'inscrivit en médecine à Munich. Son rêve : trouver un traitement contre la leucémie. Il décrocha son diplôme de médecin généraliste avec mention et on lui proposa un poste prestigieux à l'hôpital municipal de Francfort, à condition toutefois qu'il se convertisse au christianisme. Sans être particulièrement religieux, Alfred n'avait aucune envie de trahir son identité par simple ambition professionnelle. Il se rabattit donc sur un poste d'interne à Berlin, beaucoup moins bien rémunéré. L'année suivante, sa mère fut prise de graves crises d'asthme qui se portèrent sur le cœur. Lorsqu'il arriva à son chevet, les médecins lui annoncèrent qu'ils ne pouvaient plus rien pour elle – « alors que sa vie était pour moi la chose la plus précieuse de la Terre », écrivit-il. Il les supplia d'au moins lui administrer de la morphine pour mettre un terme à ses souffrances. L'un de ses confrères fut « outré par cette suggestion scandaleuse », mais l'autre y consentit. Les dernières paroles de la pauvre femme furent pour son fils :

« Merci, mon garçon. » Effondré par sa disparition, le Dr Alexander abandonna ses recherches de traitement et retourna à Berlin où il ouvrit un cabinet médical.

p. 37 : « Ce livre inspira… » : À mesure qu'ils grandissaient, Hanns et Paul se montraient de plus en plus dissipés. Un jour qu'ils se bagarraient dans le tramway qui les emmenait à l'école, ils brisèrent la paroi de verre située derrière le conducteur – leur père dut payer la facture. Leurs farces prenaient parfois un tour plus douteux : quelque temps plus tard, ils profitèrent de la pause du machiniste pour décrocher un wagon du tramway, le pousser et le faire dérailler. Par chance, personne n'imagina un instant que cet acte de vandalisme était l'œuvre des deux enfants. Soixante-dix ans plus tard, Hanns évoquait encore cet épisode en riant, sans manifester l'ombre d'un repentir.

p. 42 : « L'exécution de cette tâche… » : Le 613e et dernier commandement de la Torah (« Et maintenant, écrivez pour vous ce cantique ; enseigne-le aux fils d'Israël, mets-le dans leur bouche », Deutéronome 31, 19) prescrit à chaque juif d'écrire de sa main ou de faire écrire par un scribe un Sefer Torah une fois dans sa vie. En accomplissant cette *mitzvah*, il s'inscrit, avec toute sa descendance, dans le Livre de Dieu. Lorsqu'il s'établit à Berlin, le Dr Alexander proposa de prêter son exemplaire des rouleaux à la Neue Synagogue, mais le rabbin ayant refusé, Alfred le conserva dans sa bibliothèque.

Chapitre 3

p. 46 : « Quelque temps plus tard… » : À l'armistice, Berlin avait consenti à retirer ses troupes de la région de la Baltique, mais le gouvernement britannique avait accepté de reporter ce retrait si cela permettait d'empêcher les Soviétiques d'occuper la Lettonie, rempart contre toute contagion vers l'ouest du pouvoir bolchevique.

p. 47 : « On ne sait pas exactement… » : Bien que Rudolf affirme dans ses Mémoires être allé directement de Mannheim en Prusse orientale, il fit probablement le détour par Berlin, où il rencontra Rossbach, puisque celui-ci réunissait ses troupes dans la capitale avant de partir pour la Baltique. Il est possible qu'entre-temps, il ait d'abord servi dans le Corps volontaire de Prusse orientale, comme l'indique son dossier de la SS.

p. 50 : « Après avoir été chassée de Riga… » : Les *Freikorps* se mêlèrent également de la politique nationale, notamment lorsque Rossbach et ses hommes occupèrent le Reichstag pour soutenir le putsch avorté de Wolfgang Kapp, qui renversa le gouvernement pendant quatre jours. On ignore le rôle exact que put tenir Rudolf dans ce coup de force.

p. 51 : « La fête était présidée… » : Pour une description de cette fête, voir Robert Waite, *Vanguard of Nazism*, p. 196. L'auteur fonde l'essentiel de son récit sur un article du *Munich Post*.

p. 52 : « Rossbach et ses hommes passèrent les portes… » : La description de la cave du Kindl-Keller et du discours de Hitler reprend celle qu'en fit Ernst Franz Sedgwick Hanfstaengl. Il s'agit probablement du même discours que celui qu'entendit Höss, car la date coïncide avec celle de son inscription au parti et de l'anniversaire de Rossbach.

p. 53 : « Six mois plus tard… » : Martin Bormann, un garçon trapu de vingt-deux ans aux commissures tombantes, avait abandonné l'école et était devenu contremaître dans une ferme du Mecklembourg. Ce fut là qu'il rencontra Rudolf en 1922. Peu après, sous l'influence de Höss, il prit sa carte du parti nazi.

p. 53 : « Rudolf, Bormann et les autres se joignirent à Kadow… » : Le récit du meurtre de Kadow, dévoilé au procès, a été rapporté dans le *London Times* du 17 mars 1924.

p. 54 : « Rudolf se laissa passer les menottes… » : Höss pensait que l'accord tacite passé entre le gouvernement et les *Freikorps* lui permettrait de bénéficier d'une remise de peine. Il se trompait. Le gouvernement bavarois avait certes hâté la libération de certains militants de droite, mais le gouvernement prussien (qui avait juridiction sur son crime) ne prit jamais aucune mesure en ce sens.

p. 55 : « Le 9 novembre à Munich… » : La description du putsch de la brasserie de Munich et la citation de Hitler proviennent d'un article du *Times* du 10 novembre 1923. Depuis le discours de Hitler au Kindl-Keller, les effectifs du parti n'avaient cessé de croître, passant d'un peu moins de vingt mille à cinquante-cinq mille membres entre février et novembre 1923. Hitler avait également développé l'aile militaire du parti, la *Sturmabteilung* (SA), sections d'assaut constituées d'anciens soldats de la Première Guerre mondiale et des *Freikorps*. Il sillonnait le pays pour lever des fonds et recruter de nouveaux adhérents, surtout à Berlin, mais le noyau dur du parti restait limité à Munich et à ses environs.

p. 56 : « Il apprit également l'anglais… » : Son dossier de la SS indique que Rudolf parlait couramment anglais.

Chapitre 4

p. 62 : « Les Alexander accueillaient leurs amis au chalet… » : L'un des jeux préférés des enfants était de grimper dans les cerisiers, de se gaver de cerises et d'organiser des concours, à qui cracherait les noyaux le plus loin ou en garderait le plus dans sa bouche. Au grand désespoir de Hanns, c'était généralement sa sœur aînée, Bella, qui gagnait – elle battit même un record en se remplissant les joues de trente-quatre noyaux ! À un âge avancé, Hanns et ses frère et sœurs avaient conservé l'habitude de garder un noyau sous la lèvre supérieure, et ne s'en rendaient compte que lorsqu'ils croquaient une autre cerise… ou allaient chez le dentiste.

p. 63 : « Cela étant, ils n'étaient pas particulièrement brillants… » : « Ce n'étaient pas des lumières à l'école, les petits chérubins. D'après moi, ils ne devaient pas travailler beaucoup », commenta Bella bien des années plus tard.

p. 64 : « Pendant toute son enfance, Hanns vit défiler… » : Les Alexander demandaient à leurs invités de marque de signer le livre d'or de la maison. En 1930, pour le cinquantième anniversaire du Dr Alexander, de nombreux convives agrémentèrent leurs vœux de croquis ou de photos dédicacées. Parmi les personnalités présentes figuraient Hanns Purmann, Hans Joachim Pagels, Emil W. Herz, Albert Einstein (qui, après le décès de son oncle, remerciait Alfred pour la gentillesse qu'il lui avait témoignée), James Franck, Leonhard Frank, Rudolf Kayser, Alfred Polgar, Walter Hasenclever, Fritzi Massary, Max Pallenberg, Paul Hartmann, Sybille Binder, Alice Nikitina, Molly Wessely, Erick Charell, Paul Wegener, Max Reinhardt, Grete Scherk, Olga et Bruno Eisner, Sabine Kalter. Il y avait également une photo du colonel à la retraite Otto Meyer, l'ancien commandant d'Alfred pendant la guerre.

p. 64 : « Albert Einstein attablé dans la salle à manger… » : Un soir par exemple, en épiant derrière la porte de la salle à manger, Hanns vit Albert Einstein et son épouse à table avec ses parents. Le savant distrait était venu en chaussons. Après dîner, Alfred précéda ses invités au salon pour le café. Henny lui avait demandé de prier Einstein de lui expliquer la théorie de la relativité. Mais les deux hommes s'absorbèrent dans une grande discussion sur les derniers romans policiers qu'ils avaient lus, et le docteur oublia totalement d'interroger le physicien sur ses recherches.

p. 65 : « Hanns et Paul avaient tout des voleurs d'Ali Baba… » : Hanns était habitué à se déguiser. Dès sa plus tendre enfance, puis à l'adolescence, il devait généralement porter le même costume que son frère. Leur père, qui se piquait de photographie, leur faisait prendre des poses interminablement longues afin d'obtenir une image aussi nette que possible. La présence de Henny, qui papillonnait autour de ses garçons et s'extasiait à tout bout de champ en poussant des « *sehr schön !* », n'arrangeait rien à la chose. Tout petits, on les avait déguisés en lapins bruns, avec des oreilles pointues doublées de soie, des moufles de laine et des pompons de soie en guise de queue. Quelques années plus tard, ils posèrent à nouveau devant l'objectif de leur père en culotte bavaroise, chemise blanche et bottines noires. Adolescents, on leur avait fait enfiler un costume de marin, avec un long manteau de laine grise, des gants de cuir et un chapeau rond bordé d'un long ruban retombant sur un côté. Hanns garda toujours ce goût pour le déguisement. Adulte, il organiserait à son tour des soirées costumées, accueillant ses hôtes en uniforme d'infirmière – coiffe amidonnée, robe blanche, ceinture de toile noire, bas et escarpins à boucle.

p. 67 : « Hanns et Paul firent leur bar-mitsvah… » : Hanns a enregistré un récit de sa bar-mitsvah sur une bande sonore. Derrière la voix de l'homme adulte, on devine celle du gamin de treize ans, forcé à se prêter à cette cérémonie et totalement inconscient des événements qui allaient bientôt bouleverser son univers et sa vie.

Chapitre 5

p. 73 : « À l'issue d'une petite cérémonie à la ferme, ils posèrent… » : Lorsque je suis allé voir Brigitte, la fille de Rudolf et Hedwig Höss, chez elle en Virginie (États-Unis), j'ai remarqué que cette photo de mariage de ses parents était accrochée au-dessus de son lit.

p. 75 : « Jusqu'alors, la SS ne comptait que quelques centaines d'hommes… » : Selon l'historien Peter Longerich, les effectifs de la

SS ne dépassaient peut-être même pas les « quelques centaines » que revendiquait Himmler, sans doute soucieux de gonfler les chiffres à l'époque où il constituait son unité.

p. 79 : « Comme des pépiniéristes... » : Cette citation sur les qualités physiques et morales que Himmler exigeait de ses recrues provient d'un discours qu'il prononça le 19 janvier 1943.

p. 79 : « L'officier de recrutement SS scruta sa photo... » : Peter Longerich fournit une excellente description du processus de sélection des SS et de leur formation dans sa biographie de Himmler (Paris, Éditions Héloïse d'Ormesson, 2010).

p. 88 : « Rudolf et Hedwig étaient bien loin de leur petit paradis... » : Brigitte, la fille de Rudolf, gardait un souvenir « merveilleux » et « très agréable » du séjour de sa famille à Dachau.

p. 88 : « Il s'était découvert un nouveau talent... » : Hedwig savait que Rudolf occupait un poste important dans l'administration des camps et que les détenus étaient des prisonniers politiques. Mais Rudolf, comme tous les soldats SS, étant tenu au secret par le serment qu'il avait prononcé, elle ne savait sans doute rien de ce qui se passait réellement derrière les murs de Dachau.

Chapitre 6

p. 93 : « La presse et la radio avaient lancé un appel au boycott... » : Le 26 mars 1933, lors d'une réunion avec son nouveau ministre de la Propagande, Joseph Goebbels, Hitler avait évoqué ce qu'il considérait comme la plus grave menace à la sécurité nationale : les juifs allemands et tous ceux qui, de par le monde, les protégeaient. À en croire le journal de Goebbels, le chancelier avait alors déclaré que la solution était un boycott généralisé des entreprises juives d'Allemagne, ajoutant : « Peut-être les juifs étrangers y réfléchiront-ils à deux fois quand leurs camarades de race en Allemagne auront commencé à déguster. »

p. 96 : « Bella annonça qu'elle partait pour Londres... » : Bella reviendrait se marier à Berlin quelques mois plus tard, mais elle avait déjà quitté le nid familial pour émigrer.

p. 99 : « Ce soir-là, il arriva en retard... » : Hanns raconta par la suite que le rabbin, parfaitement conscient de l'effet que produirait son retard, avait fait une entrée « théâtrale ».

p. 100 : « Afin de se protéger, Hanns et Paul… » : « On nous apprenait à répondre aux nazis quand ils nous agressaient en nous traitant de “sales juifs”. Nous savions ce que nous devions dire et faire. On nous avait distribué un petit opuscule intitulé *L'Anti-anti*. Eux, c'étaient les antisémites, et nous, les anti-antisémites », rapporta Hanns dans un entretien.

p. 100 : « Il en aurait fallu davantage pour qu'ils renoncent aux matchs de hockey… » : Dans une conversation enregistrée soixante ans plus tard avec son neveu John Alexander, Hanns évoquait encore avec une pointe de fierté ce petit acte de résistance : « J'étais passionné de hockey sur glace. Nous continuions tout simplement d'aller assister aux matchs et nous passions inaperçus dans la foule. C'était interdit au grand public, mais nous nous débrouillions pour entrer. Ce genre de chose ne se faisait pas, bien entendu, et nous savions parfaitement que nous étions indésirables. Il y avait sans doute une pancarte *Juden Raus !* à l'entrée. Nous n'aurions pas dû y aller, mais nous ne suivions que notre propre loi. »

p. 103 : « Il devait obtenir une autorisation de sortie du territoire… » : L'autorisation de sortie du territoire de Hanns, signée du chef de la police de Berlin, était libellée dans les termes suivants : « Document officiel – Certificat du ministère de l'Intérieur (pour un séjour à l'étranger). M. Hanns Hermann Alexander, né le 6 mai 1917, détient la nationalité allemande. Ce certificat est valable jusqu'au 31 décembre 1936. Fait à Berlin le 10 juin 1936. Signé par le chef de la police. Le titulaire doit signer ce document en personne avant de le présenter à une autorité étrangère. » Je n'ai jamais compris pourquoi cette autorisation de sortie est datée du 10 juin 1936, soit huit jours après l'arrivée de Hanns à Croydon. Pour moi, le mystère reste entier.

p. 104 : « Le lendemain, Hanns se leva plus tôt qu'à l'accoutumée… » : Frank Foley, le consul de Grande-Bretagne, jouissait d'une bonne réputation auprès de la communauté juive de Berlin. Entre 1936 et 1938, ses services permettraient à plus de dix mille juifs de quitter l'Allemagne. En 1999, le mémorial de Yad Vashem lui rendit hommage et lui décerna le titre de « Juste parmi les nations ».

p. 105 : « Comme tous les juifs possédant des biens ou des revenus importants… » : À l'origine, la « taxe de désertion du Reich » ne frappait que les individus possédant plus de 200 000 Reichsmarks de biens (ou des revenus annuels d'une valeur supérieure à 20 000 Reichsmarks). Au cours de la devise de l'époque, cette somme équivalait à peu près à 501 000 euros actuels. En 1934, ce seuil fut abaissé à 50 000 Reichsmarks (environ 116 000 euros d'aujourd'hui), si bien que de plus en plus de candidats à l'exil étaient redevables de la taxe qui constituait un nouvel obstacle au départ. Dans les années 1950, l'Allemagne de l'Ouest (RFA) vota une loi ordonnant le remboursement des juifs dont les biens avaient été confisqués par les nazis. Le Dr Alexander ne fut pas dédommagé pour sa clinique, puisqu'il l'avait vendue, fût-ce sous la contrainte et pour une somme dérisoire, largement inférieure aux prix du marché.

p. 107 : « Le 2 juin, il atterrit à l'aérodrome de Croydon… » : Imperial Airways, qui avait inauguré la liaison quotidienne Londres-Paris en 1924, était à l'avant-garde des lignes commerciales. La compagnie n'était pas pour autant des plus fiables : en juin 1936, elle avait déjà à déplorer la perte de sept appareils, dont un qui avait pris feu juste après le décollage à Croydon, tuant le pilote et les sept passagers.

p. 109 : « Alfred et Henny s'installèrent dans un trois pièces à Kensington… » : En 1936, le pouvoir nazi autorisait encore les déménagements de ce type, et il accéléra l'exode en accroissant la pression sur les juifs, à travers des lois restrictives et des violences (telle la tristement célèbre « nuit de cristal »), en délivrant des visas de sortie et même en négociant en sous-main avec les autorités de Palestine pour qu'elles acceptent des réfugiés juifs. Les nazis estimaient à l'époque que moins il y aurait de juifs dans le pays, moins ils auraient à en éliminer par la suite. En janvier 1933, cinq cent vingt-trois mille juifs vivaient en Allemagne, dont un tiers à Berlin. En septembre 1939, il en restait encore deux cent deux mille, des personnes âgées pour la plupart.

p. 109 : « Hilde la prit au mot et mit absolument tout en caisses… » : Lorsqu'ils déballèrent les caisses, les Alexander trouvèrent toutes leurs affaires intactes, parmi lesquelles l'uniforme militaire d'Alfred. Paul et Hanns décidèrent par la suite de s'en débarrasser, jugeant que cette tenue de l'époque du Kaiser ne ferait pas très bonne impression auprès de leurs voisins anglais. Ils le dépecèrent entièrement et, de nuit, le jetèrent morceau par morceau dans différentes poubelles de Kensington High Street. Le casque à pointe brillant échoua dans un container, la veste galonnée dans un autre, les bottes dans un troisième. L'unique souvenir que le Dr Alexander parvint à sauver fut sa Croix de fer de première classe. Toute sa vie durant, il la conserva dans son écrin vert, au fond d'un tiroir de son bureau.

p. 113 : « Il fut là-bas le témoin et la victime de toute l'horreur… » : Pendant son séjour à Sachsenhausen, Paul Graetz assista à de nombreuses exactions, mais celle qui le marqua peut-être le plus fut le passage à tabac de douze juifs, qui périrent sous une pluie de coups de bâton pour avoir refusé d'obéir aux ordres d'un gardien.

p. 113 : « Aussitôt rentré chez lui… » : Selon sa bru, Antonia Grey (surnommée « Tonny » dans sa famille), Paul Graetz a été hanté tout le restant de sa vie par ces dix-huit jours passés à Sachsenhausen. Cinquante ans plus tard, alors qu'il vivait ses dernières heures dans une maison de retraite de Londres, il hurlait de terreur, suppliant un garde du camp de ne pas le battre.

p. 116 : « Le 24 juillet 1939, les Alexander apprirent… » : Plus de trois cent quatre-vingt-dix *Ausbürgerungslisten*, comptant plus de un millier de noms chacune, parurent ainsi au *Reichsgesetzblatt*, journal officiel du régime nazi. Une liste récapitulative de tous les Allemands déchus de leur nationalité a été publiée en 1945.

Chapitre 7

p. 122 : « Il retrouva ainsi deux anciennes connaissances… » : À la fin de ses Mémoires rédigés en prison, Rudolf décrit de nombreux personnages avec lesquels il fut appelé à collaborer au fil des ans – Himmler, Glücks, Maurer, Pohl, par exemple. [NdT : Ces portraits ne figurent pas dans l'édition française du livre.] Il ne donne en revanche pratiquement aucun détail sur Josef Kramer, alors qu'il avait travaillé en étroite liaison avec lui pendant de nombreuses années. Il semble pourtant avoir eu une certaine estime pour son ancien adjoint, car il appuya sa nomination au poste de commandant du camp de Bergen-Belsen.

p. 124 : « En novembre 1940… » : Cette réunion entre Rudolf Höss et Heinrich Himmler a très probablement eu lieu à Berlin, car rien dans les archives n'indique que le *Reichsführer* ait fait le déplacement à Auschwitz à ce moment-là.

p. 126 : « Les enfants firent de la villa… » : Une grande partie des informations portant sur la vie de la famille Höss à Auschwitz m'a été révélée par Brigitte, la fille cadette de Höss, qui m'a accordé une série d'entretiens. Il m'a fallu plus de trois ans pour la retrouver, la convaincre de me parler et, enfin, de me rencontrer.

p. 128 : « Ses domestiques la surnommaient “l’ange d’Auschwitz” » : Dans sa déposition d’après guerre, Anieli Bednarskiej, une jeune femme d’Oświęcim (et non une prisonnière) qui travailla chez les Höss de 1940 à 1943, confirma cette appréciation : « Frau Höss s’est toujours très bien comportée à mon égard. Elle a essayé de me convaincre de signer la *Volksliste* [qui permettait à des ressortissants polonais pouvant prouver leur ascendance allemande de bénéficier du statut de *Volksdeutsche*, c’est-à-dire de citoyen allemand vivant en dehors du Reich], mais lorsque j’ai refusé, elle n’a pas insisté. »

p. 129 : « Frau Höss estimait que ce personnel lui était d’autant plus indispensable… » : Comme Henny Alexander, Hedwig tenait un livre d’or. Le sien fut signé par les plus hauts dirigeants de l’appareil du parti nazi que la famille Höss reçut à la villa entre septembre 1940 et mars 1945. Il fut retrouvé en 1946 dans l’ancienne raffinerie de sucre de Sankt Michaelisdonn par un officier du service médico-légal, Karl Abrahams, qui en fit don au Yad Vashem.

p. 130 : « il avait l’estomac fragile et était extrêmement difficile » : Himmler souffrait de l’estomac depuis son enfance et, sans être végétarien comme Hitler, il mangeait très peu de viande. Brigitte m’a confié qu’elle appelait Himmler « oncle Heiner », mais que ses proches le surnommaient « Heini », diminutif dont ses détracteurs s’emparèrent, jouant sur l’ambiguïté du terme qui, en argot, signifie « nigaud », ou « balourd ».

p. 131 : « Chaque semaine, Rudolf faisait venir son coiffeur… » : Lorsqu’il m’a reçu dans son appartement de Cracovie, Jozef Paczynski, « le petit Polonais », m’a raconté que chaque semaine, il allait couper les cheveux au commandant. La première fois, il était extrêmement nerveux, car il n’avait pratiquement jamais manié les ciseaux : « Il ne me dit pas un mot. La simple idée de se faire coiffer par un prisonnier semblait le répugner. Mes mains tremblaient, mais j’avais vu faire des coiffeurs, et ce n’était pas trop difficile. » En trois ans, Rudolf ne lui adressa pas une seule fois la parole. « Il était toujours charmant avec sa famille et ses enfants. Si on ne savait rien des massacres qu’il organisait jour après jour, il était impossible de se douter que c’était un monstre. Il avait l’air tout à fait normal. » Josef se souvint également d’avoir vu Rudolf se poster à l’entrée du camp pour surveiller le départ des prisonniers au travail et leur retour au camp. « Quand ils rentraient, épuisés, portant les cadavres de leurs camarades, il les regardait sans broncher ; il n’intervenait jamais. »

p. 132 : « D'autres rescapés d'Auschwitz gardèrent… » : Dans le cadre de sa Fondation des archives de l'histoire audiovisuelle des survivants de la Shoah, Steven Spielberg a filmé les témoignages de prisonniers qui eurent affaire à Rudolf Höss pendant leur captivité à Auschwitz. Ces documents peuvent être visionnés sur plusieurs sites, dont ceux de l'université de Californie à San Diego et de l'université Royal Halloway de Londres. Une quinzaine de récits en français sont également en ligne sur le site du Mémorial de la Shoah de Paris.

p. 135 : « Himmler prévoyait également d'installer… » : En 1941, IG Farben comptait cent mille employés et était le plus grand consortium chimique du monde. La direction entretenait des liens étroits avec le régime nazi : elle avait financé l'ascension au pouvoir du parti et contribuait à développer la machine de guerre du Reich. Elle détenait 42,5 % des actions de Degesch, fabricant et propriétaire du brevet du Zyklon B – le gaz toxique utilisé dans les chambres d'extermination, à base d'acide prussique. IG Farben fit également bâtir l'usine de Buna, immense unité de production de caoutchouc et de pétrole synthétique, à cinq kilomètres d'Auschwitz II/Birkenau. Des dizaines de milliers de prisonniers y travaillaient dans des conditions inhumaines. Par la suite, l'entreprise fit construire un nouveau camp de concentration, Monowitz, pour loger sa main-d'œuvre. En 1947, à l'issue du procès IG Farben (sixième procès de Nuremberg), treize de ses vingt-quatre administrateurs furent condamnés à des peines de prison, mais après la guerre, presque tous retrouvèrent leur place dans le milieu des affaires et poursuivirent de longues et fructueuses carrières.

p. 137 : « Des milliers de déportés… » : Selon le musée d'Auschwitz, sur les 1,3 million de gens déportés à Auschwitz-Birkenau, il y eut près de deux cent trente-deux mille enfants de moins de dix-huit ans. La grande majorité était « sélectionnée » dès son arrivée et envoyée à la chambre à gaz. Quelques jeunes gens et jeunes filles déclarés « aptes au travail » échappèrent au massacre. À partir de l'été 1943, plusieurs enfants furent également épargnés pour servir aux expériences « médicales » de Josef Mengele. Lorsque l'Armée rouge libéra Auschwitz, sur les sept mille survivants du camp, elle trouva environ sept cents enfants.

p. 140 : « À l'été 1941, lorsque [Himmler]… » : Dans ses Mémoires comme dans les entretiens préalables aux procès de Nuremberg, Rudolf affirma que ce fut à l'été 1941, peu avant le déclenchement de l'offensive allemande sur l'Union soviétique, que Himmler l'avait convoqué pour lui ordonner de mettre en œuvre la solution finale ; il ajouta qu'il s'était rendu peu après à Treblinka, où il avait assisté à l'extermination de juifs du ghetto de Varsovie. Cette version des faits n'est pratiquement corroborée que par Richard Breitman, historien du musée de l'Holocauste de Washington et président de la commission sénatoriale américaine sur la déclassification des documents nazis. De nombreux chercheurs contestent cette chronologie et pensent que Rudolf Höss se trompait d'un an. Ils rappellent en effet que le ghetto de Varsovie n'a été liquidé qu'à l'été 1942 et que Treblinka n'était pas opérationnel avant cette même date. Il se peut néanmoins que Rudolf ait rencontré le *Reichsführer* à plusieurs reprises pour discuter de ce dossier extrêmement sensible et, dans la mesure où il n'a jamais varié dans ses dépositions (aux Britanniques, aux Américains, aux Polonais), il n'est pas impossible que cette entrevue « historique » ait bel et bien eu lieu à l'été 1941.

p. 141 : « où étaient entassés des prisonniers de guerre russes » : Les prisonniers « russes » dont parle Rudolf Höss étaient en fait des Soviétiques, qui pouvaient tout aussi bien venir de Russie que d'Ukraine ou de Biélorussie. De la même façon, lorsqu'il fait référence à « la Russie », c'est de l'Union soviétique, fondée en 1922, qu'il s'agit.

Chapitre 8

p. 151 : « Quand enfin on les appela… » : Le départ de la 93e compagnie fut encore retardé car à la dernière minute, son chef de corps, le commandant Gordon Smith, avait reçu l'ordre de faire sauter le pont de Saint-Malo afin de ralentir l'avancée des Allemands.

p. 152 : « Il se sentait plus en sécurité derrière ces prénoms anglais… » : Hanns finit par officialiser son changement de nom. Sur ses vieux jours, il en viendrait à le regretter, estimant que les nazis l'avaient contraint à renier jusqu'à son identité. Comme par un fait exprès, dans sa notice nécrologique, le *Telegraph* orthographia son second prénom « Harvey » au lieu de « Hervey ». Les Britanniques n'étaient pas les premiers à écorcher son nom : plusieurs papiers d'identité allemands présentent également des erreurs. Sur son passeport allemand, il n'y a ainsi qu'un seul « n » à son premier prénom (« Hans » au lieu de « Hanns »).

p. 154 : « Leur beau-frère Erich Hirschowitz... » : Le couple Hirschowitz prit le nom de Harding après la guerre, et Erich écrivit désormais son prénom Eric. Cette modification donna cependant lieu à d'étranges confusions : à ce jour, leur fils Michael est inscrit sous le nom de Michael Harding Harding.

p. 159 : « Paul était introuvable... » : Hanns n'avoua cet épisode galant que bien des années plus tard, dans un entretien avec son neveu John Alexander.

Chapitre 9

p. 166 : « Le 23 octobre 1943, alors qu'un transport de malades... » : Rudolf mentionna cet épisode dans la déposition signée (et certifiée par le capitaine Cross) qu'il fit aux Britanniques le 14 mars 1946 : « Je me souviens d'un incident particulier. [...] En arrivant au crématoire, j'ordonnai immédiatement de fermer toutes les portes et de procéder au gazage des deux tiers du groupe qui étaient déjà dans la chambre à gaz. Quand cela fut fait, j'entrai dans le vestiaire avec les sentinelles, équipées de lampes électriques. Nous réussîmes à entasser tous les prisonniers dans un coin, puis à les faire sortir un par un. Sur mes ordres, ils furent tous abattus avec des munitions d'arme de poing de petit calibre dans une autre pièce du crématorium. » J'ai trouvé une copie carbone originale de cette déposition dans un dossier conservé au musée du Renseignement de Cricksands (Royaume-Uni) et une autre aux Archives nationales américaines de College Park. Un troisième exemplaire est exposé dans la section consacrée à l'Holocauste de l'Imperial War Museum à Londres. L'incident a également été décrit par Jerzy Tabau, résistant polonais non juif qui fut l'un des rares à réussir son évasion d'Auschwitz, dans un témoignage qu'il diffusa après avoir retrouvé la liberté et qui fut par la suite présenté aux procès de Nuremberg (« The Polish Major's Report », L-102). Il figure aussi dans le livre de Martin Gilbert, *Atlas de la Shoah*.

p. 173 : « Pour distraire ses enfants, leur père les conduisait... » : Devenue une vieille dame, Brigitte se souvenait encore avec émotion de ces instants partagés avec son père : « C'était l'homme le plus gentil de la terre, m'a-t-elle assuré. Il était doux et s'est toujours montré très bon pour nous. » Elle évoqua les repas en famille, les après-midi où il jouait avec eux dans le jardin. Parfois, ils s'installaient tous au salon, à quelques mètres du crématoire du camp, et il leur lisait *Hansel et Gretel*. Brigitte était persuadée que son père était un homme sensible et avait deviné qu'il était obligé de faire quelque chose de mal : « Je suis sûre qu'au fond de lui, il était triste. C'était une intuition que j'avais, à la façon dont il se comportait à la maison et avec nous. Parfois il avait l'air très triste en rentrant du travail. » À l'époque où je l'ai rencontrée, elle n'ignorait plus rien de la face sombre de son père : « J'ai lu son livre. Je n'arrive pas à dépasser quelques pages. Je ne sais pas trop ce qu'il faut croire. Il y avait peut-être deux personnages en lui – celui que je connaissais et un autre... » Brigitte avait beaucoup de mal à réconcilier ces deux aspects de son père. Lorsque je lui demandai comment il pouvait être « l'homme le plus gentil de la terre » alors qu'il avait fait exterminer au moins un million de juifs, elle me répondit : « Il n'avait pas le choix. S'il ne l'avait pas fait, sa famille aurait été menacée. Et il n'était qu'un rouage de la machinerie SS. Il n'était pas le seul. »

p. 174 : « Nourrie du même antisémitisme que son mari... » : Stanisław Dubiel se souvint avoir entendu Hedwig exprimer ses opinions sur les juifs à l'époque où il était employé comme jardinier à la villa. Son témoignage fut versé parmi les pièces à charge du procès de Rudolf en 1947.

p. 174 : « Elle refusa d'avoir des relations sexuelles avec lui... » : Anieli Bednarskiej, une jeune femme d'Oświęcim qui travaillait comme domestique chez les Höss, affirma que Hedwig avait pour sa part une liaison avec un détenu. Son témoignage fut recueilli après la guerre. L'amant de Hedwig, Karola Bonhera, était un kapo allemand embauché pour cirer les chaussures de la famille et faire frire le poisson à la villa. Comme il n'avait ni numéro ni plaque de prisonnier, il était autorisé à se déplacer librement. En rentrant chez lui à l'improviste, Rudolf avait un jour surpris sa femme et Bonhera dans la serre et, comprenant immédiatement ce qui se passait, avait « fait une scène ». Hedwig parvint à le calmer, mais il interdit catégoriquement à Bonhera de remettre les pieds à la villa. Profitant des absences de son mari, Hedwig continua cependant à voir son amant.

p. 174 : « Depuis le printemps 1942... » : Eleanor donna elle-même les détails de ses relations avec Rudolf dans la déposition qu'elle livra deux ans plus tard, à Dachau où elle avait été transférée, au juge de la SS Konrad Morgen. Après la guerre, ce document fut intégré au rapport des autorités militaires américaines d'occupation sur le camp de concentration de Dachau et les Américains l'utilisèrent comme preuve au cours des procès de Nuremberg.

Chapitre 10

p. 181 : « Reçu rapport alarmant... » : Le consul général des États-Unis en Suisse avait reçu ces informations du représentant à Genève du Congrès juif mondial, Gerhardt Riegner, qui lui-même les tenait d'un industriel allemand.

p. 185 : « Début 1945, cependant, ni Londres... » : Ce manque de ressources et de préparation pour appuyer la recherche des criminels de guerre relevait d'un choix politique : la grande priorité était de traquer les scientifiques allemands. Avant même la fin de la guerre, les Alliés avaient mobilisé des moyens considérables pour retrouver les scientifiques nucléaires et les exfiltrer au Royaume-Uni et aux États-Unis. Dès le printemps 1944, les services de renseignements américains avaient lancé la « mission Alsos » visant à retrouver, et si possible interroger, les physiciens allemands travaillant sur l'atome. En mars 1945, l'armée américaine proposa une nouvelle initiative : l'« opération Paperclip ». Il s'agissait de recruter plus de trois mille ingénieurs, techniciens et atomistes dispersés dans toute l'Europe et de les faire venir aux États-Unis et en Grande-Bretagne et, du même coup, d'empêcher que leurs connaissances ne tombent aux mains des Soviétiques. L'opération Paperclip fut une réussite : elle assura aux Britanniques et aux Américains un avantage considérable dans leurs efforts militaires d'après guerre.

p. 185 : « Les Britanniques étaient encore moins ambitieux... » : L'une des raisons pour lesquelles les enquêteurs avaient si peu de moyens tenait au vide politique qui s'était alors installé en Angleterre. Les crimes de guerre étaient passés sous la juridiction du Foreign Office, et plus particulièrement du vicomte Robert Bridgeman qui, en prenant ses fonctions, avait eu pour consigne de limiter au strict nécessaire les ressources employées à la recherche des criminels de guerre. Cette décision s'expliquait par la volonté des autorités britanniques de ne pas retomber dans les excès de la propagande antiallemande sur le thème « Pendons le Kaiser ! », qui avait été si mal reçue au lendemain de la Première Guerre mondiale. Elles pensaient en outre que la grande majorité des criminels de guerre seraient regroupés en zone américaine et ne seraient donc pas placés sous la responsabilité de la force d'occupation britannique.

p. 185 : « Depuis le début de l'année… » : Quelques semaines auparavant, en décembre 1944, Hanns et Paul avaient été contactés par un certain capitaine Harvey, agent du renseignement militaire, qui leur avait proposé de devenir interprètes. Pour ce faire, leur expliqua-t-il, ils n'auraient qu'à passer un examen de langue et quelques entretiens. Dans une lettre à ses parents datée du 9 décembre 1944, Paul expliqua pourquoi cela ne l'intéressait pas : « Comme ils ne paient ni ne proposent de promotion, ils peuvent se les garder, leurs postes de spécialistes à la noix. Ça fait trois mois que je m'occupe des prisonniers de guerre, et à chaque promotion d'officiers, c'est la même rengaine : "Désolés, pas d'étrangers." Donc, je les leur laisse, leurs foutus postes. Tout ce que je demande, c'est un boulot peinard dans un coin tranquille. » Hanns s'empressa en revanche de se porter candidat car c'était pour lui une occasion rêvée de s'investir dans un travail plus gratifiant.

p. 187 : « Paul mit également son grain de sel… » : Dans la même lettre, Paul mettait Elsie à contribution pour l'aider à trouver une épouse : « Voici les critères auxquels elle doit répondre : elle peut être aussi moche ou aussi vieille qu'il est possible, tant qu'elle me laisse libre d'aller satisfaire mes élans amoureux ailleurs. Elle doit m'aider à quitter l'armée et à trouver un métier qui paye bien et m'assurer de ne pas être mobilisé à la prochaine guerre. Pour la nationalité, je ne suis pas difficile, mais ce serait mieux si elle était anglaise. Et juive, de préférence (ce sera plus simple pour les fêtes). Si elle habite à Whitechapel, elle devra déménager. Pour le reste, je te laisse juge. (Ah, autre chose à propos de la nationalité : si elle est française, elle a intérêt à être bonne au plumard, car au-delà de ça, ces gens-là ne m'intéressent absolument pas.) »

Chapitre 11

p. 190 : « En l'espace de quelques semaines, il avait rassemblé… » : Konrad Morgen décrivit son enquête dans plusieurs témoignages et déclarations sous serment qui furent versés aux pièces des dossiers à charge pour les procès de Nuremberg.

p. 191 : « Il découvrit également que l'*Untersturmführer-SS* Maximilian Grabner... » : Dans les registres de décès envoyés à Berlin, Grabner camouflait ces exécutions sommaires en prétendant que les victimes étaient mortes de malnutrition ou de diverses maladies.

p. 200 : « Rappelé à Berlin le lendemain de cette petite fête... » : Rudolf était à peine rentré à Berlin que Konrad Morgen s'intéressa de nouveau à son cas. À l'automne 1944, il rencontra Eleanor Hodys, qui avait entre-temps été transférée à Dachau. Elle lui parla de sa liaison avec le commandant d'Auschwitz. Le juge entama aussitôt une procédure à l'encontre de Höss et d'autres officiers SS chargés d'exécuter ce qu'il appelait « des ordres sanguinaires », notamment Adolf Eichmann, Hans Loritz et Oswald Pohl. Il déclarerait au tribunal de Nuremberg qu'il avait été extrêmement surpris d'apprendre que Himmler le menait en bateau depuis le début. « Il me paraissait tout simplement impensable, au regard des bonnes manières propres à la SS et de ses valeurs de sincérité, de franchise et d'honnêteté, que le *Reichsführer-SS* pût mener des activités si insidieuses et faire preuve d'une telle duplicité – son visage caché ayant toutes les caractéristiques de celui d'un vulgaire criminel. » Vers la fin de l'automne 1944, Himmler ordonna au juge d'abandonner ses poursuites contre Höss et les autres officiers SS. Morgen fut dessaisi des dossiers et muté au tribunal de Breslau (Wrocław), en Basse-Silésie.

Chapitre 12

p. 211 : « Il mena sa petite enquête et apprit... » : À la fin de la guerre, les Allemands avaient déplacé une partie des prisonniers de Belsen vers les « usines Hermann Göring » de Salzgitter, au sud de Hanovre. Puis, à l'approche des troupes britanniques, ils avaient tenté de les évacuer vers un autre site mais, les convois étant tombés en panne, ils se replièrent à l'ouest sur le camp de Wolfsburg.

p. 212 : « Il emprunta un camion blindé à son commandant... » : En 1995, Herbert Lévy, membre de la synagogue de Belsize Square, enregistra un entretien dans lequel Hanns lui raconta cette histoire. Réunir cette fillette et sa mère, ajouta-t-il, avait été ce qu'il avait fait de mieux en six ans et demi d'armée.

p. 212 : « Le 16 mai, le lieutenant-colonel Leo Genn… » : Issu d'une famille juive, l'acteur britannique Leo Genn avait grandi à Stamford Hill, un quartier nord de Londres. Après avoir fait son droit à Cambridge, il travailla comme avocat pour un théâtre londonien. Tout en poursuivant sa carrière de juriste, il devint comédien professionnel, se faisant notamment remarquer en 1937 à l'Old Vic Theatre où, sous les traits d'Horatio, il donna la réplique à Laurence Olivier qui tenait le rôle titre d'Hamlet. C'était un homme très charismatique, à la voix douce mais autoritaire, se comportant toujours avec beaucoup de calme. À la fin de la guerre, il rejoignit le Bureau des procureurs du tribunal militaire britannique et siégea en qualité de procureur adjoint au procès de Belsen.

p. 212 : « Trois officiers de l'“équipe de libération initiale”… » : Dans le rapport qu'il adressa le 21 mai 1945 à la Commission des Nations unies pour les crimes de guerre, Leo Genn informa le général de brigade H. Scott-Barrett que « la situation laissait beaucoup à désirer ». « Pour ce qui est du personnel, il est très loin d'être au complet, et le travail, qui jusqu'à présent n'a pu être effectué qu'à petite allure, ne risque guère de s'accélérer maintenant que vous me retirez Smallwood. » À cette époque, des centaines de milliers d'Allemands étaient détenus dans des camps d'internement dispersés dans toute l'Europe. Beaucoup étaient si désorientés qu'ils déclinèrent leur identité sans chercher à mentir. Les Alliés auraient dû profiter de ce moment idéal pour redoubler d'efforts pour capturer et traduire en justice les criminels de guerre. Or, la grande majorité n'avait toujours pas été identifiée et moins encore interrogée sérieusement. Gustav Wagner, l'« ange de la mort » du camp d'extermination de Sobibor, et Ernst Heinrichsohn, adjoint du chef de la Gestapo à Paris, par exemple, étaient tous deux détenus dans des camps alliés, mais n'avaient pas été interrogés et furent très vite relâchés. Autre exemple, Adolf Eichmann, incarcéré dans un camp américain, parvint à s'évader. Alors qu'il figurait en tête de la liste noire du Crowcass, il ne fut jamais retrouvé pendant tout le temps qu'il se cacha en Allemagne. Réfugié en Argentine, il ne fut capturé qu'en 1960 pour être jugé par un tribunal israélien.

p. 213 : « Pour le reste, ils devraient se débrouiller tout seuls… » : Selon un article du *Times* de Londres daté du 18 juin 1945, les enquêteurs travaillant sur les crimes de guerre se heurtèrent à « toutes sortes de complications », à commencer par le fait que de nombreux témoins avaient déjà quitté le camp et ceux qui restaient s'exprimaient dans différentes langues. Plus grave, les Britanniques n'étaient absolument pas préparés à mener le travail d'enquête et à poursuivre les suspects. « L'ampleur des horreurs et du chaos qui régnaient à Belsen nous a pris au dépourvu », concédait le journal. Au moment où cet article paraissait, les Britanniques avaient pourtant appréhendé quatre-vingt-six surveillants SS, dont vingt-huit femmes, et recueilli trois cents dépositions.

p. 214 : « Les techniques d'interrogatoire des Britanniques... » : Pendant la guerre, le colonel Robin « Tin Eye » Stephens officiait à Latchmere House, annexe du ministère britannique de la Défense située à Ham, dans le district londonien de Richmond. À la Libération, il dirigea un centre d'interrogation pour criminels de guerre en Allemagne. En 1945, il remit au MI5 un rapport confidentiel intitulé *A Digest of Ham*. Exclusivement destiné à un usage interne, ce document (déclassé en 1999) devint la bible des interrogateurs britanniques et fournit un éclairage éloquent sur les méthodes qu'utilisèrent le capitaine Fox et Hanns Alexander. En 1948, Stephens comparut avec trois de ses collègues devant une cour martiale pour répondre de brutalités commises dans une prison britannique en Allemagne occupée. Deux détenus étaient décédés pendant leur interrogatoire et d'autres affirmaient avoir été brûlés à la cigarette, plongés dans l'eau glacée et menacés d'exécution. Les Britanniques se verraient accusés d'avoir créé des « camps de concentration » qui n'avaient rien à envier à ceux des nazis. Un seul militaire fut jugé coupable ; les autres, dont Stephens, furent acquittés.

p. 215 : « Dès l'abord, il se déclara disposé... » : Cet interrogatoire, comme tous ceux que menèrent Hanns et Fox, provient des retranscriptions du procès de Belsen, disponibles aux Archives nationales de Londres et sur le site http://www.bergenbelsen.co.uk/pages/TrialTranscript/Trial_Contents.html (en anglais).

p. 220 : « Il y avait à présent deux hommes en lui... » : J'ai pu joindre au téléphone l'une de ces anciennes détenues qui m'a parlé de sa rencontre avec Hanns. Au moment de notre entretien, Lucille Eichengreen avait plus de quatre-vingts ans. Élevée dans une famille juive de Hambourg, elle avait tout d'abord été déportée dans le ghetto de Łódź, en Pologne, puis à Auschwitz et enfin à Belsen. Ce fut là qu'elle rencontra Hanns en mai 1945, juste après la libération du camp. Après la guerre, ils étaient restés en contact. « Il était très souriant, me dit-elle. Il avait envie que tout le monde l'aime et il se montrait charmant. Il était beau garçon et il le savait. Il était apprécié, plutôt décontracté, avait toujours un sourire aux lèvres et le mot pour rire. Il pouvait être très drôle et avait la repartie facile. Il préférait vivre de cette façon plutôt que de se montrer sous son vrai jour. » Quel était donc son « vrai jour » ? « Il était juif, et ce qu'il avait vu l'avait mis dans une colère noire. Il avait vécu l'antisémitisme dans sa chair, il avait grandi avec. Et ensuite, il a découvert le camp, où nous étions dans un état pitoyable. Pour lui, bien sûr, les Allemands étaient nécessairement des "Boches". Il leur parlait durement. Dans ces moments, il n'avait plus rien du gentil garçon. Il les jugeait de la même manière que moi parce qu'ils étaient allemands, ce qui était très rare chez les officiers britanniques. » Pourquoi, d'après elle, Hanns avait-il quitté le camp pour aller traquer des nazis ? « Parce qu'il ressentait vivement l'injustice dont nous avions été victimes. Il en a attrapé autant qu'il le pouvait. Il se sentait en devoir de le faire. » Les autres ne réagissaient donc pas de la même façon ? « Non, pour la simple et bonne raison que dans son équipe, il n'y avait pas beaucoup de gens qui étaient juifs, parlaient allemand, et avaient conscience que ce qui nous était arrivé aurait pu aussi leur arriver, à eux. »

p. 222 : « En sillonnant le nord de l'Allemagne… » : Au cours de ces déplacements, Hanns recherchait non seulement des criminels de guerre mais aussi des survivants, ou essayait de savoir ce qu'il était advenu d'anciens proches ou amis de la famille. Elsie lui avait donné plusieurs noms, lui demandant d'enquêter. Le 25 juin, il annonça à sa sœur qu'il n'avait retrouvé la trace que d'une seule personne, sur la liste des rescapés établie par la Croix-Rouge. Il lui conseilla d'écrire à un contact d'Eindhoven, aux Pays-Bas, qui travaillait pour la Croix-Rouge. « C'est quelqu'un de fiable (résistance hollandaise !) », précisa-t-il.

p. 222 : « Hanns profita de l'une de ces escapades pour aller voir son frère… » : Paul n'était pas ravi de son poste de surveillant dans un camp de prisonniers de guerre allemands. « Voilà trois jours que je fais ce boulot, que je redoutais tant car je ne me pensais pas capable de conserver mon sang-froid, écrivit-il à ses parents. Bien sûr, c'est une tâche importante, sans doute la plus importante qui m'ait été confiée depuis que je porte l'uniforme. Pour une fois, nous servons à quelque chose quelque part. J'en ai retiré des leçons qui me serviront toute ma vie pour ce qui touche à l'Allemagne. J'ai toujours cru qu'en voyant tous ces salopards réunis, je les haïrais. Mais non. Je m'étais dit qu'ils me feraient peut-être pitié. Mais non. Ou alors que j'éprouverais une certaine joie à les voir derrière des barbelés, mais même pas. Ils me rendent physiquement malades, ils sentent, ils puent… Ils s'imaginent encore que l'Allemagne va gagner, qu'elle doit gagner. Ce sont des abrutis bornés qui n'ont pas leur place sur cette terre. D'après moi, il n'y a qu'une solution : les travaux forcés à perpétuité en Bavière. Pour moi, un bon Allemand est un Allemand à six pieds sous terre. Vous verriez les officiers allemands… Des fumiers ruisselants d'arrogance. Les SA et les SS sont à vous glacer le sang. Je me demande ce qu'ils diraient s'ils savaient que je suis juif et allemand. Ils en tomberaient raides. »

p. 227 : « Sa vie privée s'effaçait derrière son activité… » : Fin juillet, tout le personnel de la WCIT-1 avait été convoqué à Gaggenau, dans la zone d'occupation française, pour participer à une enquête sur l'assassinat de trente et un commandos des forces spéciales du SAS britannique (Special Air Service). Mais lorsque les hommes de Fox proposèrent de partager leurs compétences acquises à Belsen, ils se firent rabrouer sans ménagement. Le commandant Bankworth, chargé de l'enquête, leur reprocha leur amateurisme et s'éleva contre le travail accompli à Belsen, estimant que la Grande-Bretagne aurait été mieux avisée de ne rechercher et juger que les criminels de guerre ayant perpétré des exactions contre l'armée de Sa Majesté. Mis sur la touche, Hanns et ses collègues passèrent le plus clair de leur temps à jouer aux cartes et boire du thé. Au bout de trois semaines, Leo Genn perdit patience et ramena tout son petit monde à Belsen.

p. 227 : « Face à ces témoignages accablants, Kramer avait accepté… » : Comme les autres prisonniers SS, Kramer avait perdu beaucoup de poids en captivité mais, encore drapé dans sa superbe, il continuait à donner le change. Il avait déjà résumé sa carrière dans sa première déposition : formé comme surveillant à Dachau, puis à Sachsenhausen, il avait été muté à Auschwitz en 1940 ; entre avril 1941 et mai 1944, il avait dirigé le camp de Natzweiler-Struthof, l'unique camp de concentration situé sur le territoire français (l'Alsace était alors annexée au IIIe Reich). Rappelé à Auschwitz au printemps 1944, il avait pris la direction du camp de Birkenau et en décembre de la même année, sur recommandation de Rudolf Höss, Richard Glücks l'avait nommé commandant de Belsen.

p. 232 : « pas moins de quatre millions de personnes ont été gazées dans ce camp » : Au fil des années, le nombre de victimes gazées à Auschwitz a alimenté bien des controverses. Les diverses estimations fournies par Rudolf Höss lui-même dans ses différents témoignages n'ont pas facilité les choses. Après la libération du camp, en janvier 1945, les Soviétiques avaient, les premiers, avancé le chiffre de quatre millions de morts – chiffre que reprit le colonel Backhouse dans son réquisitoire du procès de Belsen. Ce bilan fut toutefois rapidement revu à la baisse lorsque l'on découvrit de nouveaux éléments sur le fonctionnement du complexe d'extermination. Depuis la fin de la guerre, bien que tous les registres de la Kommandantur aient été détruits, les témoignages d'anciens déportés, les entretiens et les documents contemporains ont permis d'établir de nouvelles estimations. De nombreux historiens, dont ceux du musée d'Auschwitz, s'accordent aujourd'hui à penser que les chambres à gaz ont fait 1,3 million de victimes, dont 90 % de juifs.

p. 232 : « Deux mois durant, le monde entier… » : Quelques gros titres de la presse anglophone pendant le procès de Belsen : « Les SS ont massacré quatre millions de gens à Oświęcim, affirme le procureur au procès Kramer », *New York Times* ; « L'ange blond avoue ses forfaits », *Daily Mirror* ; « Un survivant des chambres à gaz raconte l'horreur : on nous jetait comme des sacs de patates », *Winnipeg Evening Tribune* ; « Les expériences des nazis sur des femmes nues », *Chicago Tribune* ; « Les trois aveux d'Irma Grese », *Daily Express* ; « Le procès Kramer révèle le massacre », *Washington Post* ; « L'enfer en procès », *Time Magazine* ; « Kramer au contre-interrogatoire : j'ai gazé des prisonniers sur ordre de Himmler », *The Scotsman* ; « J'ai perpétré des massacres, reconnaît la surveillante en chef de Belsen », *Toronto Star*.

p. 232 : « Les avocats de la défense furent bien en peine… » : La presse reprocha aux avocats de la défense de manquer de respect aux témoins et de trahir la justice britannique. Un abondant courrier des lecteurs afflua dans les rédactions, accusant la cour de réserver un traitement trop équitable aux prévenus qui, étant donné l'énormité de leurs crimes, n'auraient pas dû être jugés selon les règles de procédure britanniques. Or, si cette procédure avait été choisie, c'était précisément pour permettre aux accusés de se défendre, ce qui ne pouvait que donner plus de poids et d'irrévocabilité aux verdicts de culpabilité.

p. 232 : « Lorsque Josef Kramer fut à son tour appelé à la barre… » : Dans son édition du 9 octobre 1945, le *Times* de Londres expliqua pourquoi, après avoir soutenu dans sa première déposition ne jamais avoir entendu parler des chambres à gaz, Kramer s'était rétracté : « Il avait donné sa parole à l'*Obergruppenführer* Pohl, chef de l'administration des camps de concentration à Oranienburg [l'*Amtsgruppe D*], qu'il n'en dirait jamais rien. À l'époque de cette première déclaration, la guerre n'était pas finie ; lorsqu'il a à nouveau été interrogé, Hitler et Himmler, auxquels il se sentait lié par un serment d'honneur, étaient tous deux morts. »

p. 233 : « Au matin du 13 décembre… » : Hanns ne fut pas mécontent d'apprendre l'exécution des onze condamnés de Belsen : « J'ai entendu dire ce soir que les monstres de Belsen avaient été pendus hier. Tu m'en vois ravi. Ceux-là au moins ne s'échapperont plus et je n'aurai plus à leur courir après », confia-t-il à Ann.

p. 235 : « il avait été promu capitaine » : Hanns déplorait qu'il lui ait fallu si longtemps pour être promu au rang de capitaine et se disait persuadé que ce retard était dû au fait qu'il n'était pas né sur le sol anglais. En octobre 1944, déjà, il confiait à ses parents qu'il n'y croyait plus : « Je n'aurai pas mes galons de capitaine, ni maintenant ni jamais. N'oublions pas que je ne suis qu'un sale étranger. Et que les promotions se font toujours à l'ancienne. Elles se jouent non sur les compétences, mais sur les relations. »

Chapitre 13

p. 243 : « Cet été-là, il ne ménagea pas sa peine… » : Les détails du séjour de Rudolf Höss à Gottrupel proviennent d'un article du *Zeit* de juin 2001, intitulé « Flensburger Kameraden » [Les camarades de Flensbourg]. L'auteur raconte que Rudolf avait abandonné quelques effets personnels dans la grange, notamment son manteau de cuir noir et sa mallette : « Un villageois fit du manteau un tablier de peintre et la mallette du meurtrier trouva une seconde vie comme cartable d'écolier. »

p. 244 : « Quelques jours après Noël, il retrouva son beau-frère… » : C'est Rudolf lui-même qui, dans la déposition qu'il signa le 14 mars 1946, fournit à ses interrogateurs britanniques ces informations sur ses déplacements lors de son séjour à Gottrupel.

Chapitre 14

p. 246 : « Leo Genn était rentré en Angleterre… » : Dans l'immédiat après-guerre, Leo Genn incarna le capitaine de la garde Bel Affris au côté de Vivien Leigh dans le film de Gabriel Pascal *César et Cléopâtre*.

p. 250 : « Hanns et son chauffeur prirent la route… » : Les détails des dix-sept jours du périple de Hanns à travers l'Allemagne nous viennent des rapports d'activité qu'il adressa à son supérieur, le lieutenant-colonel Tilling. La presse luxembourgeoise suivit également avec beaucoup d'intérêt son incroyable odyssée, qu'elle qualifia d'« impossible traque » qui paraissait « sortie tout droit d'un roman d'espionnage ». Ces documents dormaient depuis soixante-dix ans dans des dossiers des archives nationales du Luxembourg et de Grande-Bretagne.

p. 252 : « des tracts de propagande des milices du Werwolf » : À la fin de 1944, Himmler avait créé le mouvement de résistance du Werwolf comme milice clandestine chargée de combattre la poussée alliée derrière les lignes ennemies. Sa vocation avait changé au printemps 1945, lorsque le chef de la propagande nazie Joseph Goebbels avait annoncé que le Werwolf organiserait une insurrection contre l'occupation alliée de l'Allemagne. Le mouvement, composé d'anciens soldats SS et d'anciens membres des Jeunesses hitlériennes, n'avait cependant jamais constitué une menace sérieuse pour les Alliés. Ses membres étant armés, ils n'en étaient pas moins dangereux, ce qui explique les précautions dont s'entourèrent Hanns et son équipe pour appréhender un gamin de quatorze ans comme « Gustav Henning ».

p. 257 : « Hanns récupéra tous ses effets… » : La logeuse, Frau Berhorst, porta plainte auprès des autorités britanniques, accusant Hanns d'avoir volé dans l'appartement de Gustav Simon divers effets pour une valeur totale de sept mille marks. Quatre mois plus tard, le 6 avril 1946, le Bureau du renseignement militaire britannique réagit, adressant une sévère réprimande au colonel Somerhough, car ses services avaient négligé d'aviser immédiatement le Renseignement de l'arrestation du *Gauleiter* ; il le somma d'expliquer « ce qu'il était advenu des objets confisqués et de préciser leur nature ». Hanns répondit qu'il avait remis tous les biens confisqués au service juridique du Groupe de recherche des crimes de guerre, à l'exception des vêtements qu'il avait distribués à des réfugiés de Belsen. Étant donné que la logeuse avait pris la peine de porter plainte, et au vu du ton de la lettre du Bureau du renseignement, il n'est pas tout à fait exclu qu'une part de l'argent du *Gauleiter* ait atterri dans la poche de Hanns plutôt qu'au service juridique de son unité.

p. 261 : « Tout le monde n'était pourtant pas convaincu par cette explication… » : Cette version de la mort de Gustav Simon, défendue depuis peu par plusieurs historiens luxembourgeois et dans un long article du magazine *Revue,* se fonde sur des pièces découvertes aux Archives nationales du Luxembourg et sur les témoignages de nombreux contemporains des faits. Elle est étayée par les multiples incohérences de la version officielle : pourquoi, par exemple, si Simon s'était suicidé le 18 décembre 1945, son certificat de décès n'a-t-il été rédigé que le 8 février 1946, soit deux mois après sa mort ? Comment un homme qui mesurait 1,60 mètre a-t-il pu se pendre à un montant de lit de 1,40 mètre de haut ? À supposer même que ce soit techniquement possible, comment se fait-il que la sentinelle postée devant sa cellule et expressément chargée d'assurer une veille permanente n'ait rien remarqué des faits et gestes de son prisonnier ? Enfin, s'il y avait bel et bien eu suicide, pourquoi tant de témoins se seraient-ils empressés de démentir la version officielle ? Selon le « récit non autorisé », le meurtre aurait été commis soit par des collaborateurs luxembourgeois qui ne voulaient pas que Simon révèle leur identité devant un tribunal, soit par des partisans désireux de venger les nationalistes et les juifs persécutés par Simon. Lorsque, soixante ans plus tard, les neveux et nièces de Hanns et leurs conjoints se sont réunis pour discuter de la vraisemblance de cette nouvelle hypothèse, personne n'a soulevé la moindre objection. Tous s'accordaient à penser qu'il était tout à fait possible que Hanns ait désobéi à un ordre de ses supérieurs, organisé l'exécution extra-judiciaire d'un dignitaire nazi, monté le scénario du suicide pour couvrir ses complices et ait jalousement gardé le secret jusqu'à la fin de ses jours. L'un des neveux de Hanns, Peter Sussmann, allait même plus loin : il avait vécu trois ans au Luxembourg dans les années 1970 et, quand Hanns était venu le voir, ils avaient parlé de l'arrestation du *Gauleiter* : « À l'issue de notre conversation, j'ai eu la très nette impression que Gustav Simon n'était pas mort quand il est allé le chercher à la prison. Je n'irai pas jusqu'à dire qu'oncle Hanns ait pu assassiner lui-même le *Gauleiter*. Ce n'était pas le genre d'homme qui aurait fait cela. Il n'était pas idiot : il connaissait la convention de Genève et savait que s'il était démasqué il était bon pour la prison. Mais je pense qu'il aurait très bien pu laisser faire. Il haïssait ces salopards. Et si vous me demandez pour laquelle des deux versions je voterais, je soutiendrais celle des partisans : Simon aurait été assassiné dans un bois et Hanns aurait ensuite raconté l'autre scénario pour que tout rentre dans l'ordre. »

p. 268 : « Lucille rapporta une version plus rocambolesque... » : Il est intéressant de constater que deux personnes qui ont vécu le même événement dans les mêmes conditions peuvent en avoir des souvenirs très différents. Lorsque j'ai demandé à Lucille Eichengreen comment elle expliquait que son récit de la fuite de Belsen puisse être aussi éloigné de celui d'Anita Lasker – alors qu'elles étaient assises côte à côte sur la banquette arrière –, elle m'a répondu : « Vous pouvez demander à dix personnes qui étaient au même endroit au même moment, et vous obtiendrez dix réponses. Je ne dis pas que la mienne est la bonne ou qu'Anita se trompe, ou *vice versa*. Je serai bien incapable de vous dire pourquoi. » Hanns aurait-il inventé une histoire ou bien s'en serait-il tenu à la vérité, d'après elle ? « Il aurait dit la vérité, mais il aurait parsemé son récit de nombreux jurons et y aurait mis beaucoup d'humour. »

Chapitre 15

p. 271 : « un coupe-cigare gravé... » : Rainer Höss, le petit-fils de Rudolf, m'a parlé des divers objets que Himmler avait offerts à son grand-père et de la façon dont ils furent restitués à Hedwig. Ils sont aujourd'hui conservés à l'Institut für Zeitgeschichte [Institut d'histoire contemporaine] de Munich.

p. 273 : « Mais s'il choisissait de s'échapper... » : Lors de notre entretien, Brigitte, la fille de Rudolf, m'a confié que cette décision avait beaucoup coûté à son père. Il tenait certes à se protéger et pensait que le meilleur moyen était de gagner l'Amérique du Sud ; mais il ne voulait pas pour autant abandonner sa famille, qui aurait à coup sûr bien du mal à se refaire une place dans l'Allemagne d'après guerre. Cependant, s'il restait et se faisait capturer, tout le monde y perdrait. Au bout du compte, il décida de s'enfuir seul pour ensuite faire venir sa famille en Amérique du Sud.

p. 276 : « Au bureau de la Croix-Rouge... » : Dans un courrier qui m'a été adressé le 1er avril 2010, le service de recherche de personnes de la Croix-Rouge tchèque précise que Cäcilie Bing a été embarquée le 2 septembre 1942 dans le convoi XII/2 parti de Francfort à destination de Theresienstadt (numéro de matricule 37). Puis, le 29 septembre 1942, elle a été placée dans l'un des Transports B de

Theresienstadt à Treblinka (sous le numéro de matricule 1473). Sara Graetz, la grand-mère d'Ann, faisait partie du même convoi. « Aucun passager des Transports B n'a survécu », conclut la lettre.

p. 278 : « Hanns retranscrivit scrupuleusement la déposition de Witt... » : Trois mois plus tard, le 27 mai 1946, Oswald Pohl fut arrêté par ces deux agents de la cellule Haystack. Il se faisait appeler « Ludwig Gniss » et travaillait sur une petite exploitation agricole de la commune d'Armsen, à moins de cinquante kilomètres de Belsen. À l'issue d'un long procès, Pohl fut condamné à la peine capitale le 3 novembre 1947. Il ne fut exécuté qu'en 1951, après une interminable succession d'appels et de pourvois. Il nia jusqu'à son dernier souffle sa responsabilité dans le fonctionnement des camps de la mort nazis, affirmant n'être qu'un simple rouage de la bureaucratie.

p. 279 : « Une antenne du renseignement britannique... » : À ce jour, nul ne sait véritablement ce qu'était devenu Richard Glücks. Dans ses mémoires inédits, *Don't You Know There's a War On* [Ne savez-vous pas que l'on est en guerre ?], Fred Warner, agent de la sécurité militaire britannique, affirme avoir retrouvé le corps de Glücks dans une autre sépulture du cimetière de Flensbourg. Aucune source indépendante ne confirme néanmoins qu'il s'agisse bien de la dépouille de Richard Glücks. De fait, plusieurs documents donnent à croire que Glücks serait décédé bien après sa rencontre avec Höss et Himmler en mai 1945. J'ai par exemple eu accès à un câble classifié conservé aux Archives nationales des États-Unis, dont voici le texte : « 5 octobre 1945. Suicide signalé à Flensbourg. Décédé en détention (Rapport militaire 4). » Ce télégramme remet non seulement en cause l'idée selon laquelle Glücks serait mort en mai 1945 (comme s'accordent à le penser la plupart des historiens), mais il semble également indiquer que Glücks était détenu par les Britanniques. Ce qui soulève une question clé : qu'a-t-il fait entre mai et octobre ? Avait-il accepté d'apporter sa collaboration aux Britanniques ? Selon une autre version, il aurait été exfiltré après la guerre vers l'Amérique latine depuis le nord de l'Allemagne et aurait œuvré au sein du réseau ODESSA (acronyme d'*Organisation der ehemaligen SS-Angehörigen*, « organisation des anciens membres de la SS »). Le romancier Frederick Forsyth exploiterait par la suite cette rumeur dans *Le Dossier Odessa*, faisant de Richard Glücks le cerveau des « *Rattenlinen* » – les routes d'évasion des nazis.

p. 280 : « Il se fit attribuer un véhicule... » : Tout au long des premiers mois de 1946, le capitaine Somerhough, directeur du Groupe de recherche des crimes de guerre, suivit de près les activités de Hanns. Le 18 février 1946, il avait ainsi annoté l'un des rapports dactylographiés de son enquêteur phare : « Le capitaine Alexander est sur la trace de Pohl, puis se rendra à Flensbourg pour s'occuper de Höss et de Glücks. »

p. 280 : « Hanns fit une première étape… » : Les détails de l'enquête de Hanns sur les déplacements de Richard Glücks proviennent de son rapport du 13 mars 1946, conservé aux Archives nationales britanniques.

p. 283 : « Brigitte, sous le choc, s'enfuit en courant… » : Soixante ans plus tard, Brigitte racontait que les hurlements incessants de Hanns et de ses collègues lui avaient fait tant d'effet qu'elle en avait encore des migraines.

p. 284 : « À l'aube du 11 mars 1946… » : Cette version est celle que livra le capitaine Cross dans une lettre qu'il adressa le 27 mars 1985 au colonel Robson, de l'Intelligence Corps. Signalons que Cross se trompe sur un certain nombre de faits. Il parle par exemple dans cette lettre « Frau Hoess [*sic*] et trois fils », alors que Hedwig n'avait que deux garçons. Brigitte, la fille cadette du couple, se souvient que sa mère lui avait rapporté une tout autre vision des événements : Klaus et Hedwig avaient été arrêtés et placés dans des cellules séparées. Hedwig vécut pendant des jours un véritable calvaire en entendant les hurlements de son fils torturé par Hanns et les autres agents britanniques. Elle ne céda pas pour autant, jusqu'au jour où elle reçut la visite de son frère Fritz qui lui apprit que Rudolf avait réussi à quitter l'Allemagne et embarqué sur un navire à destination de l'Amérique du Sud. Croyant son mari en sécurité, elle accepta alors de révéler à Hanns son identité d'emprunt et le lieu où il se terrait. Ce scénario comporte toutefois de nombreuses incohérences au regard des faits connus, et il est tout à fait possible que Hedwig l'ait inventé de toutes pièces pour cacher à ses enfants qu'elle avait trahi leur père.

Chapitre 16

p. 285 : « Il ne leur fallut pas plus d'une heure pour mobiliser… » : Dans son courrier du 27 mars 1985 au colonel Robson, le capitaine Cross donnait les noms d'une partie des membres du détachement du

FSS 92 : Henshaw, Rapkins, Durkin, Kuditsch, Wiener, Roberts, Cresswell, Dobons, Abrahams et Shiffers. Quelques-uns avaient adopté un pseudonyme. Ainsi de Shiffers, qui s'appelait en réalité Sansavrino.

p. 286 : « Hanns savait qu'ils avaient tous envie d'en découdre… » : Au fil des ans, nombreux furent ceux qui se vantèrent d'avoir participé à l'arrestation de Rudolf Höss. Dans un entretien enregistré avec son neveu John Alexander, Hanns concédait avec un brin de sarcasme que « beaucoup de gens étaient impliqués dans ce travail. Il y en avait qui lisaient la lettre à l'épouse, d'autres qui surveillaient l'épouse… » Dans son rapport du 15 mars 1945, il mentionnait le médecin du 5e régiment royal d'artillerie à cheval, le capitaine Hartford de la FSS 318 ainsi que les hommes du détachement de la FSS 92. L'acte officiel d'arrestation de Rudolf Höss est signé par le capitaine Cross, ce qui n'a rien d'étonnant car ce type de document revêtait systématiquement la signature du responsable administratif et non de l'agent qui avait procédé à l'arrestation. Dans son ouvrage *Legions of Death*, Rupert Butler cite Bernard Clarke, l'un des officiers de la FSS 92, qui affirme avoir assisté à l'arrestation. (C'est de ce livre que vient la citation « Dites-leur d'arrêter si vous ne voulez pas ramener un cadavre » qu'on lira plus loin.) Un dossier conservé à l'Imperial War Museum de Londres reconnaît à Charles Steven Mackay un rôle dans l'interrogatoire de Höss. Dans un entretien qu'il m'a accordé, Ken Jones, qui avait été affecté dans le nord de l'Allemagne pendant la guerre, m'a confié qu'il avait passé plusieurs nuits dans la cellule de Höss après son arrestation pour veiller à ce que le prisonnier ne se suicide pas. L'histoire officielle et inédite de l'Intelligence Corps attribue l'arrestation de Rudolf – dont il disait que c'était sa « plus grosse prise » – à l'un des officiers de la FSS 92, Karl « Blitz » Abrahams, un juif anglais germanophone originaire de Liverpool. J'ai pu interroger le fils de Karl qui m'a dit posséder des lettres de ses parents confirmant que son père avait participé aux interrogatoires de Höss, mais dans cette correspondance, Karl n'a jamais affirmé avoir joué un rôle dans l'arrestation du commandant d'Auschwitz ; il n'a jamais parlé de ces événements à son fils et il ne les mentionne pas davantage dans ses Mémoires.

p. 288 : « Dans dix minutes, je veux Höss dans ma voiture – entier » : Hanns revint sur cet épisode dans son entretien avec Herbert Lévy : « [Rudolf Höss] a convenu qu'il avait été très bien traité par les Britanniques, à l'exception de l'officier qui l'avait arrêté. Je porte ma part de responsabilité… Je plaide coupable », reconnut-il. Ces dix minutes de passage à tabac, auxquelles s'ajouteraient des allégations d'autres mauvais traitements de la part des Britanniques, fourniraient par la suite des arguments à des dizaines de révisionnistes pour affirmer que la déposition de Höss n'avait aucune valeur. Selon eux, ses « tortionnaires » avaient arraché des aveux à Höss et, par conséquent, les preuves que ce dernier a apportées devant le tribunal de Nuremberg et les Mémoires qu'il a rédigés ne sont absolument pas fiables. Dans cette même « logique », ils soutiennent que dans la mesure où « l'histoire » de la solution finale repose essentiellement sur le témoignage de Höss, l'Holocauste n'a tout bonnement jamais eu la moindre réalité.

p. 288 : « Vers minuit, le capitaine et trois sergents… » : Dans son autobiographie et dans ses témoignages ultérieurs, Rudolf Höss soutint que la seule personne qu'il eût jamais assassinée était Walter Kradow, en 1923. Par la suite, il reconnut avoir « supervisé » l'extermination de deux millions et demi d'individus, mais se défendit d'avoir jamais tué qui que ce soit de ses propres mains.

Chapitre 17

p. 296 : « Quant à Martin Bormann… » : Pendant des années des rumeurs contradictoires, alimentées par des témoignages non confirmés, circulèrent sur le sort de Martin Bormann. En 1988 enfin, un test ADN réalisé sur un cadavre retrouvé quinze ans plus tôt lors d'un creusement de tranchée dans une rue de Berlin établit que Bormann était décédé en 1945 non loin du bunker de Hitler.

p. 298 : « L'affaire fit l'objet de nombreux échanges… » : Dans un câble du 22 mars 1946, le QG de la BAOR déclarait : « HOESS [*sic*] sera jugé par les autorités britanniques et les Polonais ont par conséquent été informés que nous ne sommes pas disposés à le leur livrer. » Puis, le 27 mars, un autre câble revenait sur cette décision : « Le Foreign Office est favorable au transfert de Höss, qu'il considère comme une affaire de la plus haute importance politique. » Enfin, le 27 avril, un courrier adressé à l'unité militaire américaine qui détenait Höss à Nuremberg acceptait de remettre Höss aux autorités polonaises, précisant toutefois que si le tribunal polonais ne le condamnait pas à la peine capitale, Londres « réclamerait qu'il soit remis aux autorités britanniques afin d'être à nouveau jugé ».

p. 301 : « L'élégance de Harris… » : J'ai rencontré Whitney Harris dans son bureau de Saint Louis (Missouri). C'était alors un charmant monsieur de plus de quatre-vingt-dix ans, très généreux de son temps. « À Nuremberg, nous avons fondé toute notre action sur des pièces écrites, m'a-t-il expliqué. Nous voulions prouver que la réalité de l'Holocauste ne faisait pas l'ombre d'un doute. C'était la première fois que des criminels de guerre étaient traduits en justice et nous tenions à ce que la procédure soit irréprochable. » Harris est décédé à son domicile en 2010 des suites d'un cancer.

p. 302 : « Le premier était Gustav Gilbert… » : Le test de Rorschach, ou psychodiagnostic, avait été mis au point en 1921 par le psychiatre et psychanalyste suisse Hermann Rorschach. Les psychologues américains l'utilisaient couramment mais Gilbert découvrait la méthode. Il présenta à Rudolf dix planches de 10 cm x 25 cm représentant d'étranges taches d'encre aux formes symétriques. Les cinq premières planches déclinaient des nuances de noir et blanc, les cinq autres étaient vivement colorées de tons rouge, bleu, orange et jaune. Il demanda à Rudolf de commenter chacune des planches et de lui dire ce que lui inspirait le motif. Dans l'un le prisonnier vit une peau de bête, dans un autre un couple qui dansait, et dans un troisième « la ceinture pelvienne d'un cadavre exhumé ». « Durant mon activité au camp de concentration, j'ai souvent assisté à des exhumations et à des autopsies », expliqua-t-il. Barry Ritzler, spécialiste du test de Rorschach, a récemment analysé les réponses du commandant et en a conclu que Rudolf était un homme sensible, plus communicatif que les autres nazis testés à Nuremberg, mais qu'il évitait les situations susceptibles de générer une réaction émotionnelle. Selon Ritzler, Rudolf semblait être dans un état dépressif au moment où il a passé le test et affichait par ailleurs un manque patent d'empathie. Ce qui expliquerait peut-être l'expérience de « psychose de la prison » qu'il avait vécue lors de son internement à Brandebourg dans les années 1920, et cela semble confirmé par les souvenirs de sa fille Brigitte qui le trouvait « triste lorsqu'il rentrait du travail ».

p. 306 : « Le défenseur de Kaltenbrunner, Kurt Kauffmann… » : À Nuremberg, les audiences se déroulaient en anglais, en français, en allemand et en russe. Toutes les interventions étaient systématiquement traduites simultanément dans les quatre langues par une équipe d'interprètes installés dans des cabines, sur un côté de la salle d'audience. Les participants (membres du Tribunal, accusés et témoins) suivaient les délibérations à travers des casques d'écoute reliés à un système complexe de câbles, d'amplificateurs et de transistors. C'était la première fois qu'un procès était traduit simultanément en tant de langues. Par la suite, des cabines d'interprètes similaires à celles du palais de justice de Nuremberg furent installées au siège des Nations unies à New York.

p. 309 : « Frank prêta serment le 18 avril… » : Frank expliqua que la déposition de Höss l'avait poussé à reconnaître le rôle que lui-même avait tenu dans la Shoah. Dans son édition du 20 avril 1946, le *Times* résuma les déclarations de l'accusé sous le titre : « Frank se dit coupable et reconnaît avoir contribué à l'extermination des juifs. »

p. 309 : « Les principaux accusés commençaient enfin… » : Les juges de Nuremberg rendirent leur sentence en octobre 1946 : sur les vingt-quatre accusés, douze furent condamnés à mort par pendaison (dont Kaltenbrunner, Göring, Frank et Martin Bormann par contumace), sept écopèrent de la prison à perpétuité et les autres furent acquittés.

p. 313 : « Ma chère bonne Mutz… » : On ne sait pas très bien pourquoi Rudolf surnommait Hedwig *Mutz.* Selon le dictionnaire Lagenscheidt, *Mutz* peut désigner soit un ours, soit un animal à queue courte, soit encore un type de pipe à tabac. L'origine de ce petit nom est sans doute plus obscure. Ces lettres inédites de Rudolf Höss à sa femme et à ses enfants sont conservées au musée d'Auschwitz.

p. 314 : « Le stratagème ne leur avait pas réussi… » : Parmi les principaux accusés de Nuremberg, très peu échappèrent à la mort : Robert Ley s'était suicidé avant l'ouverture du procès, Kaltenbrunner et Pohl furent pendus, Göring échappa à ses bourreaux en avalant du cyanure la veille de son exécution, et Rudolf Hess fut incarcéré à la prison de Spandau de Berlin jusqu'à sa mort, en 1987.

p. 315 : « En février 1947, avant de poser le point final » : À certains moments, Rudolf transige cependant avec la vérité pour protéger certaines personnes : il prétendit ainsi que sa femme ignorait tout des chambres à gaz, ce qui était manifestement faux. Il lui arrive aussi de se tromper sur les faits : contrairement à ce qu'il affirme, la revue antisémite *Der Stürmer* n'était pas éditée par des juifs ; de même, la plupart des historiens s'accordent aujourd'hui à penser que ce n'était pas à l'été 1941, mais plutôt en 1942, que Himmler lui ordonna de mettre en œuvre la solution finale. Ses évaluations du nombre de victimes à Auschwitz varient également : il en annonce deux millions à ses interrogateurs britanniques de Camp Tomato, trois millions aux Américains à Nuremberg, et dans ses Mémoires ; il assure que le chiffre d'Eichmann (deux millions et demi) est bien trop élevé pour être réaliste, et déclare pendant son procès que le bilan était sans doute plus proche d'un million et demi de morts. Étant donné les conditions dans lesquelles ces divers propos ont été recueillis, on peut néanmoins estimer qu'ils sont cohérents. À quelques réserves près, la majorité des historiens considèrent que les Mémoires de Höss constituent un témoignage fiable.

p. 317 : « Lors de son contre-interrogatoire… » : Le 25 avril 1947, le *Times* publiait un compte rendu du procès Höss signé de Joel Cang (1897-1974), « correspondant à Varsovie » du journal de mars 1946 à décembre 1948. Entre 1927 et 1948, il avait été correspondant à Varsovie du *Manchester Guardian* et du *News Chronicle*. Dans son article, Cang rapportait avoir rencontré Höss dans une pièce du tribunal pendant les délibérations. Il avait trouvé le personnage « étrangement éloigné de l'image du tortionnaire qui, selon les témoins, était capable d'empoigner des enfants pour les jeter dans les wagons de la mort et de regarder ses subordonnés de la SS brûler vifs d'autres enfants ». Durant cet entretien, Rudolf montra au journaliste une copie d'une lettre qu'il avait reçue de Hedwig le jour de l'ouverture du procès. Cang s'étonna qu'il ait pu faire venir ses enfants si près du camp. « Je les tenais à l'écart de tout cela », répliqua Rudolf.

p. 321 : « il glissa son alliance dans l'enveloppe… » : Selon des documents fournis par l'Institut polonais du souvenir, l'alliance de Rudolf, qui avait permis à Hanns de le démasquer à Gottrupel, fut renvoyée à son épouse le 28 avril 1947 avec la note suivante : « Ci-joint l'alliance de Rudolf Höss que le Tribunal suprême de Pologne a autorisé à envoyer avec les dernières lettres de Höss à sa femme Hedwig. » Brigitte, la fille de Rudolf, m'a confirmé que sa mère avait bien reçu l'alliance de son père avec ses deux dernières lettres. Hedwig l'a portée à l'annulaire jusqu'à sa mort et, a-t-elle ajouté, la bague a été inhumée avec ses cendres. Quant à la chevalière à tête de mort de Rudolf, que Klaus avait rapportée à Hedwig dans les derniers jours de la guerre, elle est maintenant en possession du petit-fils du commandant, Rainer Höss.

p. 321 : « Puis il prépara une ultime lettre pour ses enfants… » : Une copie de cette lettre est conservée au musée d'Auschwitz. L'original se trouve en Virginie chez Brigitte, qui l'a reléguée au fond d'un placard encombré et ne la ressort que rarement.

p. 322 : « L'exécution de Rudolf… » : Ce récit des derniers jours de Rudolf a été reconstitué par les chercheurs du musée d'Auschwitz.

Épilogue

p. 327 : « Les descendants des dirigeants nazis… » : Niklas Frank, fils de Hans Frank, écrivit ainsi une autobiographie rageuse dans laquelle il analysait ses sentiments, et avouait qu'enfant, à chaque date anniversaire de l'exécution de son père, il se masturbait. « Je cherchais de cette façon à évacuer la pression que je subissais de la part de ma mère et de mes frères et sœurs qui tenaient à célébrer la fin d'un héros "innocent" que je haïssais de tout mon être. » Dans d'autres cas, la culpabilité laissait place à la fierté : Gudrun Himmler, la fille de Heinrich, contribuait à une caisse de solidarité qui collectait des fonds pour les anciens nazis. Wolf Rudiger Hess, le fils du secrétaire personnel de Hitler, a réagi de façon plus radicale : pour protester contre l'internement « injuste » de son père « innocent » à la prison de Spandau, il a refusé d'effectuer son service militaire dans la Bundeswehr.

p. 328 : « Ce fut la dernière fois qu'on la vit… » : En 1989, Hedwig est allée rendre visite à sa fille installée à Washington. Un soir, après une semaine passée à jouer avec ses petits-enfants et à faire du tourisme, elle est allée se coucher et ne s'est pas réveillée. Ses cendres ont été inhumées dans un cimetière des environs de la ville. Comme Brigitte ne voulait pas que qui que ce soit retrouve les restes de sa mère, elle a modifié son nom en la déclarant à l'administration du cimetière. Le 3 mars 1990, une cérémonie discrète a été organisée dans un petit cloître de pierre. Hedwig repose parmi des tombes juives, chrétiennes et musulmanes.

p. 328 : « Il changeait de travail comme de chemise… » : À l'époque où ils vivaient à Toronto, Paul et sa femme Lila furent parmi les premiers membres actifs de la congrégation Habonim, une synagogue de tradition libérale allemande fréquentée par d'autres rescapés de la Shoah originaires d'Allemagne et d'Europe de l'Est. Cette synagogue, située sur Glen Park Avenue, est toujours en activité.

p. 329 : « L'année précédente, le Luxembourg... » : Le 15 avril 1948, un haut fonctionnaire du Foreign Office adressa un courrier à l'ambassade du Luxembourg à Londres pour expliquer les raisons qui interdisaient à Hanns – ainsi qu'à Gerald Draper et à Anthony Somerhough – d'accepter la distinction que souhaitait leur conférer le Luxembourg : « Malheureusement, les règles et les principes qu'observe le gouvernement de Sa Majesté à cet égard ne nous permettent pas d'apporter une réponse favorable à votre offre. [...] Les services que vous vous proposez de récompenser par ces décorations ont été effectués après la fin des hostilités. Or, les personnes au service de la Couronne ne sont généralement pas autorisées à accepter des honneurs émanant d'un État étranger, la seule exception admise portant sur les distinctions alliées en reconnaissance des services rendus pendant la guerre. [...] Je suis néanmoins certain que vous comprendrez qu'il nous serait extrêmement difficile d'accorder une dérogation à ces personnes sans commettre une injustice envers les nombreux autres sujets britanniques auxquels ces règles ont déjà été appliquées. » Avec le recul, les choses auraient pu se passer différemment. Bien que Hanns eût servi sous l'uniforme britannique de janvier 1940 à avril 1946, avant sa naturalisation en avril 1947, le Royaume-Uni le considérait en fait comme un apatride. En ce sens, le gouvernement luxembourgeois aurait peut-être pu lui remettre sa médaille sans en référer à Londres.

p. 329 : « Hanns ne reçut donc aucun de ces deux insignes... » : À défaut des prestigieuses récompenses du Luxembourg et de la Tchécoslovaquie, Hanns se vit attribuer par l'armée britannique trois décorations plus ordinaires en reconnaissance de son service pendant la guerre : l'étoile de campagne « France and Germany Star », la médaille de la Défense et la médaille de Guerre 1939-1945. Chaque année, il arborait fièrement ces insignes à son uniforme pour défiler avec les anciens combattants sur l'avenue Whitehall de Londres.

p. 330 : « La Torah des Alexander fut leur première... » : Dans les années 1970, quelques jours avant les fêtes de Roch Hachana, Hanns remarqua que l'une des poignées de la Torah des Alexander était cassée. Les rouleaux étaient alors vieux de près de deux siècles et, dans la mesure où ils étaient régulièrement utilisés à la synagogue, cette détérioration n'avait rien de surprenant. Hanns ayant hérité de la Torah familiale, c'était à lui qu'il revenait de l'entretenir. Dans l'urgence, faute de pouvoir faire appel à un spécialiste dûment formé et expérimenté, il décida de la réparer lui-même. Un soir, en rentrant du travail, il se rendit à la synagogue, retira la Torah de son arche et la déposa sur le pupitre de lecture. Déroulant soigneusement les rouleaux, il démonta la poignée à laquelle était attaché le parchemin et la remplaça par une poignée bricolée à partir d'un manche à balai ! Il roula le précieux parchemin, le recouvrit de son carré de velours et le remit dans l'arche. La Torah des Alexander était prête pour le prochain service religieux.

p. 333 : « Il était resté digne et joyeux... » : Ann décéda sept semaines après Hanns. Elle ne pouvait manifestement pas vivre sans l'homme qui avait partagé si longtemps son existence. Ses cendres rejoignirent la sépulture familiale à Willesden.

Post-scriptum

p. 335 : « Il fait frais en ce matin de novembre... » : Je me suis rendu à Auschwitz avec Rainer Höss et sa mère en novembre 2009. J'avais lu dans un journal israélien un article prétendant qu'il essayait de vendre au Yad Vashem des objets hérités de son grand-père. Lorsque je l'ai contacté, il a démenti ces allégations, expliquant qu'il voulait en réalité en faire don au mémorial de Jérusalem. C'est à cette occasion qu'il m'a invité à l'accompagner à Auschwitz. Il y est ensuite retourné pour participer au tournage d'un documentaire sur les descendants des grandes personnalités nazies : *Hitler's Children*.

p. 341 : « les Mémoires de Rudolf, preuve fondamentale de la Shoah... » : Quatre ans après l'exécution de Rudolf Höss, Jan Sehn s'employa à faire publier l'autobiographie de Rudolf. Elle parut en Pologne en 1951, sous le titre *Wspomnienia* (« Mémoires »), avec une introduction de Stanisław Batawia, qui avait encouragé Höss à écrire en prison. En 1958, elle fut traduite en allemand sous le titre *Kommandant in Auschwitz : Autobiografische Aufzeichnungen von Rudolf Höss* (« Commandant d'Auschwitz : Mémoires autobiographiques de Rudolf Höss »), présentée par le Dr Martin Broszat, directeur de l'Institut d'histoire contemporaine de Munich, le plus grand centre de recherche allemand sur le national-socialisme. L'année suivante, soit douze ans après que Rudolf eut posé le point final, l'édition anglaise, *Commandant at Auschwitz,* traduite par Constantine Fitzgibbon, paraissait avec une introduction de lord Russell – qui, en sa qualité de substitut du procureur général, avait été l'un des principaux conseillers juridiques lors des procès de Nuremberg. C'est cette version, rééditée aux États-Unis en 2001 par Phoenix Press, que Hanns avait sur la table de son salon le jour de sa mort. L'édition américaine la plus connue est cependant celle de 1992, traduite par Andrew Pollinger et présentée par Steven Paskuly, intitulée *Death Dealer : The Memoirs of the SS Kommandant of Auschwitz* (« Marchand de mort : les Mémoires du commandant SS d'Auschwitz »). La première édition française, *Le commandant d'Auschwitz parle*, date pour sa part de 1959 (Julliard), et a été reprise par les Éditions de la Découverte en 1995, puis actualisée en 2005 avec une préface, une postface et un appareil de notes de Geneviève Decrop, spécialiste de l'histoire des camps de concentration et du génocide. Depuis 1946, l'ouvrage a été publié dans bien d'autres langues et lu par des centaines de millions de gens à travers le monde.

p. 341 : « Quant à la Torah des Alexander… » : En 2012, les neveux et les nièces de Hanns se sont réunis pour discuter de l'avenir de la Torah familiale. Le parchemin était déchiré par endroits ; certaines lettres hébraïques étaient illisibles car l'encre avait coulé ; plusieurs feuillets étaient raccordés par un scotch poisseux. Elle était en trop mauvais état pour être utilisable. Au terme d'un long débat passionné, il fut décidé que les rouleaux revêtaient une telle valeur historique et affective qu'ils devaient être restaurés. Chacun versa son obole pour envoyer le précieux manuscrit à un *sofer* installé à East London, qui se chargea de le remettre à neuf. Celui-ci devrait avoir terminé son minutieux travail à la fin 2015. Alors, la Torah des Alexander retrouvera sa place dans les offices réguliers de la synagogue.

Annexes

Arbres généalogiques
Cartes
Sources documentaires
Bibliographie
Liste des illustrations
Index

Arbre généalogique de Hanns Alexander

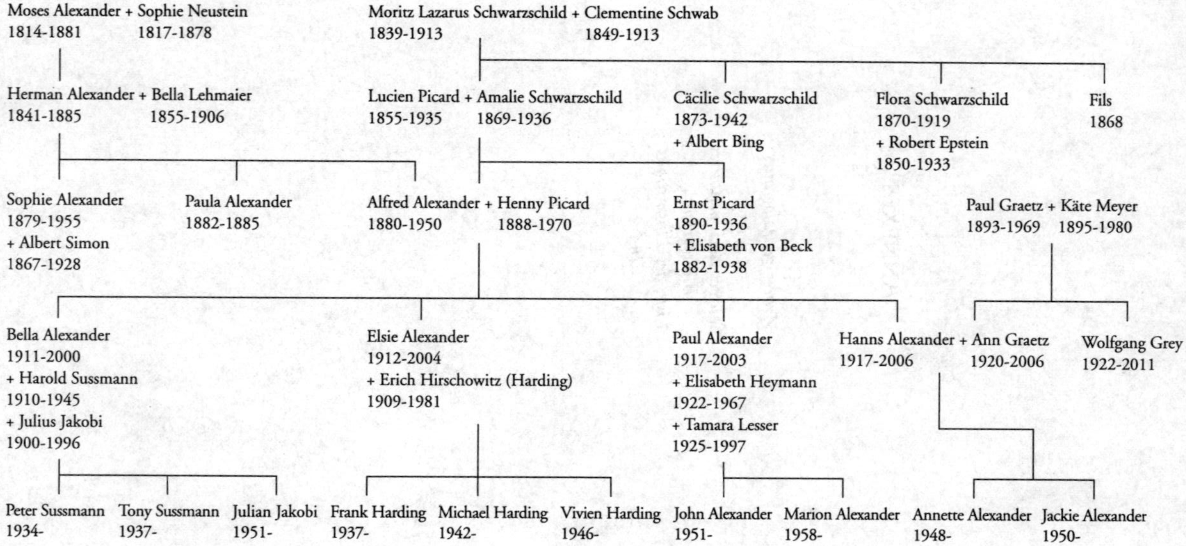

Arbre généalogique de Rudolf Höss

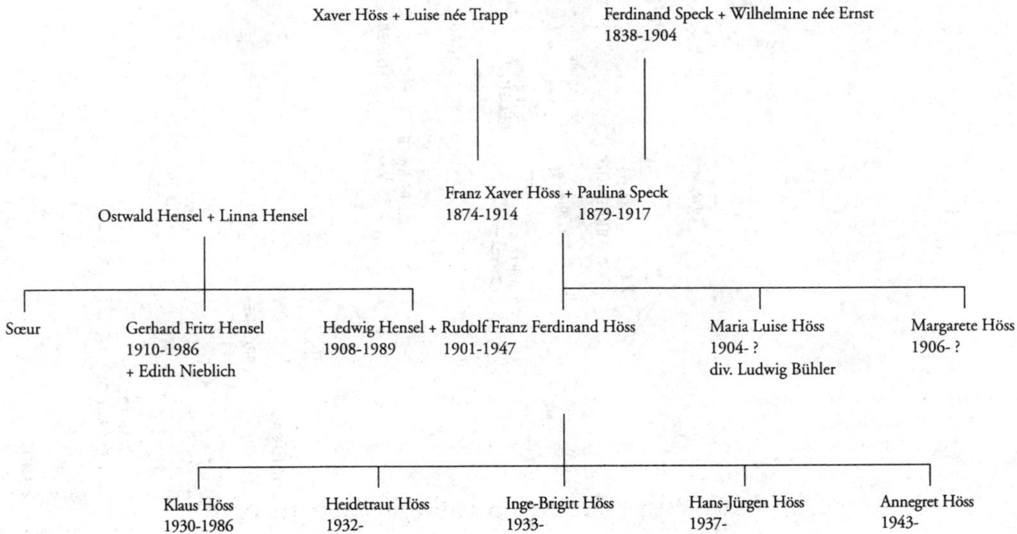

L'EUROPE EN 1945

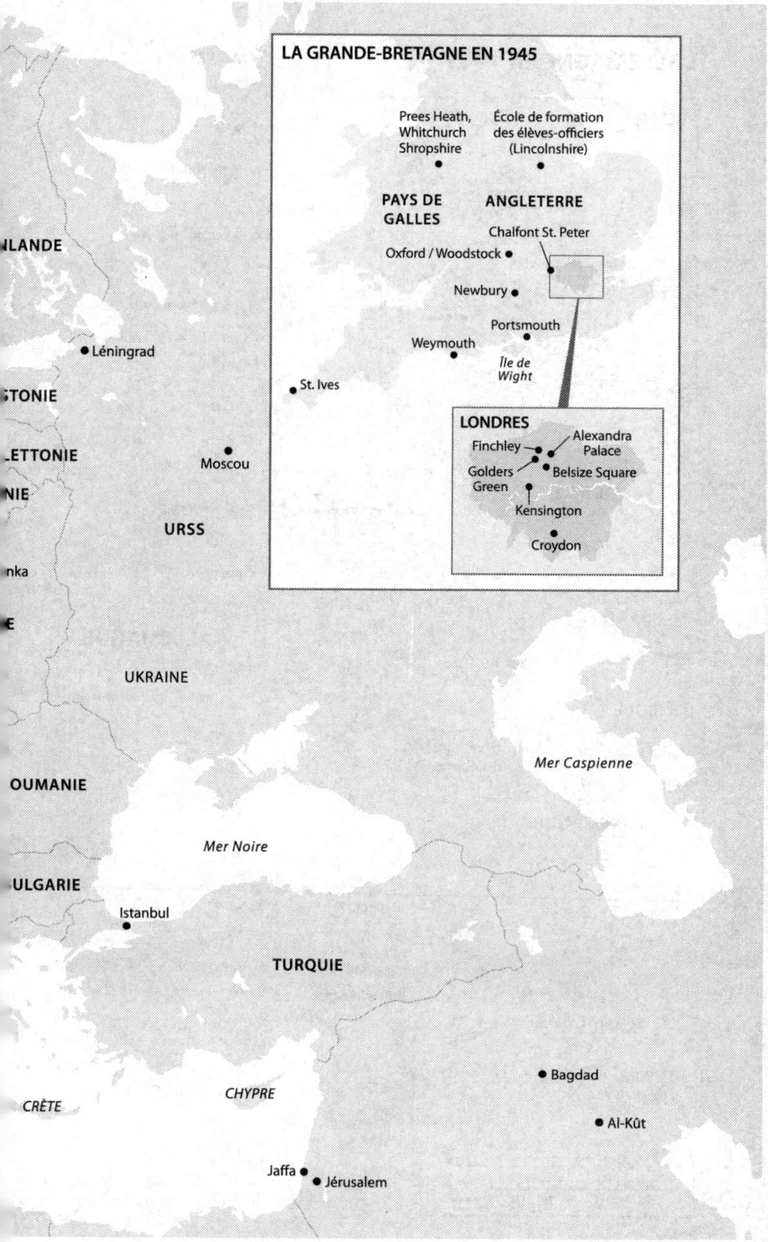
LA GRANDE-BRETAGNE EN 1945
Prees Heath, Whitchurch Shropshire
École de formation des élèves-officiers (Lincolnshire)
PAYS DE GALLES
ANGLETERRE
Chalfont St. Peter
Oxford / Woodstock
Newbury
Portsmouth
Weymouth
Île de Wight
St. Ives
LONDRES
Finchley
Alexandra Palace
Golders Green
Belsize Square
Kensington
Croydon
NLANDE
Léningrad
STONIE
LETTONIE
Moscou
NIE
URSS
nka
E
UKRAINE
Mer Caspienne
OUMANIE
Mer Noire
ULGARIE
Istanbul
TURQUIE
Bagdad
CHYPRE
CRÈTE
Al-Kût
Jaffa
Jérusalem

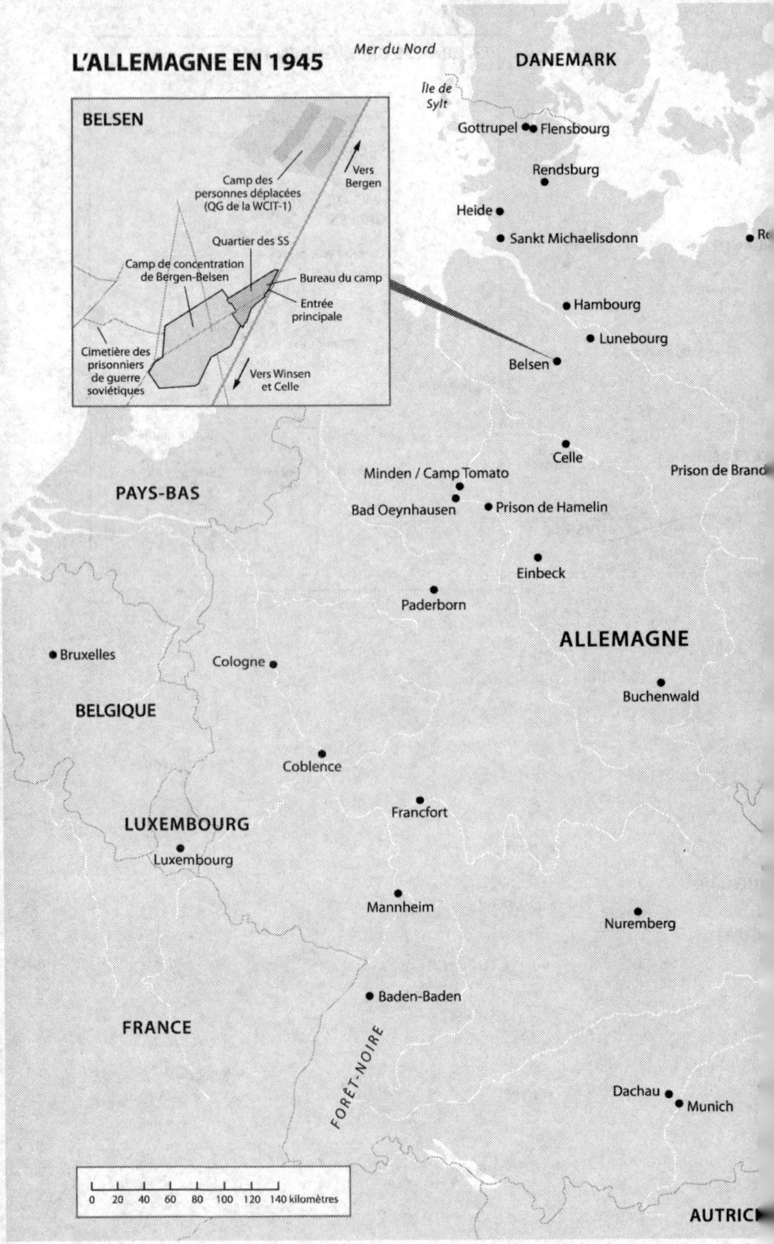
L'ALLEMAGNE EN 1945
Mer du Nord
DANEMARK
Île de Sylt
BELSEN
Camp des personnes déplacées (QG de la WCIT-1)
Vers Bergen
Quartier des SS
Camp de concentration de Bergen-Belsen
Bureau du camp
Entrée principale
Cimetière des prisonniers de guerre soviétiques
Vers Winsen et Celle
Gottrupel
Flensbourg
Rendsburg
Heide
Sankt Michaelisdonn
Hambourg
Lunebourg
Belsen
Celle
Minden / Camp Tomato
Bad Oeynhausen
Prison de Hamelin
PAYS-BAS
Einbeck
Paderborn
ALLEMAGNE
Bruxelles
Cologne
BELGIQUE
Buchenwald
Coblence
Francfort
LUXEMBOURG
Luxembourg
Mannheim
Nuremberg
Baden-Baden
FRANCE
FORÊT-NOIRE
Dachau
Munich
0 20 40 60 80 100 120 140 kilomètres

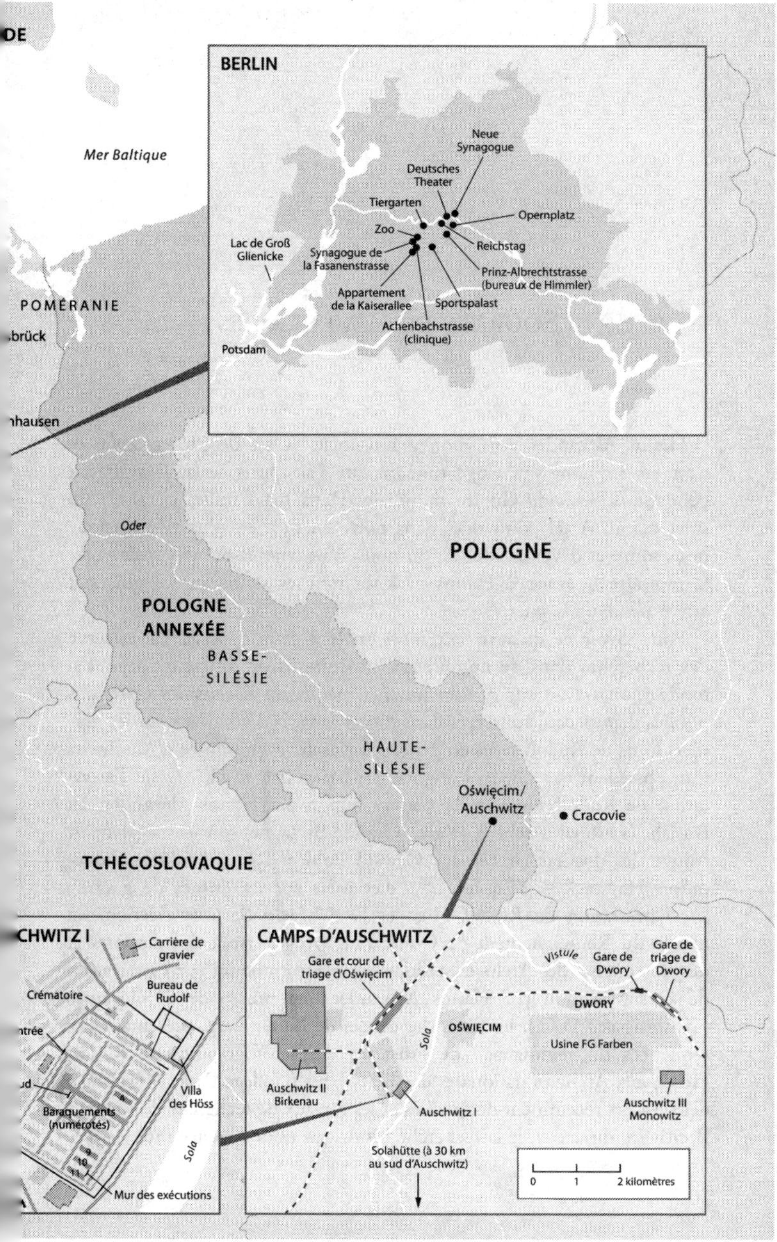
DE
Mer Baltique
BERLIN
Neue Synagogue
Deutsches Theater
Tiergarten
Opernplatz
Zoo
Reichstag
Lac de Groß Glienicke
Synagogue de la Fasanenstrasse
Prinz-Albrechtstrasse (bureaux de Himmler)
Appartement de la Kaiserallee
Sportspalast
Achenbachstrasse (clinique)
Potsdam
POMÉRANIE
brück
nhausen
Oder
POLOGNE
POLOGNE ANNEXÉE
BASSE-SILÉSIE
HAUTE-SILÉSIE
Oświęcim/ Auschwitz
Cracovie
TCHÉCOSLOVAQUIE
CHWITZ I
Carrière de gravier
Bureau de Rudolf
Crématoire
ntrée
ud
Villa des Höss
Baraquements (numérotés)
4
9
10
11
Sola
Mur des exécutions
CAMPS D'AUSCHWITZ
Gare et cour de triage d'Oświęcim
Vistule
Gare de Dwory
Gare de triage de Dwory
DWORY
OŚWIĘCIM
Sola
Usine FG Farben
Auschwitz II Birkenau
Auschwitz I
Auschwitz III Monowitz
Solahütte (à 30 km au sud d'Auschwitz)
0
1
2 kilomètres

Sources documentaires

Hanns Alexander était mon grand-oncle. Il est décédé en 2006 et c'est en écoutant son éloge funèbre que j'ai appris ce qu'il avait fait pendant la Seconde Guerre mondiale. Dans ma famille, c'était là un sujet tabou. À tel point que, dans notre enfance et, plus tard, lorsque nous sommes devenus adultes, on nous avait enjoint de ne jamais poser la moindre question à Hanns ni à ses frère et sœurs sur ce qui était arrivé pendant la guerre.

Pour savoir ce qu'avait fait mon oncle à cette époque, j'ai effectué des recherches dans de nombreuses institutions de différents pays. J'ai fondé mon travail sur des documents inédits ou déclassifiés et rendus publics depuis peu, conservés dans divers services d'archives : sur les derniers jours de Rudolf Höss en prison, aux archives du musée d'Auschwitz (qui possèdent par ailleurs l'original des Mémoires de Höss) ; sur l'arrestation de Rudolf Höss et de Gustav Simon par Hanns Alexander, au British National Archive (Kew, Grande-Bretagne) où j'ai également trouvé des dossiers concernant Oswald Pohl et Richard Glücks, l'opération Haystack et l'Équipe n° 1 d'enquête sur les crimes de guerre ; sur l'arrestation de Rudolf Höss et la 92e Field Security Section, au musée du Renseignement de Chicksands (Angleterre) ; des rapports et des documents des Archives nationales du Luxembourg sur l'arrestation de Gustav Simon par Hanns Alexander ; au musée de l'Holocauste (Washington, D.C.), les films des procès de Nuremberg, présentant des séquences du témoignage de Höss, et des photographies de Rudolf Höss ; aux Archives nationales des États-Unis (College Park, Maryland), des dossiers récemment déclassifiés et les travaux de recherche de Richard Breitman, directeur de la recherche historique pour l'agence interservices du gouvernement américain sur les criminels de guerre nazis, particulièrement le « Rapport Dachau » et des câbles diplomatiques concernant Gustav Simon et Richard Glücks. Mes échanges de correspondance avec Barry Ritzler, qui a retrouvé le test de Rorschach de Rudolf (inédit) dans l'armoire à dossiers de Gustave Gilbert, m'ont également été très précieux, tout comme les entretiens avec des survivants de la Shoah, effectués pour la Shoah Database et consultables à l'université de San Diego (Californie) et au Royal Holloway (université de Londres). J'ai en outre bénéficié du soutien du mémorial de Yad Vashem (Jérusalem), des archives de Dachau (Munich), du musée de Sachsenhausen (Berlin), des archives du Palais grand-ducal et des Archives nationales du Luxembourg, de l'Institut national du souvenir (Varsovie) et de l'Imperial War Museum (Londres).

J'ai largement bâti mon récit à partir des entretiens que m'ont accordés Brigitte, la fille de Rudolf Höss, la belle-fille du commandant, Irene Alba, et son petit-fils Rainer Höss (qui m'a également autorisé à reproduire de nombreuses photographies, dont les photos de famille prises à la villa du commandant à Auschwitz) ; Whitney Harris, procureur américain aux procès de Nuremberg ; Anita Lasker et Lucille Eichengreen, que Hanns avait aidées à quitter Belsen ; Jozef Paczynski, le « petit Polonais », coiffeur de Rudolf ; et Eva Schloss, demi-sœur d'Anne Frank. J'ai aussi utilisé les entretiens avec Hanns, Bella, Elsie et Paul Alexander enregistrés par John Alexander et Herbert Lévy. J'ai par ailleurs eu accès à des échanges de correspondance inédits entre Hanns et Paul Alexander, leurs sœurs, Elsie et Bella, et leur mère Henny, ainsi qu'aux lettres de Rudolf Höss à Hedwig, dont certaines sont conservées au musée d'Auschwitz et d'autres appartiennent à la collection privée de la famille Höss.

Internet

Inépuisable source d'informations, le Web offre une infinité de ressources utiles, à commencer par l'ensemble des documents d'archives relatifs aux procès de Nuremberg, de Belsen et de Francfort. Le site de Belsen (bergenbelsen.co.uk, en anglais) propose la retranscription intégrale des débats du procès ainsi que les dépositions sous serment recueillies par Hanns Alexander. L'université Harvard a consacré un site (en anglais) aux procès de Nuremberg (nuremberg.law.harvard.edu/php/

docs_swi.php?DI=1&text=overview) et mis en ligne les retranscriptions des témoignages de Rudolf Höss, d'Eleanor Hodys et de Konrad Morgen. Il faut cependant se méfier de bien d'autres pages dont la fiabilité est parfois douteuse. Je pense en particulier aux fameux articles de Wikipédia, sujets à des modifications hasardeuses, souvent motivées par des raisons politiques, surtout sur un sujet aussi épineux que la biographie des hauts dignitaires nazis. Au cours de mon travail de recherche, l'un de mes passe-temps favoris consistait à corriger anonymement la date de naissance de Rudolf, sans indiquer de référence ; quelques jours plus tard, je constatais que quelqu'un d'autre l'avait à nouveau modifiée, sans citer davantage ses sources. Ce petit jeu s'est poursuivi pendant un bon moment.

Note sur les noms de lieux

Le lecteur sera peut-être déstabilisé par les noms de lieux allemands, polonais et autres dans *Hanns et Rudolf*. J'ai néanmoins choisi d'observer une certaine logique que je vais m'efforcer d'expliquer.

Je désigne le village d'Oświęcim sous son nom polonais afin de bien le différencier du camp de concentration nazi, que les Allemands appelaient Auschwitz. Pour ce qui est des rues de Berlin, en plus de soixante ans certaines ont changé de nom, d'autres n'existent tout bonnement plus. En m'appuyant sur les plans d'époque, j'ai choisi de garder les appellations historiques : la Kaiserallee est par exemple aujourd'hui la Bundesallee, alors que l'Achenbachstrasse a disparu. Le choix le plus délicat était celui du camp de Belsen, désigné sous plusieurs appellations : pour les rescapés, c'était « Bergen-Belsen » ; pour les réfugiés, c'était « le camp de personnes déplacées de Bergen-Belsen » ; enfin, les Britanniques avaient baptisé leur QG britannique établi à proximité du camp, sur la base militaire de Bergen, « Hohne ». Pour plus de clarté, et parce que c'est ainsi que Hanns comme Rudolf y faisaient référence, je parle simplement de « Belsen ».

Le lecteur trouvera de plus amples informations sur les noms de lieux et autres ressources documentaires sur le site dédié au présent ouvrage, www.hannsandrudolf.com (en anglais).

Bibliographie

ALEXANDER John, *A Measure of Time.* Une histoire de la famille Alexander (manuscrit autoédité).

ARENDT Hannah, *Eichmann à Jérusalem.* Une étude fondatrice du concept de « banalité du mal ».

BARDGETT Suzanne et David CESARANI, *Belsen 1945. New Historical Perspectives.* Une étude approfondie du camp par deux des plus brillants chercheurs sur la Shoah.

BOWER Tom, *Blind Eye to Murder. Britain, America and the Purging of Nazi Germany – a Pledge Betrayed.* Un éloquent traité sur l'incapacité des Britanniques et des Américains à traduire les principaux dirigeants nazis en justice.

BROWNING Christopher, *Des hommes ordinaires. Le 101e bataillon de réserve de la police allemande et la solution finale en Pologne.* Quelles ont été les raisons qui ont poussé le 101e bataillon à massacrer les juifs ? L'auteur développe ici un point de vue tout à fait différent de celui de Daniel Goldhagen (voir cette référence ci-après).

BUTLER Rupert, *Legions of Death.* Un essai sur les membres de la SS, dans lequel l'auteur revient sur les conditions de l'arrestation de Rudolf Höss.

EICHENGREEN Lucille, *From Ashes to Life.* Le récit poignant de la vie quotidienne à Belsen, vue par une jeune déportée. L'auteur raconte comment Hanns Alexander l'a aidée à quitter le camp.

FRY Helen, *The King's Most Loyal Enemy Aliens. Germans Who Fought for Britain in the Second World War.* Une excellente introduction à l'histoire des réfugiés juifs qui ont combattu sous le drapeau britannique pendant la Seconde Guerre mondiale.

GILBERT G. M., *Le Journal de Nuremberg.* Les notes du psychologue américain qui s'entretint avec les nazis accusés de crimes de guerre en attente de procès.

GILBERT Martin, *The Holocaust. The Jewish Tragedy.* Un passage de ce livre raconte le soulèvement des déportés dans l'une des chambres à gaz de Birkenau.

GODFREY Antony, *Three Rabbis in a Vicarage.* L'histoire de la synagogue de Belsize Square, à Londres.

GOLDENSOHN Leon, *Les Entretiens de Nuremberg* (présenté par Robert Gellately). Le psychiatre américain nous offre ici une extraordinaire plongée dans la psyché des criminels nazis de haut rang.

GOLDHAGEN Daniel, *Les Bourreaux volontaires de Hitler. Les Allemands ordinaires et l'Holocauste.* Comment les « Allemands ordinaires » ont contribué à l'Holocauste. L'auteur présente ici un point de vue opposé à celui de Christopher Browning (voir cette référence ci-dessus).

HARRIS Whitney, *Tyranny on Trial. The Evidence at Nuremberg.* Un guide des procès de Nuremberg, écrit peu après la guerre par l'un des procureurs américains.

HOARE Oliver, *Camp 020. M15 and the Nazi Spies.* Une étude saisissante des techniques d'interrogatoire en temps de guerre. Le manuel du redoutable colonel Robin « Tin Eye » Stephens, *Digest of Ham*, est reproduit en première partie.

HOESS Rudolf, *Le commandant d'Auschwitz parle.* L'autobiographie que Rudolf Höss a écrite pendant son séjour à la prison de Cracovie en attendant d'être jugé. L'édition française, publiée par La Découverte, est présentée par Geneviève Decrop, historienne des camps de concentration et de la Shoah. La version anglaise, *Death Dealer*, comporte une préface de Primo Levi.

KEMP Anthony, *The Secret Hunters.* Une très bonne introduction à la traque des criminels de guerre menée par les Alliés à la fin de la guerre.

KERSHAW Ian, *La Fin. Allemagne, 1944-1945.* Cette étude sur les derniers jours du IIIe Reich offre un excellent éclairage sur les ultimes tentatives désespérées du régime hitlérien pour conserver son emprise sur l'Allemagne.

LANGBEIN Hermann, *Hommes et femmes à Auschwitz.* C'est peut-être là le récit le plus complet sur la vie quotidienne à Auschwitz, raconté par un prisonnier politique qui mena la résistance à l'intérieur du camp.

LASKER-WALLFISCH Anita, *La Vérité en héritage. La violoncelliste d'Auschwitz.* L'histoire vécue d'une jeune fille qui survécut à l'enfer d'Auschwitz en jouant du violoncelle dans l'Orchestre des femmes. Déplacée à Belsen, elle parvint à quitter le camp de quarantaine avec l'aide de Hanns Alexander.

LEBERT Stephan et Norbert (présenté par), *Car tu portes mon nom : enfants de dirigeants nazis, ils témoignent*. Une excellente anthologie des récits personnels des descendants de hauts responsables nazis.

LEIGHTON-LANGER Peter, *The King's Own Loyal Enemy Aliens. German and Austrian Refugees in Britain's Armed Forces, 1939-45*. Un ouvrage consacré aux dix mille volontaires étrangers engagés dans le corps des pionniers qui, comme Hanns Alexander, rejoignirent par la suite les rangs de l'armée régulière britannique.

LIFTON Robert Jay, *Les Médecins nazis. Le meurtre médical et la psychologie du génocide*. L'un des rares ouvrages pénétrant l'univers mental des médecins des camps de concentration qui mirent en place le programme d'euthanasie et de génocide du régime nazi.

LONGERICH Peter, *Himmler. L'éclosion quotidienne d'un monstre ordinaire*. Sans doute la biographie la plus complète du chef de la SS et de la Gestapo.

MUSÉE D'AUSCHWITZ-BIRKENAU, *Auschwitz vu par les SS*. Comporte les témoignages de femmes de ménage et de jardiniers ayant travaillé à la villa du commandant Höss.

REES Laurence, *Auschwitz. Les nazis et la solution finale*. L'effroyable histoire d'Auschwitz et de l'idéologie nazie à travers des entretiens de survivants et des archives inédites. À partir des recherches effectuées pour la rédaction de ce livre, l'auteur a réalisé un documentaire produit par la BBC et récompensé par les prestigieux BAFTA Awards.

SEGEV Tom, *Soldiers of Evil*. Une étude sur les principaux commandants de camps nazis, dont Josef Kramer et Rudolf Höss.

SHEPHARD Ben, *After Daybreak. The Liberation of Belsen, 1945*. Un bon résumé de la libération du camp de Belsen, abordant les problèmes médicaux et humanitaires auxquels les Britanniques eurent à faire face.

SMITH Bradley, *Reaching Judgment at Nuremberg*. Un ouvrage essentiel, notamment sur les négociations entre les États-Unis, la Grande-Bretagne et l'Union soviétique, qui débouchèrent sur la création du Tribunal militaire international pour les crimes de guerre.

SMITH Michael, *Foley. The Spy Who Saved 10,000 Jews*. La passionnante biographie d'un agent du MI6 qui, sous la couverture de responsable du contrôle des passeports à l'ambassade britannique de Berlin, fournit de faux papiers et des passeports aux juifs pour leur permettre de quitter l'Allemagne. Il a ainsi sauvé la vie d'au moins dix mille juifs, soit plus que le célèbre Oskar Schindler.

STEINBACHER Sybille, *Auschwitz. A History*. Comment le camp de concentration d'Auschwitz est devenu, en l'espace de quelques années, une gigantesque usine de la mort.

WAITE Robert G. L., *Vanguard of Nazism*. L'ouvrage le mieux documenté qui soit sur le mouvement des *Freikorps*, précurseur du nazisme.

WALTERS Guy, *La Traque du mal*. Une enquête fouillée sur la chasse aux nazis, évoquant notamment le WCIT-1 et le Groupe de recherche des crimes de guerre du colonel Anthony Somerhough.

WIESE Christian et Paul BETTS (présenté par), *Years of Persecution, Years of Extermination*. Le chapitre X présente la vie extraordinaire de Konrad Morgan. Le lecteur trouvera en fin d'ouvrage d'intéressants repères bibliographiques pour approfondir le sujet.

Liste des illustrations

Sauf indication contraire, toutes les photographies sont reproduites avec l'aimable autorisation des archives de la famille Alexander.

La maison familiale des Höss à Baden-Baden (Archives d'État de Baden-Baden) 18

Alfred et Henny Alexander avec Bella, Hanns et Elsie, 1917 32

Bella, Elsie (déguisées en soldats), Hanns et Paul Alexander 33

Angle de la Kaiserallee et de la Spichernstrasse, Berlin, 1917 (avec l'aimable autorisation de Wolfgang Lorenz, wl-historische-wertpapieren.de) 35

Hanns et Paul Alexander, 1920 .... 37, 38

Le Dr Alfred Alexander portant sa Croix de fer, 1917 39

Le Dr Alexander dans sa clinique de Berlin, 1922 40

La Neue Synagogue de Berlin (AKG) 43

Peut-être Martin Bormann et Rudolf Höss, vers 1923 (Institut für Zeitgeschichte, Munich / Rainer Höss) 54

Dr Alexander au volant, 1928 62

Le cabanon de la famille Alexander à Groß Glienicke 65

Hanns et Paul Alexander le jour de leur bar-mitsvah, 1930 68

Livret d'adhésion de Rudolf Höss aux Artamans, 1928 (Yad Vashem) 72

Rudolf et Hedwig Höss le jour de leur mariage, 1929 (Archives de la famille Höss) 74

Article de propagande sur le camp de Dachau, *Illustrierter Beobachter*, 1936 (AKG) 82-83

Robert Ley et Theodor Eicke à Dachau, 1936 (AKG) 84

Visa de sortie de Hanns Alexander,
délivré par le chef de la police de Berlin, 1936 105
Carnet britannique d'enregistrement des étrangers
de Hanns Alexander 107
La synagogue de la Fasanenstrasse après « la nuit de cristal »,
1938 (Yad Vashem) 114
Avis de déchéance de nationalité allemande
de la famille Alexander, 1939 (Bundesarchiv, Berlin) 116
Richard Glücks, inspecteur de l'IKL (Inspection des camps
de concentration) [United States Holocaust Memorial Museum,
avec l'aimable autorisation des Bundesarchiv, Berlin] 121
Hans-Jürgen, Inge-Brigitt et Annegret Höss sur leur toboggan
dans le jardin de la villa d'Auschwitz, 1942-1944
(Institut für Zeitgeschichte, Munich /Rainer Höss) 127
Hedwig Höss et l'épouse de Joachim Caesar (chef du service
d'agriculture d'Auschwitz) avec leurs enfants dans le jardin
de la villa d'Auschwitz, à quelques centaines de mètres
du vieux crématoire, 1942-1944. (Institut für Zeitgeschichte,
Munich / Rainer Höss) 128
Rudolf Höss avec Heinrich Himmler en tournée d'inspection
du chantier d'Auschwitz III/Monowitz, 17 juillet 1942
(United States Holocaust Memorial Museum avec l'aimable
autorisation de l'Institut Pamieci Narodowej) 134, 136
Le crématoire II d'Auschwitz-Birkenau, 1942 (Topfoto) 142
Pages intérieures du carnet britannique d'enregistrement
des étrangers de Hanns Alexander 146
Paul et Hanns en uniforme des pionniers
avec leur mère, Henny, 1940 147
Devise des pionniers : « Le travail vient à bout de tout » 148
Cäcilie Bing, dans les années 1930, Francfort 156
La famille Höss à la villa d'Auschwitz, 1943
(Institut für Zeitgeschichte, Munich / Rainer Höss) 171
Rudolf Höss avec ses enfants sur la Sola, à quelques mètres
du camp d'Auschwitz, 1940-1943 (Institut für Zeitgeschichte,
Munich / Rainer Höss) 173
Hanns Alexander, 1945 186
La sélection des juifs hongrois à Auschwitz-Birkenau, mai 1944
(United States Holocaust Memorial Museum / Yad Vashem) 198

Des femmes et enfants juifs de Hongrie « sélectionnés » se dirigent vers les chambres à gaz d'Auschwitz-Birkenau, mai 1944 (United States Holocaust Memorial Museum, avec l'aimable autorisation du musée d'Auschwitz) 199
Fête en l'honneur de Rudolf Höss à la Solahütte, près d'Auschwitz (United States Holocaust Memorial Museum) 201
L'enlèvement des cadavres au camp de concentration de Belsen, avril-mai 1945 (AKG) 209
Le rabbin Hartman lit le Kaddish devant un charnier de Belsen, mai 1945 (Imperial War Museum) 211
Lettre de Hanns Alexander à Elsie et Erich Harding, 15 juillet 1945 223
Carte postale d'Ann Graetz à Hanns Alexander, 16 juillet 1945 226
Josef Kramer, ancien commandant des camps de Belsen et de Birkenau, aux arrêts à Belsen, mai 1945 (Yad Vashem) 228
Procès de Belsen, septembre-novembre 1945 (Yad Vashem) 231
Hanns en enquêteur sur les crimes de guerre, 1945 234
Verso d'un menu signé des membres de l'Équipe n° 1 d'enquête sur les crimes de guerre (WCIT-1), octobre 1945 235
La ferme de Gottrupel où se cachait Rudolf Höss, photo prise vers 1909 (Geminde Handewitt / Jan Kirschner) 244
Le *Gauleiter* Gustav Simon fait le salut nazi lors d'un rassemblement au Luxembourg, 1942 (Centre de documentation et de recherche sur la Résistance) 248
Le capitaine Hanns Alexander, Victor Bodson, ministre de la Justice, et Jos Thorn, président de la Commission luxembourgeoise des crimes de guerre, décembre 1945 (Centre de documentation et de recherche sur la Résistance) 260
Anita Lasker à son départ de Belsen, décembre 1945 (Anita Lasker-Wallfish) 266
Hanns Alexander en permission avec Ann Graetz, 1946 269
Menottes portées par Rudolf Höss lors de son arrestation (Intelligence Corps Museum, Chicksands) 288
Rudolf Höss, après son arrestation par les Britanniques, mars 1946 (Yad Vashem) 290
Fiche préliminaire de prisonnier de guerre de Rudolf Höss, Nuremberg, avril 1946 (musée d'Auschwitz) 300
Whitney Harris, procureur américain, au procès de Nuremberg, 1946 (fonds Whitney Harris) 302

Rudolf Höss livré aux autorités polonaises, mai 1946
(musée d'Auschwitz) 310
Rudolf Höss écoute le verdict au procès de Varsovie, avril 1947
(Yad Vashem) 319
Enveloppe d'une lettre de Rudolf Höss à sa femme Hedwig,
écrite de sa prison polonaise, 1947 (musée d'Auschwitz) 320
L'exécution de Rudolf Höss, Auschwitz, avril 1947
(Agence de presse polonaise) 324
Ann et Hanns le jour de leur mariage, Londres, mai 1946 329
Paul et Hanns lisant la Torah des Alexander
à la synagogue de Belsize Square, Londres, 2001 330
Hanns Alexander durant la fête de remerciement
à la Grande-Bretagne, Croydon, 1986 331
Rainer Höss et Irene Alba devant l'entrée principale d'Auschwitz,
novembre 2009 336

Index

Les pages en italiques renvoient aux illustrations.

Abrahams, Karl « Blitz » : 285, 372.

Abrahams, Stephen (fils de Karl Abrahams) : 372.

Alba, Irene (ex-femme de Hans-Jürgen Höss) : 336, 389.

Alexander, Alfred (Dr, père de HA) : *39*, *62* ; personnalité : 35-36 ; naissance de HA : 31 ; pendant la Première Guerre mondiale : 31, 33-35 ; retour mouvementé à Berlin : 31-32 ; cabinet à domicile : 39 ; vie sociale : 41-42, 62-64 ; parcours et famille : 35-36, 344 ; ouvre un sanatorium : 39-40 ; judéité : 41-42 ; fait fortune : 44, 61-62 ; amateur de romans policiers : 35, 348 ; à la bar-mitsvah de ses fils : 67-68 ; choisit de rester en Allemagne malgré les lois anti-juives : 93-97 ; reçoit la Croix d'honneur : 97 ; va voir son premier petit-fils à Londres : 97 ; altercation avec un cadre du NDSAP : 101-102 ; réfugié à Londres : 102 ; accueille HA à son arrivée à Londres : 107 ; excursion à l'île de Wight avec HA : 108 ; reprend des études de médecine : 110 ; Croix de fer : 351 ; déchu de sa nationalité allemande : 116 ; infarctus : 187 ; rouvre un cabinet à Londres : 224 ; santé : 225 ; décès : 328, 334.

Alexander, Ann (née Graetz, épouse de HA) : *269* ; rencontre HA : 111-113 ; s'éloigne de HA : 113-115 ; presse HA de sceller les fiançailles : 186-187 ; photo d'Ann dans la poche de HA : 207 ; activités pendant la guerre : 225 ; HA hésite à se fiancer : 225-227 ; lettres de HA sur le procès de Belsen : 366 ; écrit au supérieur de HA : 262-264 ; demande en mariage de HA :

268-269 ; disparition de sa grand-mère : 370 ; épouse HA : 295, 329 ; enfants : 328 ; au décès de HA : 13, 331-333 ; décès : 379.
Alexander, Annette (fille de HA) : 13, 328, 332-333, 400.
Alexander, Bella (sœur de HA) : *voir* Sussmann, Bella.
Alexander, Elsie (sœur de HA) : *voir* Harding, Elsie.
Alexander, Hanns (HA) : aspect physique : 110-111 ; personnalité : 15, 220, 362-363 ; naissance et enfance : 31-44, 61-68 ; en Alsace pendant la Première Guerre mondiale : 31 ; retour mouvementé à Berlin : 31-35 ; appartement de la Kaiser Allee : 34, 275 ; farces d'enfance : 37-38, 65, 345 ; judéité : 41-42 ; à Groß Glienicke : 61-62 ; apprend à faire du ski nautique : 62 ; scolarisation : 62 ; amis de la famille : 64 ; bon sens : 63-64 ; sorties culturelles et sportives : 65-66 ; cinéphile : 66 ; coquetterie : 348 ; bar-mitsvah : 67-68, 348 ; boycott juif : 93-97 ; contraint de changer d'école : 96 ; arrête ses études secondaires : 98 ; employé dans une banque : 98 ; se rapproche des cercles juifs progressistes pour parer à la montée de l'antisémitisme : 99-100 ; assiste à des matchs interdits aux juifs : 100-101, 350 ; quitte l'Allemagne : 103-106 ; visa de sortie : 103 ; arrive en Angleterre : 107 ; famille réunie à Londres : 107 ; s'intègre bien à Londres : 108 ; jette l'uniforme allemand de son père : 351 ; rencontre Ann : 111-112 ; s'éloigne d'elle : 113-115 ; déchu de sa nationalité allemande : 116 ; s'engage dans le corps des pionniers auxiliaires : 117, 145-149 ; bref séjour en France avant d'être évacué : 150-151 ; adopte le nom de Howard Hervey Alexander : 152 ; service sous le drapeau britannique : 153-154 ; école des élèves-officiers : 157 ; service en Europe continentale : 158-160, 185-188 ; sélectionné dans l'Équipe N° 1 d'enquête sur les crimes de guerre : 188 ; arrive à Bruxelles : 207 ; découvre le camp de Belsen libéré : 210-212 ; réunit une enfant avec sa mère : 211-212, 360 ; participe aux interrogatoires à Belsen : 212-220 ; devient chasseur de nazis : 221-224, 363 ; hésite à se fiancer avec Ann : 226-227 ; prépare les dépositions sous serment des témoins pour le procès de Belsen : 227-230 ; assiste au procès de Belsen : 230-233 ; nommé officiellement chasseur de nazis : 233-235 ; traque de Gustav Simon : 246-262 ; 367-368 ; fait sa demande en mariage à Ann : 268-269 ; retourne traquer les nazis : 275-279 ; traque de Richard Glücks et de RH :

279-284, 370-371 ; arrête RH : 285-291, 372 ; démobilisé : 294-295 ; naturalisé britannique : 295 ; épouse Ann : 295 ; années de maturité et de vieillesse : 328-333 ; haine tenace de l'Allemagne : 332 ; possède un exemplaire de l'autobiographie de RH ; décès et obsèques ; arbre généalogique ; PHOTOS : enfant : *33*, *37*, *62* ; en 1946 : *269* ; en 1986 : *331*.

Alexander, Henny (mère de HA) : *62* ; aspect physique : 36 ; origines et personnalité : 36 ; rejoint son mari en Alsace : 31 ; retour mouvementé à Berlin : 31-32 ; vie sociale : 44, 64-65 ; permissive avec ses fils : 38, 62-63 ; donne des fêtes et soirées : 44 ; embauche davantage de personnel de maison : 61 ; habille élégamment ses fils : 348 ; à la bar-mitsvah de ses fils : 67 ; plaide pour l'émigration : 97 ; tente de persuader les jumeaux de poursuivre leurs études : 98 ; conseille à son mari de rester à Londres : 102 ; reste seule à Berlin : 105 ; vend la clinique et part pour Londres : 109 ; se fait envoyer ses meubles et ses affaires d'Allemagne : 109-110, 351 ; réunions familiales : 111-112 ; déchue de sa nationalité allemande : 116 ; apprend à HA et Paul le destin de Cäcilien Bing : 222-223 ; s'efforce de repartir de zéro : 224 ; au décès de son mari : 328-329 ; décès : 334.

Alexander, Jackie (fille de HA) : 13, 328, 332-333.

Alexander, John (neveu de HA) : 350, 356, 372.

Alexander, Moses : 42, 110.

Alexander, Paul (frère jumeau de HA) : *33*, *37*, *38*, *62* ; aspect physique : 110-111 ; naissance : 31 ; farces d'enfance : 38, 62-63, 345 ; judéité : 41-44 ; scolarisation : 63 ; vie sociale : 64-65 ; sorties culturelles et sportives : 65-66 ; bar-mitsvah : 67 ; contraint de changer d'école : 96 ; arrête ses études secondaires : 98 ; apprenti chez un menuisier : 98 ; adhère aux groupes de jeunesse juive progressistes : 100 ; assiste à des matchs interdits aux juifs : 100-101 ; part pour Bâle : 102 ; revoit HA en partance pour l'Angleterre : 106 ; arrive à Londres : 109 ; apprenti chez un décorateur d'intérieur : 110 ; jette l'uniforme allemand de son père : 351 ; retrouvailles familiales : 112 ; déchu de sa nationalité allemande : 116 ; s'engage dans le corps des pionniers auxiliaires : 146-149 ; bref séjour en France avant d'être évacué : 150-151 ; école des élèves-officiers : 157 ; service en Europe continentale : 158-160, 359 ; pousse HA à se fiancer à Ann : 187 ; demande à sa sœur de

l'aider à trouver une épouse : 359 ; surveillant d'un camp de prisonniers de guerre en Allemagne : 222, 268-269, 363-364 ; fête la capture de RH par son frère : 289 ; retrouve HA à Hambourg : 293-284 ; au mariage de HA : 295 ; années de maturité et de vieillesse : 328, 330-331, 377 ; décès : 332, 334.
Alexandra Palace : 151.
Al-Kût (Irak) : 25-26.
Allemagne : signe l'armistice de la Première Guerre mondiale : 45 ; troubles socio-économiques après la Première Guerre mondiale : 32-33, 47 ; fondation de la République de Weimar : 50 ; hyperinflation : 40 ; putsch avorté de Wolfgang Kapp : 346 ; émergence du parti nazi : 51-53 ; âge d'or de la République de Weimar : 58 ; cabinet de grande coalition après les législatives de 1928 : 59-60 ; troubles politiques : 66-67 ; accession au pouvoir des nazis : 75-77 ; élections de 1930 : 77 : ; Hitler nommé chancelier du Reich : 78 ; consolidation du pouvoir nazi : 93-94 ; sécurité militaire britannique (Field Security Sections, FSS) : 281.
Allenby, Sir Edmund : 344.
Amen, John (colonel) : 307-308.
Amtsgruppe D : organigramme : 277 ; RH prend la direction de la D1 : 195-197 ; Himmler ordonne la destruction des archives : 237 ; fuite des cadres : 237-240 ; destin de ses membres : 246 ; traque des employés de l'*Amtsgruppe D* : 274-284, 285-291 ; *voir aussi* Inspection des camps de concentration (IKL)
Anna (nounou de HA) : 36, 106.
antisémitisme : *voir* juifs
Archives de la Shoah : 354.
Armée allemande : âge minimum d'incorporation : 23-24 ; uniformes de dragons : 24.
Arromanches : 158-159.
Auschwitz : RH construit le camp : 121-125 ; vie de la famille Höss à la villa : 125-130, 135-136, 170-174, 356-357 ; témoignages d'anciens prisonniers : 131-133 ; inspection de Himmler : 133-136 ; programme d'euthanasie : 136-137 ; enfants à Auschwitz : 354 ; tentatives d'évasion : 137 ; agrandissement de 1942 : 168-169 ; gestion des détenus : 169 ; orchestre du camp : 169 ; corruption à Auschwitz : 190-194 ; RH limogé : 193 ; évacuation à Belsen : 202-204 ; interrogatoires sur les crimes de guerre : 212-220, 361-362 ; pièces à conviction présentées au procès de Belsen : 232 ; statistiques de mortalité : 168, 232, 307-308, 317, 364-365, 376 ; prisonniers brûlés vifș : 317 ; déposition de RH : 317-319 ; exécution de RH : 322-325 ; visite de l'auteur : 335-341.

Auschwitz-Birkenau : projet de construction : 135 ; instrument de la « solution finale » : 139-143, 161-169 ; crématoire II : 142 ; processus de sélection : 164, 217-218 ; orchestre du camp : 169-170 ; extermination des juifs hongrois : 198-200.

Backhouse, Thomas (colonel) : 231-232.
Bad Oeynhausen : 245.
Baden-Baden : 17-19.
Baer, Richard : 200-201, 216.
Bankworth (commandant) : 364.
Baranowski, Hermann : 89, 120.
bataille pour Jérusalem (1917) : 27, 344.
bâtiment en T : *voir* Sachsenhausen
Bayeux : 159.
Bednarskiej, Anieli : 353-357.
Bell, P. I. (commandant) : 212.
Belsen : *209*, *211* ; détérioration des conditions de détention : 201-202 ; évacuation des prisonniers d'Auschwitz à Belsen : 203-204 ; surpeuplement et conditions de vie : 204 ; visite de RH : 204 ; libération : 185 ; HA découvre le camp : 209-210 ; interrogatoires sur les crimes de guerre : 212-220, 230-232, 361-362 ; transformé en un camp de personnes déplacées : 265.
Berlin : appartement de la Kaiser Allee : 34 ; Neue Synagogue : 41, *43*, 67, 95, 112, 275, 345 ; troubles sociaux après la Première Guerre mondiale : 47 ; Sportpalast : 66 ; Potsdamer Platz : 69 ; vie nocturne : 70 ; synagogue de la Fasanenstrasse : 41-42, 99, 112, *114* ; 8 Prinz-Albrechtstrasse : 139 ; bombardements alliés : 202 ; derniers jours : 204-205 ; endommagée par la guerre : 275-276.
Berney-Ficklin, Horatio Pettus Mackintosh (major-général) : 231.
Biderman, Lee Abraham : 107.
Binder, Sybille : 347.
Bing, Cäcilie : 67, 109, 155-156, 222-223, 276, 369.
Birkenau : *voir* Auschwitz Birkenau
Bloom, Sidney : 132.
Bodson, Victor : 260, 262.
Bohnera, Karola : 357.
Bormann, Martin : *54* ; parcours : 346 ; meurtre de Kadow : 53-54 ; condamné à un an de prison : 55 ; se rend à Dachau : 86-87 ; protège RH après l'enquête pour corruption : 192-193 ; destin : 296, 373 ; jugé par contumace à Nuremberg : 375.
Brahms, Johannes : 17.
Brecht, Bertolt : 65.
Breitman, Richard : 355.
Bridgeman, Robert (vicomte) : 358.
Brüning, Heinrich : 76.
Bruxelles : 188, 207, 265-266, 268, 294.
Bruz (France) : 150.
Buchenwald : 87, 190.
Buna (usine de caoutchouc et de pétrole synthétique) : 354.

Burger, Wilhelm (chef de la D4) : 232, 234.
Butler, Richard : 372.

Cabaret (film) : 70.
camp de Kitchener : 147, 150.
Camp Tomato (centre de détention des criminels de guerre à Minden) : 291, 297-298, 376.
campagne de Mésopotamie (1916-1917) : 25-27, 49, 343-344.
camps de concentration : origines : 78 ; inspection des camps de concentration (IKL) : 89 ; enquête de corruption diligentée par Himmler : 189-194 ; *Amtsgruppe D* et gestion des camps : 194-197, 200-202 ; expériences médicales : 195 ; Himmler ordonne de détruire les archives : 237 ; interrogatoires sur les crimes de guerre : 212-220, 227-230, 361-362 ; procès de Belsen : 230-233 ; traque des cadres de l'*Amtsgruppe D* : 277-284, 285-291, 371-373 ; organigramme du WVHA : 277 ; *voir aussi le nom de chaque camp* ; criminels de guerre
Cang, Joel : 376.
Caola (commandant) : 274-277, 279.
Capitulation de l'Allemagne (jour de la victoire) : 207.
Chamberlain, Neville : 117.
Champion, S. E. (commandant) : 213.
Charell, Erik : 347.
Charlotte, grande-duchesse du Luxembourg : 262.
Chemin de fer du Hedjaz : 27.
Churchill, Winston : 15, 154, 182, 298.
Cirencester : 153.
Clarke, Bernard : 285, 372.
Coblence : 247, 250-251.
Cologne : 208, 247, 249, 277.
Commission des Nations Unies pour les crimes de guerre (UNWCC) : 182, 219, 250.
congrégation Habonim : 377.
Corps des pionniers auxiliaires : 147-149, emblème : *148*.
Corps volontaire de Prusse orientale : 345.
Cracovie, prison Montelupich : 310-311.
Criminels de guerre : stratégie des Alliés : 182-185 ; interrogatoires : 212-220 ; incapacité à les retrouver assez vite : 361 ; HA engage la traque : 233-235 ; création du Groupe de recherche des crimes de guerre par les Britanniques : 245-246 ; traque de Gustav Simon : 246-262, 367-368 ; intensification de la chasse aux nazis : 274-279 ; traque de Richard Glücks et de RH : 279-284, 285-291 ; changement de stratégie du WCIT : 294 ; captivité de RH en Pologne : 309-316 ; procès de RH : 316-320 ; l'obéissance aux ordres comme axe de défense : 319 ; procès de Francfort : 328 ; *voir aussi* procès de Belsen ; procès de Nuremberg

Cross, William Victor (capitaine) : 281-282, 285, 356, 371-372.
Cyprian, Tadeusz : 316-317.

Dachau : 78, 80-90, 120, 122, 136, 190, 194, 278, 307, 349, 357-358, 360, 364.
Débarquement en Normandie (1944) : 158.
Der Stürmer (journal) : 71, 337, 375.
Dietrich, Marlene : 64.
Division de Fer : 48.
Dostoïevski, Fiodor : 17.
Draper, Gerald (colonel) : 245-246, 291, 378.
Dresde : 202, 318.
Dreyfus, Edmund : 120.
Dubiel, Stanisław : 129, 357.

Ebert, Friedrich : 33, 47.
Eichengreen, Lucille, née Cecilie Landau : 267-268, 362, 369.
Eichmann, Adolf : se rend à Auschwitz : 129 ; et la « solution finale » : 139, 197, 305 ; ne figure pas sur les premières listes de criminels de guerre : 184 ; le juge Morgen essaie d'ouvrir une procédure à son encontre : 360 ; fuite à l'étranger : 272, 361 ; portrait rédigé par RH en marge de son autobiographie : 312.
Eicke, Theodor : 81, 84-85, 89, 124, 238.
Eimer, Alfred : 316.
Einstein, Albert : 64, 347, 348.
Eisfeld, Walter : 120.
Eisner, Olga et Bruno : 347.
États-Unis : réaction à la « solution finale » : 182 ; stratégie pour juger les crimes de guerre : 184.
Excell, Sidney (commandant) : 242.

Fauler, Frau : 278.
Foley, Frank : 350.
Forsyth, Frederick : 370.
Fox, Alfred James (capitaine) : 212-220, 231, 362, 364.
Franck, James : 64, 347.
Frank, Hans : 120, 296, 308-309, 375, 377.
Frank, Leonhard : 347.
Frank, Mme (« Frankie ») : 111.
Frank, Niklas : 377.
Freikorps : définition : 47 ; RH engagé dans les corps francs : 47-49 ; relations avec le pouvoir : 53, 346.
Fritzsch, Karl : 140.

Gaggenau : 364.
Gebhardt, professeur : 281.
Genn, Leo (lieutenant-colonel) : parcours et personnalité : 361 ; dirige les interrogatoires à Belsen : 212-213 ; refuse à HA l'autorisation de traquer des criminels de guerre : 221 ; et enquête de Gaggenau : 364 ; boucle l'instruction du procès de Belsen : 230 ; autorise HA à traquer des criminels de guerre : 233 ; rentre en Angleterre : 246, 366.
ghetto de Varsovie : 163, 355.
Gilbert, Gustave : 302-303, 308, 374, 389.

Gluckman, Mme (émigrée juive) : 115.
Glücks, Aloise : 280.
Glücks, Richard : *121* ; aspect physique et personnalité : 120-121, 194 ; refuse d'affecter davantage de personnel à RH pour construire le camp d'Auschwitz : 123 ; se rend à Auschwitz : 129, 133 ; reproche à RH de ne pas savoir déléguer : 130 ; autorise une livraison de Zyklon B : 180 ; ne figure pas sur les premières listes de criminels de guerre : 184 ; RH nommé sous ses ordres à Sachsenhausen : 194 ; détesté par RH : 195 ; crainte de Himmler : 196 ; RH le convainc de confier le commandement de Belsen à Kramer : 202 ; charge RH d'escorter les cadres de l'*Amtsgruppe D* à Ravensbrück : 237-238 ; fuite : 239 ; hospitalisation : 241 ; destin : 246, 279-281 ; portrait rédigé par RH en marge de son autobiographie : 312 ; accablé par Pohl à Nuremberg : 314.
Goebbels, Joseph : 95, 112, 349, 367.
Goldensohn, Leon (commandant) : 304-305.
Göring, Hermann : 184, 296, 308, 314, 360, 375.
Gottrupel : 243-244, 271, 284, 285-286.
Grabner, Maximilian : 191, 360.
Graetz, Ann : *voir* Alexander, Ann
Graetz, Käte : 112.
Graetz, Paul : 112-113, 352.
Graetz, Sara : 370.
Graetz, Wolfgang : 111-112.
Grande révolte arabe (Jordanie, 1918) : 29.
Grande-Bretagne : accueil des juifs allemands : 115 ; projets d'invasion allemande et Blitz : 138 ; internement de masse des réfugiés : 154 ; réactions à la « solution finale » : 182-183 ; stratégie pour juger les crimes de guerre : 185, 358.
Grese, Irma : 170, 218-219, 233, 365.
Grey, Antonia (« Tonny ») : 352.
Groß Glienicke : 61, 65.
Grosz, Ilona : 230.
Guillaume II, empereur : 32.

Hambourg : 97, 202, 222, 230, 234, 238, 241, 280, 293-294, 297, 362.
Hammes, Léon (juge) : 250, 256, 260.
Hanfstaengl, Ernst Franz Sedgwick : 346.
Hansen, Hans Peter : 243, 284.
Harding, Elsie (née Alexander) : *33*, *62* ; rejoint son père en Alsace : 31 ; et les farces d'enfance de HA : 38 ; mariage : 101 ; part pour Amsterdam : 104-105 ; arrive à Londres : 109 ; difficultés d'intégration : 110 ; réunions familiales : 112 ; déchue de sa nationalité allemande : 116 ; correspondance avec HA :

145-146, 149, 187 ; changement de patronyme (Harding) : 356 ; dissuade son mari de s'engager : 154-155 ; Paul lui demande de l'aider à trouver une épouse : 359 ; demande à HA de chercher des survivants : 363 ; lettre de HA sur la chasse aux nazis : 223 ; passe la guerre à la campagne : 224 ; confie à Ann que HA va la demander en mariage : 269 ; années de maturité et de vieillesse : 328 ; décès : 332.
Harding, Erich (ex-Hirschowitz) : 101, 110, 112, 154-155, 186, 224, 275, 328, 356.
Harris, Whitney : 298, 300, 302, 306, 341.
Hartford (capitaine) : 372.
Hartman (rabin) : *211*.
Hartmann, Paul : 347.
Hasenclever, Walter : 347.
Heide : 242, 281, 288-289.
Heinrichsohn, Ernst : 361.
Helbig, Oscar George : 230.
Helger, Leo : 271.
Hengst, Richard : 258, 260.
Hensel, Fritz : 72, 130, 172, 238, 240, 244, 271-273, 339, 371.
Hensel, Hedwig : *voir* Höss, Hedwig
Herff, Maximillian von : 179.
Herz, Emil W. : 347.
Hess, Rudolf : 11, 86-87, 296, 314, 375.
Hess, Wolf Rudiger : 377.
Hilde (cuisinière de la famille Alexander) : 37, 109-110, 351.
Himmler, Gudrun : 377.
Himmler, Heinrich : *134* ; aspect physique et parcours : 76 ; nommé chef suprême de la SS : 75 ; rencontre avec RH : 76-77 ; nommé chef de la police politique de Bavière : 78 ; renforce la SS : 78-79 ; nomme RH à Dachau : 80 ; nomme Eicke commandant de Dachau : 84 ; inspecte le camp de Dachau : 86 ; recommande RH pour une promotion : 87 ; reconstruit et agrandit Dachau : 87 ; et changements de commandement à Sachsenhausen : 120 ; projets pour Auschwitz : 124-125, ; inspecte le camp d'Auschwitz : 129, 352 ; problèmes digestifs : 129-130, 353 ; projet de construction de Birkenau : 135 ; ordonne la mise en œuvre de la « solution finale » : 139-140, 375-376 ; promeut RH au rang de commandant : 168 ; reçoit le rapport de Herff sur RH : 179 ; ordonne une enquête sur la corruption dans les camps : 189-190 ; limoge RH d'Auschwitz : 192-193 ; redouté par Richard Glücks : 196 ; ordonne la destruction des archives de l'*Amtsgruppe D* : 237 ; abandonne le combat : 240 ; mentionné dans les interrogatoires sur les crimes de guerre : 218, 219 ; suicide : 242 ; objets offerts à RH : 271, 369 ; portrait rédigé par RH en

marge de son autobiographie : 312 ; réaction de sa fille : 377.
Hindenburg, Paul von : 76, 78, 97.
Hirsch, Miklos : 229.
Hirschowitz, Erich : *voir* Harding, Erich
Hitler, Adolf : discours au Kindl-Keller : 51-52, 346 ; montée du nazisme : 75-79 ; putsch de la brasserie de Munich et emprisonnement : 55, 346 ; antisémitisme : 71-72 ; ascension politique : 75-76 ; relation de Himmler avec : 78-79 ; nommé chancelier : 78 ; consolidation du pouvoir : 93-94 ; sabotage de l'inauguration de l'exposition nazie : 98-99 ; lois antijuives : 104, 349 ; criminel de guerre : 184 ; suicide : 238.
Höcker, Karl : *201*.
Hodys, Eleanor : 174-178, 357, 360.
Hoenig, Laszlo : 110.
Hongrie : 25, 45-46, 138, 197-200, 272, 308.
Höss, Annegret (fille de RH) : naissance : 193 ; visite de RH : 198 ; déménage à Berlin : 202 ; fuite vers la frontière danoise : 238-239 ; vie en semi-clandestinité à Sankt Michaelisdonn : 271 ; dernière lettre de RH à ses enfants : 321-322 ; années de maturité et de vieillesse : 327-328.
Höss, Brigitte (Inge-Brigitt, fille de RH) : *128* ; aspect physique : 125-126 ; photo du mariage de ses parents : 348 ; naissance : 77 ; rejoint RH à Dachau : 81 ; vie à Dachau : 88, 349 ; rejoint RH à Auschwitz : 124 ; vie à Auschwitz : 125-129, 135, 170-173, 356-357 ; entretiens avec l'auteur : 352 ; sur Himmler : 353 ; évoque son père : 356-357 ; et la « solution finale » : 357 ; reste à Auschwitz après la mutation de RH à Sachsenhausen : 193 ; visite de RH : 198 ; déménage à Berlin : 202 ; fuite vers la frontière danoise : 238-240 ; vie en semi-clandestinité à Sankt Michaelisdonn : 271-273 ; parle de la décision de RH de fuir le pays : 369 ; interrogée par HA : 283, 371 ; parle de l'interrogatoire de Hedwig : 371 ; parle de l'alliance de RH : 376 ; lettres de RH à ses enfants : 313, 321-322, 376-377 ; années de maturité et de vieillesse : 327, 337-338 ; et l'autobiographie de RH : 341.
Höss, Franz Xaver (père de RH) : 17-18, 20-21.
Höss, Hans-Jürgen (fils de RH) : *128* ; aspect physique : 126 ; naissance : 88 ; rejoint RH à Auschwitz : 124 ; vie à Auschwitz : 125-129, 135, 170-173, 356-357 ; et la « solution finale » : 337-338 ; reste à Auschwitz après la mutation de RH à Sachsenhausen : 193 ; visite de RH : 198 ; déménage à Berlin : 202 ; fuite vers la frontière

danoise : 238-240 ; vie en semi-clandestinité à Sankt Michaelisdonn : 271-273 ; interrogé by HA : 283 ; lettres de RH à ses enfants : 313, 321-322 ; années de maturité et de vieillesse : 327.

Höss, Hedwig (née Hensel, épouse de RH) : *128* ; épouse RH : 73-74 ; naissance des enfants : 77 ; accepte que RH retourne dans l'armée : 80 ; rejoint RH à Dachau : 81 ; informée des activités du camp de Dachau : 349 ; vie à Dachau : 88 ; rejoint RH à Auschwitz : 124 ; vie à Auschwitz : 125-129, 135, 170-173, 356-357 ; réputation à Auschwitz : 127-128, 353 ; rares sorties avec RH : 131 ; informée de la « solution finale » : 140, 174, 338, 357 ; liaison hypothétique avec un détenu : 357 ; reste à Auschwitz après la mutation de RH à Sachsenhausen : 193 ; visite de RH : 198 ; déménage à Berlin : 202 ; craintes sur l'issue de la guerre : 205 ; fuite vers la frontière danoise : 238-240 ; visite de RH : 243 ; vie en semi-clandestinité à Sankt Michaelisdonn : 271-273 ; dénonce RH à HA : 281-284, 371 ; lettres de RH à sa femme : 312-313 ; surnom que lui donne son mari : 375 ; dernière lettre de RH à sa femme : 321-322 ; récupère l'alliance de RH : 321, 376 ; années de maturité et de vieillesse : 327-328 ; décès : 377.

Höss, Heidetraut (fille de RH) : *128* ; aspect physique : 125-126 ; naissance : 77 ; rejoint RH à Dachau : 81 ; vie à Dachau : 88 ; rejoint RH à Auschwitz : 124 ; vie à Auschwitz : 125-129, 135, 170-173, 356-357 ; surnom à l'école : 173 ; reste à Auschwitz après la mutation de RH à Sachsenhausen : 193 ; visite de RH : 198 ; déménage à Berlin : 202 ; fuite vers la frontière danoise : 238-240 ; vie en semi-clandestinité à Sankt Michaelisdonn : 271-273 ; interrogée par HA : 283 ; lettres de RH à ses enfants : 313, 321-322 ; années de maturité et de vieillesse : 327.

Höss, Irene (belle-fille de RH) : *voir* Alba, Irene

Höss, Klaus (fils de RH) : *128* ; aspect physique : 125 ; naissance : 77 ; rejoint RH à Dachau : 81 ; vie à Dachau : 88 ; rejoint RH à Auschwitz : 124 ; vie à Auschwitz : 125-129, 135, 170-173, 356-357 ; reste à Auschwitz après la mutation de RH à Sachsenhausen : 193 ; visite de RH : 198 ; déménage à Berlin : 202 ; fuite vers la frontière danoise : 238-240 ; essaie de rejoindre une résistance inexistante : 240 ; vie en semi-clandestinité à Sankt Michaelisdonn : 271-273 ; interrogé par HA : 283 ; utilisé par HA pour faire parler Hedwig : 284 ; lettres de

RH à ses enfants : 313, 321-322 ; années de maturité et de vieillesse : 327.
Höss, Margarete (sœur de RH) : 18, 46.
Höss, Maria (sœur de RH) : 18, 46.
Höss, Paulina Speck (mère de RH) : 17, 18-19, 22, 24, 46.
Höss, Rainer (petit-fils de RH) : 335-340, *336*, 369, 376, 379.
Höss, Rudolf (RH) : aspect physique : 29, 79 ; nom : 11 ; personnalité : 15, 29 ; naissance et enfance : 17-23, 343 ; enlevé par des Tsiganes : 19 ; amour des chevaux : 19 ; déménage à Mannheim : 19 ; destiné à la prêtrise par son père : 20 ; scolarité : 20-21 ; déçu par l'Église catholique : 21-22 ; dragon pendant la Première Guerre mondiale : 24-28 ; tue son premier homme : 26 ; fait de son capitaine une figure paternelle : 27, 29 ; blessé trois fois : 27-28, 344 ; première expérience sexuelle : 28 ; rentre en Allemagne où sa famille s'est dispersée : 46 ; s'engage dans les *Freikorps* pour se battre en Lettonie : 47-50 ; assiste à des atrocités : 48-49 ; entre au parti nazi : 52-53 ; meurtre de Kadow : 53 ; incarcéré à la prison de Brandebourg : 55 ; employé dans une ferme des Artamans : 70-74, 76-77 ; et l'antisémitisme : 71-72 ; épouse Hedwig : 73 ; rencontre avec Himmler : 76-77 ; naissance de ses enfants : 77 ; s'engage dans la SS : 79-80 ; muté à Dachau : 80-81 ; promotions et découverte de la vie des détenus à Dachau : 85-87 ; muté à Sachsenhausen : 89-90 ; exécute un ami : 90 ; quitte Sachsenhausen pour construire et commander le camp d'Auschwitz : 121-125 ; perd confiance dans son entourage : 123-124 ; vie de famille et invités à Auschwitz : 125-130, 133-135 ; attitude envers les détenus d'Auschwitz : 130 ; se renferme sur lui-même : 130-131 ; témoignages des prisonniers sur RH : 131-133 ; met sur pied le programme d'euthanasie : 136-137 ; reçoit ordre de mettre en œuvre la « solution finale » : 139-143 ; première expérience au Zykon B : 140-141 ; rôle dans la « solution finale » : 162-168, 356 ; scrupules : 167-168 ; promu commandant : 168 ; gestion des prisonniers : 168-170 ; liaison avec Eleanor Hodys : 174-179 ; rapport de Herff sur RH : 179-180 ; déclaré criminel de guerre : 184 ; limogé d'Auschwitz après l'enquête pour corruption : 190-193 ; muté au siège de l'*Amtsgruppe D* à Sachsenhausen : 193-195 ; tournée d'inspection de tous les camps : 196 ; organise l'extermination

des juifs hongrois à Auschwitz : 197-200 ; Morgen essaie d'enquêter sur RH mais est dessaisi du dossier : 360 ; nouvelle tournée d'inspection des camps : 200-202 ; assiste à la marche forcée des prisonniers d'Auschwitz vers Belsen : 203-204 ; dernière visite à Belsen : 204 ; mentionné dans les interrogatoires sur les crimes de guerre : 216-217, 219, 229 ; mentionné au procès de Belsen : 232 ; escorte sa famille dans un lieu sûr : 238-241 ; se réfugie à Sylt sous une fausse identité : 241 ; travaille dans une ferme : 243-244, 366 ; dans le viseur des Britanniques : 247 ; prépare sa fuite à l'étranger : 271-273 ; traqué par HA : 279-284, 371 ; arrestation : 285-291, 372 ; aveux : 288, 291, 301, 372-373 ; transféré à Nuremberg : 299-302 ; reçoit la visite de psychologues : 302-305 ; témoigne au procès de Kaltenbrunner : 305-309 ; transféré en Pologne : 309-313 ; rédige ses mémoires : 313-316, 375-376, 379-380 ; procès : 316-320 ; exécution : 322-325 ; arbre généalogique : 383 ; PHOTOS : avec Martin Bormann : *54* ; en 1928 : *72* ; mariage : *74* ; à Auschwitz : *134*, *173* ; en 1943 : *201* ; après son arrestation : *290* ; transféré en Pologne : *310* ; procès : *319*.

Hössler, Franz : 164, 170, *201*, 215-216, 233.

Hurst, Sir Cecil : 183-184.

IG Farben : 133, 135, 168-169, 354.

Île de Wight : 108.

Imperial Airways : 351.

Isherwood, Christopher : 70.

Jackson, Robert : 296.

Jakubovitz, Helen : 230.

Japhet & Co. (banque) : 108, 330.

Jelgava (Lettonie) : 48.

Jeux olympiques (1936) : 104-105.

Jones, Ken : 372.

Judalewsky, Isaak : 230.

juifs : rôle de justiciers : 16 ; identité juive de la famille Alexander : 41-44 ; Neue Synagogue de Berlin : 41, *43*, 67, 95, 112, 275, 345 ; Torahs : 42, 44, 67, 109, 112-113, 116, 295, 330, 341, 380 ; antisémitisme allemand : 71-72, 76 ; lois anti-juives : 93-95, 104 ; intensification de la discrimination en Allemagne : 99-100 ; les juifs allemands tentent de se protéger : 100-101 ; autorisations de sortie du territoire : 104-105, 109-110, 351 ; suspension des mesures anti-juives pour les jeux Olympiques : 104 ; « Nuit de cristal » : 112-114 ; début de l'exode des juifs allemands : 113, 115 ; accueil en Angleterre : 115-116 ; différences culturelles : 115 ; création de la

synagogue de Belsize Square : 116 ; « solution finale » : 139-143, 161-168, 190-192 ; ghetto de Varsovie : 163, 355 ; internement de masse des réfugiés en Grande-Bretagne : 154 ; les Alliés apprennent et réagissent à la « solution finale » : 181-185, 358 ; sort des juifs hongrois : 197-200, *199* ; conditions de détention à Belsen : 202 ; marche forcée des prisonniers d'Auschwitz vers Belsen : 203-204 ; interrogatoires sur les crimes de guerre : 211-220, 227-230, 361-362 ; procès de Belsen : 230-233 ; nombre de victimes à Auschwitz : 168-169, 232, 363-364, 375-376 ; destin des juifs du Luxembourg : 247 ; révisionnistes de la Shoah : 373 ; *voir aussi* Torah des Alexander ; criminels de guerre
Juskowitz, Sara : 132.

Kadow, Walter : 53, 346.
Kahr, Gustav von : 55.
Kaltenbrunner, Ernst : 192, 296, 298-299, 301, 306, 314, 374-375.
Kalter, Sabine : 347.
Kapp, Wolfgang : 346.
Kauffmann, Kurt (Dr) : 306, 374.
Kayser, Rudolf : 347.
Kindertransport (opération humanitaire) : 115.
Klein, Fritz : 200, 215-217, 233.
Klein, George : 133.
Koch, Karl-Otto : 190.
Koolish (sergent) : 282.
Kramer, Josef : *201*, *228* ; aspect physique et parcours : 122 ; à Auschwitz : 122-123 ; promu commandant de Birkenau : 170 ; prend le commandement de Belsen : 202 ; parcours professionnel : ; interrogé par HA : 227-229 ; absent des mémoires de RH : 352 ; procès et exécution : 230-233, 364-366.
Kulturbund Deutscher Juden (Union culturelle des juifs allemands) : 95.
Kurzke, Alfred : 230.

Lang, Fritz : 66.
Lasker, Anita : 265-267, 369.
Leo Perl (banque) : 98.
Lettonie : 48-50, 345.
Lévy, Herbert : 360, 372.
Ley, Robert : *84*, 299, 375.
Liebehenschel, Arthur : 199.
ligue des Artamans : 70-72, 74-76, 120.
Ligue des femmes juives : 225.
loi des pleins pouvoirs (Allemagne) : 94.
loi sur la citoyenneté du Reich : 103.
loi sur la restauration de la fonction publique (1933) : 95.
Lolling, Enno (Dr) : 129, 137, 184, 195, 239, 246, 279-280, 323.
Longerich, Peter : 348.
Loritz, Hans : 120, 360.
Ludendorff, Erich : 76.

Luxembourg : 138, 150, 246-251, 257-262, 367-368.
Lyons Corner House : 108-109, 269.

Mackay, C. S. : 372.
Malzyner, Maria : 230.
Mannheim : 19, 21, 23, 25, 46, 345.
Massary, Fritzi : 347.
Maurer, Gerhard : 195, 239, 241, 246, 277, 279-280, 312, 352.
Max und Moritz (livre pour enfants) : 37, 173, 333.
Mengele, Josef : 130, 170, 200-201, 215, 272, 354.
Metropolis (film) : 66.
Meyer, Otto : 94-95, 102, 276, 347.
Mission Alsos : 358.
Mittelbau-Dora : 230.
Moll, Otto : *201*.
Monowitz : 168, 354.
Morgen, Konrad : 189-193, 357, 359-360.
Müller, Hermann : 75.
Muller, Léone (capitaine) : 258-261.
Munich : discours de Hitler au Kindl-Keller : 52 ; putsch de la brasserie de Munich : 55.
Mussolini, Benito : 52.

Napoléon III : 17
Natzweiler-Struthof : 364.
Nazis : origines et débuts : 52-53 ; putsch de la brasserie de Munich : 55 ; premières adhésions : 346 ; premiers rassemblements : 66 ; attitude envers Berlin : 70 ; liens avec la ligue des Artamans : 71 ; prise du pouvoir : 75-76, 78 ; consolidation du pouvoir : 93-94 ; mesures antijuives : 93-95 ; exode des juifs : 351 ; Nuit de cristal : 112-114 ; dans l'après-guerre : 272-273.
Newbury : 153.
Nikitina, Alice : 347.
Nuit de cristal (1938) : 112-114.

Opération « Haystack » (1945-1946) : traque de Gustav Simon : 246-262, 367-369 ; intensification de la chasse aux nazis : 273-279 ; traque de Richard Glücks et de RH : 279-284, 285-291, 370-373 ; nouvelles cibles prioritaires : 294.
Opération « Paperclip » (1945) : 358.
Orianenbourg : *voir* Sachsenhausen
Oświęcim : *voir* Auschwitz

Paczynski, Josef : 131, 141-142, 353.
Pagels, Hans Joachim : 347.
Pallasch (employé de la D1 à l'*Amtsgruppe D*) : 195.
Pallenberg, Max : 64.
Parchim : 51, 53.
Perl, Franz : 98, 104.
Picard, Amalie : 36, 41, 67.
Picard, Lucien : 36, 41, 67, 102.
Pohl, Oswald : déclaré criminel de guerre : 184 ; et l'enquête du juge Morgen's pour corruption :

192 ; liens avec RH : 194 ; suggère une tournée d'inspection des camps à RH : 196 ; visé par une enquête pour corruption du juge Morgen : ; réagit aux conditions de détention à Belsen : 204 ; traque : 246, 277-279 ; arrestation et exécution : 370, 375 ; portrait rédigé par RH en marge de son autobiographie : 312.
Polanski, Anton : 230.
Polgar, Alfred : 347.
Prees Heath : 154.
Première Guerre mondiale (1914-1918) : 22-29 ; armistice : 45.
Prinz (rabbin) : 99-100.
prison de Brandebourg (Berlin) : 55-60.
procès de Belsen : *231* ; projet : 213-214 ; préparatifs : 227-230 ; procédure judiciaire et condamnations : 230-233, 364-365.
procès de Francfort : 328.
procès de Nuremberg : vue d'ensemble : 295-297 ; transfert de RH à Nuremberg : 297-305 ; témoignage de RH au procès de Kaltenbrunner : 305-309 ; langues de travail et interprétation : 374-375 ; sentences : 375.
projets d'exfiltration des scientifiques allemands : 358 ; *voir aussi* « mission Alsos » et opération « Paperclip »
Purrmann, Hanns : 347.

. Ravensbrück : 219, 238.
Reading, Lord : 149, 151.
recherches sur les armes nucléaires : 358.
Reinhardt, Max : 64, 347.
réseau ODESSA : 280, 370.
Riga (Lettonie) : 49, 346.
Ritzler, Barry : 374.
Robichaud, R. E. (lieutenant) : 213.
Robson (colonel) : 371.
Roosevelt, Franklin D. : 15, 182, 298.
Rossbach, Gerhard : 46-48, 50-52, 55, 74, 345-346.
Russell, Lord : 380.

SA : *voir Sturmabteilung*
Sachsenhausen : RH nommé surveillant : 89 ; brève détention de Paul Graetz : 113 ; agrandissement : 119-120 ; changements de commandement : 120 ; départ de RH : 120-121 ; enquête pour corruption : 189-190 ; RH muté au siège de l'*Amtsgruppe D* : 193-197 ; bâtiment en T : 194-195, 277.
Saint-Malo : 150, 355.
Samelson, Felix : 132.
Scheideler, Alvis : 252-256.
Scherk, Grete : 347.
Schiff, Otto : 97.
Schlageter, Albert Leo : 53.
Schmauser, Ernst : 134-135.
Shoah : *voir* juifs
Schutzstaffel (SS) : Himmler nommé chef suprême de la SS : 75 ; croissance et critères d'adhésion : 79 ; RH s'engage dans la SS : 79-80 ; uniforme : 80.

Scott-Barrett, H. (général de brigade) : 213, 361.
Sehn, Jan : 311-313, 379.
Silberstein, Joszef : 230.
Simon, Gustav Adolf (fils du Gauleiter du Luxembourg) : 251-253, 255.
Simon, Gustav : 246-262, *248*, 264.
Smallwood, Geoffrey (commandant) : 212, 361.
Smith, Gordon (commandant) : 355.
Sobibor : 361.
solution finale : *voir* juifs
Somerhough, Anthony George : 245-247, 258, 274, 367, 370.
Sommer, Karl : 246, 277.
Speer, Albert : 296.
Spitzer, Margit : 230.
SS : *voir Schutzstaffel*
Staline, Joseph : 182, 298.
Stangl, Franz : 272.
Stephens, Robin « Tin-Eye » (colonel) : 214, 362.
Strauss, Johann : 170.
Strauss, Richard : 64.
Sturmabteilung (SA) : créée par Hitler : 346 ; effectifs et pouvoirs : 78-79.
Sug (employé de la D1 à l'*Amtsgruppe D*) : 195.
Sussmann, Bella (née Alexander) : *33*, *62* ; rejoint son père en Alsace : 31 ; et les farces d'enfance de HA : 38 ; noyaux de cerises : 347 ; parle de la scolarité de HA et Paul : 347 ; déménage à Londres : 96 ; mariage : 349 ; vie à Londres : 97 ; visite de son père : 102 ; accueille HA à l'aérodrome de Croydon : 107 ; aide la famille à s'installer à Londres : 110 ; réunions de famille : 112 ; déchue de sa nationalité allemande : 116 ; reçoit la visite de HA : 152 ; décès de son premier mari : 225 ; remariage : 328 ; et la Croix de fer de son père : 331-332 ; décès : 332.
Sussmann, Harold : 96, 108, 110, 117, 225.
Sussmann, Peter : 97, 102, 107, 152, 328, 368.
Sussmann, Tony : 152.
Sylt (école de signalisation de la Marine) : 241, 281.
synagogue de Belsize Square : 330, 341, 360.
Szczurek, Janina : 128.

Tabau, Jerzy : 356.
Tatarczuk, Marian : 230.
taxe de désertion du Reich : 105, 109, 113, 350-351.
Thorn, Jos : 260.
Tilling, Thomas Humphrey (lieutenant-colonel) : remplace Leo Genn : 246 ; charge HA de la traque de Gustav Simon : 249 ; réaction à la capture de Simon par HA : 257 ; sollicité par Ann qui attend des lettres de HA : 262-264 ; prévoit de traquer les hauts responsables de l'*Amtsgruppe D* : 274-275 ; charge HA de traquer Richard Glücks et

RH : 279 ; annonce à HA sa démobilisation : 294.
Torah des Alexander : origines : 42, 345 ; la Neue Synagogue refuse le prêt : 113 ; utilisée à la bar-mitsvah de HA : 67 ; envoyée en Angleterre : 109 ; prêtée à la synagogue de Belsize Square : 116, 330 ; au mariage de HA : 295 ; réparée par HA : 379 : ; toujours utilisée : 341 ; restauration : 380.
torahs : *voir* juifs
Treblinka : 163, 190, 192, 272, 355, 370.
Tukums (Lettonie) : 48.

Unger (employé de la D1 à l'*Amtsgruppe D*) : 195.
Union soviétique : invasion allemande : 138 ; réaction à la « solution finale » : 182.

Victoria, reine : 17.
Vogel, Blanka : 230.
Vogel, Michael : 133.
Volkenrath, Elisabeth : 170, 218, 220, 233.

Wagner, Gustav : 361.
Waite, Robert : 346.
Warner, Fred : 370.
WCIT (Équipe n° 1 d'enquête sur les crimes de guerre) : création : 212-213 ; interrogatoires : 213-220, 227-230, 361-362 ; enquête de Gaggenau : 364 ; sous le commandement de Tilling : 246 ; traque de Gustav Simon : 246-262, 367-368 ; intensification de la chasse aux nazis : 273-279 ; traque de Richard Glücks et de RH : 279-284, 285-291, 371-373 ; démobilisation de HA : 294.
Wegener, Paul : 66, 347.
Wehner (employé de la D1 à l'*Amtsgruppe D*) : 195.
Werwolf (mouvement de résistance armée allemande) : 252-253, 367.
Wessely, Molly : 347.
Weymouth : 153.
Wirth, Christian : 190, 192.
Wirths, Eduard : 217.
Witt, Georg : 278, 370.
Wolfsburg : 212, 360.
WVHA (*SS-Wirtschafts-Verwaltungshauptamt*, Office économique et administratif central de la SS) : 192, 194, 198, 237, 278, 308.

Zaremba, Tadeusz (prêtre) : 323.
Zyklon B : 140-141, 161, 165-166, 180-181, 296, 323, 338, 340, 354.

REMERCIEMENTS

Tout au long de cette belle aventure, j'ai pu compter sur de nombreux soutiens. Je ne saurais trop leur dire ma reconnaissance. Je tiens en particulier à remercier les personnes suivantes :

Farzad Mahootian et Charlie McCormick, qui ont été parmi les premiers à soutenir le projet et m'ont encouragé à un moment où je ne savais plus trop si je devais réellement écrire ce livre – ni même si j'en étais capable. Elizabeth Wheeler, Hali Taylor, Dominic Valentine, David Lillard, Gillian Tett, Kate et David Harding, Gregory Kent et Gillian Stern, mes merveilleux lecteurs. L'incomparable Dabney Chapman, qui a accepté de bonne grâce de traduire de nombreux documents dans l'urgence. Anthea Bell, pour ses excellentes traductions des écrits de Rudolf Höss. Marion Godfrey, Sheridan Marshall et Caroline Sloan pour leur aide sur les textes allemands. Darren Bennett dont les cartes claires et évocatrices illustrent parfaitement mon propos. Et Anita Lasker-Wallfisch, Lucille Eichengreen, Whitney Harris, Jozef Paczynski, Rainer Höss, Brigitte née Höss, Victor Weitzel, Julian Mayer, Julia Draper, Noel Egerton et Freddy Mayer, qui m'ont accordé de leur temps pour s'entretenir avec moi.

Ma reconnaissance va également à mon cousin, John Alexander, auteur d'une excellente histoire de la famille Alexander et de la Torah des Alexander, et d'entretiens enregistrés avec l'oncle Hanns et le reste de la fratrie Alexander.

Je dois beaucoup aux personnes suivantes qui m'ont assisté dans mes recherches : Major Edwards et Fred Judge (musée du Renseignement de Chicksands) ; Stephen Walton (Imperial War Museum, Londres) ; John Starling (Auxiliary Military Pioneer Corp Association) ; Helen Fry ;

Johanna Bleker (université de Berlin) ; Rebecca Schwoch (université de Hambourg) ; Iwona Kwaczala, Anna Skrzypinska, Piotr Setkiewicz et Wojciech Plosha (musée d'Auschwitz à Oświęcim) ; Anthony Polonsky (Brandeis College, Mass., États-Unis) ; Léandre Mignon, Romain Meyer, François Moyse, Judith Cohen et Rebecca Erbelding (musée de l'Holocauste, Washington, D.C.) ; Saul Ferrero (Yad Vashem) ; Klaus Tätzler (musée du Mémorial de Bergen-Belsen) ; Gillian Walnes (Centre Ann Frank, Amsterdam) ; Vaclav Vochoska (Ambassade de la République tchèque à Washington DC) ; Aaron Breitbart (Centre Wiesenthal, Los Angeles) ; Paul Dostert (Centre de documentation sur la Seconde Guerre mondiale, Luxembourg) ; Dr. Klaus Lankheit (Institut für Zeitgeschichte [Institut d'histoire contemporaine], Munich) ; Richard Breitman (agence interservices du gouvernement américain sur les criminels de guerre nazis et le gouvernement impérial japonais) ; Herbert Lévy ; Manfred Deslaers (Centre de dialogue et de prière, Oświęcim) ; Monika Thomsen (mairie de Handewitt, Schleswig-Holstein) ; Bridget McGing (bibliothèque Wiener) ; Peter Peterlini (Office fédéral de l'administration allemande) ; Dagmar Rumpf (Archives nationales de Baden-Baden) ; Karen Strobel (Archives nationales de Mannheim) et Steven Paskuly.

Un grand merci également à mon éditeur, Farrar, Straus & Giroux, et au groupe Random House qui m'ont autorisé à reproduire des extraits du *Journal de Nuremberg* de G. M. Gilbert et des *Entretiens de Nuremberg*, présentés par Robert Gellately. Nous nous sommes efforcés de retrouver les ayants droit de toutes les citations et illustrations, et je présente par avance mes excuses pour toute erreur ou omission. Les corrections nécessaires pourront être effectuées dans des éditions ultérieures.

Beaucoup de membres de ma famille méritent ma gratitude pour leur formidable soutien. Bien qu'il puisse parfois être délicat de soulever le voile sur le passé d'une famille, tous m'ont épaulé et fourni de précieuses informations. Je souhaite en particulier remercier mon père, Frank Harding, qui m'a confié les lettres de sa mère ; ma sœur Amanda, sans laquelle le voyage au Luxembourg aurait été bien moins amusant ; mes cousines Jackie et Annette, qui ont eu la générosité de me faire partager de nombreuses anecdotes sur leurs parents, Hanns et Ann ; la tante Vivien, pour sa franchise tellement rafraîchissante ; Julian et Fiona Jakobi qui m'ont ouvert leurs archives familiales ; Peter Sussmann pour ses souvenirs vivaces et les lettres de sa mère ; ma cousine Judith qui m'a parlé de la tante Bing et de la vie à Francfort ; Marion « Cookie »

Alexander, qui a déniché dans le grenier le trésor des lettres de Hanns et Paul pendant la guerre ; Madeleine Hensel, pour ses souvenirs de Hanns et de la tante Bing ; Allan Morgenthau, qui m'a si gentiment parlé de sa chère Helga ; Michael et Angela Harding, pour leur courageux soutien ; Kate (Weinberg) Harding, l'une des premières à appuyer mon projet ; et mon cousin James qui, par la foi inébranlable qu'il m'a témoignée en dépit de tout ce qui aurait dû l'arrêter, m'a aidé à traverser les heures les plus sombres.

Que soit aussi remerciée ici ma formidable équipe d'éditeurs : Tom Avery des éditions William Heinemann, qui a acheté mon manuscrit et l'a brillamment suivi pour en faire le livre que vous tenez entre les mains ; Thomas LeBien de Simon & Schuster et Janie Yoon de House of Anansi Press, y ont apporté d'importantes contributions. À Glenn O'Neill pour la superbe couverture qu'il a conçue. Merci à mon extraordinaire agent Patrick Walsh et à son équipe dynamique de l'agence littéraire Conville & Walsh : ce fut un privilège de travailler avec vous ! Merci aussi à Ivan Mulcahy qui, dès le début, a consacré tous ses talents à ce livre. Bien entendu, malgré tous ces précieux contributeurs, j'endosse la pleine responsabilité de tous les aspects de ce livre et de toutes les erreurs qui s'y seraient glissées.

À ma fille, extraordinaire Sam, qui a retrouvé les lettres de Hanns et Ann dans le garde-meubles et m'a tenu compagnie pendant que je pianotais sur mon clavier, page après page.

Enfin ou presque, je tiens à remercier ma chère épouse, Debora Harding, qui m'a soutenu tout au long du projet en dépit de mes nombreux voyages, et dont les commentaires m'ont été des plus précieux. Je t'aime encore plus.

Et surtout, je veux remercier mon fils, qui était si fier de cette histoire et de son papa qu'il m'a insufflé l'énergie et l'inspiration qu'il me fallait pour finir ce livre, dans des moments où je n'avais qu'une envie : me blottir sous mes couvertures et penser à lui. Merci Kadian.

Table

Note de l'auteur 11
Prologue 13

1. Rudolf, Baden-Baden, 1901 17
2. Hanns, Berlin, 1917 31
3. Rudolf, Berlin, 1918 45
4. Hanns, Berlin, 1928 61
5. Rudolf, Berlin, 1928 69
6. Hanns, Berlin, 1933 93
7. Rudolf, Oświęcim, Haute-Silésie, 1939 119
8. Hanns, Londres, 1939 145
9. Rudolf, Oświęcim, Haute-Silésie, 1942 161
10. Hanns, Normandie, 1945 181
11. Rudolf, Berlin, 1943 189
12. Hanns, Bruxelles et Belsen, 1945 207
13. Rudolf, Berlin, 1945 237
14. Hanns, Belsen, 1945 245
15. Hanns et Rudolf, Gottrupel et Belsen, 1946 271
16. Hanns et Rudolf, Gottrupel, 1946 285
17. Hanns et Rudolf, Belsen et Nuremberg, 1946 293

Épilogue 327
Post-scriptum 335

Notes 343

ANNEXES 381
Arbres généalogiques 382
Cartes 384
Sources documentaires 388
Bibliographie 391
Liste des illustrations 395
Index 399

Remerciements 417

N° d'édition : L.01EHQN000826.N001
Dépôt légal : août 2015
Imprimé en Espagne par Novoprint (Barcelone)